山本五十六の生涯

工 藤 美 代 子

幻冬舎文庫

連合艦隊司令長官時代の山本五十六（戦艦「長門」艦上）

右　9歳当時の五十六(前列中央)、右は姉・加寿、
　　左は兄・季八、後ろは従兄弟・高野力
左　大正7年8月31日、五十六と礼子は挙式した

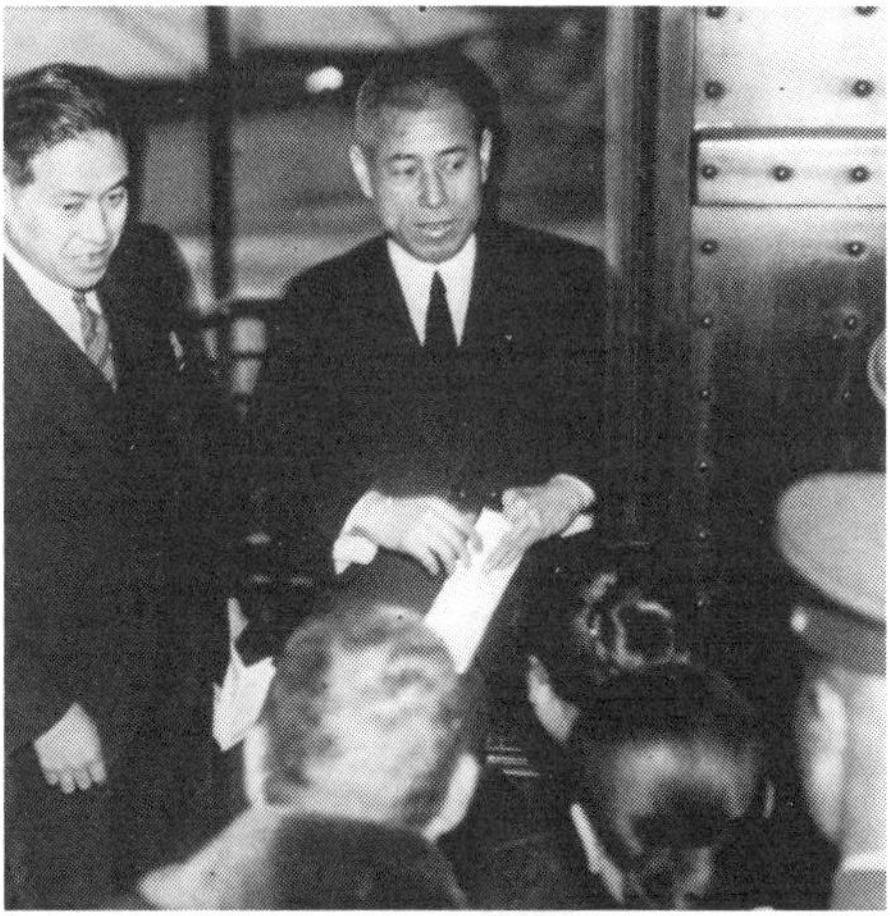

上　ロンドン軍縮会議に向かう五十六(右)＝東京駅
下　撃墜された山本長官機（昭和59年、ブーゲンビル島）

写真提供　山本元帥景仰会

山本五十六の生涯／目次

目次

戊辰の残歌 12
父母との別れ 65
会津の娘 84
華やかな雄飛 105
鎌倉の家 140
暗雲の下 168
ロンドン軍縮会議 194
海軍の葛藤 235
家族の絆と花柳界 263
虚実の狭間で 278
三国同盟と英米 296
連合艦隊司令長官 315

多様な面貌　335
真珠湾への道　351
日米開戦　381
一抹の暗雲　403
ミッドウェー海戦　431
トラック島の日々　455
戦艦「武蔵」への移乗　488
ラバウル進出　500
運命の日　527
残された人々　557
文庫版あとがき　582
参考文献　586

山本五十六の生涯

戊辰の残歌

その人の話は、幼い頃から繰り返し聞かされてきた。

現在八十一歳になる私の母は、大正十一年九月の生まれである。青春時代のほとんどが戦争中だった。

東京の下町で育った母は、山本五十六について、それほど深い関心があったわけではない。だが、昭和十八年に母と結婚した私の父は新潟県の小出町出身だった。山本五十六の郷里である長岡市の近くだ。

父から、この類い稀なる人材について、母は何らかの情報を得ていたようだ。

「なにしろ海軍さんですもの。そりゃあスマートだったわよ。女の噂も小耳にはさんだことはあるけれど、そんなことは、あの頃の男だったら、みんなあることなのよ。たいしたことじゃあないわ」

そう語る母の口調は、どこかうっとりとした響きがある。

「とにかくねぇ、あの人がいる限り、きっと日本をなんとかしてもらえるって、そんなふうに思っていたの。東条じゃダメよ。陸軍がダメだって、なんとなく日本人は知っていたわよ。国民のゴミ箱をいちいちひっくり返してみて、中を検査するようなみみっちいことをしたのよ。あんなのはダメだけど海軍の山本さんだけは特別。あの人がきっと、この戦争の片をつけてくれるって信じていた」

たしかに母はあの人に特別の信頼を置いていたのだ。当時の日本の若い娘は、みんなそうだったのかもしれない。

「だからねぇ、そりゃあ驚いたわよ、山本さんが死んだときは。ああ、こりゃもしかして、日本は戦争に負けるかもしれないって、初めて思ったわ。アメリカは山本さんを撃墜して殺すほどすごいんだって思い知ったのよ。あのときの心細さは今でも忘れられないわ」

この話を、私はいったい何回、聞かされたことだろう。戦争が話題となるたびに、母は山本五十六の戦死を知った日のショックを昨日のことのように語る。

山本の戦死は、昭和十八年四月十八日だったが、公式に発表になったのは、それよりだいぶ後である。

母はマスコミ関係で働いていた父から、普通の人よりも早くその死について聞いた。そして激しく動揺した。

山本五十六とは、つまりそういう人だった。日本人がみんな彼を頼りにしていた。戦争中の日本人の心の芯棒のようなものだった。

私が山本五十六の写真を初めて見たのは、実はごく最近のことである。新潟を訪れた際に立ち寄ったある美術館の壁に、一人の青年の写真が大きなパネルになって飾られていた。

軍服を着て、勲章を下げている。瞳には強い光があった。若き日の山本五十六だと説明文にはあった。三十代の初めだろうか。年齢はよくわからない。これが、いつも母がいっていた人かと、つくづくとその顔を眺めた。美青年といっても良いだろう。女性にもてたのも当たり前かと思った。

ところが、それからしばらくして、長岡の図書館で別の写真を目にした。それはワシントンのポトマック河畔を背景にして立っている姿だ。中年の男は何かを諦《あきら》めたように、うつろな表情を浮かべている。以前見た山本五十六とはまるで別人のようだ。首をひねって写真に見入っていたら、新潟の郷土史を研究している人が、面白いエピソードを話してくれた。

かつて山本五十六の蠟人形を作ろうという案が持ち上がったことがあるそうだ。東京の四谷に蠟人形を製作する会社があるとわかり、依頼した。通常、蠟人形は写真をもとにして作る。そこで山本五十六の写真を十五枚ほどその会社へ送った。

しばらくすると、試作品ができた。ところが、これが山本五十六に全く似ていない。どう見ても、あの連合艦隊司令長官の顔とは異なる。

さらに十枚ほど肖像写真を集めて送り、人形師に作り直しをしてもらった。それなのに再度製作された人形も、やはり似ていない。

人形師は困り果てていた。山本五十六の顔は普通の人と違う。写真によって、それぞれが別人かと思うほど変化が激しい。いったい、どれが本物なのか、プロの人形師でさえも判別がつかなかった。

人形の製作を頼んだのは、長岡の山本五十六記念館の関係者たちだった。記念館のオープンは平成十一年の四月だが、それに先だって蠟人形の設置が提案されたのである。

結局、人形の製作は断念せざるを得なかった。山本五十六の顔があまりに多様すぎて、どうしても立体的な像を生み出すことができなかったからだ。

これはいったい、何を物語っているのだろうか。

写真から蠟人形を製作できないほどの顔貌を持つ男とは、どのような人生を送ったのか
――私は強い興味を感じずにはいられなかった。

おそらくは、多彩な仮面を幾つもその手の中に隠し持っていたのではないか。

私の母が憧れたのも、「スマートで頼りになる海軍さん」という、彼の仮面の一つだった

のだろう。山本五十六とは複雑な男だったにちがいない。直感のように、私はそう思った。

この人の姿をある一つの鋳型に流し込もうとすると、無理がでる。しかし、あちらこちらから照明を当てるのは可能なはずだ。

そもそも、なぜ山本五十六は幾つもの顔を自分で用意しなければならなかったのか。

その謎を解く鍵の一つは、彼の出生にあった。生まれながらにして、五十六はある重荷を背負っていた。

まずは、そこから、この不思議な男の物語を始めていきたい。

明治十七年四月四日、山本五十六は現在の長岡市内、玉蔵院町で産声をあげた。

あの明治維新から、わずか十七年後ともいえるし、十七年もたっていたともいえる。

父親の高野貞吉は、このとき五十六歳*（以下＊印は数え年）だったから五十六と命名されたのだと、彼の伝記には必ず書かれている。

後に詳しく述べるつもりだが、山本五十六は大正四年に山本家を相続した。三十二歳*のときである。それまでは、高野五十六だった。

晩年になって子供ができるのは、いつの時代にもあることだ。しかし、五十六の父、貞吉の場合は、五十六歳という年齢になるまでに、あまりにも多くの修羅場をくぐり抜けてきていた。

父親がたどった尋常ならざる時間の重みは、高野家の末っ子である五十六の肩に、どっと押しかぶさっていたともいえる。

高野貞吉は、もともと長岡藩の長谷川孫兵衛の次男として文政十二年に生まれた。天保五年、五歳のときに高野家に入籍し、十九歳で高野家の次女、美保と結婚した。

高野家には、長女の林がいたが、二歳で死亡している。

もしも貞吉が高野家に入籍しなければ、生涯を部屋住みで終わる運命だった。しかし、学問のできた貞吉は高野家の娘婿となった。

結婚したとき、美保は十八歳だった。

ところが、美保は子供もできないうちに、嘉永四年二月、二十一歳の若さで病死した。

それから四ヵ月ほどたった嘉永四年六月、貞吉は高野家の三女、美佐と内分の婚姻を届け出ている。正式に結婚したのは、この年の九月だった。

なぜ、貞吉は、再婚を急いだのか。それには理由があった。まだ十四歳の美佐は、この年の十二月に長男の譲を出産したのである。

つまり、前妻の美保が息を引き取った直後に、貞吉は妹の美佐と関係を持ち妊娠させていたことになる。

もちろん、高野家を存続させるには、貞吉が美佐と結婚するのが、最も穏当な方法だった。

しかし、美佐の年齢や、あまりにも早い妊娠のため、口さがない親類縁者たちの中には、貞吉の女癖の悪さを噂する者もいた。

その後、夫婦の間には、登、丈三、惣吉と次々と男子が誕生した。

ところが、結婚して十年目に、美佐も二十四歳であっけなく亡くなってしまった。

このとき、高野家には、貞吉にとって舅にあたる高野秀右衛門と、その妻、美嘉、そして、美佐が産んだ四人の息子たちと、美佐の妹、峯がいた。

またしても妻に先立たれた貞吉の高野家における立場は微妙だった。

なにしろ美佐との間に、高野家の跡取りとなる息子は四人もいるのである。家名を絶やさぬために養子として高野家にとどまる必要は、もはやなかった。といって、今さら実家へもどるわけにもいかない。十九歳で婿入りした貞吉も、はや三十二歳になっていた。

貞吉は、どうやら非常に現実的な人間だったらしい。なんと今度は末娘の峯を妻に迎えたのである。

しかも、前回と同様に、婚姻したのは文久四年二月十一日だが、その五日後には、もう長女の継が生まれている。つまり、二回とも、正式の婚姻より早く、高野家の娘たちを妊娠させていたのである。

峯は貞吉より十七歳年下で、結婚したときは十八歳だった。貞吉が最初の妻、美保の入り婿となった嘉永元年には、まだ二歳の赤ん坊で、火鉢のまわりを這《は》っていたという。当然、そんな貞吉を冷ややかな目で見る人々もいた。強引に高野家に居座っているという中傷も流れたが、貞吉は意に介さなかった。

峯との間に生まれた長女、継は一歳になる前に亡くなったが、一年後の慶応二年に、次女の加寿が誕生した。

この頃、時代は急速に変わりつつあった。開国を迫る外国の艦隊が、日本の海上に現れ、二百六十年以上続いていた徳川幕府に揺さぶりをかけていた。

ずっと太平の世が続いていれば、貞吉も高野家を守り、平凡な生涯を終えていただろう。しかし、雪深い長岡藩の藩士たちは、思いもかけない試練に直面することになる。

今さら述べるまでもないが、慶応四年戊辰《ぼしん》の年から翌年にかけて、佐幕派と勤皇派に分かれての熾烈な戦いがあった。多くの犠牲者を出したこの戦争はよく、アメリカの南北戦争に譬《たと》えられたりする。

日本がまさに二分された戦争で、長岡藩も選択を迫られた。

七万四千石の長岡藩の藩主である牧野家は、三河と縁が深く、政権が朝廷に移るのには反対だった。

この時期、藩政に彗星のごとく登場したのが河井継之助である。文政十年の生まれなので貞吉より二歳年長だった。

当時の長岡藩主、牧野忠雅は継之助の書いた建言書が気に入り、彼を御目付格の評定方随役に任命した。これは異例の抜擢である。

その後、さらに慶応三年には年寄役、同四年には家老本職、そして家老上席へと出世の階段を駆け上った。

若くして、その才腕を謳われた継之助は、戊辰戦争の軍事総督として指揮をとることになる。

このときの継之助の姿を、後の太平洋戦争における山本五十六と重ね合わせて描く書物は多い。また、五十六自身、非常に継之助を尊敬していたという。

その点については、いずれ後述するとして、今は戊辰戦争に巻き込まれた高野家の人々の足取りをたどってみたい。

昭和十九年二月に出版された山岡荘八著『元帥山本五十六』では、まず、戊辰戦争の最中の高野家の情景から筆をおこしている。

それほど、この戦争は、山本五十六の生涯に深い影響を与えたのだといえる。

河井継之助の最終的な決断により長岡藩は勤皇派への徹底抗戦を決意する。会津、庄内の二藩に越後六藩も加わった奥羽越三十三藩を連ねる同盟に長岡藩も参加して、戦の火蓋は切って落とされた。

貞吉の岳父、高野秀右衛門は古義学の儒者であると同時に槍術の達人だった。古武士然としたその面貌は、山本五十六によく似ていたといわれる。

慶応四年五月十九日、新政府軍のすさまじい攻撃を受け、長岡城は落城した。

その前に貞吉も長男の譲《ゆずる》（この当時は楯之助）もすでに出征していた。後からまだ十四歳の登も戦闘に参加したため、玉蔵院町の高野家は、秀右衛門と峯に幼い子供三人が家を守っていた。

しかし、迫り来る戦火を逃れるため、峯は子供たちを連れて会津へ向かうことを決める。すでに多くの武士の家族が会津へと落ちのびていた。

このとき七十三歳の秀右衛門は城下にとどまり、最後まで官軍と戦うといって譲らず、峯は後ろ髪を引かれる思いで、子供たちと家を出る。

山岡荘八の筆には、秀右衛門は老妻、美嘉と共に悠然と茶をのみ、香をきき、それから鉄砲の弾丸ごめを妻に命じたとある。

「碌々として、長い一生だったのう」

とつぶやいて、家伝の和銃三挺を自宅付近の芋畑の中へ据えて、十人以上の敵兵を倒した後に、斬殺された。

おそろしい混乱の中で秀右衛門の遺骸を見かけた長岡藩士がその陣羽織の端を切って懐中に入れて逃れた。

後にこの陣羽織の小布は生きのびた貞吉一家の手に渡されたと山岡荘八は書く。

しかし、実際には、秀右衛門の妻、美嘉は文久元年に亡くなっているので、この話には少し無理がある。また、陣羽織の小布についても、後に世に出た貞吉の日記には記されていない。ついに秀右衛門の遺骸はみつからず、発見された歯だけを長福寺に納めて葬式をしたとの記述がある。

秀右衛門の戦死は、城と運命を共にするものであり、華々しい最期だった。

「八十里腰抜け武士の越す峠」

と自嘲的な句を詠んだのは、八十里を越えて会津へと落ちて行き、そこで戦傷のため没した河井継之助である。

実際、多くの武士が落城と共に会津へと向かった。貞吉もその一人であり、妻の峯と子供たちが後を追った。

武士の美学としては、長岡を一歩も動かなかった秀右衛門のほうが完結していたのかもしれないが、それは老齢だからこそできたことだった。

戊辰戦争の際に貞吉がたどった足取りについては、稲川明雄著『長岡城落日の涙』に詳しい。

一度は落ちた長岡城を同盟軍は七月二十五日に奪還する。しかし、それも空しく、新政府軍の猛反撃にあい、わずか四日後にはふたたび陥落してしまった。

会津へと落ちのびる途中で、貞吉は峯と子供たちに再会している。

このときの八十里越えがいかに苛酷なものであったかは、米沢藩の記録に「長岡藩の婦女子らは疲れ果てて、道の傍らに眠り、幼児は泣き叫んで哀れであった」と書かれているほどである。

逃げて行った先の会津へも、やがて政府軍側の手は伸びて、藩内での悲惨な戦いが続いた。貞吉も会津まで転戦し、涙橋の戦闘で左上腕部を負傷した。八月二十五日のことである。長岡藩医で著名な蘭方医、川上寿碩の手術を受け、貞吉は一命を取りとめる。しかし、この傷は後々まで貞吉を苦しめた。

別々に出陣していた長男や次男と合流して、貞吉は米沢城下を経て山形を目指し、仙台へと赴いた。

ようやく故郷の長岡へと向かったのは十一月十四日である。すぐには長岡城下に入れなかったが、峯や子供たちとも再会を果たし、家族は明治二年春になってから、昔の屋敷があった場所へと帰りついた。

実に一年近くにわたる長い長い逃避行だった。

その途中で、一家は何度も離散の憂き目にあっている。長男も負傷した。三男の丈三にいたっては、十一歳で栃尾に置き去りにされた時期もあった。全員がふたたび一緒に暮らせるようになったのは、奇跡としかいいようのない幸運だった。

だが、明治維新以後の新しい時代に、貞吉を待ち受けていたのは容赦のない厳しい現実だった。

長岡城下の総戸数二千九百四十七軒のうち、二千六百八軒が戦争により焼失した。

貞吉の一家も玉蔵院町の屋敷のあとに粗末な家をようやくの思いで建てた。しかし、以前のように藩からの米の支給があるわけでもなく、貞吉の職もすぐにはみつからない。

幸い、貞吉は家財などを町人に預けておいたので、しばらくはそうした蓄財をとり崩していたが、それもすぐに底をついた。

なんとか高野貞吉一家の生活が落ち着くのは、明治三〜四年頃に貞吉が柏崎県の書記の職を得てからだった。そして、明治五年、柏崎県の東京出張所に赴任した。

このとき一緒に上京した長男の讓は、北海道に渡り、後に開拓使を務めるようになる。

一方、貞吉は長岡へ帰り、明治六年に古志郡村松村の小学校の初代校長兼教師となった。

悠久山に梅の花が美しく咲きこぼれる頃、貞吉は頰に漆黒の髭をたくわえて、子供たちの教育に専念し始めた。

相変わらず、豊かとはいえない経済状態にあって、高野家の子供たちは次々と自立を促された。

長男の譲はすでに述べたように東京から北海道へ行き、明治十年には譲の長男、力が誕生している。貞吉にとっては初孫だった。

次男の登は近松家へ養子に出され、三男の丈三は十五歳で単身上京し、やがて築地のキリスト教会に入り宣教師となった。

思いがけなく峯に子供ができたのは、明治十二年十月のことだった。まさか五十歳に手の届く年齢になってと、貞吉は面はゆい気持ちだった。

あの熾烈な戦争で生死の境をさまよってから十年の歳月が流れ、夫婦の間にもようやく少し穏やかな時が訪れていた。

これが、もう最後の子供になるだろうと思い、生まれた男児には、季八《すえはち》と名付けた。

同じ頃、長男譲《ゆずる》のところには、力に続いて、長女の京が誕生している。

譲は明治十四年に北海道で、樺戸集治監の看守長という要職に三十歳の若さで就任した。そのため、長男の力の養育は貞吉と峯の手に委ねられた。当時の北海道は、まだ荒涼たる開拓地で、子供など育てられる環境ではなかった。

樺戸集治監とは、簡単にいってしまうと、政治犯を収容するために日本政府が作った監獄である。

どのくらいの期間、譲が看守長を務めたかは不明である。だが、広大な北海道の地で、譲は農場経営へと転身をはかった。

この当時、戊辰戦争に敗れた藩の藩士たちが新天地を求め、北海道や東北で農場経営に乗り出すのは、よくある例だった。

譲は長岡で職を失い生活苦にあえぐ旧藩士たちを北海道に移住させ、札幌近郊にある自身の農場で働けるよう尽力した。

すべては順調に思われた。譲の子供たちの養育費は、多すぎるほどの金額が送られてきていた。

譲の長男の力は、いかにも利発な子供で、将来が楽しみだった。

貞吉は村松小学校から上組村小学校へと勤務先が変わった。たまたま能筆であった貞吉は校長の職に就いた。その頃は小学校といえども寺子屋のような形式だった。それが次第に近代的な学校へと設備を整えていった。

あの戊辰戦争の風雪をくぐり抜け、貞吉は人間的にも成長していた。教育者としての見識を具えた立派な校長として村民の人望を集めていた。

だが、校長の収入などは、たかが知れている。貞吉のところへは四百余坪もある土地を屋敷とともに売れという話が何度かもちかけられた。そのたびに、貞吉は答えた。

「これは藩主から拝領したものだ。人から頂いたものを売ってすむか」

長岡の旧藩士たちにとって、新しい生活を始めるための資本となるのは土地、屋敷だけだった。多くの人がすでにそれを手放していた。

だが、貞吉は武士道にこだわっていた。この家を死に場所と定め、凄絶なる討ち死にをした秀右衛門のことを考えると、たとえ餓死しても、旧藩士としての意地は通したかった。

小さな家の周囲には畑が作られた。その畑の中に何本かの柿の木が育ち実をつけた。焼け跡から見事に芽をふいた柿の木は、高野家の不屈の精神の象徴のようにも見えた。

まさかと思っていた峯が三十九歳*でまたしても子供を産んだのは、明治十七年四月四日のことだった。

この日、貞吉は訪ねて来た友人と翌日は釣りに行く約束をしていた。北国の冬は長いが四月の声を聞くと、ようやく水がぬるみ、釣りができるようになる。特にこの年は春の訪れが早かった。

貞吉はのんびりと会津出身の近所の御隠居と碁を打っていた。二局目に入ったところで峯が産気づいた。大あわてで産婆を迎えに走った。ちょうど正午に生まれたのは元気な男の子だった。

日本は明治十六年十一月、東京の内山下町に鹿鳴館を開館した。これからの時代、外国の要人との社交場が必要だということで、イギリス人コンドルの設計による純西洋風の建築物が造られたのである。

戊辰で大きく開いた傷口は、少しずつふさがれ、文明開化のかけ声のもとに、近代化が進められていた。

しかし、貞吉はそろそろ隠居の生活に入ろうとしていた。もう長男の譲が立派に北海道で開拓に従事していた。人生も終わりの時期に近づいた頃に、子供が生まれた。

四月四日とは、「死」が二つも重なる。あまり縁起の良い日ではない。

そんなことも気になりながら、長岡の町長、秋庭半に役場で会った。すでに季八《すえはち》が生まれたときに「すえ」の意味を込めた名前をつけたのに、どうしたものかと相談すると、秋庭は貞吉の年齢を尋ねた。

「五十六だて」と貞吉は答えた。

「五十六か、まだ盛りだ。それじゃいっそ、五十六と正面きって名前をつけて、大手を振って歩かっしゃったらどうだ？」

この秋庭の提案で、子供の名前は決まった。

「イソロク」である。

　なんとも響きの良い名前だった。一度聞いたら忘れられない名前でもある。譲、登、丈三、惣吉、季八という他の兄弟に比べても、いささか毛色が変わっていた。

　いずれにせよ、後の連合艦隊司令長官となる山本五十六が、このときに長岡の小学校校長の六男として生まれたのである。

　数ある山本五十六の伝記の多くは、当時の高野家が経済的に困窮していたと書いている。しかし、実際には、かなり豊かだったはずだと語るのは、山本五十六の長男にあたる山本義正氏である。

　なぜなら、高野家は北海道の譲《ゆずる》から、経済的な支援を受けていたからだ。

　実際、『長岡市史・通史編』などを見ると、北海道開拓の先駆者として森源三と並んで高野譲の名前がある。余談になるが森源三は、薩摩出身者が多い開拓使の中で数少ない「賊軍」の藩の出身者で、戊辰戦争では河井継之助と共に奮戦したことで知られている。また札幌農学校の校長でもあった。

　明治十五年には長岡商会の代表十一名が北海道を訪れ、「森源三や高野譲と会い、その案内で開拓使の工作場を見学し」たと『長岡市史・通史編』には書かれている。

　札幌に北海道庁が設置され、開拓事業が統轄されることになったのは明治十九年である。

同じ頃、長岡には北越殖民社が組織され、二百戸以上の移住者を募集した。

おそらく、この時期に譲は最も活躍したのだろう。

高野家の繁栄に翳りが生じ始めたのがいつからだったのか。正確なところはわからない。ただし、山本義正氏の記憶によると、北海道の譲の農場が火事になり、その火災の弁償をするため、経済的に行き詰まったのだという。

たしかに『長岡市史・通史編』にも、入植者の苦労が綴られた項で、「また、いったん火事が起こると、防火用水も水もなく、ただ焼けるのをみているほかなかった」という記述があるので、火事による被害が相当あったのだろうと想像できる。

譲に残されたのは農機具の焼失にともなう多額の負債だった。もちろん今までのように実家に仕送りもできなくなった。失意のうちに譲は明治三十六年、五十二歳で病死している。*

明治二十三年の貞吉の日記には、米価高騰を嘆く狂歌が見られるので、すでにこの時期には経済は逼迫していたようだ。

高野家は、元来、秀才の家系である。貞吉からして、学問が良くできたため高野家の娘婿になった。

譲の長男、力の学校の成績は抜群に良かった。貞吉は力の将来に高野家の光明を見いだそうと考えた。つまり、力を大切に育てて、学問を修めさせ、立身出世させたいと願ったのである。力は高野家にとって唯一の希望だった。

五十六は末っ子ということもあり、両親は厳しく躾けこそすれ、過剰な期待はいだいていなかった。

その五十六が長岡本町の阪之上小学校に入学するのは、明治二十三年四月である。阪之上小学校の校舎は旧国漢学校だった。あの、あまりにも有名な「米百俵」の見舞いによって小林虎三郎が長岡の子弟の教育のために開校した国漢学校である。

少年の日の五十六も、教育を重んじる風土での「米百俵」の大切さをすでに感じ取っていたはずだ。少なくとも戊辰戦争は、大昔の戦争ではなかった。高野家にとっては、ついこの間の悲惨な体験だった。女である母の峯までが大小の刀を腰に差し、会津まで落ちて行った日々を五十六はどのような思いで聞いていたのだろうか。

アメリカ人の宣教師、ニューエルが長岡に住んでいたのは、明治二十五年頃までだったらしい。布教活動の他に長岡中学で英語も教えていた。初めて長岡で野球を広めたのもニューエルである。

このニューエルの家へ、小学生の五十六は何度か通った。貞吉の日記には「五十六耶蘇へ行く」といった記述がある。

譲の長男で、五十六が小学校に入学した年に入れ違いのように卒業した力もニューエルの家を訪れている。それは貞吉がキリスト教に理解を示していたからだろう。

後年、山本五十六が戦死した際、ニューヨーク・タイムズ紙は、「山本提督は、父親にアメリカ人を憎むように幼い頃に教え込まれていた」と報じたが、これは事実に反する。むしろ、貞吉は息子や孫がアメリカ人と接触するのを認めていた。もちろん、まだこの時代には、キリスト教を嫌ったり警戒する風潮のほうが強かった。

それにもかかわらず、貞吉の三男の丈三は千葉県東金町でキリスト教の宣教師となっているのだから、普通の家庭とは少し違っていた。

といって、神社への参拝や寺院への参詣にも熱心だったので、その意味ではいたって日本的なおおらかな宗教観を持つ一家だった。

小学校での五十六の成績は常に首席か二番を維持していた。

小学校一年生のときの担任の教師だった渡部与とは、その後、長く交流することになる。

「五十六少年はよく出来た子だ。おとなしく本当に黙りっ子だった。紺縞の木綿の着物を着て一番後ろの席で、手を胸のところで組んでおった姿が今も目に見えるようだ」という渡部の回想からは、怜悧な五十六の姿が浮かんでくる。

しかし、それでも貞吉は自分の六男が特別に優秀だとは思っていなかった。孫の力は、長岡学校（後の長岡中学校）で一番の成績であり、五男の季八も学年で一、二番なのだから高野家としては成績が良いのは当然だった。

明治二十五年、五十六が小学校三年生のとき、力も季八も上京した。力は叔父の野村貞海軍大佐の家に寄宿し、軍医を目指した。季八は三男の丈三の家に身を寄せ歯科医を志した。

もっとも貞吉の日記には、明治二十六年になっても力が登場するので、力の上京はもう少し後だったのかもしれない。

野村貞大佐は戊辰戦争の際、長岡の大砲隊長として貞吉と共に活躍した人である。その後海軍で出世をした。五十六はこの人の影響を受けたと書く伝記もある。

いったい、いつ頃から五十六は軍人になろうと心に思い定めたのか。

本人が書き残した記録があるわけではないので、はっきりとしたことはわからない。ただ、かなり幼い頃に、もうその決意を固めていたのではないかと考えられる。

祖父、父のみならず、兄も二人までが戊辰戦争に出陣した家に生まれた男子である。そのときの苦労はさんざん聞かされていただろう。しかも、本当の苦労は、実は明治維新以降にやってきた。

高野家は、職を失った士族であると同時に、賊軍の汚名を着せられた旧長岡藩士だった。父や兄が二重の苦しみを背負っているのを五十六は知っていた。

新しい時代を迎えて、必要なのは子弟の教育であるというのが長岡藩の基本方針だった。

子供たちに学問をさせ、中央へ出て賊軍の汚名を晴らすような活躍をさせる。それが、長岡の主だった人たちにとっての暗黙の了解事項だった。

こうした土壌があればこそ、廃墟といえる長岡から、もう明治二年には十名、翌三年には九名の若者が上京して、福沢諭吉が創設したばかりの慶応義塾に入学している。これは全国的に見ても中津藩、紀州藩についで三番目の多さだった。

だから、高野力も、長岡中学を卒業した後、東京慈恵医院医学校（現在の東京慈恵会医科大学）へ通っていた。力の父、譲の事業の失敗も、力が立派な軍医となればすべては取り返せる。高野家の隆盛は力の肩にかかっていた。その意味で、力は「家の人」だった。

その力が、帰省するたびに五十六にいった。

「おれは身体が弱くて兵学校へ行かれなかったから軍医になる。五十《いそ》さはしっかり勉強して兵学校へ入れよ」

「五十さ」とは、この地方で相手の名前を親しみを込めて呼ぶときの表現だった。

五十六自身も幼いなりに、日本の国際情勢への目配りをしていた。

特に日清戦争に勝利した後の明治二十八年五月、三国干渉により遼東半島を清国に返還せざるを得なくなったとき、五十六は同級生たちと一緒にポロポロ涙を流して悔しがった。

「どっけのことしても、一等国にならんばなん！　日本は海軍がまだ足らんのだてのう」

底光る眼で五十六はつぶやいた。この頃から五十六の胸には、軍人になって、日本のために戦うという思いが芽生えていたのではないだろうか。そのためには海軍兵学校へ進学しなければならなかった。

長岡の雪は深い。高野家は玄関二畳に六畳と四畳、台所は二坪で他に便所があり、二階は二畳と八畳の物置という小さな家屋だった。

土台がしっかりしていないので、屋根に雪がつもると潰れる恐れがあった。だから小まめに雪下ろしをしなければならない。雪が降り始めると、貞吉を助けて、五十六もよく雪下ろしをした。

いよいよ小学校の卒業を間近に控えた冬、五十六は雪下ろしを手伝いながらも、心は上の空だった。卒業後の進路のことで、教師と話し合ったばかりだったのである。

成績優秀な五十六は、当然、長岡中学へ進学するよう教師は勧める。しかし、それを両親が許さないのはわかっていた。

力は進学した。彼は特別の使命を担って進学したのである。他の兄弟はみんな、小学校を卒業すると同時に家を出て、苦学生の道を歩んでいる。

自分だけ中学へ行かせてくれとはいえない。それは承知しているのだが、そうすると、将来、海軍の軍人になる夢は実現できない。

そんなとき、長岡社から貸費生にしようという話があった。

長岡社は「米百俵」の逸話で知られる小林虎三郎の実弟で、大蔵省に勤める小林雄七郎やその他数人の旧長岡藩士たちの賛同を得て明治八年に結成された。

かつての藩士の子供たちの学資を援助するための機関であり、社員は毎月決まった金額を積み立てた。その援助を受けた貸費生は、卒業後に貸費を償還することと、終身、長岡社の社員として尽力することを義務づけられていた。

いかにも教育熱心な長岡らしい制度である。こうした制度がなかったら、中央に出て官界へ進出できる人材を育成するのは難しかった。

本来は大学へ入学するための学費を援助していたのだが、五十六が高等小学校六年生になった明治二十八年には、中学への進学にも補助が出ていた。

ぜひとも五十六が長岡社の援助をもらえるようにと奔走してくれたのは、一年生のときの担任だった渡部与だった。渡部が貞吉に、長岡社の世話になってはどうかと持ちかけると、貞吉は頑として受けつけなかった。

少しばかり成績がいいくらいで子供に依頼心を起こさせたくないというのが、貞吉の言い分だった。いくら貧乏をしていても他人の世話にはなりたくないという武士としての矜持がそこにはあった。

建前として述べた貞吉の意見は、「奉仕の心がないものには孝もわからなければ忠もわからない」のであって、長岡社に世話になるのは「奉仕する心と反対ですからのう」ということだった。

それに対して渡部与は、「長岡社こそ奉仕の心でできている。他人の世話をするのではない。秀才を見いだして、その秀才をとおし、国恩に奉仕したいというのが長岡社の精神」だから、ぜひとも借りてもらいたいのだと説いた。

結局、貞吉は理詰めで迫る渡部与に押されて、とにかく一度本人の意見を聞いてみると答えた。

渡部が帰った後で貞吉は五十六に尋ねた。人の世話になってもいいのか、と問うと、五十六は、はっきりとした口調でいい切った。

「一時はお世話になっても、おれが偉くなって何倍にもして返せばいいと思います」

返せる自信はあるのかと、さらに問う父親に息子は、「は、あります」と力強くうなずいた。

このときから五十六の猛勉強が始まったと、後に渡部与は回想している。まず長岡中学の入学試験に合格しなければならない。

五十六の勉強部屋は屋根裏にある頭がつっかえそうなくらい天井の低い二畳間だった。

ノートはすべて使い古した紙の裏側をとじて作った。夜遅くまで、五十六は机の前を動かず勉強を続けた。睡魔が襲ってくると、羽織から順に脱いでいった。そうすると寒くて目が覚めるからだった。

明治二十九年、五十六は首席で高等小学校を卒業し、無事に長岡中学校へ進学した。このとき、高野家が長岡社から受けた援助は、月に一円だったという。小学校教員の初任給が月に八円くらいだった時代の一円である。

年額にして十二円、五年間で六十円の貸費を受けたことになる。後に五十六は海軍に任官するとただちに貸費を返済し、さらに長岡社への高額の出資を惜しまなかった。

中学一年生になっても、首席を守っていた五十六のもとに、なんとも暗い知らせが届く。譲の長男の力が、東京で病に倒れたのである。明治三十年六月のことだった。

当時は不治の病と恐れられていた結核に冒された力を心配して貞吉は上京した。名医と呼ばれる人の門を叩き、診療を受けさせたが、ついに万策尽きて、自宅で静養させるため力を連れ帰った。

八月二十四日に長岡にもどった力は、九月二十八日、帰らぬ人となった。

力の死は、五十六の人生観に大きな影を落とした。人間は、その生涯に何度か転換期を迎えるものである。

まだ中学生だった五十六も、このときから自分の生きる方向をはっきりと見いだした。

高野家の後継者とも恃む力の夭折で、最も落胆したのは貞吉だった。

葬儀が終わって間もなく、渡部与は高野家を訪問した。その頃、渡部は阪之上小学校を退職し、第一銀行の長岡支店に勤めていた。家が高野家のすぐ隣だったので、かつての生徒だった五十六の成長ぶりを頼もしく見守っていた。

高野家の入り口には枝ぶりのいい松が一本植わっている。五十六の祖父、秀右衛門が「松陰」という号で、松を愛した名残だった。

まるで、武骨な秀右衛門が今でもすっくと立っているかのような老松の下をくぐって、渡部が玄関に入ると、出迎えた峯の眼は、まだ赤く腫れていた。そのうしろで、五十六が礼儀正しく挨拶をした。山岡荘八著『元帥山本五十六』によると、次のようなシーンがあったという。

何もいってくれるなと、貞吉は渡部に向かってため息をついた。

「よりによって、跡取りを召されたので、話がでるとつい愚痴になる」

髭をしごきながらいうと、貞吉は五十六のほうを見た。

「これが代わってくれれば、何のことはなかったのにのう」

静かな口調だった。しかし、渡部は衝撃を覚え、思わず五十六から眼をそらせた。峯が茶を差し出しながら言葉を引き取った。

「いらない者といる者と、それを代わらせないところに天意がござんしょうかのう」

なんと答えてよいかわからず沈黙している渡部に、五十六が大きな声で、「勉強をしかけていますから失礼します」と会釈をして立ち上がった。その眼から涙があふれ出そうになっているのに渡部は気づいた。しかし、貞吉も峯も平然として、その場をとりなそうとはしなかった。

渡部が案じたのは、両親の心ない言葉によって五十六の性格が歪むのではないかということだった。

そんな渡部に人一倍利発な少年だった五十六は、家というものは、あれくらい真剣に考えなければ立ち行かないのだ、両親のお陰で家の大切さを教えられたと、けなげに語っている。しかし、やはり少年の感じやすい心に深い傷跡を残したのは確かだった。五十六は精一杯、理屈を考え出して現実と折り合いをつけていたのだ。

その証拠に、五十六は成人してからも親しい人々に何度か、父母から「これが代わってくれれば」といわれた体験を話している。

それほどトラウマとなっていたのだろう。また、このとき、渡部に自分の決意を披露している。力の墓参りに行き、海軍に入りたくてたまらなかった力に代わって、自分がきっと入って、「二人分の御奉公をするから安心してくれ」と誓ったという。

いかにも少年らしい素直な誓いにも聞こえるが、その裏には、力が生きて働いた分まで自分がやってみせるという意地が感じられる。そうすることで、自分に発せられた両親の心ない言葉の埋め合わせができると考えたのではないだろうか。

どうしても一家にとって必要な人間になってみせるという決意を、しっかりと心にいだいたのである。

力が病死する前に、五十六の小学校時代の親友で、常に首席を争っていた赤柴清が病気のため亡くなっていた。

いくら勉強ができても、人柄が良くても、身体が丈夫でなければ何の意味もないと五十六は骨の髄まで思い知った。

自身の肉体改造に少年は挑んだ。

高野家の敷地は広かったが、器械体操の用具を調える余裕はなかった。そこで五十六は早朝起きて玉蔵院町の家を走り出て、人家のまばらな今朝白街道から長岡中学の校庭へ突進した。

たった一人で心ゆくまで鉄棒や木馬などの練習をしてから家へ帰り、朝食を摂る。授業が終わるとまた自宅へもどり、予習、復習をすませて、午後五時にふたたび中学校へ向かい、校庭で黙々と体操をした。

また雪中を素足、素手で歩く運動にも率先して加わった。

野球に熱中したのも中学時代だった。守るのも打つのも得意だったという。あるとき、五十六はデッドボールを頭にくらってグラウンドに倒れた。びっくりした選手たちは五十六のまわりに駆け寄った。すると、はっと我に返った五十六は猛然と立ち上がり一塁をめざして走り出した。それほど負けず嫌いの勝気な少年だった。

中学を卒業する頃には、どんな競技でも彼に勝つ同級生はいなくなった。その代わり、成績が一時は首席から十数番へと下落した。

明治三十四年三月三十日、五十六は長岡中学校を卒業している。

入学したときの同級生は約百名いたが、途中退学者や転校者が多く、卒業のときには三十六名になっていた。

六番の成績での卒業は、とび抜けて良いものではないが、それは当時の彼の関心が、もっぱら肉体改造に向けられていたのだから、仕方のないことだった。

在学中はとにかく質素な生活を送った。教科書のほとんどは、自分で筆写した。制服も五年間同じもので通した。だんだん成長して身長が伸びると、その分だけ布をつぎ足して着ていた。自宅では母親の手織りの木綿縞の着物を着用した。

小柄で痩せて無口な少年だった。行状点は九十八点とクラスで一番で、常に沈着冷静な態度をとった。

こうした事実から浮かび上がってくるのは、おそろしく抑制のきいた少年の姿だ。年老いた両親に育てられ、貧しい生家の実状を背負い、少年は普通の子供よりも早く、大人になることを強いられた。

では、大人になるとはどういうことか。

それは、時間を制御する作業だった。子供は、時間の流れに身を任せて生きている。それが許されるのが子供の世界だ。

しかし、大人になると人間は自分で時間の割り振りを決めなければならない。自分の持ち時間をどう処理していくかによって、大人はその過程で社会での地位を確立する。

五十六は広島県の海軍兵学校を受験するつもりだった。長岡中学の先輩で兵学校に在学している加藤哲平に手紙を出し、江田島の生活の様子を尋ねている。加藤によると、新潟中学からは六人が兵学校に進学したが、長岡中学からは二人しか来ていないので、ぜひ五十六に入学してほしいと激励したという。

反町栄一著『人間山本五十六』には、「五十六青年は、海兵の受験準備を精密に、秩序整然と始められた」とある。

なにしろ入学試験は七月だから、準備期間は三ヵ月しかなかった。当時、海軍兵学校といえば日本全国の秀才が集まるところだった。よほど成績が良くなければ合格できない。

中学時代の五十六は数学の成績が特に優れていた。また文章を書かせれば理路整然とした構成で、全校で一番だといわれた。

彼独特の緻密な計算による兵学校受験大作戦が始まった。それには、まず勉強部屋の確保が必要だった。

戊辰戦争が始まる一年半ほど前に生まれた姉の加寿は、このとき、すでに同じ長岡市内の高橋家に嫁いでいた。

子供がいないため、夫婦二人きりの静かな生活だった。一方、高野家は、亡くなった力の弟の気次郎が寄宿していた。また、四月六日には峯が心臓発作を起こし医者を呼ぶ騒ぎがあった。

なにかと落ち着かない上に人の出入りも多い実家では、じっくりと勉強に取り組めないと五十六は思った。そこで観光院町に住む姉の加寿を訪れ、勉強部屋を貸してくれないかと頼んだ。

高橋家は一階は二間しかないが、二階に新部屋があった。そこなら静かで集中して勉強ができる。

だが、薪部屋は天井も障子もなく、鼠と蜘蛛の巣だらけだった。あまりにひどすぎるのではないかと案じる姉に、五十六は自分がなんとか整理をするから貸してくれと重ねて頼み込んだ。

子供のない加寿は、年の離れた弟である五十六を実の子と変わらないほど可愛いと思っていた。その弟のたっての願いであるから快く承知した。

さっそく五十六は薪炭を片隅に積み上げて、むしろを一枚敷き、古机を持ち込んだ。ランプを置いて用意は完了した。

竹の骨組みがむき出しになっている荒壁の上に貼られた勉強の予定表を見て、姉は五十六に話しかけた。

「このとおりに実行できたら、七、八分までは満点でしょう」

予定表によると、試験の二十日前までにはすべての復習が終わる計算になっていた。

五十六は笑いながら、七、八分で満点などといっていては、戦争には勝てないと答えた。百点が満点だったら百二十点は取るくらいの準備をしなければ勝ちにはならないという弟に、

「それじゃあ、おみさんその自信があるがだのう」と加寿は聞いた。

「自信は準備からつきます。きちんと計画を立ててやりぬきさえすれば、やれないことは、この世にありません。やれないのは、はじめの計画が間違っているか、計画どおりに実行し

ないか、そのどちらかです」

大人びた弟の言葉に、姉はたのもしげにうなずいた。それから毎日、五十六は腰に大きな握り飯を四個ぶらさげて、高橋家に通って来た。握り飯の二個を昼食に、残りの二個は夕食にして、後はひたすら机に向かった。

長岡中学校を六番で卒業した五十六が難関といわれる海軍兵学校に二番で入学したときは、貞吉や峯も驚いたが、同級生たちはもっと驚いた。

夜中に井戸水を浴びてまで眠気をさまして、五十六が受験勉強に打ち込んだとは、姉の加寿以外は誰も知らなかった。

海軍兵学校公式入学許可なるものが高野家に通知されたのは、十月十六日だが、それより前の九月九日に、江田島学校被服員より、貞吉あてに、五十六の服と靴の寸法を書いて提出するようにという知らせが届いた。

この当時、五十六の兄登は、長岡の洋服裁縫店に養子に行っていた。その店を訪ねて寸法をとってもらった。

たまたま居合わせた他の客が、なぜ兵隊になるのかと五十六に尋ねた。

「武士の家の子が武士になるのは当たり前じゃないか」と、五十六は決然たる口ぶりで答えている。

こう答えたとき、五十六の胸に去来していたものは何だったのだろう。戊辰戦争で戦った祖父や父の血が自分にも流れていると確信していたのかもしれない。「武士の子」という自負を、五十六は死ぬまで持ち続けた。それは祖父の秀右衛門の美学を踏襲することでもあった。

秀右衛門は潔くあろうと、長岡城下を一歩も去らず、見事な討ち死にをした。死に際に咲く武士道の花は、危険な香りを放っている。まだ十七歳の五十六は、すでにこの危険な香りに魅入られていたのだともいえる。

五十六が海軍兵学校に入学したのは、明治三十四年十二月十六日だった。

初めて教官との面接があった際、お前の信念は何かと問われて、「痩せ我慢」と答えたというのは、割合とよく知られているエピソードである。

この答えは、決して直球で投げ返した感じはしない。やや変化球である。普通の青年よりも苦労を重ねて兵学校へ進学した五十六は、簡単には自分の本心を見せない性格になっていた。いつも、薄い皮膜を被せた感情を、外界に向けて発信する。それが、海軍兵学校という未知の世界に足を踏み出した十七歳の知恵だった。

このときの同級生は百九十名いた。その中には後の塩沢幸一大将、吉田善吾大将、嶋田《しまだ》繁《しげ》太郎《たろう》大将、堀悌吉《ほりていきち》中将などの俊才が揃っていたことでも有名である。

特に堀悌吉とは、その後、生涯を通じて水魚の交わりを結ぶようになる。

海軍兵学校に入学した生徒たちが、最初に案内されるのは風呂場だった。

「式場へのぞむ前に、まず各自が各自の娑婆の垢をよく洗い流さねばならぬ」という教師の言葉は、きわめて象徴的である。

兵学校というのは、「娑婆」とはちがうのである。生徒たちはみんな、それぞれの家庭の価値観を持って、江田島に参集した。だが、ここに来れば貴族の子弟も庶民の子弟もなかった。長州も会津もない。等しく、優秀な軍人になるよう厳しく訓練されるだけだった。

風呂に入って垢を流すと、真新しい制服、帽子、靴が彼等を待っていた。それを身につけて式場にのぞみ、初めて海軍生徒を命じられる。

兵学校時代における五十六は、初め自分の成績をひどく気にしていた。明治三十六年九月に兄の季八にあてて書いた手紙では、入学してから今までの歳月における自分の心の移り変わりを詳細に綴っている。

それによると、兵学校というところは「上校長より下一般に至るまで、試験を見る実に重きに過ぎ」、一点でも成績が悪ければ、それだけ「愚なる者」のように扱われるという。

そこで頑張って好成績を得ようと努力をしたのだが、あまりに勉強をし過ぎて胃カタルになってしまった。その後「猛然として悟るところ」があった。

同級生の中で優秀だったが、肺病で亡くなる者がいた。小学校時代の親友の赤柴も大志を達する前に亡くなっているし、もちろん、力の例もある。「君に忠となり国に尽さん」とすれば、自分の今の体格ではとうてい不可能である。「もはや私は名誉心も敵愾心も捨て体格を作る決心」をした。

あれこれ考えた結果、日課表を作り、運動時間を決めて、これを実行することにした。この決意は、中学時代の肉体改造への意欲の延長線上にある願望だろう。

五十六の頭の中は、とにかく丈夫な肉体を作り、国家のために奉仕するのだという信念でこり固まっていた。

やや皮肉な見方をするならば、国家のために立派に死ぬために、頑強なる肉体に鍛えるということだろう。

実際には、季八に書いたほど「小弟は決して人にすぐれたる頭あるには無之候」というわけではなく、兵学校時代の同級生の回想によると、どんな騒々しい場所でも、一人だけ超然として猛勉強を続けていたという。

五十六の兵学校時代のエピソードは少ない。後に出世をしてから、人々の意表を突くような行動を数多く残した事実からは想像もつかないほど、いたって地味な存在だった。

当時の教官だった野崎小十郎は、「山本元帥と江田島精神」という一文の中で、五十六のことを「生徒としても特に人目を惹くような派手な性格ではなかった。むしろ、己れを誇示せず、黙々として実力を養成するという、堅実な生徒であったようである」と回想している。

雪国育ちの五十六は、忍耐強く寡黙であり、まだ華やかなイメージをまとってはいない。ただ、彼の伝記に、必ずといって良いほど紹介される美談が一つある。

あるとき河野通徳という生徒が、チフスのため入院を余儀なくされた。ちょうど卒業試験の前だった。このままでは自分は授業に出られなかったので、たとえ全快しても卒業試験は通らないだろうと河野は見舞いに訪れた五十六に嘆いた。

やがて退院した河野は学校にもどり、自分のノートを開けてみると、欠席していた間の授業の内容が整然と記されている。

いったい誰がこのような作業をしてくれたのか。河野は狐につままれたような思いだった。兵学校の一日は午前六時から午後十時まできっちりと日程が組まれている。無駄にできる時間は全くなかった。受験生三千名の中から選ばれて入学した百九十名の同期生たちは日々鎬を削って、学力、体力を競っていた。他人のためにノートを取る暇などないはずなのだ。

誰に聞いても、ノートを筆写したのは自分ではないという。しかし、そんなことができるのは他にいないと思い、河野は五十六のノートを彼がいないときにそっと盗み見た。すると、間違いなく、自分のノートに残されている筆跡と同じだったのである。

「有難う。これで受験ができる」と感謝の言葉を述べる河野に、五十六はただ沈黙したままだったという。

　この種の美談は他にも数多くある。別に五十六は特別な理由があって河野のためにノートを取ってやったのではないだろう。ただ、友人の困窮を助けたかっただけなのだが、それが彼の生まれつきの性格でもあった。

　つまり、非常によく気がつくのである。他人の気持ちが手にとるようにわかる。そして、その人を助けるために素早く行動する。考えてみれば、それはリーダーの資質でもあった。

　兵学校に在学中のある夏休み、五十六は東京へ行き姪の京を訪ねている。

　長兄譲の娘であり、亡くなった力の妹である京は、姪といっても五十六より四歳年長だった。

　五十六と京の関係は不思議である。戸籍の上では叔父と姪であるが、年長ということもあって、五十六にとっては姉のような存在ともいえる。

　二人は、姉弟《きょうだい》の契りを結んだのだと、五十六は親戚の者に語ったりもしている。

　京は美しい女性だった。また、きわめて優秀でもあり、帝大附属病院の看護婦長の試験を受け、一度で合格し、それ以来本郷本富士町にある帝大附属病院に勤めていた。

　二人の関係にロマンチックな色彩を加えて描いたのは、作家の山岡荘八だった。山岡は五十六の伝記を書くにあたって京に直接会って取材をしている。その結果、何か特別な彼女の思いを感じたのかもしれない。

京のことを「きりっとした瓜実顔の美しい眸をもった娘」と書き、訪ねて来た五十六に「あたし昨夜は眠れませんでした。あなたに一年ぶりで逢えるのですもの……」といわせている。

娘は甘えるように五十六を見上げるが、五十六はニコリともしない。二人は連れだって上野駅へと向かう。一緒に長岡へ帰省するためである。

「機関車の喘ぎが切なく胸をしめつける沈黙」が続いた後で、「姉さん」と思い切ったように五十六が口を開く。

「姉さんも、もう結婚しなければいけませんね」

このとき、京は数え年で二十四歳になっていた。当時としてはそろそろ婚期を逸しかけている年齢である。

だが、京には働かなければならない理由があった。力が亡くなり、譲もついに再起できぬまま病死した後、高野家の生計は京の細腕にかかっていた。京の仕送りが高野家の人々を助けていたのだ。

自分が働いていることを負担に感じないでほしいと京はいう。「あなたはお国のため、あたしは高野家のため」に喜んで働くのだといい切る。さらに京は「どうしても結婚しろとおっしゃるなら、あたしはあなたの将来と結婚します」とその決意を告げた。もしも自分をいじらしいと思ってくれるなら、そのぶんお国に尽くしてくださいとけなげな覚悟を示されて、五十六は思わず瞼を熱くする。

京の五十六に対する思いは、限りなく恋に近かったのではないだろうか。

しかし、叔父と姪という関係、年齢差など、二人の間に横たわる感情が恋愛に発展するためには、あまりにも禁忌《きんき》が多過ぎた。

五十六にとっても、京はかけがえのない女性だった。なによりも頭脳明晰であり、話をしていても楽しかった。また、家のために犠牲となって、じっと耐えている姿に心が揺れることもあっただろう。

五十六はその生涯にわたって京に膨大な数の手紙を送っている。もちろん節度を保った書き方ではあるが、そこには京に対する愛情がにじみ出ている。

海軍兵学校からも、「兵学校案内記」と題して、写真と共に詳細に学校生活を綴った長文の手紙を出している。

遠く離れた東京にいても京がいながらにして兵学校を参観できるようにと書き送ったものである。こうした手紙は、本来なら自分の母親に出すもののように思える。

五十六と母親の関係はけっして悪くはないし、峯はやさしい母親だったが、子供がたくさんいたので特に五十六だけに愛情を注いだようには見えない。

むしろ普通の子供よりも早く精神的に自立しており、母親に甘える感情は乏しかった。それだけに年上の京は、どこか心の底辺で深くつながっている唯一の女性だったのだろう。

明治三十七年十一月十四日、五十六は海軍兵学校を十一番の成績で卒業した（『海軍兵学校沿革』原書房より）。

約三年にわたる兵学校での生活は、五十六にどのような影響を与えたのだろうか。

当時の教官がその回想の中で、兵学校というのは生徒の中から幾人かの天才を育て上げるところではないと書いている。生徒全体が将来立派な帝国海軍軍人となるよう教育するのが根本の精神だという。そのために、まだ若くて柔軟性のある青年たちは徹底した教育をされる。一種の全体主義を具現したものといえる。

当然ながら五十六もこれにすっぽりとはまった。長岡にいた頃、常に彼の脳裏にあったのは「家のため」だった。戊辰戦争を生き抜いた父親に象徴される高野家の重さだった。

ところが、兵学校ではあらたな洗脳を受けることになる。「家のため」ではなくて「国のため」、あるいは「大君のため」に生きるよう教育されるのである。

こうなると生命はもう自分のものではなかった。国に捧げた生命だった。

それにしても不可解なのは、なぜ若き日の五十六はあれほどまでに死に急いだのかということだ。

海軍兵学校を卒業した五十六は、海軍少尉候補生となり同級生と共に練習船「韓崎丸」に乗船した。そして、明治三十八年一月三日には、装甲巡洋艦「日進」への乗り組みを命じられた。

この前年の二月から日露戦争は始まっていた。卒業したばかりの候補生たちは、自然とこの戦争を念頭に置いていた。

五十六の伝記の中には、このときすでに彼が、バルチック艦隊を全滅させるためには、日本海へおびき入れるべきだと、珍しく滔々と意見を述べたと書いているものもある。

しかし、まだ兵学校を卒業したばかりの五十六が居並ぶ少中尉たちを前に、そんなに自信に満ちた口調で作戦を述べたかどうかは疑問である。

ただ、確かなのは、五十六が戦死した後に出版された伝記の多くが、彼を美化し英雄に仕立て上げ、数々の伝説を作ったことである。その点は差し引いて読まないと、これらのエピソードはあまりに現実離れしてしまう。

余談になるが、五十六が初めて実戦に参加するため乗り込んだ「日進」は、もともとアルゼンチンが発注してイタリアで製造された軍艦だった。

明治三十六年のクリスマスの夜、時のブラジル臨時代理公使だった堀口九萬一《くまいち》がアルゼンチンの外務大臣邸を密かに訪ね、もう一隻の「春日」と共に即金で購入した。値段は実に一千四百九十三万七千円だった。

同じ頃、ロシア政府もこの二隻の軍艦を買うつもりでいたのだが支払い方法にトラブルがあり交渉が遅れていた。その隙を突いての堀口臨時代理公使の早業だった。

堀口九萬一は詩人堀口大学の父親である。長岡の出身であり、九萬一の父、良治右衛門は戊辰戦争で生命を落としている。

九萬一も五十六と同じように長岡社の援助を得て東京の司法省法学校へ通い外交官となった。年齢は九萬一のほうが二十歳ほど上だったが、戊辰の役の辛酸をなめた家族の子弟という意味では共通項があった。また、後年、東京の新潟県人会などで、九萬一と五十六は面識があった。五十六が亡くなったとき、九萬一は葬儀にも参列している。

奇しくも同じように長岡から笈《きゅう》を負って出て来た九萬一の活躍によって、日露戦争の開戦八日後の二月十六日に横須賀に到着した「日進」に、若き五十六は乗船する。日本海海戦で「日進」は戦艦代用に抜擢され殿艦《でんかん》の重責を負わされた。

「日進」に乗船した五十六は、せっせと実家に仕送りをしている。三月十三日に十円。四月二十三日も十円。

この当時、白米を十キロ買うのに一円五十銭もあればじゅうぶんだった。十円は二十一歳の青年にしてみれば精一杯の金額である。

いよいよ海戦に参加する直前の五月十八日、五十六は両親に手紙を書き送り、覚悟のほどを示している。「既に殉国の誉を担うて先輩を海底に追う」ときが来ていると決死の心情だ。

ロシアのバルチック艦隊との日本海海戦は五月二十七日だった。五十六はこの一戦で重傷を負うのだが、そのときの詳しい経緯を、後年、自ら筆を執って記している。本人が書いているのだから、最も正確な記録といえる。

まず、この前夜、五十六は敵艦隊を見る夢を何度も見ていた。初陣で心が勇んでいたのだろう。だから、夜半の十二時から二時までの見張りを終えて吊り床に入り、うとうとしているとき「敵見ゆ」の声を聞いても、初めは夢か現実かよくわからなかった。

「艦長敵艦隊見ゆ、の無線電信がありました」という大声にガバと起きると、それは同僚の一候補生が艦長に報告しているところだった。

兵学校で三年も苦学して卒業してみれば、すでに旅順は陥落し、東洋艦隊（ロシア第一太平洋艦隊）は全滅し、「とき遅し、無念至極」と腕をさすっていたときに、バルチック大艦隊が現れたのだから快哉を叫ばずにはいられない気持ちだったであろう。

急いで甲板に上がると、各艦はすでに至急点火をして黒煙をもうもうと上げて進行していた。たとえ海底の藻屑《もくず》となっても、どうしてこのまま帰れようかと、兵士たちは勇を鼓舞する。

天皇陛下万歳を三唱し、昼食を摂った後、初陣の死後に悔いのないよう新しい軍服に着替え、父母の写真を懐に収めて長官室に候補生一同が集まった。御真影を拝し、ふたたび万歳を奉唱してから各自、配置についた。五十六は艦長伝令として最上艦橋に上がった。

午後一時四十五分、敵の艦影が一隻また一隻と遠く連なって見える。総数三十余隻。このとき旗艦「三笠」より信号が出る。

「皇国の興廃この一戦にあり　各員一層奮励努力せよ」

艦長が大呼してこれを総員に告げ、兵士たちの士気はますます高まった。その後の実際の戦闘に関しての五十六の筆はむしろあっさりとしている。

「三笠が集中弾を蒙り大檣《たいしょう》（注・メーンマスト）折れ壮烈なる模様」とか「日進が命中弾に依り被れる損害」などと十一項目くらいが短く列記されているだけで、あまり詳しい描写はない。

おそらく戦闘中は夢中で、全体の情景など見てはいられなかったのだろう。

戦闘は午後二時十分から約五時間続いた。「日進」は先頭を切って敵陣に突っ込んだので、被弾約八個、艦内は廃墟のごとき凄まじさだった。

乗組員七百名中、死傷者は実に九十八名にのぼった。

ふたたび五十六の記述にもどると、時まさに六時五十分、夕陽が西に傾いて、激戦が終わりを告げようとするとき、「巨弾一発轟然として残れる前部八吋《インチ》左砲に命中」して、五十六も「大風に吹き飛ばされし心地して」思わず二、三歩よろめく。

首に掛けていた記録板は飛んでなくなり、左手二本の指はポキッと折れて皮でもってわずかにつながっているだけだった。

「ウウやられたな、しっかりせよ」と艦長に励まされ足元を注意される。気がついて見ると右足の肉塊が六寸もそぎとられて鮮血が甲板を染めていた。

「大負傷は決して思ふ程苦痛のものにあらず敢て恐るゝに足らざるなり」と五十六は書いている。すぐに手当てを受けながら、自分のような者は何人やられてもなんら戦闘に差し支えはない。それよりも艦長の伝令として自分が敵側にいたので、艦長や砲術長の身代わりとなることができた。これこそは光栄だったと考えている。

治療所に運ばれてからの経緯は、またしても簡単な箇条書きに変わる。

血潮の流れる治療所で、重傷者たちは戦況を気遣っていた。やがて「撃ち方止め敵艦降伏」となり、負傷者一同が思わず万歳を叫んだ。

こうして五十六の初陣は終わりを告げる。名誉の戦傷をしたわけだが、阿川弘之著『山本五十六』には、異なる解釈が載っている。

敵弾によって五十六は負傷したと長い間信じられていたが、「実際はどうも『日進』主砲の膅発《とうはつ》によるものであったらしい」という。膅発とは、連続射撃で熱しきった砲身の鉄材が波をかぶってもろくなり、火薬のガスの圧力に耐えかねて自爆をおこすことを指すそうだ。

だとすると五十六の戦傷は事故によるものだった。

五十六が出征するにあたっては、母の峯が詠んだ歌を、父の貞吉が大型の白いハンカチーフに見事な筆跡で書いて贈った。

君の為め国のためには尽せかし散りても馨る武士の花

このハンカチーフを五十六は大切にポケットにしのばせていた。「日進」の主砲の爆発で吹き飛ばされた際、大あわてでハンカチーフを取り出して左手を包んだ。そのため白い布地は赤い血に染まって「筺底《きょうてい》の宝」となったと、五十六は両親に手紙で知らせている。

後日談になるが、このハンカチーフと、そのとき五十六が着ていた軍服、白木綿のシャツとズボン下は、記念として長く山本家に保存された。それを納めた木箱の上には、貞吉が、これらの品は「子孫に示すべき伝家の宝」であると書いている。

なんとも強烈な貞吉の思い入れである。

そもそも、息子に贈った和歌からして、とにかく立派に戦って、死んで来いという意味が込められていた。

まさに五十六は、日露戦争で死ぬつもりでいた。本気でそう思っていた。

その証拠に、五十六は五月末に両親に書き送った手紙の中で、自身の戦傷についての報告をするのと同時に、三十円を都合してくれないかと無心している。

なぜ借金を申し込んだかというと、どうせこの戦争で自分の生命はないものだと信じていたので、所持金を病床にある友人にすべてあげてしまった。もう金は自分には必要ないと覚悟をしていたのである。

ところが生き残ってしまった。これは五十六にとっては計算外の筋書きだった。そこで、とにかく三十円だけ送金してくれと手紙で頼む仕儀となった。

しかし、相変わらず自分は戦争で死ぬつもりではいたようだ。同じ手紙の中で早く回復して、「来るべき次回の機にこそ花々しき討死を遂げん」と、その心境を吐露している。

ようやく助かった生命なのに、なぜ、それほどまでに死を望んだのか。これは当時の社会情勢や倫理観、あるいは五十六の育った家庭環境などを考慮に入れても、やはり少々不思議な感じがする。

海軍兵学校を卒業した頃から、五十六は自分がどのように死ぬのか、その死に場所をずっと探し求めていた――と解釈するのが最も自然かもしれない。

なぜか五十六には、死への強い願望があった。死こそが彼の生を輝かせるものだった。

最初に五十六が入院したのは佐世保海軍病院だった。傷は初めに本人が考えていたより、はるかに重かったようだ。

全身麻酔で手術が行われ、左の人さし指と中指が切断された。また下腿の大きな傷は組織が壊死《えし》していて腐肉状態だった。その上に、子供の頭くらいの大きさの肉が抉りとられていた。

手術は一時間ほどで終わった。それが五月三十日のことで、六月四日には化膿の徴候があったが六日には腫れも引いて、熱も下がったので、八日に横須賀の病院へ移送された。

それから順調に回復したかというと、どうもそうではなかったらしい。

高野京が横須賀に駆けつけたとき、五十六の傷はふたたび悪化していた。

看護婦長の京が五十六の傷を見ると、左手全部が腐った柿のようにぶよぶよの状態だった。

さらに五十六の顔は、げっそりと肉が落ち病み衰えていた。

「姉さん、わざわざすみません」と、五十六は相手を労《ねぎら》うような表情を見せた。

それから、ぽつりぽつりと語り始めた。

こうしてベッドに寝ていると、人の真心がよくわかるという。「人生は異常な経験を経るのでなければ、ほんとうはわからない」と口走る五十六に京は首をかしげる。

「この病院に、毎日たくさんの慰問者がやって来る。肉親は別だが……その中におよそ三通りの人種がある。心から慰問せずにいられない優しい人。大きな花束をひけらかして、隣近所への見栄で来る人。もう一通りは、来なければすまないと思いながら、なかなかやって来られない人……」

そんなことを観察していたのかと驚く京に五十六は言葉を続ける。

「姉さん、俺はつくづく雨の降る日が好きになった！」

その言葉につられるように京が枕辺の窓を見ると、しとしとと雨が大地を濡らしていた。

「静かに考えられるから？」と京が問うと、「いいや、真心だけが集まるからさ」と五十六は答える。

雨の日に出掛けるのは億劫なものだ。それでも見舞いに来るのは真心を持った人だけだ。だから雨の日には真心が集まるのだと五十六はいう。

京は、そっと顔をそむけて目頭を押さえた。あんなに負けん気の強い五十六が、こんなことをいうのかと思うと聞いているほうが辛かった。

それほど五十六の身体は弱っていた。そのために入院も長引いていたのだった。

このとき、五十六が左腕を切断するかどうか、医師に決断を迫られていたと書く伝記もあるし、いや、けっしてそんなことはなかったという医師の証言を載せた文献もある。

すでに述べたように山岡荘八著の『元帥山本五十六』は、京に会って綿密な取材をしている。小説として多少の脚色はあるものの、京とのやりとりはかなり真実に近いと考えられる。

そのなかにこんな会話がある。

「片腕切って海軍を離れるぐらいなら、なぜ弾丸に当たって死ななかったのかと思うと……」

「辛いでしょう……辛いでしょうけど失望しちゃいけませんわ。それでいつ手術すると先生はおっしゃるの？」

「なあに、いまはもう辛くない。心配しないでください。切る時はずばり切る。平凡な切り方はしない。非凡な人間は、非凡な経験からでなければ生れて来んのだ！」

いささか謎めいた五十六の言葉の意味が京にはよくわからなかった。

五十六が片腕を切るということは、もはや海軍の軍人ではあり得ないということである。国のために御奉公はできない身体になる。

といって、片腕を切らないでいれば、生命さえも失う危険があった。

「たとえそれが医科学の上から生命とりになろうと、そんなことは問題ではなかった。はじめから生命は捨てて軍人になっているのだ」

そこで五十六は、切らずにおくほうに賭けたのだと、山岡は書く。軍医がどれほど勧めても五十六は切断する手術を承諾しなかった。左腕の切断は彼にとって、戊辰戦争の際の長岡藩の降伏と同義語だったのだ。

奇跡的に五十六の左腕は回復し、切断をまぬかれた。

喜んだ五十六は、さっそく京に手紙を書いている。

貴女が高野家と自分の将来のために生涯を捧げて働いてくれているように、自分もまた「海軍を通じて祖国と結婚する」と書いた。

長い療養生活が終わり、十月二日、退院をした五十六は、十月五日に京と連れ立って故郷の両親を訪ねた。二人の姿はあたかも新婚の夫婦のように初々しく思われた。

父母との別れ

明治三十八年八月三十一日、五十六は海軍少尉に任ぜられた。

十月五日の長岡帰省は海軍少尉としてだった。それまでに、五十六は実に小まめに実家に仕送りをしている。もちろん、負傷直後に貞吉から借りた三十円は、七月十五日に返済した。それからも、二円、五円と少額ながらちょこちょこ送金している。

五十六の帰郷は、いわば凱旋である。両親はかつて孫の力の代わりに死ねば良かったと五十六にいったことなどけろりと忘れて、息子を誇らしい気持ちで迎えた。

五十六のほうは、どのような気持ちだったのか。はっきりとはわからないが、日露戦争という実戦を体験し、しかも戦傷を負い、兵士としての自信がついたのではないだろうか。

この当時の貞吉の日記には、五十六が「須磨」に乗船したと思ったら「鹿島」へ移り、さらには明治四十年海軍砲術学校に入学し、この年に中尉に昇進、その後海軍水雷学校へ入学、そして、四十一年には練習艦「阿蘇」に乗り組み、翌年、十月十一日には大尉に昇進し、練習艦「宗谷」の分隊長として候補生の指導にあたった過程が細かく記されている。

まだ五十六が少年の頃、貞吉の日記にその名前が登場する回数はごく少なく、しかもそっけない記述だった。

しかし、この頃になると貞吉が五十六の出世をひたすら楽しみにしているのがわかる。

明治三十九年四月一日、五十六は日露戦争の功により勲六等単光旭日章と金三百五十円を下賜された。そのうち三百円を貞吉に渡し、残りの五十円は兄惣吉の息子の学費にあてた。

つまりすべて家族に与えてしまったのである。これ以外にも、だんだん五十六の地位が上がるにつれ、十円、二十円と仕送りの額も多くなっている。

五十六の兄季八は、苦学の末歯科医となり、故郷へ帰り明治三十九年十月に郷里の長岡で開業した。あるいは五十六の三百円が何らかの役に立ったのかもしれない。

「宗谷」に乗船していた時代の艦長は鈴木貫太郎（後の大将）だった。後年鈴木は語っている。若き日の五十六は特別に目立ったところはなかったが、寡黙であり、すこぶる真面目だった。

指導官会議に出席しても簡単には発言しなかった。しかし、いったん口を開くとその論旨は明晰で主張は強固だった。彼の意見はたいていの場合採用された。

熟慮の末の発言だと鈴木は思った。そしてこの青年こそ「大器晩成他日良将となる人物」だと信じたという。

日露戦争が終わった明治三十八年から大正の初めにかけて、五十六は海軍において順調に出世をしている。それにともなって、海外への回航も多くなった。

明治四十二年には初めてアメリカの地を踏んだ。時あたかも排日運動ののろしが上がり始めた頃である。このとき五十六が何を感じたのか、書き残された資料はない。

明治四十四年には海軍大学校乙種学生の教程を終わり、海軍砲術学校と海軍経理学校の教官となった。

同僚に後の海軍大臣、米内光政がいた。二人は一部屋にベッドを二つ並べて置いて寝起きをした。

五十六は米内を兄のように慕っていた。あるとき、二人は何を思ったかナイフを使って手裏剣の練習を始めた。室内に標的として定めたのはごみ箱だった。ものすごい勢いで短剣を投げるので、たちまちごみ箱はバラバラに壊れた。その音もうるさかった。副官にさんざん叱られたが、それでも続けていたという。

その二人が、後に米内海軍大臣と山本次官となり、長く名コンビと謳われるようになるのである。

中尉から大尉時代は、横須賀で親友の堀悌吉と尾張屋という呉服商の二階の八畳間を借りて下宿していた。

堀との関係は兄弟よりも親しいほどで、五十六が所帯を持った際も堀の家のすぐ隣に住んだ。また、五十六が戦死した後の遺族の面倒も堀が実によく見た。

海軍兵学校を卒業するとき、堀悌吉は首席であり、ある時期まで二人はほぼ同じ速度で出世をしていた。

阿川弘之著『山本五十六』には、榎本重治の「長岡の、がむしゃらな田舎武士の山本を、あすこまで飼い馴らし洗煉《せんれん》させたのは、結局堀の力だった」という言葉が紹介されている。

大分県出身の堀は海兵三十二期のクラスヘッドだった。大正二年にはフランスに駐在し、反ドイツ的風潮の中で遊学した。帰国後に海軍大学校を卒業した。

お洒落で粋な海軍士官の気風を体内に持っている人物だった。それだけにドイツ式の陸軍とはそりが合わなかったのだろう。後年、それが堀の軍人としての出世の妨げとなる。

五十六が佐世保予備艦隊参謀に補せられたのは大正元年十二月一日だった。軍艦「薩摩」に乗船し、大正二年を迎えた五十六のもとに郷里より父危篤の知らせが届いた。

高野貞吉が八十四歳で大往生を遂げたのは大正二年二月二十一日だった。

当時としては大変な長寿といわねばならない。死因は老衰であり、まるで眠るがごとく安らかにこの世を去った。

二月の長岡といえば、「八寒地獄」の形容がふさわしいほどの寒さである。しかも、高野家は戊辰戦争の直後に廃材を利用して建てられた粗末な家だ。隙間風が容赦なく吹き込んできた。

そんななかで、五十六の母、峯は夫の看病に全身全霊を打ち込んだ。帯も解かず着物も替えず、炬燵でうたた寝をしながら、病人が少しでもうめき声をあげれば、すぐに枕元にかけつけた。しかし、その甲斐もなく貞吉は旅立った。

知らせを受け取った五十六は、一通の手紙を家族に宛て書き送り、自身は葬儀にも参列しなかった。「公務多忙の為め」というのが理由だった。

その言葉に嘘はなかったろうと思うが、また反面、五十六と貞吉の心の絆は、あの少年の日に力が死んだとき切れてしまっていたのかもしれないと考えられる。

一家の期待を担っていた力が死ぬくらいなら、代わりに五十六が死んでくれれば良かったのだと非情にもいい放った貞吉である。

もちろん子供として親に対する孝養はじゅうぶんに尽くした五十六であるが、父親の死去に対しての態度は、ずいぶんとよそよそしい感じがする。

手紙の文面は、父の死を悲しむよりも、むしろ母の病状を案じている。それも無理はなく、介護に疲れた峯は肺炎で病の床に伏していた。

興味深いのは、父の葬儀には参列しなかった五十六が母の見舞いのためには休暇を取って長岡を訪れているところである。

佐世保より東京に立ち寄り、京が準備をしてくれた果物や菓子、それに母の好きな桃中軒雲右衛門の赤穂義士銘々伝などを土産に持参した。

さらに五十六は海軍大尉の大礼服をわざわざ持って帰った。そこに勲功の数々をあらわす勲章をつけて着用し、病床の母にその姿を見せたという。

これはもちろん美談として伝えられているのだが、いかに五十六が家族の期待に応えようとしていたかが切ないほど伝わってくる情景でもある。

峯は自分が死んでもけっして帰る必要はない、「御前は御国に差し上げた人です」と気丈にいい切って、息子の去った五日後に亡くなった。

両親を相次いで亡くした五十六だったが、もともと幼い頃にすでに精神的には自立していた。その上、海軍兵学校へ入学して以来、ほとんど数えるほどしか帰省をしていない。

息子として両親の死を厳粛ではあるが冷静に受け止めていた様子が、残されている書簡などからは見てとれる。

一方、この時期からすぐ上の兄、季八との絆はさらに深まっていた。末の子を意味する季《すえ》八《はち》と名付けられたこの兄は、いつの頃からか季《き》八《はち》と呼ばれるようになっていた。

長岡市字阪之上町に歯医者を開業していた季八は、腕もたしかで人柄も良く、若くして長岡の人々の信頼を得ていた。

この季八と、姉の加寿が、五十六にとっては親代わりともいえる存在だった。長岡へ行くと必ず二人の家を訪れ、ゆっくりとくつろぐ時間を持った。

東京築地にある海軍大学校に五十六が入学したのは大正三年十二月である。

高野五十六とは、どうもただ者ではないという印象を同級生にしっかりと植えつけたのは、海軍大学校時代だった。

反町栄一著『人間山本五十六』は、この頃の同級生河村儀一郎と市来崎慶一の談話を紹介している。

当時、五十六は学校の往復に無駄な時間を使いたくないからと、海軍大学校の近所にある敬覚寺に下宿していた。

学校より作業問題が出されると、ほとんどの学生が昼夜を分かたず熱心に勉強する。ところが五十六は、普段はのんびりとかまえていて、いざ提出しなければならない前の晩に、必ず徹夜をして作業答案を作る。そして、その清書は、提出する当日に、教官が講義をしている最中に行う。それでなんとか退校時までにきちんとした答案をまとめ上げ、期日内に提出するのである。

同級生の河村儀一郎が、「もう少し余裕を持って答案を作成しては」と忠告した。

これに対する五十六の答えは次のようなものだった。

「我々は艦隊勤務中はよく徹夜作業があるから強いて修業の必要はないが、今日の如く学生として教育を受けている陸上勤務中には、一旦必要ある場合にはいつでも徹夜して、任務を達成し得るだけの身心の修養をこの機会にいたしたい」

簡単にいうと、いつでも戦争に出られるだけの心身の準備を常日頃からしておこうということである。

これは高野家の家訓にも等しい「常在戦場」の精神だった。

河村儀一郎は、この返答によほど感銘を受けたからこそ記憶していて、後に反町に語ったのだろう。

ただし、これは勉学だけに限らなかった。五十六は軍人たるもの寝だめ食いだめができないようでは駄目だという考えの持ち主だった。

それは高野家の伝統でもあって、父の貞吉は大食で有名だった。塩鮭一匹を頭から全部残さず食べたとか、一升飯を一人でたいらげたといった逸話が伝えられている。息子の五十六も、どうしても義理で続けざまに食事を何度もしなければならないときも、また全く食事を摂る暇がないときも、同じように平然としていたという。

さらに睡眠不足でも泰然自若として顔色や態度に表さなかったというのは有名な話だ。

海軍大学校の第十四期で同級生だった市来崎慶一は、五十六を本当に「傑物」だと思ったのは、学生時代だったと語っている。

市来崎の観察は興味深い。五十六は無口で寡言だ。他の学生のように教官に対して質問ということをあまりしない。

これは五十六の元来の気性が「非常に熱情的で激烈」であるから、質問をすると、その調子がいかにも攻撃的に聞こえ、喧嘩腰とさえ受け取られる。自分でそのことを知っていたから自戒して、五十六は口を開かなかったのではないかというのである。

たしかに五十六には才気走ったところがあり、直感でズバリと物事を裁断する能力があった。しかし、それが人々の間で知れわたるようになるのは彼が中年を過ぎてからである。まだまだこの頃は、長岡で身につけた無口という仮面の下に自分の素顔を隠していた。それでも、ごく近くにいて日常を共にする級友の中には、五十六の体内に秘められた鋭い刃の存在に気付いていた者もいる。

「宗谷」の遠洋航海時代に市来崎はよく五十六と将棋盤を囲んだ。初めは市来崎が手ほどきをしたのだが、やがて五十六はどんどん上手になっていった。

「明晰な頭脳で奇襲方法を考え、明敏な判断で定石を破って新手を考案し、敢闘精神で立ち向かって来る」というのが五十六の将棋だったという。もしそれが真実だとすれば、彼の将棋の指し方は戦争の仕方と同じだったといえるかもしれない。五十六の将棋は勝つまで執拗にくい下がってくるので、最後は相手が根負けしたともいう。

人間は自分の姓名にどれほどの影響を受けるものなのだろうか。

思えば姓は生まれるときからすでに定められており、名は通常は親が決める。

五十六という少々変わった名前も、彼が有名になってしまえば、もうこの名前以外には考えられないほどぴったりと似合っているように思える。

実際、次官になったくらいの頃から、人々は彼のいないところでは「イソロク」と親しみを込めて名前を呼び捨てにした。

その五十六の姓が高野から山本に変わったのは、大正四年五月のことである。五十六は三十二歳だった。*

元長岡藩家老山本家の名跡を継いだのである。すでに述べたように二年前の大正二年に五十六の両親は亡くなっていた。

高野家は長岡市内ですぐ上の兄、季八《つとむ》が歯科医師として一家の中心の役割を果たしていた。また季八には明治四十二年に長男の務が誕生している。したがって高野家の跡継ぎに関しては、あまり心配する必要はなかった。

はたして貞吉が存命なら、五十六の山本家への入籍をどう考えたのか、もちろん推し量る術もないのだが、おそらくは賛成したのではないだろうか。

それは高野家と山本家に特別な縁の深さがあったからである。

元禄の頃に長岡藩の家老山本老迂斎と高野家の当主高野秀右衛門永貞は非常に親しく、この二人によって長岡藩の基礎が築かれたといわれたほどだった。

ただし、家の格式としては山本家は代々家老職にあったが、高野家は儒官であり、当時は禄高も五十石にすぎなかった。後に累進して百二十石となるが、それでも山本家のほうが世禄千三百石の名家だった。

先祖がかつて親しい関係にあったというだけでは、五十六が山本家を継ぐ理由にはならなかった。

どうしても山本家を再興するため自分が入籍をするという決断を五十六が下した背景には、戊辰戦争での山本帯刀《たてわき》の存在があった。

この人物について、五十六は幼い頃から父貞吉より何度も聞かされてきたにちがいない。なぜなら、貞吉は、帯刀と共に戊辰戦争を戦い抜いたからである。

ただし、貞吉が傷を負いながらも長岡に帰還したのに対して、帯刀はついに故郷へ帰ることなく会津で落命した。

弘化二年三月に生まれた山本帯刀は、もともと安田家の出身で、八歳のとき叔父にあたる山本勘右衛門の養子となった。

城代家老だった勘右衛門は、五十六の祖父秀右衛門と同じく古武士の風格を具えた硬骨漢だった。それだけに進取の気性に富んだ才気煥発な河井継之助を蛇蝎《だかつ》の如く嫌ったといわれる。

しかしその勘右衛門は慶応三年に亡くなり、帯刀が家督を継いだ。

帯刀は幼い頃から神童と呼ばれ、九歳にして難しい儒書を二行ずつ読破した。また水練や銃猟にも通じ乗馬を愛した。人柄は温和で実直であり、しかも贅沢をせずに武器を蓄えたというのであるから、まさに理想的な青年家老であった。

色が浅黒く、言葉遣いははっきりとしていて、酒をあまり飲まなかったというあたりは、どこか山本五十六にも似ている。

高野家と山本家が遠縁にあたったと書く文献もあるが、たしかなことはわからない。

養父勘右衛門が没した翌年の慶応四年、戊辰戦争が始まる。ときに帯刀は*二十四歳の若さだった。

長岡城攻防戦の際には帯刀は大隊長として獅子奮迅の働きをしている。一度は奪還した長岡城が西軍の手に落ちたのは七月二十九日だが、このとき帯刀は大隊長として八十里越えの難所である鞍掛峠を守り、長岡城下の女性や子供から兵士たちまでが会津へと落ちていった。

その後、帯刀は転戦し、九月四日には会津の飯寺《にいでら》へ陣を移した。八日になって濃霧の中で激戦が展開され、山本隊の兵士たちおよそ百名は壊滅した。

帯刀は十数名の家来と共に宇都宮藩兵に捕らえられた。ここに到るまでの帯刀の指揮ぶりは水際立ったもので、そのため後世まで武人としての名声が残ることになる。

西軍に捕らえられた帯刀は取り調べを受け、降伏を勧められた。それに対し、帯刀は毅然として次のように答えた。

「私は藩主の戦えという命令は聞いておるが、降伏せよという命令は聞いていない。それに薩摩の理不尽な戦いを仕掛けてくる強引なやり方には我慢しかねるものがある。一矢報いてみたまでである」(『ふるさと長岡の人びと』より)

取り調べにあたった西軍軍監の三宮幸庵や藤村四郎らは、帯刀の堂々とした態度と胆力に感心した。

ついに降伏しなかった帯刀は従容として敵に斬首された。

長岡の人々にとって山本帯刀は特別な武士だった。あまりにも若くして潔く戦場に散った生涯は同情を誘うものである。勇猛にして才人と呼ばれた青年家老は、明治の時代になっても半ば伝説的に語り伝えられた。

帯刀の処刑により断絶となった山本家が、その罪を赦され復活したのは、奇しくも五十六が生まれたのと同じ年である明治十七年だった。ただし帯刀には息子がいなかった。二人の娘がいるだけだった。

大正四年になって、旧長岡藩主牧野忠篤子爵が、その山本家の後継者として、高野五十六に白羽の矢を立てた。

牧野子爵は渡辺廉吉に相談をした。渡辺は長岡社の長老であると同時に、帯刀が斬首された際の側近で、その首級をねんごろに葬った後に自らも処刑された渡辺豹吉の実弟にあたる。

すでにこの頃、高野五十六が秀才であり、山本家を継ぐにふさわしい逸材であるという噂は流れていたのだろう。山本帯刀の娘婿にあたる名児耶六都も賛成した。

ところが、肝心の五十六本人が、なかなか首を縦に振らなかったのである。

五十六には迷いがあった。自分の身はすでに国に預けている。軍人として、いつでも生命を差し出す覚悟はできていた。そのために、結婚も考えなかった。いつ死ぬかわからない男を夫に持つのでは、妻は可哀想だ。まして子供など、とてもつくれない。

しかし、山本家を継ぐとなると、家名を絶やさぬため、結婚して男子をもうける義務が生じる。

また、名門山本家の後継者として自分がふさわしいかどうかも疑問だった。「私はその器ではないです」と五十六は固辞した。ところが、長岡士族の名誉のため、旧藩主から山本家への義理を果たさせてほしいという周囲の声は強くて、どうしても断ることができず、ついに承諾した。

そのときの山本家には財産らしきものは一切なく、あるのは三つ巴の定紋の付いた古ぼけた裃《かみしも》一着と荒れはてた墓だけだった。

山本家後継の式は、兄の季八の立ち会いのもとに、長岡城が落城した日である五月十九日に行われた。

おそらくは、いたって質素で簡単な式だったろうと想像できる。とにかくこの日を最後に高野五十六は山本五十六となった。五十六は高野家と別れを告げたわけである。姓が変わることにより、五十六はあらたな第一歩を踏み出した。

話は飛ぶが、大正十一年十月七日、長男が誕生して義正と名付けたとき、翌年の一月一日から五十六は子供の成長記録を日記にしるした。その中に次の一文がある。

「義正の義は山本家名乗りの一字長男後嗣の故を以て特に之を附す。けだし家名をあげて山本家再興（山本家は明治元年断絶同十七年特赦再興大正六年五十六養子として事実上の再興を為せし也。世々長岡藩公家老たり、曾祖父帯刀義路殿は戊辰の際年歯僅に二十三、大隊長として北越の英傑当時長岡藩の総督河井継之助秋義と事を共にし、長岡城陥るや転戦会津若松に於て戦死せらる）の実を明にせんことを希へばなり。」

実際に山本家相続の正式な手続きがすべて完了したのは、大正四年九月二十日だった。

山本を名乗った翌年、五十六の身にはとんでもない災難がふりかかる。

大正五年十二月一日、五十六は海軍大学校甲種学生教程を卒業した。ただちに第二艦隊参謀に補せられたのだが、間もなく腸チフスで入院を余儀なくされた。

これは彼にとっては想定外のことだった。中学生の頃から身体を鍛え、健康には留意してきたつもりだった。せっかく海軍大学校を卒業し、これからというときに横須賀海軍病院に入院させられた。

もっともこれまで、一度も病気をしなかったわけではない。日露戦争の翌年、「鹿島」に乗船していたときに肋膜炎を患った。そのときは帝大附属病院にいる京に頼んで肋膜の薬を送ってもらい、なんとか入院せずに乗り切った。

また、京の回想によるとマニラで赤痢にかかった経験もあるらしい。しかし、これも大事には至らなかった。

腸チフスでの入院は二十日くらいに及んだ。大正六年一月半ばに退院し、転地療養する身となった。

どうもこの期間は、五十六としては珍しくセンチメンタルになっていたようだ。京に宛てて出した手紙に和歌を二首綴っている。

あはれ世にかなしきものはいたづきに心まかせぬ身にぞありける

浮草は昨日はふかみ今日は瀬とさだめなき身ぞ悲しかりける

この当時、最も親しい女性だった京に、安心して自分の弱さをさらけ出している。

そんな京のもとに、伊豆の堂ヶ島温泉で静養しているはずの五十六が急病で帝大附属病院に入院するという連絡が入った。

五十六の病名は虫垂炎だった。本来なら海軍病院で手術をするところなのだが、京がいるため五十六は帝大附属病院を選んだ。

通常は虫垂炎などそれほどの大手術ではない。しかし、このときは違った。その前日、暴食したのがたたって、患部がひどく化膿していた。

全身麻酔をかけて、近藤次繁博士が執刀すると、虫垂はすでに破れていて膿が腹腔に流れ出ている状態だった。

看護婦長として、どんな手術にも平然と立ち会い冷静に処置をしていた京が、このときばかりはどうしても病室に入ることができず、外で待っていた。京にとっていかに五十六が大切な人だったかがわかる。

近藤博士は虫垂を切り取り、肘のところまで腹腔に手を入れてガーゼですっかり膿を拭き取った。できる限りの最善の処置だった。

手術室から出て来た博士に駆け寄って京は尋ねた。

「どうでしょうか?」

「うん、破れていたのでね……膿は全部拭き取ったつもりだが、今晩ガスが出れば九分九厘命に別条はないね」という返事だった。

もしもガスが出なかったら、「叔父の命もないのかと思うと、とても悲しく」なったと京は後に語っている。

なんとかガスが出ますようにと必死になって神仏に祈り、京は五十六がすやすやと眠るベッドの裾のほうに顔を押しつけ、どんな微かなガスの音も聞きもらすまいと、じっと息をこらして一晩中まんじりともしなかった。

京の思いが天に通じたのか、明け方になってようやくガスが出た。京は嬉しくてすぐに医務室へ飛んで行き「先生出ました、出ました」と大きな声で告げたという。

その後は合併症も出ないで順調に回復していった。

傷口が相当大きかったのでガーゼの取り替えにはひどい苦痛がともなったが、五十六は顔の筋肉一つ動かさずに耐えていた。

ここで五十六はやや奇矯ともいえる行動を取っている。それは、自分の傷口につめられていたガーゼを手に取って、くんくんとにおいをかいだのである。そして、「自分の腸のにおいのかぎ始めのかぎ納めだ」といった。

後に五十六の伝記を書いた作家の中には、これは彼の豪胆さを示すものだと解釈する人もいる。はたしてそうだったろうか。むしろ彼独特の茶目っ気をここでも見せていたように思える。

三月二十六日に退院した五十六は、四月十日に長岡へ帰り二ヵ月ほど滞在している。

海軍兵学校入学以来、こんなに長く長岡に滞在したのは初めてであり、これ以後もない。

会津の娘

ある意味で、この休暇の間に五十六は完全に父母と別れを告げたのではないだろうか。もはや高野家の六男としての五十六がいるのではない。海軍少佐山本五十六が、郷里の人々から尊敬の眼差しで迎えられていた。

長い休暇が終わり、五十六が海軍省軍務局局員に補せられたのは、大正六年七月二十二日だった。そして海軍教育本部第一部勤務を命じられた。

五十六も*三十四歳になっていた。将来有望な青年士官であることは、誰の目にも明らかだった。当然、幾つかの縁談が持ち込まれていた。

海軍次官だった鈴木貫太郎が、同じ海軍のある大将の令嬢と見合いをしてはどうかと何度も勧めた。また、長岡藩の旧藩主、牧野子爵から長岡の名家の令嬢をどうかという話もあった。

しかし、なぜか五十六は乗り気にはならなかった。自分の身は国に捧げているという強い信念があった。その反面、山本家を継いだ以上、結婚して後継者をもうける義務があることは承知していた。

結局、五十六は旧会津藩士の娘、三橋《みつはし》礼子との婚姻届けを大正七年十月十九日に提出する。その結婚に到るまでの経緯について、これまで彼の伝記には、さまざまな説が書かれてきた。

たとえば阿川弘之著『山本五十六』では、これは五十六の親友の堀悌吉から話が出たという。では、堀悌吉はどこから縁談を持って来たかというと、花嫁候補となった三橋礼子の母亀久は、山下源太郎大将といとこ同士だった。その山下源太郎の夫人と四竈《しかま》孝輔夫人とは姉妹だった。後に中将となる四竈は堀と親しかったので礼子の存在を堀に伝え、堀から山本五十六にもたらされたというのである。最も親しい堀からの縁談だったので、五十六が最初に心を動かしたらしい節があると阿川は書く。

しかし、これは全くの間違いだと指摘するのは五十六の長男、山本義正氏である。

実際の月下氷人はもっと身近にいたのである。

大正十一年生まれの山本義正氏は、現在八十一歳だが、実に鮮明な記憶力の持ち主である。

写真でだけ知る山本五十六の風貌に、さらにいっそう知的な雰囲気を加えた端整な面差しの紳士だ。

義正氏には『父 山本五十六』という著書がある。その中で、両親の結婚について触れている。

三橋礼子のいとこにあたる水野礼司という人が帝大附属病院の医者をしていて、婦長だった京と親しかった。その関係で水野は五十六とも友人になった。

独身の五十六は、「嫁さんもらってもいいな。ただし、別嬪で、体格のよい、気立ての優しいのがいいなあ」と話したという。

それを聞いて、水野が礼子のことをさっそく紹介したのだった。

もともと三橋家は美人系で、六人いる娘たちはそろって器量良しだった。そのため水野は学生時代から休暇になると自分の家に帰るより三橋家へ行って長逗留したほどだったと義正氏は語る。

その義正氏の話によると、水野は五十六に礼子を熱心に勧めた。「あなたがもらわないのなら、僕がもらうことになるよ」と冗談めかしていったりしたくらいだから、水野も礼子を気に入っていたのだろう。

礼子の写真を見せられた五十六は、あまりに美しいのですっかり乗り気になってしまった。

「よし、これに決めた」といった。

もう見合いをする前から、五十六は礼子の写真に一目惚れをしてしまったのである。

それほど礼子は美しい女性だったのだが、後に書かれた五十六の伝記では、礼子を不美人だったとする文献が多い。

たとえば英文で書かれたジョン・D・ポッターの『太平洋の提督』の中にも、「大女でとくに美人でもない」といった記述がある。

なぜそのような定説ができてしまったのかというと、それは反町栄一の著書の中で、礼子の母が見合いの席を選ぶ際に、「娘が余り美人ではないから、東山の大きな宿屋に行くと、女中さんや芸者さんの美人が沢山いるので、娘が山本様に嫌われてはならぬから、悪い家を選びました」と語っているのが紹介されているからである。

東山とは見合いの場となった会津の東山温泉のことである。義正氏にいわせると、礼子の母の亀久は、いかにも昔気質の女性らしく自分の娘のことを謙遜して「美人ではない」といった。それをそのまま反町が書いて活字となって残ってしまったのである。

いずれにしても、五十六はもう見合いの必要もないから、この人に決めるといったほどだったが、それではいくらなんでも乱暴だということで、会津若松で見合いの席がもうけられた。

したがって、実質的な仲人は京と水野礼司の二人になる。これは五十六の心理を考えるとなかなか興味深い。

すでに何度も述べたように五十六にとって京は特別な女性である。美貌の才女でありながら高野家のために結婚を断念した。その彼女の身の上を考えると、自分だけが嫁をもらう気持ちにはなかなかなれない。

一方、京のほうにも、五十六が結婚をするのであれば、自分が世話をしたいという思いがあったのではないだろうか。全く見ず知らずの女性に五十六を渡したくはないと思ったとしても当然である。

いわば京の承認を得た形で縁談は進められた。だからこそ五十六も素直に流れに身を任すことができた。

それでは五十六が写真だけで、一目惚れをしてしまった礼子とは、どのような女性だったのだろう。

三橋礼子は会津若松の娘である。多くの作家や研究者がすでに指摘しているように、彼女が会津出身であった事実は大きな意味を持つ。

戊辰戦争の際、会津まで転戦し斬首された山本帯刀の名跡を継いだ五十六である。会津に対しては、深い愛情と尊敬の念があったとしても不思議ではない。また、長岡の土壌そのものに、会津との縁を大切にする風潮があり、同郷に近い意識があった。

その会津若松で三橋礼子は五十六より十二歳若く、明治二十九年に生まれた。

礼子の性質を語るとしたら、まず、その育った環境に着目しなければならない。

義正氏は、自身の母親を「我慢強い人だった」と形容する。そしてその我慢強さは三橋家に生まれたからだという。

三橋家は現在でも会津若松の名家として知られている。礼子の父、三橋康守は安政六年に会津藩士として若松に生まれた。

戊辰戦争のときは、わずか九歳だった。今ではあまりにも有名になった白虎隊は十五歳からしか参加できなかった。そこで康守は年少の子供たちだけ集めて隊を作り、出陣した。

九歳といえばまだほんの小さな子供である。大小を脇に差したはいいが、それが重くて峠を歩くのにひどく難儀をしたと後年、本人が語っている。

明治維新の後、康守は上京し山川健次郎の家へ寄宿して学校へ通った。

山川健次郎は安政元年の生まれで、戊辰戦争のとき十四歳だったが白虎隊に加わり、なんとか討ち死にを逃れている。

明治四年に政府より派遣されてアメリカに留学し、エール大学で学んだ。明治十一年には東京大学の教授となり、同三十四年に帝大総長となった人物だ。

山川家は家老の家柄で、健次郎の兄、浩は戊辰戦争の際、日光口副総督として、西軍を一歩も南会津に入れなかった。浩と健次郎は、ともに秀才であり山川兄弟といえば誰でもその名前を知っているほど会津の人々の間では有名だった。

余談になるが、この山川兄弟の末の妹咲子は、安政七年一月の生まれで、幼少期に函館のアメリカ人宣教師に預けられた。

明治四年秋、北海道開拓使が女子留学生を募集した際、長兄の浩がこれに応募させた。すでにこの年の一月に次兄の健次郎はアメリカに留学していた。

山川咲子は当時*十二歳で、海外へ行くに際して名前を捨松とあらためた。このとき日本で最初の女子留学生五名が十一月十二日に横浜を出航した。一行の中には後に津田塾を創設する*八歳の津田梅子もいた。

この捨松が十一年後に帰国し、薩摩出身の参議、陸軍卿、陸軍中将の大山巌と結婚することになるのである。

東京の山川家に寄宿していた三橋康守は、捨松とも面識があり、大山巌とも懇意にしていたという。

ただし、会津武士としての誇りを持つ山川家としては、捨松が薩摩閥の有力者のところへ嫁ぐのには、ずいぶんと反対したと伝えられる。明治十六年といえば、戊辰戦争の記憶はまだ生々しく残っていた。大山巌は会津城攻撃の際の砲兵隊長だったのだから、山川家が恨みを持って当然だった。

それでも捨松の強い意志により、この結婚は成立した。

東京での山川家の地位は捨松の結婚、そして健次郎が日本で最初の理学博士となり東大へ迎えられたことで、さらに強固なものとなった。

しかし、こうした山川兄弟の栄進ぶりは、会津士族の中では例外的であり、通常は中央政府に仕官しても「会賊」と見下され、要職には就けないケースが多かった。それだけに山川一族は旧会津士族の間で羨望の的でもあった。

三橋康守は山川健次郎より五歳若い。山川家に寄宿しながら苦学をして司法官となった。裁判官として康守は日本各地を転々とした。後一年勤めれば恩給がつくというときに、何を思ったか康守は仕事を辞めた。

山川健次郎に頼み東京大学農学部の教授を紹介してもらい、牧畜の研究を始めた。

康守には気宇壮大な計画があった。新天地を開拓して牧場を作りたかったのである。

明治四十二年、五十歳になったのを機に、康守は牧場経営へと乗り出していった。

すでに妻亀久との間には五男六女をなしていた。

子供たちには上から順に仁義礼智信忠孝の字を取って名付けたがそれでも足りなくなって、

頑、了、十美、末と続いた。このうち頑だけが二歳の可愛い盛りに亡くなったが、他の子供たちは元気に育った。五十六の妻となる礼子は三番目の娘だった。

　まずは会津若松市の郊外に牧場を開き、これを成功させると大正元年に単身朝鮮へ渡った。そもそもはブラジルに行き開墾をする夢があったのだが、あまりに遠いため朝鮮にしたのだという。昔の京城（現在のソウル）に近いところに牧場を作った。かなり規模の大きい牧場で鉄道も敷かれていた。また戦争中は日本の陸軍がその場所を借りて演習に使った。

　三橋康守自身は小柄で痩せていたが、妻の亀久が体格の良いがっちりとした女性だった。そのため子供たちはみんな体格が良かった。礼子も身長が一六三センチあったというから、当時としては大柄なほうだった。

　礼子の男の兄弟である智、忠、孝、了は、いずれも立派な体格で、忠などは柔道の高段者だったという。

　晩年の康守は亀久と共に東京に出て、阿佐ヶ谷に住んでいた。その当時、亀久は泥棒に入られるのをひどく心配した。それは物を盗られるのを心配するのではない。逆にもし泥棒を息子たちが見つけたら、いずれも屈強な身体の男たちばかりなので、きっとその泥棒をつかまえて殺してしまうだろう。それでは泥棒が気の毒だと心配したのだ。

それほどの猛者ぞろいの息子たちだったが、小柄な父、康守の気迫にはかなわなかった。戊辰の修羅場をわずか九歳でくぐり抜け、誰の手も借りずに独立独歩で牧場経営者となった康守のあまりにも厳しく凛とした生き方に、息子たちはとてもついて行けないと思うときがしばしばあった。

康守の発想は明治末から大正の時代にしては、おそろしく斬新だった。

アメリカから牛を輸入し、農家に貸し付けて牛乳を集め、それを殺菌して卸し売りをするといった新しい商法を考え出した。

また、北海道から種芋を取り寄せて、農場でじゃが芋を栽培した。三橋のじゃが芋は出来が良いと評判になった。当時としては珍しいトマトも、もうこの頃から栽培していた。

康守が米沢へ一歩足を踏み入れると、牛の値段が上がると噂されるほど、牧畜に関しては目利きだった。

また、朝鮮に作った牧場では、第一次大戦後のドイツ人の捕虜を使って成功させた。

没落した士族が多かった中で、康守は成功者の一人だったといって良いだろう。

さて、その三女である礼子は会津高等女学校を卒業した後、自宅で家事の手伝いをしていた。

ゆったりと育ったやさしい性格の娘のところに舞い込んだのは、将来有望な海軍少佐との縁談だった。

形式的に仲人としては四竈孝輔が立てられた。三橋家に山本少佐の写真と経歴、それに山本自らが自分の欠点をあからさまに書いた七枚の手紙が届けられた。

その手紙は公開されていないのだが、自分は御奉公のため世の常の人のように妻子をかまっていられないと思うが、その点よく承知してほしいということと、将来、公務に関しては絶対に口を出さないことをしかと心得てもらいたいという二点が書かれていたという。

読みようによってはずいぶんと厳しい内容である。しかし、この手紙を読んだ礼子の妹は、「お姉様、この方はやさしい方ですね。私はこんなやさしいお手紙はもらったことがありません」といった。

礼子も同じ気持ちだった。自分の思いを正直に打ち明けるのは勇気がある証拠だ。そして相手への配慮があるからこそ初めにきちんと夫婦間の約束を告げてきた。それをやさしさだと理解するだけの賢さが三橋家の娘たちにはあった。

話はそれるが、三橋家の娘たちは美人であるばかりか、頭も良かった。長女の仁子はまだ会津に女学校がなかった頃、米沢まで行き、そこの女学校を首席で卒業している。東京へ嫁いだが趣味はバイオリン、油絵、能だったという。次女も海軍の軍人と結婚している。

母の亀久からして反町栄一の描写によると「米沢藩の出で、実に豁達流るゝ如く明朗そのものの様なお方」だった。

お互いに写真と履歴書を交換して、すっかり心は決まったので、いよいよ五十六と礼子は見合いをする運びとなった。

礼子の母、亀久は五十六の写真を見て、これは偉い人だ、ぜひ娘をもらってもらわなければと思ったと後に語っている。

さっそく朝鮮にいる康守にも電報を打って尋ねると「大賛成」という返事が来た。

見合いの場所は東京と会津若松の中間をとって郡山くらいではどうかという案も出たが、五十六が「墓参かたがた出向く」ことにしたと、兄の季八に宛てた手紙で書いている。

墓参とは山本帯刀が討ち死にした会津若松郊外の飯寺《にいでら》に墓があったからである。

見合いが行われたのは、大正七年六月三十日だった。これより前の六月二十四日、五十六は兄の季八宛てに、三橋礼子についてその経歴や家庭環境を書き送っている。

その中で礼子に関する説明としては、会津高等女学校を卒業後、母親を助けて家業に従事しており、東京を見たこともなく、「身体頑健困苦欠乏に堪ふ」とある。

つまり、贅沢な都会風の娘ではないので、自分とは釣り合うと思ったようだ。

これはあながち的外れの判断ではなかった。山本家には資産といえるほどのものはなく、高野家も季八が歯医者として成功して、ようやくなんとか貧困から脱したところだ。同じ手紙で、もしも双方が同意して結婚が確定したら、そのときは、二、三百円を貸してほしいと五十六は季八に頼んでいる。

とにかく、恩師の娘や親類などへ気前よく援助してきた五十六には、貯金らしきものはなかったのだろう。それでも苦労をいとわぬ伴侶を彼は探していた。

続けて七月一日に季八に出した手紙では、見合いがうまくいったことを報告している。「本人従兄医学博士清水礼司氏の案内にて」と反町の著書にはあるが、これは水野礼司の間違いだろう。五十六が清水と書いたのか、反町が書き写す段階で間違えたのかはわからないが、実質的な仲人の水野がわざわざ同行したわけである。

見合いに関しては「婚約の決心をなし」とあり、先方からも「満足の旨電報」があったと報告している。式は八月下旬頃にしたいと書いているので、よほど早く決めたかった様子だ。「先方は最も質朴の家風らしく当人は丈ケ五尺一寸許り躰格極めて頑健の女なれば大抵の困苦には可堪ものと認め」て婚約に同意したというところが、いかにも五十六らしい。

この見合いの席で、五十六はわざわざ上半身の衣を脱いで、戦傷や手術の跡があるのを見せ、「こんな身体だが良いか」と尋ねたと伝えられる。

山本義正氏の著書にも、「母方の人に自分の体の状態を説明し、こんな体でもよいかと、くどいほど念を押したそうである」と書かれている。

実際に傷跡を見せたかどうかは別にしても、五十六にとっては、満身創痍の身体は、回復しているとはいうものの最も気になったのだろう。また、それだからこそ、先方の承認を得たかったにちがいない。

礼子のいかにも健康で素直な様子に五十六は好感をいだいた。東京を発つ際に電報を二本用意しておいた。一本は婚約成立を告げる内容で、もう一本は不成立という電文だった。

見合いの途中で立ち上がり、廊下に出た五十六は一枚の紙をビリビリと裂いて捨てた。彼の手元に残ったのは「縁談承諾、御安心を乞う」と書かれた頼信紙だった。それは立て仲人の四竈孝輔に宛てられていた。

話は順調に運び、見合いから約二ヵ月後の八月三十一日、東京の水交社で質素な結婚式が挙げられた。

前出の山本義正氏の著書には、結婚直前に五十六が礼子に次のような手紙を書き送ったとある。全文を紹介すると長くなるので一部を抜粋してみたい。

さてこの度は皆々様の御尽力をもって、諸事順当にとり運びしこと、しあわせの次第と悦《よろこ》び居り候。御母上様より御許しをも頂き候ことなれば、以後は他人とは思わず、種々申し上ぐべく候につき、そなたよりも何事も御遠慮なく御申し開きこれありたく候。

自分儀は御聞きおよびのとおり、多年海上に人となり、世事万端に甚《はなは》だうとく、且《か》つ公私厳別、奉公一途こそ、自分一生の主義にこれあり候へば、一家の私事については人一倍の御心労をも相かけ申すべく、今より御依頼致し置き候。

礼子はこの手紙を、のちのちまで大切にしていたという。

一読すると厳しい指示を妻となる人へ綴っているようにも見える。しかし、よく読むと、五十六なりの心遣いが伝わってくる。「公私厳別」という言葉は、彼が深く心に刻んでいた言葉で、礼子と所帯を持ってからもその信念は変わらなかった。

見合いから結婚に至るまでの二ヵ月余り、五十六と礼子が顔を合わせる機会はなかった。五十六はいつも礼子の写真を大事に懐に入れていた。あるとき、それを京に見つけられてしまうと、「懐に入れて風邪をひかないようにしているのさ」と、照れくさそうに弁解した。後に京が義正氏に語った話である。

見合いの終わった後、五十六は会津若松郊外の飯寺にある本光寺《ほんこうじ》へ行き、戊辰戦争で亡くなった長岡藩士たちを合葬した墓に参拝している。

いよいよ山本家の当主として、結婚して一戸を構えるわけだから、帯刀に対して挨拶をしておきたかったのだろう。

帯刀が共に戦った会津藩から妻を娶ることへの特別な思いも、この墓参には込められていたようだ。

それでは、礼子はどのような気持ちで五十六に嫁いだのか。本人の書き残した手記などは現存していない。

ただ、想像できるのは、礼子の母の亀久が五十六の人柄を見抜いていて、娘に強く勧めたからこそ実現した結婚ではないかということだ。

三橋家は十一人の子だくさんだった。そのうち一人は幼少の頃亡くなっているが、後の十人のうち、六人の娘たちはそれぞれ軍人や役人など、堅実な職業の男性のところに嫁いだ。父の康守はほとんど朝鮮に行っていたので、娘たちの進路に関して采配をふるっていたのは、もっぱら亀久のほうだった。

亀久は見事な筆跡で字を書いたといわれるが、それは礼子も同じだった。一説によると、礼子の書を見て五十六はまず惚れ込んだのだという。

その五十六自身も書には自信があった。十代ですでに立派な字を書いていたが、後年、頼まれて書を揮毫することがよくあった。

八月三十一日の結婚式の翌日、亀久は娘の新居を訪ねた。将来有望な海軍少佐の家なので相当な邸宅だろうと思って行ったら、三軒長屋の一軒だったのにまず驚かされた。

さらに家へ上がると、礼子が嫁入りの際に持たせた御飯茶碗にお茶をいれて出した。びっくりした亀久が娘にそんなことをしてはいけないと注意すると、「お母さん、この家は湯呑み茶碗の一つも無い家なのです」と答えた。それほど、独身時代の五十六は質素な生活をしていた。「さては質素は軍人のたしなみ」と思い気持ち良かったというのであるから、亀久も腹のすわった人物だった。

九月に入って、五十六と礼子は長岡に墓参に行った。しかし、墓参は実のところ口実で、故郷の人々に新妻の礼子を紹介するための旅だった。

新婚の二人の間に起きたある不思議なやりとりが、山岡荘八著『元帥山本五十六』には詳細に述べられている。

この本が出版されたのは、昭和十九年であり、日本は戦争の真っ最中だった。主人公は、山本五十六という軍人なのだから、いやがうえにも軍人精神を鼓舞する調子になる。「良人は、大君にすべてを捧げて奉仕する。妻は、すべてを捧げて良人と家に奉仕する。その最も深く、最も高い叡智《えいち》だけが、日本を支え日本を栄えしめる力なのだ」などという一文は今になって読むと気恥ずかしいくらいである。

しかし、その反面、この気恥ずかしいほどの軍国主義、愛国精神を五十六も大真面目に信じていたのは確かだろう。

自分の身は国に捧げたのであるから、家庭はかまっていられないと、結婚前からはっきり宣言していたのである。その上でスタートさせる新婚生活なのだから、初めが肝心だと五十六は考えたようだ。

故郷の人々への新婚のお披露目も無事にすんで、二人は新潟発上野行きの列車に乗り込んだ。

見送りの人々に別れを告げて車中に入ると、五十六は妻にいたわりの言葉もかけず、ただむっつりと席についた。その隣に礼子がつつましく座ったときには、夫はもう目を閉じて頭を軽くクッションにのせ、腕を組んでいた。

もともと口数の少ない男である。特に妻に対してだけ何か話すつもりはないらしく、いつものように押し黙っている。

礼子はまず汗をふいた。長岡の夏は思いがけないほど暑い。さきほどの駅のホームで大勢の親類縁者から長時間の見送りをうけ、礼子は汗が着物の背をとおしそうになっていた。

額の汗をぬぐうと礼子は扇子を取り出した。そして、横にいる夫をそっとあおぎだした。五十六はちらりと薄目をあけて新妻を見た。それは相手の行為を認めるというサインだった。だが、それ以上は相変わらず何もいわない。

礼子は少なくとも自分のやっていることを夫が感謝していると思い、あおぐ手もとにいっそうの力を入れた。

五十六は目を閉じて静かにその風を受けていた。

やがて礼子が五十六をあおぎ始めて一時間が経過した。

夫は「有難う」とも「もうよろしい」ともいわない。相変わらず腕を組んだまま身動きもしない。

二時間たち三時間がたった。

山峡に静かに太陽は落ちたが、列車の中は依然として暑い。

五時間たっても六時間たっても五十六は口を開かなかった。眠っているわけではない。ただ黙って礼子にあおがせている。

この当時、列車で東京までは夜を徹して十三時間ほどを要した。礼子はひたすら、夫が「もうよい」というのを待っていた。ところが、五十六の口からその言葉は出ない。

山岡荘八の筆にかかると、それは「はげしい家風の闘い」だということになる。

「あおぎつゞける精神力はあっても、体力がなければそれはつゞかず、体力はあっても思想がそこになければ耐え得る筈がない闘いであった」

その「闘い」を五十六が妻に向かって挑んでいるのだというのが山岡の解釈である。理由は「ただ祖国への一誠を貫きとおせる家庭の建設」に尽きるというのである。「もしこのくらいのことに敗れて実家に帰るような、女権拡張論者流の女」ならば、山本五十六の妻たる資格はないと山岡はいい切る。

いかにも時代を背景にしている論理であり、それはそれで面白いのだが、とにかく、礼子は途中であおぐのを止めなかった。

腕は疲れ感覚もなくなっていたかもしれない。それでも、夫がやめろといわない以上、同じ速度、同じ表情であおぎ続けた。

五十六はなぜそこまで妻に負担をかけたのだろうか。考えられるのは、ここで礼子の忍耐力を試していたのではないかということだ。どの程度強い意志を持つ女性なのか、夫としては知っておきたかったのかもしれない。

それにしても、この話は、はたして真実なのかどうかは気になるところだ。五十六の長男である義正氏にその点を尋ねたことがある。

「お母様がお父様をずっと長岡から東京まであおぎ続けたというのは本当ですか？」

「ええ、本当だと思います」

義正氏は静かな声で答えた。

「母はたくさんいる兄弟、姉妹の中で一番辛抱強い性格でしたからね」

五十六に嫁いだ会津の娘は、おそろしいまでの忍耐力を持っていた。

山本五十六が結婚するにあたって、兄季八に出した手紙などから、さまざまな研究者が彼のこのときの態度に言及している。

山本の選択は「少し浅慮であったというそしりを免れまい」と書いた作家もいる。

しかし、本当に浅慮であったかというと、必ずしもそうとはいえない。なぜなら、五十六が妻に求めたのは、まさに礼子の最大の美点である辛抱強さだったからである。

常に自らの死を覚悟していた五十六にとって、妻が弱い女性では困る。自分が安心して祖国のために生命を差し出し、その後へ取り残されても立派に生きていける女性が必要だった。

礼子こそ、その条件をみたす妻であり、実際に五十六の死後、彼の選択が正しかったことが証明される。

二人の婚姻届けが正式に役所に受理されたのは、大正七年十月十九日だった。新居は、親友の堀悌吉が住んでいるのと同じ赤坂区青山高樹町に定められた。

五十六と礼子は二人で人生を歩み始めたのである。

このとき二人の間には、ある約束が交わされたのだと義正氏は語る。その約束とは、二人の生活の分担であった。

夫は公務に没頭する。それが生活のすべてだった。妻は家庭を任される。家庭内を仕切るのは、全部、妻の裁量だった。夫は一切口を出さない。そのかわり妻も夫の仕事には全く関与しない。

これは二人が強い信頼関係で結ばれてこそ初めて可能だった。

もともと五十六は恩師や親族などを経済的に援助することをいとわぬ性格だった。そのために、温情家といわれ、人々の尊敬を一身に集めた。

しかし、そんな男に嫁いだ礼子にしてみれば、月給が全額手渡されることは絶対にないわけである。薄給の中から山本家や高野家の親類に送金し、長岡社にも寄付をする。やっと生活するだけの金額しか残らなかった。

その結果、山本家では礼子が嫁いでから五年間、湯呑み茶碗も買えなかったと書く伝記もある。まさかそこまで赤貧だったとは思えないが、少ない給料でも家を守っていくことが礼子に課せられた義務であり約束だったのである。

華やかな雄飛

新婚間もない大正八年四月、五十六はアメリカ駐在を命じられた。

まさにこれ以後、五十六の華やかな雄飛が始まる。

アメリカへ派遣された理由は、国情研究だった。任地としてはボストンが選ばれた。五十六も三十代の半ばを迎えていた。雪深い長岡から上京し、刻苦勉励して順調に海軍のエリートコースを歩んでいた。

自分自身の育ちや生活にさして違和感やひけめを感じる必要のない妻も選んだ。安心して家庭を任せて海外へ雄飛できる環境は整っていた。

五月十八日、五十六は「諏訪丸」で横浜を発った。この船がサンフランシスコへ着くまでの航海の間に、彼は他の船客に自分の姿をしっかりと焼きつける芸当をやってのけた。

「強い犬は吠えない」と題する一文で、当時、同じ船に乗っていた森村勇が、このときの思い出を記している。

ちなみに「強い犬は吠えない」は森村によると、五十六が常にいっていた言葉だそうだ。

たしかに、五十六が無口だったと証言する人は多い。そのかわり、文章での自己表現は自信があったらしく、実に饒舌な文体の手紙を多数残している。また、そのために彼の死後、とんでもない事態が巻き起こるのだが、それについては後にゆっくり述べたい。

森村の回想にもどると、船旅が始まって五、六日たった頃に、晩餐がすむと船客を慰安するための演芸会がホールで開かれた。

「押しの強い外人船客」が次々とピアノを弾いたり独唱をしたりで舞台を独占する。

「日本の船だ、外人奴、騒々しいぞ！」と二十一歳の森村は内心憤慨する。

そのとき聴衆があっと驚きの声を発し、ホールの一角に視線を集中した。そこには一人の日本人が、ホールの欄干に両腕を立て、鮮やかに逆立ちをしてみせていた。欄干の下は食堂で墜落すれば命がない高さだった。

船客が冷や冷やしながら見守るなか、その男は五分間も逆立ちを続けた。終わると嵐のような拍手が送られた。いうまでもなく、それは山本五十六だった。

別に嬉しそうな顔もせず、五十六はボーイから西洋皿二枚を受け取り、「巧妙な身振り手振りで、皿を上下反転しつつ舞台を縦横に踊りまくった」という。この皿踊りは長岡の祭礼の稚児舞いの中の盆舞いであることを森村は後から知らされた。五十六にとっては六歳のときからのお家芸だった。

サンフランシスコに到着した五十六は、陸路でニューヨークを経由し、ワシントンへ行った。そこに四日間ほど滞在し、それからボストンに到着した。七月一日よりハーバード大学の英語夏期講座に参加する予定だった。

前出の森村によると、当時ハーバードには三十余名の留学生がいたという。森村もその一人だった。

二年余りの留学生活で、五十六は数々の逸話を残している。

礼子という妻を得て、すっかり落ち着いていたせいか艶聞めいたものではない。それよりも、いかにも五十六らしい型破りな行動が多かった。その中から幾つかを紹介してみたい。

最も有名なのは、同じハーバードの留学生である小熊信一郎との将棋七十五番勝負の一件だ。

これについては小熊自身が「山本元帥と将棋」という随想を書いている。

小熊によると、この頃、ハーバード大学には約四十名の日本人学生が在学していた。

五十六と小熊はいつも将棋を指す間柄だったが、ある日、五番勝負で小熊がたて続けに敗れてしまった。悔しまぎれに「将棋も五番や七番指したくらいで本当の腕はわからない」というと、では何番指せばわかるのかと五十六が聞く。「ヘタバルまで」と小熊が答えると、数日後に五十六から挑戦状が届いた。

きたる土曜日の午後九時より勝負を開始する。便所へ行く以外は席を動かないこと。食事は傍らにパンを置いて、それを食べながら続けること、というのが条件だった。

この噂は留学生の間に広がり、みんな早くから弁当持参で「決戦場」である小熊の下宿に押しかけて来た。

五十六は果物やサンドイッチのいっぱい入った紙袋を持って「出陣」して来た。

いよいよ決戦開始の時間が切迫したとき、五十六は勝負を記録するグラフを机の上に広げた。なんと百番まで記入できるようになっている。ここで小熊は計算をした。一回三十分としても二晩は完全に徹夜となる。

どうにも大変なことになったと内心は思ったが顔には出さず、午後九時ちょうどに勝負は始まった。集まった観客は、真剣な顔で二人を取り囲み、番数が進むのを見詰めていた。

初めのうちは良かったが、だんだん時間がたつにつれて見ているほうは飽きてしまった。一人去り、二人去りして、いつの間にか五十六と小熊だけが残り、将棋を指し続けた。

五十六は一番終わるたびに几帳面にグラフに勝ち負けと所要時間を記録していった。

夢中で指しているうちに、いつしか朝となった。昨夜の見物人が、結果はどうなったかと陣中見舞いの弁当を持って次々と集まって来た。しかし、相変わらず二人は没我の境地である。お昼頃になると見ているだけでは面白くないので、他の人たちは部屋の隅でトランプを始めた。

五十六と小熊も初めのうちこそ慎重に作戦を練って対戦していたが、やがて相手の指し癖もわかってしまい、ろくに駒も見ないような粗雑な将棋で、一番が十五分もかからなくなった。

そうこうしているうちに、みんなのやっているトランプが気になってたまらなくなった。

「おい、あっちのほうが景気がいいなァ」といい出して、さっさと将棋をやめてトランプの仲間に入ってしまった。

グラフを後から見ると七十五番指していて、午後十一時に終わっていた。つまり正味二十六時間、将棋を指し続けたことになる。相手が倒れるまではやらなかったが、なんとも意地を張ったものである。

他の留学生は多くが二十代の青年だったのに対して、五十六は三十五歳である。年の差を感じさせないところに、五十六の負けん気の強さがあった。

とにかく誰かと何かを競うのは大好きだったらしく、小熊は将棋だけでなくマラソンの挑戦も受けている。このときは森村勇も一緒だった。

場所はボストンの近くを流れるチャールズ河の堤防五キロの川上から出発し、大学のそばの橋の欄干に最初に手を触れた者が勝ちということになった。

スタートして間もなく小熊と森村は五十六を抜いてしまった。後ろを見ても五十六の姿はないのですっかり安心して、橋の一キロ手前あたりからすっかりスピードを落として冗談をいいながら川下へ向かった。

やがてゴール地点の橋が見えた。すると、どんなコースを取ったのか、五十六が忽然と姿を現し、さっと二人の脇を通り抜け、ものすごいラストスパートで欄干に触ってしまった。

あわてて全速力で追いかけたが二人は追いつけなかった。後年になって森村は、真珠湾奇襲攻撃にひっかけて、この体験を「奇襲マラソン」と呼んで懐かしんだ。

これまでに多くの人が五十六に関する回想記や伝記を残した。

いずれの著述にも、少年時代、あるいは青年時代の五十六は無口で、いかにも雪国育ちらしい重々しい感じがあったと記してある。

その五十六のぎゅっと堅く引き締まったような性格が大きく変化したのが、最初のアメリカ留学だった。

アメリカという国の持つ開放的な雰囲気が、何らかの作用をしたのかもしれない。

現存する五十六の手紙からは、まるで青年のように豊かな感受性で、アメリカ社会を急速に吸収する留学生の姿が浮かび上がってくる。

特に幼い少女や年輩の女性に宛てて出した手紙には、いわゆる構えのようなものが取り払われていて、のびのびとした通信を送っている。

これは五十六の癖ともいえるのだが、女性に対してはいつも彼はリラックスして手紙を綴った。自分のやさしさや淋しさを安心してさらけ出せると考えていたようだ。

同性に対して手紙を書くときは、どうしても軍人という立場を考え、そこから一歩も踏み出さない範囲の表現しか使わない。それは、兄の季八に宛てた手紙でさえそうだった。

日本を出発してちょうど一ヵ月後に出した便りの書き出しは「拝啓向暑の候御地皆々様

倍々御清祥奉慶賀候」というもので、いたって硬い筆遣いで始まる。

ワシントン経由でボストンに到着し、日本人留学生は五十名いると報告した後、下宿の説明に入る。そこは六十五、六歳の老婦人と夫を亡くした独身の三十五、六歳の娘の二人暮らしの家だった。

普通は食事はつかないのだが、会話の練習のため朝食だけは家主の二人と一緒に摂るという。

五十六が驚いたのはアメリカの物価が高いことだった。さかんに食事代や洋服、靴代、下宿の費用などを挙げて、日本の二倍から三倍すると述べているのだが、これは、まだ日本の円の価値が低かった時代のためだ。

日本では清貧に甘んじて、質素な暮らしをしていた五十六にとって、一回のディナーが四、五円もするのはショックだった。この当時、日本では江戸前寿司一人前でも十五銭、うな重でさえ五十銭程度なのだから、庶民の感覚からすると、たしかに「米国の物価は大凡日本の二倍半乃至三倍」と書きたくなるのも当然だった。「先づは目的地に安着の御報まで一筆申上候」とどこまでも折目正しい手紙である。

ところが、同じ手紙でも郷里に住む十四歳の少女に出したものは、全く調子が違っている。

それは長岡の兄季八の近所にある越の湯の主人、梛野透の姪にあたる西山伊豆子に宛てた手紙だ。

「之れを書いたのは午前三時半で之からすぐに寝ますから読み返しません」とのっけからもう口語体であり、しかも親しみを見せている。

何度か手紙をもらいながら返事が遅れたことを詫びて、すぐに話題は「金」についての日米の認識の相違になる。

「御承知の通りアメリカの国は金の国と申して金がなければ駄目ですが然し日本の金持とこちらの金持、日本の金ため主義と、こちらの夫れとは大分違ふ様に思はれます」

この前に兄、季八に出した手紙でも、やはりアメリカの物価に触れているので、経済的な問題が五十六の念頭には常にあったのだろう。しかし、経済的な問題といっても、五十六は個人的に金銭に執着する性分ではなかったので、むしろ、日米の相違が一番はっきりするのが経済面ととらえていた節がある。

「こちらでは数十万の財産を持って居るのはザラにあるとしても皆の人が決して親譲りの金で徒食して居らぬところが日本と違う処である」というのだが、それは大正時代の日本ではまだまだ貧富の差が激しく、貴族や財閥の子息に生まれれば、無為徒食の生活が叶う時代だったからである。

アメリカでは遺産が二十万円位あるのにもかかわらず、働いて月に百円の月給をもらい、それが十一円増したと喜んでいる例もある。

五十六にはアメリカ人の独立心の強さは新鮮に映った。さらに手紙の相手が少女なのでアメリカの女性について筆を進める。

「女の人がハバをきかすだけに」食べていくという点では男と少しも変わりがなく、中流の家庭で財産がなければ、高等女学校を卒業した後就職する。しかも中学から男女共学で、学費は「国庫支弁」であり、教科書も貸与される。長岡で中学に進学する際、学費で苦労した五十六には、アメリカのこうしたところは美点に思えた。

「とにかく日本よりは早く活動出来る仕組になって居りますから女でも男でも力を惜しまず働けば食つて行くだけの事は出来ますのが日本よりは、たしかに進歩して居りますし、又それだから国が発展して行く様に思はれます」と、アメリカの繁栄を素直に認めている。

アメリカの国力には女性の力が大きく寄与していることも五十六は見抜いていて、それに比べると日本は、どうしても女性が自由を束縛されやすく、選べる職業の範囲も狭い。だから、親も本人も「早く身をかたづける」ことばかり考える。そうして家庭に入れば、ふき掃除、裁縫などに没頭するだけなので「国家の生産力は米国程とても上らぬわけです」とある。

また、アメリカでは結婚して家庭に入った女性も昼間は図書館に通ったり、雑誌を読んだりして、帰宅した夫の良い話し相手となる。実際、五十六が勉強のため通う図書館でも、昼間は女性のほうが多いくらいだった。

　こうした記述からは、五十六が全く先入観なしにアメリカ社会を観察しているのがわかる。また、少女に宛てた手紙のため、すっかり心の垣根を解いているのか、ともすれば反米感情が強かった当時の日本という背景があるにもかかわらず、実に無心にアメリカ人の美点を礼賛している。

「とにかく日本では女に学問をさせぬこととなり居り、たまに女子大学位出れば、一かどの学者のつもりで新しい女など女とも男ともつかぬ様の人間が出来ますからなかなか駄目です」

　それに比べると、アメリカは大学を出た女性や夜学、自習などでそれと同等の学力を保持する人々もたくさんいて、「別に自分の学力をほこらうともしませぬ」から日本とは大違いだと書く。

　ただし、やはり五十六は日本男子なので、日本女性を全く否定しているわけではない。

「又日本のよいことも沢山ありまして日本婦人の温雅貞淑の点などは、こちらでは、とても求められませぬから日本でも男がよく女に同情し女も向上心をゆるめず進んで行けば、アメリカよりも立派な楽しい家庭も出来ませうし国力を増すかと思ひます」といい、いかにも礼子と新婚家庭を持ったばかりの五十六の抱負のようにも感じられる。

ここで興味深いのは、五十六が「楽しい家庭」と「国力」を並列して記しているところだ。軍人の彼にとっては家庭も最終的には日本の国力に寄与するものであってほしかったのだ。

アメリカという国の持つ底力を知れば知るほど、日本も努力が必要だと五十六は感じた。それを女性の側に立って綴ったのがこの手紙だが、よくアメリカの本質をとらえているといえる。「帰りましたら又御話し致しませう」と最後を結んでいる。

この時期、特に五十六が興味を示したのはアメリカの石油だった。

もともと、長岡と石油は縁が深い。明治維新以降、士族の商売として、原油を蒸留した「製し」といわれる石油を売り出すようになり、明治十一年には製油家が十七軒もあり、二斗二升（約三九・七リットル）入り桶で、一万桶も生産するほどの産業だった（『長岡市史』より）。

この産油量は次第に増加し、明治二十六、七年頃から掘削方法が手掘りから機械掘りへと変わっていった。その機械の製造のため、新潟の鉄工所はめざましい発展をとげる。

五十六はちょうど少年の日に、ささやかな家内工業から、大きな事業へと発展する石油産業を目の当たりにしていたので、普通の日本人よりも石油に対する関心が強かった。

反町栄一の著書によると、五十六は最初のアメリカ留学のとき、石油に関するあらゆる文献著書を読破し、アメリカの新聞を毎日、四十幾種類も読んだとある。いくらなんでも、四十種類以上の新聞に目を通すのは不可能だったのではないかと思うが、睡眠時間が一日平均三時間だったというのは真実らしい。

だから、五十六を訪問した人は、頭に氷嚢をのせて勉強している彼の姿をよく見掛けた。

その上で五十六が出した結論は、メキシコの油田を見学したいということだった。

油田視察旅行の許可願いを当局に出したのだが、予算がないという理由で却下された。ここで五十六は負けん気を起こし、それならば自費で行こうと思い立った。上司の許可を得て、留学中に蓄えた旅費を持ってメキシコへと向かった。

メキシコには同郷の駐在武官山田健三少佐がいた。会ってみると、山田は五十六の兄季八と共に新発田連隊に属し、共に日露戦争に出征した間柄だとわかった。

異国にあって、同じ話題を分かち合える人に邂逅できるのは嬉しいことだ。初めてサンフランシスコに到着した大正八年五月にも、五十六は同じ長岡中学の後輩、野中正一の出迎えを受けている。いわゆる新潟人脈のネットワークは海外にもあり、交流を深めていた。

限りなく郷土愛の強い五十六は、すっかり山田と意気投合した。

ところが、この山田は帰朝命令が出ているにもかかわらず旅費の調達ができずに困り果てている状態だった。

五十六は、こうした友人を黙って見ていられない性格である。といって、五十六も決して経済的に余裕があったわけではない。

メキシコに旅するにあたっては、ワシントンの日本大使館で参事官だった賀来美智雄に若干の金を用立ててもらったほどだ。

余談になるが、五十六はこのときの恩を忘れず、後年、賀来が病に倒れた際には、反町栄一の表現を借りるなら「自分の生活費をしぼり上げ、多額の金を贈られた」という。

さて、山田少佐の窮状を見かねた五十六は、自身の所持金の大部分を、ポンと与えてしまったのである。お陰で、山田少佐は無事に帰朝し、後には中将にまで出世した。

それは良いのだが、五十六はすっかり手元不如意となり、おそろしい貧乏旅行を始めた。

やがて、メキシコ政府から、駐米日本大使館に問い合わせの手紙が届けられた。

日本の海軍中佐山本五十六と称する人物が油田視察の目的で国内各地を旅行しているが、三流のホテルのしかも屋根裏の一番安い部屋にしか泊まらず、服装は普通だが、食事は三食ともパンと水にバナナばかり食べている。あまりにも質素だが、日本の亡命者ではないのかという内容だった。

それほどまでに無理をして続けたメキシコ旅行は、しかし、五十六にとっては多大な成果があった。

また、山田は終生、五十六を尊敬し、「山本五十六の如く豪胆にして然かも人間味横溢し、義侠真に神の如き人に逢ったことはなかった」と語っている。

五十六が、メキシコ東部の油田地帯であり、石油工業の中心地であるタンピコから、兄の季八に宛てて出した絵はがきの文面を紹介しておきたい。


石油視察の為めタンピコ市に参り候。

一日一井の産額五百余石と云ふ井戸あり、噴出十三年継続と云ふもあり一石の原油一円転出税一円と云ふ相場なり。越後あたりでは本当とは受取れぬ話に候。

日本石油、宝田石油技師の来ると云ふ太平洋沿岸の地は有望なるも未試掘の地。肝っ玉の太き人に来て貰はずば物に相成まじく国家的見地から微力ながら推奨申し上候。


この中で日本石油、宝田石油とあるのは、共に新潟の石油会社である。明治中期頃から外資系の石油会社の攻勢があり、ついに大正十年には合併することとなる。すでに当時から海外進出も視野に入れていたはずだが、五十六にしてみると、日本石油も宝田石油も、メキシコの油田の規模とは比べものにならず、よほど「肝っ玉の太き人」でなければ、海外で石油事業をものにするのは難しいと季八にいいたかったのだろう。

いくら日本の軍部が八八艦隊建設計画に執心しても、石油がなければ軍艦は動かない。それを早くから見越していたので、五十六は石油にこだわっていた。

滞米中の五十六は、賀来美智雄参事官と共に密かにアメリカの油田の調査を行い、その産出量、油送パイプの設備、輸送量などを詳細に調べた。もうこの頃から、アメリカを敵にまわす日が来ることを予想していなかったとはいえない。

もう一つ、五十六がアメリカで興味を持ったのは航空機の発達だった。これについては後述したいと思うが、これからの軍備に、いかに飛行機の果たす役割が大きいかを、五十六は留学中に思い知った。その自覚は日本へ帰って、海軍大学校教官となって、さらに強まった。

五十六に帰朝命令が下ったのは、大正十年五月五日だった。同年七月十九日、横浜に到着した。二年二ヵ月の長い不在だった。

本人も手紙に書いているように、「コタツガ、チツト、恋シイコトモ恋シイガノ」といった心境で、そろそろ新婚の妻のもとへ帰りたかったろう。礼子もまた、あわただしく旅立ってしまった夫の帰りを待ちわびていた。帰国後十二月一日に、海軍大学校教官に補せられた。

五十六と礼子に結婚四年目にして子供が生まれたのは大正十一年十月七日である。

長男義正氏は、自著『父 山本五十六』の中で、そのときの様子を述べている。

といっても生まれたばかりの赤ん坊に記憶はないから、義正氏が後に家族や知人から聞いた話だ。

　初めてのお産ということもあって、出産の一ヵ月前より礼子の母亀久が若松から上京して手伝っていた。

　男子誕生と聞いたとき、最初に五十六のいった言葉は、「子どもの手は指が五本ちゃんとありますか」だった。

　五十六の負傷は後天的なものであり遺伝するはずはないのだが、聞かずにはいられなかったのだろう。その胸中を思うと、義正氏は「熱いものを感じる」と書いている。

「だいじょうぶ、五体健全な男の子ですよ」という亀久の返事に、初めて五十六は、ほっとして喜色を表した。

　五十六は友人たちの家をまわって、「おれに、男のあとつぎができたぞ」と吹聴して歩いた。

　礼子との結婚で縁結びの役をしてくれた水野礼司もその数ヵ月後に子供が生まれたのだが、それは女の子だった。五十六は水野の家を毎日のように鯉をぶら下げて訪ね、先輩顔で鯉を食べるとお乳の出がよくなるとか、子供を扱うのはこうするのがよいなどと教えた。そして、ことあるごとに、「おれのところは男の子だぞ」と自慢するので水野は辟易した。

　おしめを取り替えたり、風呂へ入れたりするのも五十六は器用にこなした。洗濯をして山のように積み上げてあるおしめを、丹念に一枚ずつ皺をのばし、それを交互に重ね合わせて一組ずつセットにしておいた。そうしておけば、取り替える際にすぐに使える。

長男が生まれた翌年の一月一日から、五十六は突然のように日記をつけ始めた。

「一月一日　快晴　寒　今年より主として坊の記念に日記をしるす」とある。

「坊」とは、義正氏のことである。「大正十一年十月七日午前十一時半、東京府下千駄谷町千駄谷五二五に生まる。体重八百九十匁」と丁寧に記されている。

この日記は五十六が欧米視察の旅に出た直後まで続けられた。全身これ軍人といった感じの五十六だが、日記にはいっさい公務のことは記されず、もっぱら長男の発育に関して飾りのないむき出しの思いを綴っていた。

一月二日には、京の部屋で長岡から上京して来た季八に会った。「坊は初見参なり。大きいとてほめられる」と書かれ、七日には、「今日は坊や風邪でおはなをたらす」とある。暖かくして外に出さないようにして風呂にも入れないなどと細かいことまで書いてある。

一月十一日は「坊やはだんだん大きくなり、手を口の方に持て行く様になる」と記した後で、「なくにつけ眠るにつけて思ふなり我子の上にかわりなきかと」という、もう手放しで愛情表現をした和歌が書き込まれている。

まさかこの日記が後世になって公開されるなどとは夢にも思わずに書いたのだろうが、五十六の目差しが行間から伝わってくる。

武骨な海軍の軍人という衣をまとってはいるが、その下には、愛する者に限りなく温かい感情をいだく柔和な男がいた。そして、そのやさしさを、文章で表現することには、五十六はあまり抵抗を感じないタイプだった。

だからこそ、故郷の人々へ方言丸出しの手紙を書いたり、親馬鹿ぶりがはっきりと見てとれる日記を綴ったりしたのである。

五十六がアメリカ留学から帰国したのは、先に述べたように大正十年の七月である。それから二年足らずで、今度は井出謙治大将と共に欧米各地への出張を命じられた。ワシントン会議成立後の情勢を視察するためだった。

第一次世界大戦が終わり、世界地図は大きく変わりつつあった。列強の仲間入りを果たした日本が、これからの道をどう模索するのか。

まずはその序奏ともいえる旅行は九ヵ月にわたった。

この旅行で五十六は彼の仕事ぶりについての逸話とは全く異なる方面で、人々の記憶に残る行動をした。

井出謙治が反町栄一に語った談話として初めに紹介されているのは、種々の見学視察を行った際、五十六は必ずその日のうちに報告をきちんとまとめあげたというような、いつもどおりの彼らしい有能さである。

　このとき五十六が訪れたのは、イギリス、フランス、ドイツ、オーストリア、イタリア、モナコ、アメリカ合衆国の七ヵ国だった。

　五十六の勤勉さは、しかし、仕事だけに発揮されたわけではなかった。

「元帥は博識で能く諸般の学に通じ、果断しかも用意周到であった」と井出がいうこの言葉は、実は五十六の博才を指していたのである。

　特別に天才とか秀才というのではないが、敢闘精神に満ちていて、全力でことに当たる上に、負けず嫌いで絶対に勝ち抜こうとする気迫と勘の鋭さがあったというのが、井出の観察だった。

　あるとき、無口な五十六が珍しく井出にいった。「私を二年間欧州各地に遊ばせておけば戦艦一隻くらい製造する費用は獲得できるでしょう」

　なんともたゆまざる自信である。井出は誤解を恐れたのか、「もちろん、そのためにけっして仕事の遅延を来たしたことはない」とつけ加えるのを忘れてはいなかったが、特に博打《ばくち》の腕前を見せたのは、モナコだったらしい。あまりに勝ち続けるので、カジノへの入場を拒否されたとか、これほど強い客は史上二人目だといわれたとかいう伝説が残されている。

また、知人にも自分に金を預ければ、ルーレットで賭けて十倍にして返してやるといったとの話もある。いったいなぜそれほど五十六は賭け事が好きだったのだろうか。ハーバード留学時代にもよく友人たちと賭けをした。その深層心理を探ってみるのは興味深い気がする。

五十六は勝負事に関して、三つの重要なポイントを強調している。

まず第一に、自分の利益のためにやってはいけない。自分の利益を考えなければ、判断が正確にできる。

第二に、すべては科学的、数学的でなければならない。モナコでも、冷静に計算すれば必ず勝つ場合がはっきりとわかる。勝ち負けに熱を上げてはいけない。

第三に、勝つときが到来するのを長時間待っている忍耐が大切だ。たとえ周囲の人々から白眼視されても、平然と計算した勝機が訪れて来るまで何時間でも待つのは、なかなか難しい。これを忍んで決行するところに勝利がある。冷静にして沈着が一番大切である。

これは、まさに戦略戦術の奥義だと、話を聞いた反町栄一は感心している。たしかに戦争はルーレットなどとは比較にもならないが、博打性という意味では似ているところがあるだろう。

だとすると、実は五十六がその生涯で一番賭けたかったのは、自分の生命だったのではないかという思いがする。

日露戦争のとき、戦死するつもりですっかり死に支度を済ませた五十六だった。常に心の底に戦場があるのは軍人の心得として当然だ。しかし、出征しなければ自分の生命を賭けることはできない。

平時にあって、五十六は戦争の代償行為として博打に熱中した。常に賭け事にのめり込むことで精神のバランスを保っていたのではないだろうか。賭博場は彼にとっては擬似戦場だったともいえる。

ヨーロッパ各地を視察後、五十六はアメリカ合衆国のテキサス州オレンジ油田を訪れた。旧知の賀来美智雄もわざわざニューオリンズから参加した。

オレンジ油田は明治期の長岡における産業経済界のリーダーだった岸宇吉の息子、岸吉松が社長を務めていた。

明治四十三年に岸宇吉が亡くなる際、「お前は一日も早くテキサスへ発つが良い」と吉松にいい残した。日本石油の設立に尽力した宇吉は、その未来をテキサスの油田に託していたのである。

五十六はそんな事情を知っているだけに、郷里と関係の深い油田を熱心に見学し、アメリカの持つ底力を肌身に感じた。この旅行は五十六の持つ確信をさらに深める結果となった。それは、これからの時代は、石油と飛行機の時代だという確信だった。

五十六が霞ヶ浦海軍航空隊副長兼教頭に補せられたのは、大正十三年十二月一日だった。

　このときから、五十六の部下となり以後二十年間、五十六に仕えた三和義勇は『山本元帥の思ひ出』という手記を残している。

　これは特にどこに発表するつもりもなく、五十六が戦死した後に、三和が書いたものである。その三和も、五十六の戦死に遅れること一年余りで、テニアン島陥落の際に四十五年の生涯を閉じた。

　後に三和の遺族が、「父はこの『思ひ出』を書くために元帥よりほんの少し生きながらえたのだろうか」と、私家版の本に書き記している。

　ことさらにセンセーショナルに五十六を描こうとする職業作家の筆とは全く違い、三和は不器用なまでに実直に五十六への尊敬の念を表明している。その事実だけでも、部下に慕われた五十六の人柄が伝わってくる。

　五十六が霞ヶ浦海軍航空隊に着任したのは、関東大震災のあった大正十二年のその初冬と三和は書き出しているのだが、これは明らかに十三年の感違いだろう。

　大震災は大正十二年九月一日であり、五十六はロンドンに滞在していた。

　余談になるが、大震災の報に接し、ロンドンの在留邦人たちは色を失って、日本の将来を悲観したが、五十六のみは悠然と落ち着いていて、日本経済は必ず良くなるから、今のうちに株を買っておきなさいと実業家たちに勧めている。

また、妻子のことを心配しているような態度を見せたがらなかったと書いてある伝記もある。

妻と生まれたばかりの長男の身を五十六が案じないはずはないのだが、礼子ならきっとどんな難局も切り抜けるにちがいないという信頼感があったのだろう。長岡の兄、季八も頼りになる存在だった。

九月二十三日にロンドンを発ちベルリンに入ってから季八に出した絵はがきには、「震災に色々御配慮に預かりし段御礼申上候」とある。

さて、五十六が初めて霞ヶ浦海軍航空隊に新任の大佐として着任したとき、その姿は「青年将校の様な若さと元気を持って」いるように三和には見えた。

ただし、五十六は元来砲術屋であって、いわゆる航空隊出身の幹部ではなかったので、彼の存在は全く知られていなかった。「大佐何するものぞ」といったふうな気分が隊内にはあり、三和もまた同じような目で五十六を見ていた。

その三和は、戦術科長兼内務主任だった松永少佐から、副長付の甲板《こうはん》士官に推薦された。

飛行学生教程を卒業したばかりの「血気盛で小生意気」だった三和は、もうすぐ操縦教官になろうとしているのに甲板士官など「真平御免」と断ったら、それなら直接山本大佐のところへいって来いといわれた。

「私はノコノコと山本大佐の所に出かけた」と三和は書く。

いざ五十六に会って、何かいおうとしたのだが、気迫に打たれて言葉が出ない。そうこうするうちに、五十六のほうから口火を切った。

今の隊の現状を見たところ軍紀風紀に遺憾の点が少なくない。まず、これを刷新しないと軍隊として立ち行かない。そこで軍紀の維持、風紀の改善から始めたいと思うと五十六はいった。

そして、具体的に、毎日のように絶えない遅刻者、脱営者を皆無にしたいという希望を述べた。「このことは君にばかりやらせるのではない、自分がやるから君も補佐するように」との言葉だった。

三和は思わず「懸命の努力を致します」と答えて引き下がってしまった。松永少佐にその顚末を話すと、「それ見ろ」と笑われた。

三和はなんとなく「こりゃ偉い人だぞ」という気がして、自分で満足していた。そのつもりで見ていると、五十六の敬礼がきわめて正しいことに気づいた。「士官に対しても兵隊に対しても山本大佐の答礼は少しも区別なく、シャンと指を伸ばして教範そのままのようにせられる」のである。

たしかに五十六の敬礼が見事だったのは有名で、やがてそれは戦時下の青年たちの憧れともなっていった。三和は「これは只人ではない」との思いを強くする。

大正十年に設立されたばかりで、まだ歴史の浅い霞ヶ浦海軍航空隊の基盤作りが、五十六の当面の課題だった。

最初に着手をしたのは、総員を集合させ、「下士官にして頭の毛をのばしている者は皆切れ。一週間の余裕を与える」という宣告だった。それ以外に訓示は一切なかった。

この当時、頭髪をのばすのは一種の流行となっていた。「禿がありますから」とか「満期前でありますから」とかいってなんとか逃れようとする下士官兵が多かったが、猶予は全く認められなかった。一週間目には完全に「長髪賊」は退治された。この意表をつくやり方で、「確かに隊員の間に一新の気分」を作り上げたと三和は思った。

五十六が副長になって、まだ二、三週間目の夜のことだった。三和は衝撃的な体験をしている。

この日は朝から雨が降り、真夜中には氷雨となった。今夜あたりは脱営者があるかもしれないと思い、三和は夜中の十二時頃に雨合羽を着て、兵舎の門外を見まわった。営門はあるものの兵舎の裏側には電灯も垣もなく、逃げ出そうと思えばいくらでもできた。

自動車庫の横まで行くと二十メートルばかり先を黒い人影が行く。これはてっきり脱営者だと思い、「待て」と大きな声でいった。今までの経験だと、脱営者なら足を止めるか、あわてて逃げ出すかのどちらかである。ところが、その人影はちょっと止まって、振り向いた様子だったが、またゆっくりと歩き始めた。不逞な奴とばかり、三和は急ぎ足で追いついて、顔を見ると、なんとその人影は五十六だったのである。副長自らが、氷雨の降る真夜中に巡検していた。三和は思わず息を呑んで立ち止まった。

五十六は三和に向かって、「甲板士官か、御苦労、君は明日の飛行がある、今夜は僕が廻るから早く帰って寝たまえ」といい捨てて、さっさと闇の中に消えた。

このときの三和の感激たるや尋常ではなかった。「目の当りに神様を見た」とまで書き、この人のためならば、この人の命とあらば、喜んで火の中でも水の中でも飛び込めると思うのである。

この感激を三和は後々までも思い起こし、一生それを忘れなかった。

思うに五十六は教育者という仕事が自分でも気に入っていたのだろう。父の貞吉も学校の校長を長く務めた。若い者を鍛える仕事に五十六は情熱を感じていた。また、彼が思いがけないほど強いリーダーシップを持っていることがはっきりするのも、この副長の時代だった。

着任して一ヵ月のうちに「反副長的の雰囲気」は完全に払拭された。

五十六が最も力を入れた教育の一つに「作文」があったのは意外な感もする。

「どうも飛行機屋は喋らせれば相当のことをいうが、書かせればなっていない。あれじゃいかん。思うことが思うように書けないようでは、将来困りものだ」と冗談のようにいって、ことあるたびに、「そりゃよい、すぐ書いて出せ」とか、あるいは「君の意見として進達するから書け」といった。

三和はそれを、「無責任な暴論、乃至は思いつき気紛れな所見を完封するのに役立った」と考えている。少なくとも、自分の発言に責任を持つために必要な訓練だったのだろう。

五十六が霞ヶ浦に勤務となって、妻の礼子と長男は、しばらく東京に残っていたようである。

長岡中学で五十六の四年後輩だった大崎教信少佐は、大正十二年十月に霞ヶ浦に赴任した。そして十三年の秋に航空隊付となった五十六との交流が始まった。その年の十二月に五十六は副長兼教頭となり、大崎は大正十四年の四月の異動で霞ヶ浦を去った。その間、半年ばかりであるが、同郷のよしみもあり、親しくつきあった。

当時、大崎は土浦の神竜寺という寺の境内に地所を借りて家を建てていた。すると、まだ家が完成しないうちに五十六が来て、その家を自分に譲ってくれないかという。

おそらくは、妻子を呼び寄せて一緒に住む住居を探していたのだろう。

大崎にしてみれば、生まれて初めて建てた家なのでしばらく住みたい。だから自分が転任するときはきっと譲りましょうと約束した。やがて、大崎の転任が決まった。そのとたんに、まだ荷造りも始めないうちに五十六が押しかけて来た。今日は日がよいから引っ越す、さぁ早くあけろと強引にいってきかない。いったんいい出すと、なかなか後へは退かない五十六の性格を大崎はよく知っていた。仕方がないので、神竜寺に荷物を預かってもらい、自分は寺に寝泊まりして五十六に家を明け渡したという。

そこまで五十六が急いだ理由は不明だが、一日も早く妻子を連れて来たかったのではないだろうか。

まるで追い立てられるような経験をした大崎だが、だからといって五十六を恨んでいる様子は全くない。むしろ五十六の強引さを面白がっているような調子である。

また、大崎の回想は、五十六の勉強ぶりにも触れている。それまで五十六は航空の経験はなかったが、「猛烈に勉強せられ、その後海空軍とは切っても切れぬ大切な人となった」と評価している。

阿川弘之の『山本五十六』には、「この事はあまり世に知られていないが、飛行機操縦の訓練も、山本は自分でやった」という一文がある。普通の飛行将校がそろそろ自分で操縦桿《かん》を握るのをやめる年頃になっているのに、毎日数時間ずつ操縦練習を行い、練習機の単独飛行がやれるまでになったという。

　精神的にも五十六は若々しかった。どっしり構えるよりも自ら行動に出た。だから見知らぬ人は「あの中尉さんは何という人だ」などと聞き、中尉ではなく大佐だと知り驚いた。

　まだ帝国海軍は、初代の航空母艦「鳳翔《ほうしょう》」がようやく実用に入ったくらいの段階だった。一般にもちろん飛行機は木製であり、中島、三菱などの会社が試作を始めたばかりだった。一般には、飛行機は落ちるものと思われていた。

　そして「鳳翔」の搭乗員になり得るのは、選りすぐられた天才でなければいけないといわれていた。それに異を唱えたのが五十六だったと三和は書く。

「百人の搭乗員中幾人あるかしれぬような天才的な人間でなければ着艦できぬとすれば、帝国海軍にそんな航空母艦はいらぬ。搭乗員の大多数が着艦できるようにせねばならぬ。素質云々もさることながら、要は訓練方式の改善と、当事者の訓練に対する努力の如何にあると信ずる。試みに次回の母艦搭乗員には技倆中級の者を持っていけ」と主張した。

　つまり基本的には、訓練さえすれば誰でも飛べる航空隊を五十六は作っておきたかったのである。勘に頼ったり、経験ばかりが物をいうやり方では、飛行機乗りは育たないと看破していた。

　しかし、そのためには航空隊全体の水準を上げる必要があった。風紀の乱れを正して、学生たちの士気を高めるため、ときに五十六は一風変わった指導をした。

夏休みが終わり、考課表が出される頃、五十六は教官室で一同に、「考課表の資料として自分で各自の考課表を作って来い。採点も評語も皆入れて、僕が筆を入れんでもよいようにして持って来い」と命じた。

隊員たちは騒然となった。ある分隊長が、「考課表を書くのは副長の任務ですし、自分のことなんか書けません」と反駁した。「だから資料として持って来いといってるじゃないか。出すときには、もちろん僕が書いて出す。それに大尉にもなって自分の長所短所が判然と判らぬようでどう修養するつもりか。真実なら自分のことは自分が一番よく知ってるはずだ。それを人に書かれるのはおかしいと思わねばならぬくらいのものだ」と五十六はいい返した。

教官としての五十六の面目躍如といったところである。教え子を信頼するのと同時に、甘えさせもしない。早く自立するようその背中を押している。いやでも隊員たちは五十六の言葉によって自己を冷静に見つめ、評価せざるを得なかった。

これ以外にも五十六は教育綱領や教務規程などをどんどん改めさせ、航空隊に新風を吹き込んだ。

いかに五十六が隊員たちを可愛がり、まるで我が子のように思っていたかを伝えるエピソードはまだまだ数多く残されている。

創立間もない航空隊は、危険率が高く、殉職者も多かった。

五十六は副長室の壁に殉職者の姓名を書いた紙を貼り、それと向かい合って毎日執務をした。また新入隊者は、まず殉職者の姓名の前に立って敬礼をさせた。

訓練のために尊い生命を捧げた人々が忘れられてゆくのを惜しんで、自ら委員長となり、霞ヶ浦神社を建立しこれら犠牲者の霊を祀った（高木惣吉著『山本五十六と米内光政』より）。

五十六の長男、義正氏も、自著の中で「黒の手帳」という一章を割いて、次のように述べている。

父が、黒い手帳を肌身はなさず持つようになったのは、霞ヶ浦航空隊副長のころかららしい。草創期の航空隊の訓練は、熾烈をきわめたという。その訓練の最中に、不幸にも墜落して命を落とすパイロットたちが、たくさんいた。

戦死者の栄誉にくらべて、殉職者には、国の態度が冷たかった。しかし、父にとっては、みなひとしく可愛い部下であり、尊い犠牲者であった。父は、訓練中の事故で死んだ部下たちの名を手帳に書きとめ、毎朝、その冥福を祈るようになった。

しかし、五十六の祈り方は、普通の人とは少し違った。仏壇に向かって合掌するとか、神棚に祈るといった姿を義正氏は見たことがない。

朝、義正氏が起きると、いつも五十六はとっくに着替えをすませ書斎か縁側の椅子によりかかって、じっともの思いにふけっている。その手には黒い表紙の手帳が握られていて、ときどき手帳を開き、また閉じて目をつぶる。そんな動作を何度もくりかえしたという。

手帳に亡くなった部下たちの名前が記されていたのを義正氏が知ったのは、昭和二十五年頃になってからだった。

五十六は霞ヶ浦海軍航空隊の副長となって、初めて部下たちを次々と失うという経験をした。戦争に死はつきものである。そして、五十六は誰よりも生命の大切さを痛感していた。部下たちを生身の人間として彼は見ていた。

三和義勇の手記には彼自身の人生に与えた五十六の影響の一つとして、結婚についての経緯が記されている。

これは五十六が殉職者を悼《いた》む気持ちと通底している部分がある。

ある日、三和が五十六に呼ばれて行ってみると、いきなり、「君は近々結婚するつもりか」と尋ねられた。三和はその年の暮れには大尉となる予定だった。練習生分隊長に昇進し陸上勤務ともなるので、翌年の春には身を固めようと思っていた。そのことを正直に告げると、しばらく考えた末に五十六は口を開いた。

「どうだい、その結婚を来年暮れまで待つわけにはいかないのか」という。

その理由は三和を航空母艦「鳳翔」に勤務させようと思っているからだった。

五十六の目論見は、「今の母艦乗りの頭の間違っているのを是正」するところにあった。

「天才天才なんて言ってるけれども、努力によって鍛え上げた入神の技のほうがどれだけ確かで尊いかわからぬ。君たちの努力次第できっとやれるよ。だが、航空事故の原因はそれ以外にもある。ここで一つ君たちにも一奮発してもらいたい。ついてはまあなることなら結婚も一年——来年の暮れまで待たんか」というのが五十六の三和に対する要請だった。

三和は自分でも、「どこから見ても優秀な青年将校であったとは今の今でも考えられぬ」と書くくらいで、成績は特別に優秀というわけではなかったらしい。しかし、五十六は初めから、天才でなければ着艦できないという考え方には反対だった。三和を送り込むのは、いわば「テストピース」、試作品としてである。

三和のほうに異存はなかった。今年も母艦勤務はできないのかと悔しがっていたくらいだから嬉しくて仕方がない。「結婚をのばすなんて、何でもありません。お陰で本望が達せられました。御期待にそうよう努力致します」と即座に答えた。

五十六にしてみると、若い未亡人を作りたくないという思いだったのだろう。幸い、三和は無事に「鳳翔」で一年を過ごすことができた。

三和の遺族の述懐によると、三和は大正十二年に後に妻となる女性と婚約した。ところが五十六の言葉により結婚は延期された。そしてテストパイロットの任務が終わると、今度は武官補佐官としてアメリカ勤務となり、さらに結婚は延期され、ようやく昭和四年に帰国して式は挙げられた。花嫁は六年も待たされたのだった。その結婚生活も昭和十九年に三和の戦死により終止符が打たれた。

大正十四年五月十四日、山本家に長女の澄子が誕生した。霞ヶ浦の地名から取って澄子と名付けられたといわれるが、五十六がずっと霞ヶ浦に住みつくつもりでスミコという音が選ばれたという説もある。

二児の父となり家庭も円満だった。礼子は手先が器用でベビー服などはすべて自分で毛糸を使って編み上げた。生活は質素を旨《むね》とし、五十六は若い隊員たちの教育に全身全霊を打ち込んだ。また隊員たちもその熱意によくこたえた。

五十六自身、副長の仕事は気に入っていたので、しばらく続けるつもりだった。しかし、大正十四年十二月一日、アメリカ在勤の大使館付武官に補せられた。わずか一年間の任務に終わったわけだが、山本五十六の名は隊員たちの心にしっかりと刻み込まれた。

鎌倉の家

大正十五年一月二十一日、五十六は横浜港からアメリカへと向かった。

霞ヶ浦海軍航空隊は五十六の乗っていた「天洋丸」の上を編隊を組んで飛び、爆撃演習を行って別れを惜しんだ。それほど五十六は隊員たちに慕われていたのである。

五十六にとって三度目のアメリカ滞在は、以前よりも少し辛いものではなかったろうか。なぜなら日本には妻の礼子と可愛い盛りの長男、長女を残して来ている。いくら公務が最優先する五十六でも、やはり一度家庭の味を知ってしまうと、長い別離は淋しい。

ともあれ、大使館付武官となった五十六は、相変わらず意気軒昂だった。

このときの駐米大使は松平恒雄である。松平は旧会津藩主、松平容保の四男で明治十年生まれであるから、五十六より七歳年長だった。戊辰戦争に敗れた会津藩の出身ながら、明治三十五年に外務省に出仕し、異例の早さで出世をし、駐米大使となった。

その松平の妻、信子は鍋島藩主の孫にあたり、長姉は加賀百万石の藩主だった前田利嗣侯爵の夫人となり、次姉は梨本宮伊都子妃だった。鍋島家は裕福で、永田町の本邸は二万坪の敷地に日本館と西洋館があり、明治天皇と皇后が行幸啓したほどの家柄だった。
華麗なる人脈を背景に、栄華を極めた松平恒雄は、長岡出身の五十六に特別の好意を示したという。
さらに松平には節子《せつこ》という長女がいた。後に昭和天皇の弟宮である秩父宮の妃となり、勢津子と名前の字をあらためた。貞明皇后の名前、節子《さだこ》と字が同じだからである。その秩父宮妃が自著『銀のボンボニエール』の中で、五十六の思い出に触れている。

当時の大使館付きの海軍武官は山本五十六さんでしたが、ダンスがとてもお上手で、マージャンをしてもカードをしましても、とにかく山本さんがいつもお勝ちになるのです。勝負に対する特別のカンというか運というか、とても強い力を持っていらっしゃる方という印象を強く受けました。ですからたとえば紅白に分かれてゲームをすることになると、みんな山本さん側につきたがったものでした。

この頃、勢津子妃はまだフレンド・スクールの学生だった。阿川弘之著『山本五十六』によると、「会津の娘の節子」に五十六は親しみを感じたのか、ごみごみした中華料理屋に連れて行って御馳走したこともあったという。

話は少しそれるが、大正十五年十二月二十五日に大正天皇が崩御になり、イギリスに留学していた秩父宮はアメリカ経由で日本へ帰った。その途中で、ワシントンの日本大使館に立ち寄った。

その折に大使の長女節子を見初め、アメリカ滞在を幾日か延ばしたと書く本もあるが、これは事実ではない。秩父宮は大使館に一泊して予定通り日本へと発った。節子と会話を交わす機会があったのはたしかだが、彼女を秩父宮妃にと強く希望したのは、むしろ大正天皇の后《きさき》だった貞明皇后である。宮内相だった牧野伸顕《のぶあき》の日記によると、すでに大正十四年一月の時点でこの縁談に言及していて、貞明皇后は内定だけでも早くしておきたいという「御思召」を牧野に伝えている。

そこから宮内省の松平家に関する情報集めが始まる。だから、秩父宮がワシントンの日本大使館に宿泊して節子を気に入ったなどという単純な話ではなかったのである。

ともあれ、節子にとって縁談は突然のものであり、会津出身である自分が直《じき》宮妃になるなど考えもつかないと固く辞退した。しかし、貞明皇后の強い意志は変わらず、二度もはるばる日本から使者を送り説得につとめた。

これに対し、松平恒雄は「節子の祖父は維新のとき、官軍にいかなる事情があったにせよ、朝敵の汚名を受けた身、その孫が天皇さまの直宮妃になるなどあってはならぬこと。どうか会津の立場もお汲みとりいただきたい」という意味の返事をした。

それでも使者の樺山伯爵の熱意によって、ついに松平恒雄も「それほどまでにご執心のお心に背いてこれ以上お断りすれば、こんどは礼儀に背くことになる」という結論に至った。

「なぜ私が……」と泣く節子を樺山伯爵が説得にあたった。このとき、節子の幼い頃からの養育係だった高橋たかが、自分が宮家へ上がれば両親や兄弟の立場が難しくなるのではないかと案じる節子に対し、毅然とした口調でいった。「皆さま、会津魂をお持ちでございます」と。

この言葉で節子の心のわだかまりは吹き飛ぶ。「『会津』の二字が、垂れ込めていた黒い雲の間から射し込む光のように私の行くべき道を照らし出してくれたことは事実でした」と自著に記している。

五十六は会津魂を持つ節子の姿に、日本に残して来た妻礼子を重ね合わせて見ていたのかもしれない。どんな困難にも耐える会津の女性の強さを。

大正天皇の崩御により、短い昭和元年が終わり、すぐに昭和二年となった。

当時の五十六の語学力はどの程度のものだったのだろうか。まだ十代の頃に留学したのなら現地の人と変わらぬ発音をすることもあり得るが、最初の留学がすでに三十歳を過ぎていたので、日本語のアクセントが残るのは当然だった。

しかし、英語で文章を組み立てる方法は完全にマスターしていたようだ。現在残されている文献を見ると、五十六があらゆる会議で常に堂々と発言したと記されている。またアメリカ人やイギリス人を相手に一歩も退くことなく議論をするだけの語学力はあった。

いくら英語が上達しても、問題はそれをどう使うかである。その意味では英語はツールに過ぎない。ツールの使用法を五十六はよく心得ていた。

ある日、五十六がアナポリスの海軍兵学校を訪問した。戦術教室に入ると、ちょうど壁に日本を中心とした海図が貼ってあった。そこで五十六は「大変お邪魔をした。いずれ諸君とは太平洋上でお目にかかりましょう。大いに東洋作戦を研究して下さい」といった。

居合わせたアメリカ人はその言葉に驚いたが、すかさず、「あなたのほうはどうですか?」と尋ねた。五十六は笑いながら「もちろん、日本海軍としては他に研究することはない、全部対米作戦ばかりだ。そのうちお互いに大いにやろう」と答えた。そして握手をして別れたという。

この話がどこまで真実かはわからない。戦争中に数多く作られた五十六伝説の一つかもしれない。しかし、昭和の時代に入ると日米関係が次第に悪化していたのはたしかである。

昭和二年二月から三年の春まで、五十六が滞米中の後半に、三和義勇はふたたび後任補佐官として仕えることになった。

三和の回想によると、当時リンドバーグが大西洋横断飛行に成功し、バードも最後で不時着水したが事実上は成しとげた。こうしたアメリカの快挙に比べると、日本はまだ後れをとっていた。五十六の命令により三和は飛行について研究した。

あれこれ調べているうち、気がついたのは、洋上長距離飛行には計器飛行、天測航法などが必要で、アメリカはとっくにこの点に着目して立派な計器を使用し、バードの飛行の際は機上天測を実用化していた。

これに反して日本では、大正十年にイギリスのセルピン飛行団から教わった勘偏重教育をしていた。三和が「鳳翔」で着艦訓練をしたときも、計器はあてにならない、勘を養うようにと教えられた。計器に合わせて着艦したある下士官は、降りるやいなや、今のは一節早いと教官に注意された。「ちゃんと計器に合わせて来ました」と答えると、「何の計器があてになるか。おれの勘のほうがたしかだ」といわれ、なぐられたことがある。

これは「笑い事」ではないと三和は思った。日本の海軍航空も、早く勘飛行を脱却して、計器飛行を尊重するように進めなければ行き詰まる。そのための対策を書いた一文を五十六に差し出した。

「そのとおりだ。僕も全然同意だ。ちょっと貸せ、少しなおしてやる」といって、五十六は結論の部分をさらに激しい論法にしたという。

三和の一文をまつまでもなく、五十六も同じ思いだった。現実に即した観察をする点において五十六は優れていた。その意味ではアメリカの国力を最もよく知っている日本人の一人だったろう。

三和が英語の勉強をするにあたって、アメリカの偉人伝を読みたいが誰が偉いと思うかと問うと五十六は「それはリンカーンだ、リンカーンは僕は好きだ。米国人といわず人間として偉い男だと思う」といって、カール・サンドバーグ著の伝記を読むように勧めた。

毎朝、三和は事務所に来ると郵便受けの手紙を受け取って、各自の机に配るのが仕事だった。たいがいの人は、まず懐かしい故郷からの手紙を開封して読む。三和もそうだった。ところが五十六は違った。家族から来た手紙は絶対に執務中は封を切らなかった。仕事が終わるまで、そのまま机に置いてあった。

その頃、礼子と二人の子供は土浦の家を引き払い鎌倉に住んでいた。引っ越しは礼子が一人ですべて取りしきった。しかし、手紙では相談を重ねたらしく、「落ちつきたる旧府鎌倉として住み心地よきことと存じられ候」と書かれた、五十六から礼子宛ての手紙が残っている。

ワシントン時代に五十六が三和にしみじみと、「人間も淋しみが味わえるようにならぬと駄目だね」とつぶやいたことがある。

異国で淋しいのは、五十六も他の士官たちも変わりはなかった。

ただし、五十六にはそれを隠そうという気はなかった。アメリカ人のある高官夫人が彼に尋ねたことがあった。「家族を置いてきて淋しくはありませんか?」と。

こう聞かれたとき、日本人の返事は決まっていた。異口同音に自分は淋しくない、ここの生活を非常にエンジョイしていると答える。ところが、五十六だけは違った。「それは淋しい。しかし、お国のためだから仕方ありません」と素直に心情を吐露した。

この高官夫人は五十六の返事に感銘を受け、「山本大佐は真の紳士です、私は尊敬します」と語ったという話が伝えられている。

五十六は、同時代の軍人たちの中でも、屈指の優秀な頭脳と豪胆な気概の持ち主だった。それにもかかわらず、人間の弱さや淋しさを、まるで無防備な子供のようにポロリと見せるところがあった。それが多くの人々を惹きつけ、熱烈な信奉者を生む秘密だった。

鎌倉で留守宅を守る礼子は、この頃、あるアイデアを思いつく。それは自分の家を建てることだった。ちょっと聞くと当たり前のようにも聞こえるが、これは実は途方もない冒険だった。

再三書いたように五十六という人は金離れの良い男だ。困っている知人を黙って見てはいられない。その上に義理堅く、寄付なども惜しまない性格だ。さらに賭け事が好きときている。いくら五十六が賭け事に強くても、いつも勝つとは限らない。大きく賭けて大きく負けるケースもある。そうなると負債の支払いにも追われる。

つまり、礼子はいつも家計のやりくりをしなければならない。ところが、夫はアメリカに赴任した。その間は日本の家族のために支給される給料がある。それを貯金すれば、家が建てられるかもしれないと考えたのである。

貧乏生活に慣れている礼子にしてみれば、余った給料で贅沢をするなどとは思いもよらなかった。むしろ、爪に火をともすようにして、それらのお金を蓄えて、鎌倉に土地を探した。

「母としては、家賃でお金が流れてしまうのはもったいないと思ったのでしょう」というのは、長男の義正氏の言葉である。

思えば絶妙なコンビネーションである。夫の五十六は、自分の生命を捨ててかかっている軍人だった。戦争が始まれば明日をも知れぬ身だ。だから物欲はないし、金銭への執着もない。

一方、妻の礼子は大地にしっかりと足の着いた女性だ。子供たちの将来を思い、あれこれと計画を立てる。また家族の健康には人一倍心を尽くす。その二人のバランスによって、山本家は保たれていた。

礼子は鎌倉の材木座の一角で、滑川《なめりかわ》に沿ったところに、変形になった土地をみつけた。入り口が狭くて、そこから入ると中の地形も四角ではない。そのため相場よりずっと安く土地を手に入れることができた。

もともとネギ畑だったその土地に、家を建てるにあたって、礼子は数々の工夫を盛り込んだ。まず、材木は、日本産のものは高いので、米材と呼ばれる外国産の木を使った。設計図はすべて自分で引いた。

たとえば押し入れは、二部屋の間に作り、両方から引き戸をつけて中のものを取り出せるようにした。また台所と茶の間の真ん中に棚を作り、台所で作った料理をその棚に載せ、茶の間から受け取れるようにした。こうすれば、いちいち台所から運ぶ手間がはぶける。

昔の日本の家は部屋がふすまで仕切られていて、ふすまを開けなければ次の間へは行けない。礼子は部屋と部屋の間に半畳ほどの板敷きを作り、そこを通れば、他の部屋に足を踏み入れないでどの部屋へも行けるように設計した。

各部屋に電気製品用の差し込み口をつけたのも、当時としては斬新だった。部屋の隅の下に小さな四角い切り口を作り、戸をつけた。掃除をしたゴミはその戸口から外へ掃き出した。その先にみかん箱が置いてあり、ゴミが溜まると処理した。

家を建てると、どうしても屋根裏が無駄になる。そこで、三角屋根にして屋根裏部屋を作ろうと礼子は思いついた。そのため屋根は軽くする必要があるので、昭和初期には珍しいスレートを使用した。六畳の屋根裏部屋が完成したが、もうひと間は経済的な余裕がなく、スペースはあったが部屋は作れなかった。

階段は回り階段にして幅を広くとり、なだらかな傾斜で、子供が怪我をしないよう気を配った。まさに礼子の創意工夫に満ちた家だった。

礼子にはこうした才能があり、ペンキ塗りなど男の仕事もやすやすとこなした。

家が出来上がったとき、もう礼子には門柱を作る金が残っていなかった。それで近所から生木を買ってきて、それを真っ二つに割って代用した。

手持ちの資金はすぐ底を突いたので、足りない分は実家の三橋家から借りた。父の康守は、子供がたくさんいるので、一人の子にだけ金をやるわけにはいかないが、貸してやるのならよいと承知した。礼子は父から借金をしたが、後に利子もつけてきちんと返済した。

義正氏の著書『父 山本五十六』には次のようにある。

むっつりしているくせに、六十歳に近くなってもどこかに子どもっぽさの残っている父にくらべて、母は、いわゆるしっかり者だった。私たち一家にとっては、はじめての自分の家である鎌倉の家を、父の不在中に、女手ひとつで建てた母であった。

「あの家を建てたあと、文字どおり財布の底の一銭玉を数えるほどだった。子どもが病気したら、どうやってお金のやりくりをしようかと思ったものだよ。」

と、母は述懐していた。

そんな状態なので、庭も、もちろん手造りだった。今から考えると「食べられるものばかり植えました」と義正氏はいう。垣根には、えんどう豆、庭木にはビワ、柿、梨、桃、栗などを植えた。イチゴ、トマト、ナスなども栽培した。手入れはすべて礼子一人である。

「お金がかからない生活をする」ということで、雑誌「主婦の友」などの付録を見て勉強し、編物は独学でマスターした。その他、洋裁、和裁もこなしたので、子供たちや自分の服はすべて手製だった。義正氏の瞼に焼きついているのは、暇さえあれば身体を動かし、手を動かして働いている母の姿だった。

家にはオーブンもあり、礼子は新しい料理にも挑戦してみた。また、圧力釜を買って、玄米を炊き、魚の骨まで調理した。

娘時代、父親の康守が朝鮮に行っていたため母親の亀久が家を切り盛りする姿を見て礼子は育った。だから夫が留守でも、一人で家庭を守っていく、しっかりとした姿勢を身に付けていたのだ。

「母は家族の病気もほとんど自分で治したのですよ」と義正氏はいう。

子供だったのではっきりと覚えてはいないが、「完全看護の秘訣」といったような題の赤い表紙がついた分厚い本を克明に読んでいた。

そして、一家の誰かが病気になると、素早く手当てをしてくれた。その手当ては、まさに万全だった。

まず見立てがたしかなのである。この子は腸チフスだとか肺炎だとかということをすぐに見抜いて、自宅で治せるかどうかを判断する。ただちに病院へ連れて行くこともあったが、たいがいは自分で手当てをした。

「母のお陰で父もずいぶん助かったのです」とは義正氏の回想だ。

もともと五十六は呼吸器系統が弱かった。五十六が風邪をひいたときの礼子の看護の仕方は完璧だったという。

絶対に安静にさせて、吸入器をかけて湿布をする。

「部屋にね、蚊帳を吊るのです。そして火鉢を置いてやかんをかけて湯気を立てます。それから練り辛子を塗った湿布を胸につけます。五分くらいピリピリ痛いのですが、それを何べんも繰り返したのです」

そのお陰で五十六が長患いをすることはまずなかった。

アメリカに滞在中の五十六は、本当に礼子が一人で家を普請できるのかどうか半信半疑のところもあったらしい。兄の季八に宛てた手紙の中に次のような一節がある。

留守宅は三橋父の御世話にて茅屋建築中とか金も何もなきに如何なるものを造りしかが苦笑に不堪候。

礼子が三橋家の父親に頼って、家を建てたことに関して、五十六の実家である高野家では、なんとなく面白くなく思う雰囲気もあったようだ。そのへんを察しての五十六の手紙だったとも推測できる。

いずれにせよ、礼子が無理をしてまで鎌倉の家を建てたのは、子供たちの健康のためだった。義正氏は自著の中で「この、はじめての自分の家は、私たちにとって、まったくすばらしい家だった」と書いている。隣のネギ畑や向かいの鎌倉女学校の運動場で自由に遊べたし、運動場の先には小高い丘があり深い森もあった。家のそばを流れる滑川では釣りを楽しみ、まさに子供を育てるには最高の自然環境が整っていた。

のびのびと育つ留守宅の子供たちに、五十六はアメリカからクリスマスカードや手紙を送っている。

昭和二年といえば、義正氏がようやく五歳になって、どうにかカタカナが読めるくらいだった。五十六はそんな長男によく絵はがきを出した。

ボウヤゲンキデスカ
スミチャンヲ
カワイガッテマスカ
オミヤゲ
カッテカエルカラ
マットッテネ

スミチャンとは大正十四年五月に生まれた長女の澄子のことである。この手紙は五十六がワシントンを後にする直前に書かれたものだ。普通の父親と変わらず、ボウヤに会うのを楽しみにしている様子が伝わってくる。

ワシントンからの帰りは、ロサンゼルスへ立ち寄り、長岡出身で農場を経営している新保徳太郎、山岸太三郎を激励した。その後サンフランシスコでも長岡中学の後輩野中正一と再会した。

横浜へ到着したのは、昭和三年三月三日だった。帰国して間もない五月には、もう郷里長岡を訪れている。洋行帰りの海軍大佐は、長岡ではすでに有名人だった。

五月七日の悠久山の招魂社の祭礼に、五十六は勲三等の勲章に大佐の中礼装で参列し、「旧藩士や青年達を大に感激せしめられた」と反町栄一の著書にはある。

このとき、五十六は今まで旧藩士のみで戊辰戦争の戦死者の招魂祭をやっていたが、今回からは長岡市民一般の祭りとして挙行しようと提案した。

式の後は若草の美しい地面にむしろを敷き、参列者一同がそれぞれ持参した握り飯やニシンの一本煮を食べ、にぎやかに大杉の下で懇談した。五十六はといえば、「洋行帰りの様子は少しも無く、長岡人になり切って居られた」という。

同年八月二十日、五十六は練習艦「五十鈴」の艦長に補せられ、さらに十二月十日、航空母艦「赤城」艦長に補せられた。

家族は鎌倉に住んでいて、五十六は東京の海軍省で寝泊まりしたり、洋上での勤務が多かった。せっかく帰国しても、なかなか一家団欒の時間は持てなかった。

五十六が「赤城」の艦長として着任したことで、いよいよ海軍航空と切っても切れない運命をたどることになったといったのは、『山本五十六と米内光政』を著した高木惣吉である。

高木は熊本の出身で、昭和二年に海軍大学校甲種学生を首席で卒業した。フランスなどに武官として駐在した国際派で、昭和二十五年に同書を上梓している。

高木が紹介する「赤城」での最初のエピソードは、なかなか印象深い。

ちょうど広島湾で訓練中の「赤城」に着任した五十六を、「早速一つの難しい仕事が待ちうけていた」というのである。

それは、横須賀から空輸される艦上機を、直接、「赤城」の甲板で受け取ることだった。当時はまだ空母の設備が不完全で、操縦の技術のほうも、艦上の発着は命がけという状態だった。

いよいよ当日となったが、運悪く強風の日で着艦には揺れが激しくて危険な天候だった。「赤城」は豊後水道に向かって全速力で進み、航空機は予定どおりに接近してきた。

着艦針路に入り、高度を下げてみるのだが艦が激しく揺れているため、また飛び上がって着艦することができない。

ついに何回目かで先頭の一機が思いきって着艦したのだが、飛行甲板の中央あたりに降りてしまった。そのまま走れば艦首から滑り出して海中に転落する。

目の前を、勢いよく飛行機が通り過ぎたときだった。一人の士官が脱兎のごとく駆け寄って、その飛行機の主翼にとりすがった。

飛行機の速度は変わらず、その士官を引きずったまま海へと向かっている。「危ない！」という悲鳴に似た叫びが上がり、物かげからバラバラと何人もの人が飛び出して、飛行機を押さえた。その中には、後にミッドウェーで戦死した山口多聞中佐も含まれていた。

残りわずか一、二メートルのところで、飛行機はようやく停止した。まさに危機一髪のところで助かったのである。

このとき、生命を賭して最初に飛行機に飛びついたのが、着任したばかりの山本五十六艦長だった。

いったい五十六は、どんな思いで部下を助けようとしたのか。本人でなければわからないが、こんな向こう見ずな一面が五十六にはあった。

山岡荘八の筆による『元帥山本五十六』は、戦争中に出版されただけあって、五十六のアメリカ留学時代は、ほとんど除外されて執筆されている。

霞ヶ浦海軍航空隊の時代から、いきなり昭和四年の春に飛ぶ。「世の中は『モダン――』の流行語とあくどいアメリカニズムの風潮の中に、花見の季節を迎えていた」などという文にも、アメリカに対する敵愾心がはっきりと見てとれる。

「いくらアメリカでも、訓練にまでは制限は加えられまい」という意味の言葉を発したのは東郷元帥で、全海軍は猛訓練を続けていた。

昭和四年四月半ば、「赤城」は済州島南方の演習に向かってひた走っていたという。

「艦そのものが、ワシントン会議の骨髄にとおる悲憤で出来た赤城であった。二万六千九百噸《トン》、世界水準を見事にぬいたわが技術が、日本造艦の特徴を生かしきって、八八艦隊の巡洋戦艦として設計した赤城であった。それがワシントン条約の結果、航空母艦に改築され、大正十五年に進水したのである」というのが「赤城」の履歴だった。

艦橋には第一航空戦隊司令官高橋三吉少将（後の大将）と、左に艦長の山本五十六大佐が毅然として立っていた。

この日もまた、天候は最悪だった。風は強く海面は波立っていた。それでも、激しく揺れる艦上から、仮想敵に向かってすべての飛行機が飛び立った。

このとき、並んで飛行機を見送った司令官と艦長は、二年前に起きた美保関沖事件を思い出していたと多くの史料にはある。

それは夜襲訓練の猛演習で、駆逐艦が一隻沈没、一隻大破、巡洋艦二隻中破という損害があり、百数十名の生命が奪われた。

あまりに犠牲者の数が多いのが問題となり、世論の非難は巡洋艦「神通」の艦長だった水城大佐に集中した。水城は軍法会議が終わるのを待って割腹自殺した。

死んでどうなるのだという世間の声もあったが、五十六は、「死をもって責に任ずるということは、我が武士道の根本である」として、水城の自決は立派だったと断じた。

それは、そのまま「赤城」の艦長を務める自分自身に向けられた言葉だった。地位が上がれば上がるほど、自分の生命でもって「責に任ずる」必要が生じるのである。「赤城」の演習の際も、五十六の心は飛行士たちと共にあり、その行方を見守っていた。

艦載機が飛び立って一時間ほどした頃に、ポツリポツリと雨が落ち出し、風は激しさを増し、海が不気味な唸りを上げ始めた。

風速は二〇メートルもあり、海面にはガスが発生していた。「赤城」の乗員が、不安そうに空を見上げていたとき、元気の良い無電が入って来た。無事、爆撃演習終了の知らせだった。それを聞いて五十六もほっと安堵した。

ところが、天候のほうはますます荒れるばかりで、ついに風速は三〇メートル、艦腹に叩きつけられる波からは、もうもうとしぶきのガスが立ちだした。空は暗くなり始めている。艦の傾斜もはげしい。

そこへ爆音が聞こえてきた。小さな機影が彼方に見える。

「あっ、来た」と皆が思わず歓声を上げた。ところが、こちらからは見えるその機影が、そのまま母艦の頭上をすぎて飛び去ってしまうのだ。

悪天候のため発生したガスで母艦の姿が、飛行機からは見えないのである。当時は母艦から電波を出して、帰投装置の指針を合わせるといった技術が完成していなかった。ひたすら、有視界飛行に頼るしかなかった。

やがて悲痛な無電が入って来た。

「われ燃料あと二十五分、母艦見えず、位置知らせ」

「燃料あと二十分、母艦の位置は……」

「燃料あと……」

ついに無電は途絶えてしまった。その頃には周囲はとっぷりと闇につつまれていた。

五十六は言葉を失った。戦争ではない。演習で、日本海軍の至宝を失う事態となった。かつて自分が霞ヶ浦で育てた人材が、闇の彼方に消えていった。

その夜は、一睡もせず、五十六は甲板に立って、屹然と波濤の海を見つめ、乗員たちの無事を祈っていた。

捜索は翌日も、一日中続けられたが、わずかに飛行機の破片が浮流しているのを拾いあげたくらいだった。

艦隊は佐世保へ引き揚げるしかなかった。五十六は艦長室で黙然と、この惨事の報告草案を書いた。

「――原因については唯是艦長として、所轄長として、司令官の意図する如く、部下を錬成し得なかったことに帰着する。真に申訳なし。従ってその責任は一に艦長の負うべきもの、茲《ここ》に謹んで上司の裁断を仰ぐ」

いかにも五十六らしく、ひと言も弁解がましい言葉はなかった。

五十六の憔悴ぶりは、周囲の人々の目にも、はっきりと見て取れた。

高橋司令官の回想では、五十六は食卓についても食事がほとんど喉を通らず、ときどきボロボロと涙をこぼしていたという。

ところが、佐世保に着いてみると、不時着した飛行機の乗員たちが、商船や漁船、トロール船に助けられ、少しずつ帰って来始めた。

このときの五十六の喜びようは尋常ではなかった。飛行将校たちの手を握り、涙を流してただただ喜んだ。

その姿には、自分の責任問題を心配している様子は微塵もなかった。部下が一人でも多く助かればいいと、それだけを祈っていることが顔にはっきりと表れていた。

三和義勇は、この頃、航空本部に勤務していた。事件後に「赤城」艦長として提出した五十六の報告書を見る機会があった。

ひと言の弁解もしない五十六の態度に三和は、「これこそ軍隊錬成の基本たる可き所轄長の心構えだ」と感銘を受ける。

その報告書の余白には、時の航本教育部長小林省三郎大佐の達筆な字で、「猛訓練を要する以上、これ位の犠牲は覚悟で進まねばならぬ、深く艦長の責を問う必要なし」という意味のことが書き込まれてあったという。

海軍の中で、あえて五十六の責任を問う声は上がらなかったようだ。

昭和十九年八月に文藝春秋社から発行された『噫山本元帥』は、戦時下にしては写真をふんだんに使った豪華本である。この本についている年譜を見ると、興味深い記述がある。

昭和四年四月一日　航空母艦赤城在役艦たる間同艦長在職中特別俸を賜う（連合艦隊付属）山本大佐の空軍訓練の厳しき、時に怨嗟の声あり、されど訓練終れば部下を心よりいたわれり。

もちろん、この年譜は「赤城」の演習での事故について一切触れていない。しかし、「時に怨嗟の声あり」とは、事故により多くの死者を出したことを指しているのかもしれない。「特別俸を賜う」というのは、事故以前だったのだろうか。特別俸をもらったばかりで、その直後に部下を死なせたのだとしたら、五十六としてはいたたまれない心情だったろう。

山岡荘八や三和義勇の著書にも、この事故によって、「渡辺大尉、小島大尉あたりが殉職した」とある。いずれも名前を知られた優秀なパイロットたちだった。

うっかりすれば自身のキャリアにとって命取りともなりかねない大事故を起こしても、誠意をもってその処理にあたったため、むしろ、五十六は部下の身を真剣に案じる艦長という印象が人々の胸に残った。

同じ時期に、やはり部下にまつわるエピソードが残されている。

ある飛行大尉が病気のために軍医から禁煙をするようにいわれた。ところが、本人はどうしても禁煙をしようとしない。

これを聞いて五十六がその大尉を艦長室へ呼んだ。

君は日本の将来を背負って立つ大切な飛行将校だ。今の日本は君に期待するところ大なるものがある。君の病気には煙草が一番悪いそうだから、この際、決然と止めたらどうだろうと諭した。

大尉は、その言葉に対し、もちろん自分もよくわかっているのだが、煙草だけは止められません。艦長も煙草はお好きだから、この気持ちはおわかり下さるでしょうと答えた。

すると五十六は、こう切り返した。

「そのとおりだ。煙草は私も好きでなかなか止められぬが、しかし日本のためだ。君ばかりに止めさせてはおかぬ。僕も君と一緒に禁煙するから、君の健康のために止めたまえ」

この言葉に大尉はすっかり感激し、禁煙を誓った。しかし、日がたつにつれてやはり、どうしても煙草が吸いたくてたまらなくなった。艦長は自分のために止めるといってくれたが、もしかしたら、こっそり吸っているのではないかと疑った。

そこで五十六の従兵に実際はどうなのか尋ねてみた。

「近頃艦長はあの大好きな煙草を止められましたので、あるいは艦長のお身体の具合が悪いのではないかと心配しているところです。大尉は何か知っておられますか？」と逆に聞き返された。

大尉は五十六が自分との約束を固く守っていることを知り、いっそう感激し、二度と煙草には手を出さなくなったという。

五十六には、他人を感服させる度量があった。しかし、それは無理に演じているものではなかった。生まれながらの器の大きさだった。それと同時に少年時代に雪深い長岡で身につけた、常人には持ち得ないような忍耐力があった。雪国の人々がじっと春を待つように、五十六は耐えることを知っていた。それが彼を次第に優れたリーダーへと変身させていったのだった。

鎌倉の家で、次女の正子が誕生したのは、昭和四年五月十二日だった。

この日の光景は『父 山本五十六』の中に綴られている。

著者の山本義正氏によると、この年に、同氏は鎌倉第一小学校に入学した。五十六は多忙な艦隊勤務のため留守がちだったが、それでも「父に対する私の記憶は、やっとはっきりした形をもつようになる」とある。

義正氏の記憶に残る父親は、生来寡黙で、家にいるときも、どちらかといえばむっつり屋で言葉数は少なかった。庭に面した縁側の椅子によりかかって、じっと目を閉じている姿が最も強いイメージだという。

五月十二日は、五十六は自宅にいた。礼子が産気づいて、産婆さんが駆けつけてきた。

義正氏は父と二人で二階の部屋に並んで寝そべっていた。頭の中は生まれてくる赤ん坊のことでいっぱいで、男の子か女の子か、どちらだろうとしきりに考えていた。


かたわらに横たわっている父は、いつものように寡黙で、ときどき顔にとまるハエを手で追いはらっていたような気がする。私は、ふとお父さんはいま何を考えてるのだろうと思って、父の横顔を見つめた。父は、無表情に天井を眺めているだけだった。いつものとおり、無口な父は、私にとってうかがい知れぬ不思議な人だった。そのとき、黙っていた父が、とつぜんぽつりと、

「男かなあ、女かなあ。」

とつぶやいた。私は、父がもっと別のことを考えているような気がしていたので、このひとことにびっくりし、ついで、お父さんもぼくとおんなじことを考えているんだと

いう感動に似た気持ちにつつまれたのである。

おそらくこれは、義正氏にとっては、最も古い記憶の一つだろう。しかし、強烈に覚えているのは、このときはじめて、「お父さんはむっつりしてるけど、こわい人じゃない」という認識を持ったからだった。

次女の誕生というドラマを通して、家族の絆を父子は感じ取ったのだろう。

鎌倉の家の庭には、五十六が買ってきた植木や礼子が植えた草花が生い茂っていた。海にも山にも近い静かな住まいで、向かい側の丘の森で夜になるとフクロウがホウホウと鳴いた。一家の主人は不在がちだったが、それでも普通の家庭と何ら変わらぬ温和な時間が流れていた。

五十六と礼子の最も大きな共通点は、二人とも、人一倍子煩悩であったところだ。

礼子は、いわゆる口うるさい母親ではなかった。逆におっとりとしたやさしい母親で、子供たちのいたずらにも、あまり怒ることはなかった。

長岡に住む五十六の兄、季八が上京して来て、鎌倉の家に泊まったことがある。その際、子供用にしては大変立派なおもちゃの鉄砲をお土産に持って来た。すると、義正氏はさっそく弾をこめて、季八や礼子に命中させた。

水鉄砲をもらったときも、路地裏の家の玄関のところで、扉を半開きにして身をかくしたまま、通行人にシュッと水をかけた。

本人もいうように、まさに「活発ないたずらっ子」だったが、それでも礼子に「きびしく折檻されたことはない」という。

五十六は五十六で、子供たちとたわむれるのが大好きだった。家にいるときは必ず子供たちと一緒に風呂に入った。それはいいのだが、体も頭もごしごしと容赦なく力を入れてこする。そして頭を洗ってくれた後は、何度もお湯をかける。子供たちは、何杯もお湯をかけられ息がつけなくて苦しくなる。体もこすられて痛い。

だから長女の澄子は夕方になると、どこかへかくれてしまう。それを五十六が家中探しまわって見つけだし、かかえあげ、「さあ、めっけた。もう逃がさない」といって、しゃにむに風呂場に連れて行った。

そして風呂からあがると、「はだか体操」が待っていた。五十六が子供たちをはだかで横に寝かせ、手で子供たちの手足を上下左右に「オイッチニ、サンシ……」のかけ声と共に動かすのだ。

「これは、父のお得意の芸で、私もよくやらされた」と義正氏は書く。

風呂場で見る父の体は、およそ軍人のようではなく、雪国の人間に特有の色白なすべすべした肌であった。しかし、腿の肉を砲弾でえぐられたり、その傷の治療にさいして、尻の肉をけずって移植したりしたので、いわばつぎはぎだらけの無残な体であった。だから、父は家族の者以外とは、けっしていっしょに入浴しなかった。

子供たちと入浴を楽しむ五十六の姿はなんとも微笑ましい。夏になると、子供たちを引き連れて、大きなビーチパラソルを持って海岸へ行った。

五十六が海軍の公務を忘れてリラックスできるのは、家族とのひとときだった。

暗雲の下

昭和四年十一月、五十六はロンドン海軍軍縮会議（以下、ロンドン軍縮会議）に全権随員として参列することとなった。「赤城」の艦長の任務は、わずか十ヵ月で終わりを告げた。しかし、五十六は「赤城」に対しては特別な思い入れがあった。

後年、「赤城」がミッドウェーの海戦でアメリカ軍の爆撃を受け炎上した。乗員すべてが逃れた後の艦の処置が問題となった。魚雷によって沈めるか、曳航していくかで軍部でも意見が割れた。

五十六は連合艦隊司令長官だったが、「赤城」をあえて撃沈させるほうを選んだ。そのときの参謀が、天皇陛下の艦を日本の魚雷で沈めるわけにはいかないと主張したが、五十六は、「天皇陛下には、私からお詫び申し上げる」と答えて譲らなかった。

自分がかつて精魂を傾けて訓練にあたった「赤城」の運命を、最後まで見届けたいという強い意志からだった。

五十六は「赤城」をただの航空母艦として見るのではなく、一人の武人として凜々しい最期をとげさせてやりたいような気持ちだったのではないだろうか。

さて、ロンドンの軍縮会議に関していうと、その当時の時代背景を山岡荘八が伝えている。

「英米が、再び日本の補助艦艇に眼をつけだし、これが整備に制限を加えようとして来たのである」

「英米の真意は、決して平和にあるのではなく、ただ日本の弱体をのぞんでいたのだから」

というのが、日本側の理解だった。

全権団は、前総理の若槻礼次郎が首席であり、他に海軍大臣財部《たからべ》彪《たけし》大将、駐英大使松平恒雄などがいた。

一行は昭和四年十一月三十日に横浜港を出港した。この日五十六は海軍少将に任ぜられた。また栄進をしたわけである。

五十六の希望は、大型巡洋艦、軽巡洋艦、駆逐艦、潜水艦の総括量が対米七割というものだった。

しかし、若槻、財部両全権は対米六・九七五割の受諾案を通した。五十六は抗議したが通じなかった。日本では悲憤して割腹する海軍士官が出たという。

ロンドンの軍縮会議に五十六を送ったのは、親友の堀悌吉だったといわれている。堀は当時、海軍省軍務局長だった。

会議の際の五十六は、実質的な発言権は持っていなかった。むしろ全体のまとめ役といった立場だった。

反町栄一は、この会議で、「日本の海軍に山本五十六あり」ということが世界に知れたと書いているが、それはいささか大袈裟かもしれない。五十六の名前が知れ渡るのは、もう少し後のことである。

昭和五年一月二十一日から会議は始まった。同じ席に長岡出身の外交官、斎藤博がいた。斎藤は明治十九年生まれなので、五十六より二歳年下である。

正確には、斎藤は岐阜で生まれ東京で育っているので、長岡出身ではない。しかし祖父は長岡藩士として戊辰戦争で薩長連合軍と戦っている。父の祥三郎は長岡の国漢学校、洋学校から札幌農学校へと進学し、外務省の翻訳官となった。

幼い頃、斎藤は祖父と共に毎夏を長岡で過ごした。したがって長岡は斎藤にとって心の郷里だった。

東大法学部を卒業後、外交官試験に首席で合格した斎藤は、長くアメリカに駐在していた。昭和五年の軍縮会議では、若槻礼次郎の通訳として参加した。

そこで、かつて共に長岡中学野球部のコーチをした仲である五十六と再会したのである。

斎藤はそのときのことを次のように回想している。

「気の合った両人は、毎晩故郷の長岡弁丸出しで、時間のたつのも忘れて気持ちよく話し合ったものである。両人はどういうものか、実にすべてのことに気がぴったりと合った」

二人の唯一の違いは、斎藤がアルコール党だったのに対して、五十六が甘党だった点だと斎藤は語っている。しかし、実はそれだけではなく、もう一つ、異なる点があった。

それは、斎藤が大正七年ロンドンの大使館に赴くとき、幣原喜重郎《しではらきじゅうろう》外務次官（当時）の媒酌で、男爵長与称吉の長女美代と結婚しているところだ。

名家から嫁を迎えた斎藤は、外国へ駐在する際は必ず妻子を伴った。一方、五十六は、あえて名門の令嬢との縁談を断り、会津藩士の娘である礼子を妻とした。そして、自身は海外へ出る機会が何度もあったが、妻子は日本に残したままだった。それは外交官と軍人の生き方の違いともいえた。

軍縮会議の間、五十六は「実に温和で、春風春水一時に来る」ような感じで、全権団の間でも、諸外国の外交団にも「非常におとなしい人」として、評判が良かった。

ところが、最後に日本側の態度を決定する二、三日前、五十六が「真に職を賭して」若槻礼次郎全権に意見を開陳したときは、「日本全権団員の息の根を止めるような猛烈果敢さ」があったという。

この斎藤博の回想が意味するものは、つまり五十六が、若槻全権の譲歩案に非常に不満だったということである。しかし、前述したように五十六の意見を若槻は退けた。

そのためか、五十六は日本にいる友人に次のように手紙を送った。

「会議も牛歩漫々の上前途いよ〳〵暗雲緊張の極、戦士惨として声なき状か」

結局、この会議で五十六は初めて挫折を経験した。自身は随員全体のまとめ役として精一杯の努力をした。なるべく会議が円滑に進むようにと主に聞き手として、参加者の意見に耳を傾けた。そして、最後に理路整然と、己の所存を開陳した。それにもかかわらず、若槻全権は対米妥協案を採り、随員には何も知らせずに日本政府に請訓してしまった。

つまり五十六の努力は全く徒労に終わったのである。よほどショックだったのだろう。五十六は昭和五年六月十七日、「北野丸」で神戸に帰朝すると、「病と称して一切の面会を謝絶し、鎌倉の小屋に閉じこもり、ためにあるいは海軍を退かるるのではないかという、噂さえ生ずるに至ったのであった」と反町栄一は書く。

「鎌倉の小屋」とは、礼子が必死の思いで建てた家を指しているようだ。

向こう気が強くて、これまではなんとか自分の思い通りの仕事をしてきた五十六だったが、ロンドン軍縮会議に関しては、煮え湯を飲まされたような思いだったのだろう。しかも、煮え湯を飲ませたのはもとはといえば理不尽な要求を押しつけてくる英米ではあるのだが、その要求に妥協した、いわゆる条約派と呼ばれる人々に対する怒りも大きかった。

ここで五十六の心に芽生えた変化を、反町は次のように述べている。

「帰朝後部内の紛争をさけて深く思索を練った山本少将は、徒らに死児の齢を数うるを止めて将来の国防計画を練り、軍備の革新に乗り出し、航空機第一主義を確立されんとしたのである」

帝国軍人としての五十六の強い自我の目覚めがこの頃にあった。

ロンドン軍縮会議の結果、海軍内部には分裂が生じた。それが十五年にわたる亀裂を残し、その余波は在郷軍人、右翼団体など意外な方面に及び、ファシズムの狼煙《のろし》と化してしまったと評したのは、高木惣吉である。

実際、歴史とは点でもって語るのは不可能であり、常に連綿として続く線をたどるしかない。

軍事的観点では、すでに第一次大戦が終わって十二年が経過し、戦艦、巡洋戦艦を主役とする海上決戦は、「黄昏の時期」に入っていた。したがって、軍艦の比率で外国とわたりあうどころか、国内でまで争う場合ではなかったのだが、将来を達観して、新しい軍備の構想を練る人は、高木にいわせれば日本に二人しかいなかった。それが、堀悌吉軍務局長と山本五十六少将だった。

昭和五年十二月、五十六は海軍航空本部技術部長に任ぜられた。まさに高木が指摘するところの「新しい軍備の構想を練る」ポジションだった。

では、その当時の日本の飛行機の性能はどの程度のものだったのだろうか。

この頃の飛行機は、海上作戦における捜索、偵察用としては、その価値を認められていたが、主要兵力になるとは誰も考えていなかった。しかし、五十六にしてみれば、飛行機こそは、条約に拘束されない兵器であり、したがって、「海空軍」ではなく「空海軍」にするのだという固い決意があった。

三和義勇によると、「飛行機が木製の幼稚から金属製の高能に進歩する素地は此の間に培われ、今の陸攻の基になる大型金属機等は其の頃胚胎萌芽したのであった」という。

実際、太平洋戦争の初期に活躍した九六式陸攻は五十六が技術部長のときに完成したものだった。また、一時的にせよアメリカ軍を恐れさせた零戦は、後に五十六が海軍航空本部長として辣腕をふるった時期に案が練られた。そのために日本の海軍航空が短時間のうちに世界的なレベルにまで到達した。五十六が「海軍航空育ての親」と呼ばれるゆえんがそこにある。

五十六は、「すべてを国産品で」のかけ声と共に飛行機を製造する民間企業の活性化もはかった。その一方で、外国の新鋭機には高額の特許料を惜しまず支払って、技術を取り入れた。

こうした五十六の努力は、ともすれば異端視されたという。

この頃、軍令部次長だった末次信正の回想がある。末次の記憶に深く刻まれているのは、五十六が述べた戦術上の意見とその颯爽たる態度だった。

意見の要旨は、もしも戦争が起きたならば、まず航空機によって、敵艦隊に痛烈なる一撃を加え、その後に全軍決戦に出るべしというものだった。

「当時我が航空機は、列国より四、五年たちおくれの実情にあり、一般の常識としては、航空兵力にそれほどまでに大きな期待をかけ得なかったにかかわらず、これほど固い信念をもって航空機に重点を置いた所見を述べるということは、実に驚くべきことで、今日あることを十有余年前に見透かした、非常に卓見というのほかはない」と、末次は五十六を絶賛している。

もちろん、これに対立する意見がなかったわけではない。

たしかに飛行機はわずか十年間で長足の進歩をとげた。それを考えればこの先、十年間でも驚くべき発達があるにちがいない。

しかし、潜水艦が出現したときも、世界はその威力に驚嘆し、戦艦不要論さえ飛び出した。ところが、間もなく有力な対潜兵器が発明され、潜水艦の威力を激減させた。航空機にも同じことがいえるのではないか。大艦巨砲主義の原則は覆されていないというのが大方の意見だった。

それでもひるまず、五十六は果敢に改革を押し進めていった。

上司には航空本部長として松山茂中将がいた。松山は五十六を信頼し、その手腕を買っていた。そのため、五十六は自由に計画を実行に移せた。良い上司に恵まれたのは五十六の幸運だったろう。さらに親友の堀悌吉も軍務局長として五十六に協力を惜しまなかった。

五十六がいかに努力をしたかについては、総務部第一課長だった山県正郷中将の談話に詳しい。

「——山本少将は革製の廻転椅子に腰かけたまま、関係者を叱咤激励するのみの、技術部長ではなかった。技術家出身でもない少将が、自ら航空工学の難問を買って出て、遮二無二技術の発達のため挺身する姿は、むしろ悲壮なものであった。それこそ真の陣頭指揮であった。少将が手がけた部品設計は、一々列挙にいとまがないという」

もはや、この時期になると、航空の育成が、五十六にとっては至上の使命となっていた。いわば壮年にさしかかりつつある五十六は不思議な能力を具えていた。

それは、普通の人よりもはるかに敏感に、相手が思っていることを見抜く能力である。

前出の山県中将は、あるとき五十六や他の三、四人の同僚と一緒に年末に伊豆へ旅行をした。

五十六をはじめ他の人たちは酒を飲まない甘党である。夕方、旅館に着くと、五十六はチョコレートなどのお菓子を次々と取り出した。「甘党ばかりで仕方がない」と山県が不満そうにいうと、「君にはこれがあるよ」といいながら、五十六がウイスキーの小びんを差し出した。

たった一人の酒飲みのためにも、気配りを忘れない五十六に山県は感心する。

つまり、相手の心を読むのが得意なのである。それについては、長男の義正氏の述懐が面白い。

だいたい、父は私に外で物を食べさせるとき、私がなにも言わなくても、そのときいちばんほしい物を食べさせてくれたものである。父に連れられて外出し、食事をするのは、私にとって楽しみだった。母といっしょのときは、なんでもわがままが言えたかわりに、女性に特有のしまり屋だった母は、あまり高いものを食べさせてくれなかった。その点、父にはわがままが言えなかったが、私がビフテキが食べたいなあと思っていると、黙っていても父はかならずビフテキを注文してくれたし、天ぷらが食べたいなあと思っていると、きっと天ぷら屋へ連れていってくれたものである。

こうした話は義正氏に限ったことではなかった。五十六の兄季八の息子である務と結婚した高野栄子さんは、八十四歳で今も健在だが、彼女の記憶に残る五十六も、おそろしく気のきく人物だった。

「叔父様は、いつも何かしら素敵なお土産を持って来てくださったものですよ。それが普通のものじゃなくて、お洒落な半衿だったりするんです。一度、その半衿を頂いたときは、あっ、これは叔母様が選んだんじゃなくって、あの芸者さんの趣味だわと思いましたけど」と、栄子さんは往時を回想する。

後述するつもりだが、五十六の前に「あの芸者さん」が現れるのは、もう少し先である。

ともあれ、五十六は人心を読む術にたけていた。それは部下のみならず子供でも女性でも同じだった。

五十六の努力の甲斐があって、昭和六年に基地航空隊十四隊の新設予算が成立し、七年には航空機の造修、実験研究の総合機関として、航空廠が新設されることになった。

この頃、新聞記者だった池松文雄には忘れられない思い出があった。

当時の海軍記者は毎日のように堀悌吉軍務局長の部屋へ通った。堀は「実に頭の良い、事務のさばける人で、机の上に未決の書類がかつて残っていたことがない」という仕事ぶりだった。記者たちが押しかけると、いつも悠然と談笑した。その堀の部屋に、しばしば「ザンギリ頭のいたずら坊主の様な少将」が横柄な態度で入って来る。何度かそうしたことが続き、あれが山本五十六という「珍名」の航空技術部長であると池松は知った。

それからは、ときどき五十六の部屋も訪ねるようになった。ある日、たいした質問をこちらからしないうちに、五十六が、海軍航空大拡張計画について、実にはっきりと大胆に語ってくれた。喜んだ池松は社に帰って、さっそくこのニュースを記事にした。それでも五十六の話よりはずいぶん控えめに書いた。

翌日、海軍クラブに顔を出すと、大騒ぎになっていた。軍令部が、ニュースソースについて問題にしていたのである。記事を書いた当の池松は、相当文句をいわれるだろうと覚悟をした。

ところが、ついに何のお咎めもなしですんだ。後で聞いたところでは、軍令部に対し、五十六が、「俺がしゃべった、記者には罪がない、あんな事秘密なものか」と啖呵を切って、池松をかばってくれたのだという。

「あまりに貧弱な日本の航空に、秘密などあるはずがない」と五十六が思っていたからだろうと池松は解釈している。

たしかに五十六には、こうした妙に無防備な一面があり、また大胆なところもあった。

五十六の持つ不思議な茶目っ気は、女性たちに愛された。軍令部長山下源太郎の家でも妻の徳子は、「おばさん、飯食わしてくれよ」などという五十六が可愛くて仕方がなかったようだ。

五十六はいつもつかつかと台所へ入って行って、自分でぬか床に手を入れて漬物を取り出したりした。

もっとも五十六は、そうした自分の顔を自在に使い分けてはいたようだ。

たとえば長男の義正氏は、「台所は、男子が立ち入るところじゃない」と父親に叱られた記憶を自著に記している。

「衣食住のことで文句を言うんじゃない。とるに足らないことだ。男子には大目的を貫徹することが一番で、それ以外は枝葉末節だ」ともいった。

長男にはそうした厳しいことをいいながら、自分は他家の台所に平気で入って行く。

また五十六はひどくお洒落でもあった。義正氏にいわせると、家で水風呂をあびて裸で寝そべったり、親しい友人の家で奥さんの長襦袢をまとって庭の掃除を平気でしたりする一方で、靴が汚れるのをひどくきらった。

また五十六のワイシャツの袖口はいつも真っ白だったが、それには秘密があった。執務中はワイシャツの袖口だけを外側に折りまげておいて、誰かと面会するときや外出の際にだけ、もとに戻すのである。だから、いつも真っ白な袖口でいられた。

同じような気配りは、ズボンの折り目にも発揮された。友人たちと麻雀を打つとき、わざわざズボンを脱いでステテコ姿になり、その上から大きなバスタオルを巻いて卓を囲む。こうしておけば、麻雀が終わったとき、ピンと折り目のついたズボンをはける。他の人たちはみなズボンの膝が抜けていた。

妙に神経質で細心な面と、図太くて豪胆な面と、五十六は幾つかの複雑な側面を併せ持っていた。

昭和六年九月十八日、関東軍参謀らは、中国の柳条湖の満鉄線路を爆破し、これを機に総攻撃を開始した。世にいう満州事変の始まりである。

これに対し、十月二十四日、国際連盟理事会は期限付きで満州撤兵勧告案を可決した。しかし、日本が独自に満州国建国宣言をしたのは、翌昭和七年三月一日だった。

確実に国際緊張が増す中で、五十六は何を考えていたのだろう。

昭和七年七月、長岡市は海軍に装甲自動車を献納した。長岡市民の献金によって寄贈されたもので、いわば「赤誠」の証だった。

この選定や手続きに五十六は深く関わっており、献納式の日には海軍大臣代理として臨席した。式が終わった後、市民のために講演もし、有志との座談会にも出席し、世界情勢について種々語った。

残念ながら、このときの講演録は残っていない。しかし、帰京してから反町栄一に宛てて出した手紙は保存されていた。

日付は不明だが、手紙の中で五十六は、今回の自動車献納により、長岡の名声がとみに上がり、自分も大いに面目をほどこしたとある。

長岡滞在中は、講演会、座談会などで多くの人に会う機会が与えられたことを感謝した上で、しかし、何の準備も材料もなく、さらに、自分の時局に対する見方は、常に「科学的批判」を大切にしているので、世の「概念論」とは全く相容れない点があり、「一部の反感をも買いし点なきにあらず」と心配している。

それでも、「所信はまげられず」ときっぱり述べている。

反町の説明によると、当時は満州事変の最中で、国論がかたよる中で五十六は、堂々と「国際信義と国際平和に進むべき」だと高唱したという。「世界の平和のため、また日本国民生活安定の上からも、今後世界の強国たる英・米・仏等の大海軍国と海軍軍縮会議を断行せざるべからざる所以」を説いた。

満州国が建国された年の十一月十五日、山本家に次男が誕生した。

このとき五十六は男の子の名前を二つ用意していた。「誠」と「忠夫」だった。その名前をそれぞれきちんと紙に書き、長男と長女に、「どちらがよいか、お前たちで選びなさい」といった。

長男の義正氏は、まず母親のところへ行き、他の子供たちがみな二字の名前なので、今度も二字の「忠夫」が良いと提案した。すると礼子が、「それじゃパパちゃんにそう言いなさい」と答えた。そこで、父親のところへ行って「忠夫」がよいといった。

礼子は五十六と二人のときは「あなた」と呼び「お父さん」とはいわなかった。子供たちに対しては、夫を「パパちゃん」と呼んだ。これは可愛らしい響きのある呼び方だ。

「子どもたちの目に映じたかぎりでは、父と母は、ひじょうに仲のよい夫婦だった」と義正氏は書いている。

一家の主人である五十六は、何度も海外生活を体験しているモダンな海軍の軍人である。妻はその雰囲気を感じとって、子供たちに対しては夫を「パパちゃん」と呼んだ。

鎌倉の家の庭には芝生があり、それを刈るのは、義正氏の仕事だった。礼子は暇があれば家のペンキを塗り替える。五十六はよく三角屋根の屋根裏部屋で海軍の資料など読んでは勉強していた。

それは、他の海軍のエリート軍人の家庭と、さして変わらぬ光景だった。

教育熱心な礼子は、義正氏のクラスの友だちの家をわざわざ果物など持参して訪ね、息子をよろしくお願いしますと挨拶をしている。

また、五十六は実に小まめに礼子の親類ともつきあった。礼子の両親は、この頃、東京に出て来ていた。義正氏の記憶によると、祖父の三橋康守は痩せて小さな老人だったが、祖母の亀久はがっちりとして体格が良かった。

礼子の妹の一人、十美子の夫は海軍のパイロットで、霞ヶ浦海軍航空隊に五十六がいたときの部下だった。その他にも農林省の技師に嫁いだ妹、末子がいたが、末子の夫もよく鎌倉の家に泊まりに来て、遅くまで五十六と話し込んでいた。

礼子の兄弟姉妹は九人もいた。その配偶者たちも含めた家族ぐるみの往来を、五十六は全く厭わぬどころか、楽しんでいるふうだった。それは妻の礼子との仲が円満だからできることだった。義正氏は両親が夫婦喧嘩をしているところを見た覚えがなかった。

五十六が達筆だったことは前にも述べた。少年時代から、すでに大人びた字を書いていた。少将になった頃からよく頼まれて揮毫をした。

初めの頃は「兜城《かぶとじょう》」の号を用いた。これは長岡城の別名だったという。壮年になってからは、もっぱら「長陵」という号を使ったが、こちらは長岡の雅名だった。

つまり、両方とも長岡に関係がある。おそらく自分が長岡出身であることを、五十六はかたときも忘れなかったのだろう。海軍で出世をすればするほど、心は長岡へと帰っていく。

それはなぜだったのか。

自分が出世したという事実を、長岡という鏡に映す行為で、初めてしみじみと確認できたからではないだろうか。

その傾向は年をへるごとに顕著になっていった。といって、五十六は自分の権力を誇示しようという意欲は少なかった。もう少し純粋に、郷里の人々に自分の存在を認めてもらいたがった。

かつてアメリカに駐在したとき、五十六は妻の礼子に教訓めいたことを列記した手紙を送った。それは自分が海軍中佐に昇進したことに関連しての言葉だった。

決して心中にも況《いわ》んやそぶりにも、自慢らしき振舞なき様、深くつつしみ、内助に一層の工夫努力を要することを覚悟し、御修養相成度こと

下るほど人の見上ぐる藤の花
長いほど土手に手をつく柳かな
実るほど頭を垂るる稲穂かな

一見すると礼子に宛ててはいるが、実は自分自身に対する強いいましめだったとも受け取れる。

少なくとも礼子に対して、五十六はほとんど完全無欠の人格でありたかったようだ。人間として、または軍人として、妻に模範を示そうとしていた。それが手紙の内容などからも伝わってくる。また、長男の義正氏の回想に登場するのも、いささかの隙さえない立派な父親像だ。

家庭とはこうあるべきだという理念が、五十六の頭の中にしっかりと定着していた。その考えのとおりに、自分の家庭は営まれていた。公務と家庭をきっちりと二分し、五十六の情緒は安定していた。軍人としても、悩みがなかったとはいえないが、それなりに着実に出世の階段を上っていたし、家庭も堅実に築かれていた。

昭和八年三月二十八日、日本の新聞紙上には「国際連盟脱退！」の大見出しが躍った。

満州国を創建した日本に対する列国の非難の声は激しく、ついに妥協点を見いだせぬまま連盟脱退へと突き進んだ。「光栄ある孤立のためジュネーヴで闘い抜いた松岡全権」と新聞は書き立てた。

「真に日本精神に基づく自主的国民外交をなすべき時だ」と松岡洋右は力強くいい切ったが、その実、この日を境として、日本は英米とは別の道を歩み始める。

山本五十六が第一航空戦隊司令官に補せられたのは、同年十月三日だった。

旗艦はかつて艦長を務めた「赤城」である。旧知の三和義勇も飛行隊長として勤務していた。

五十六に心酔していた三和は、この時代のエピソードを幾つか回想記に認《したた》めている。

それは五十六の情の部分と理の部分に触れたものだった。

まずは情の部分では次のような出来事があった。

航空戦隊の訓練は厳しい。そのため休養の時間になると酒を飲み、羽目をはずす者が多く出た。これに対して連合艦隊司令部から、航空関係のこの種の問題には、厳罰をもってのぞむという一札が出た。つまり軍規を厳しくするという意味である。

そういわれると隊員たちは、なんとなく面白くない。不穏な空気がかもし出される。そんな中で、ある日、「赤城」で研究会が開かれた。

連合艦隊の航空参謀が、たまたま、この厳罰主義に言及すると、たちまち険悪な空気が流れた。

このとき五十六がやおら立ち上がった。

「厳罰主義は艦隊長官の御方針のようであるが、そのような主義を自分は司令官として千篇一律に自分の部下に課せようとは考えておらぬ」と口火を切った。

もちろん、処罰すべきときにはするが、それは、個々に詮議する問題である。戦争の場合を考えると、戦勝の端緒を求めるのは、大砲でも水雷でもない。搭乗員たちが魚雷なり爆弾なりを抱いて敵戦艦に体当たりをするより他に手はないのだ。搭乗員たちは自分の命令一下、このことを敢行してくれると確信すると大声でいって、五十六は搭乗員たちを見まわした。

部下を甘やかす気はないが、こうした若者にどうして厳罰主義などでのぞむことができようか。「もしそれで悪ければ自分を処分してくれ」と五十六はきっぱりといい放った。

この五十六の行為は実に見事に部下たちの情に訴えた。「満座は粛然として、険悪の空気はたちまち解け去った」という。

だからといって、五十六はその言葉どおり、決して部下を甘やかさなかった。こと訓練となると、情よりは理を優先させた。

なんとしても、実戦に耐え得る部隊を作らなければならない。そのためには危険な夜間の発進訓練もいとわなかった。

また、長く傍らに仕えていた三和だからといって、容赦はなかった。「私の叱られた話」というのを三和は披露している。

当時、煙幕は相当に研究されていたが、なかなかうまくいかなかった。煙幕を張るための展張器は取り扱いがひどく難しくて隊員たちを悩ませた。

まだ装備中に煙薬が噴き出して大火傷をした者もいた。また飛行中の機中で煙薬がもれ出して操縦員が半死半生になって帰って来たこともあった。「まことに恨み重なる奴」といってよかった。

そこで三和は研究会の席上で、もっと良い展張器を作ってもらいたいといって、「それにはこういう風に改造して……」と説明したまではいいが、つい語勢が余って、「これは去年からの問題である。こんなものが一年もかかってできぬなんて、いったい技術者の方はどうしているのか」といってしまった。

するとさっそく、五十六からピシリとお返しがきた。

「この件は小島君あたりが熱心に研究している。君がそういうからには、何等かの方策を持っているだろう。よし、すぐ技術員に推薦するから一年でやってくれ」

幸い、三和は技術部員にはされないですんだが、五十六がいかに「議論だおれの議論、無責任な意見、自分に実行する熱意のないような所見」を排撃していたかの見本だった。

情と理の間で、最も辛い思いをしていたのは五十六自身だった。「赤城」艦上で戦闘機が空中戦の練習をしていたとき、それを見学していた部外者が、「実にうまいものだ」と感心すると、五十六の顔から笑いが消えた。

「君、あれを遊び事のように見てもらっては困るよ。ああやって上空から真っ逆様に降りると肺の中に出血する。そうしてこれに従事した者は命を縮めるのだ。その練習は三十歳を越えては出来ない。実際人の子を預っていてあんなことをやらせるのは忍びないんだが、国のためには替えられぬから、やらせているのだ」と深刻な表情でいった。

昭和八年から九年にかけては、五十六にとって比較的おだやかな日々が続いた。

そして、この時期、五十六の前に一人の女性が現れる。新橋の芸者、梅龍こと河合千代子だった。

千代子に関しては阿川弘之著『山本五十六』に詳しい。阿川は千代子について書くために五十六をテーマに選んだのではないかと思われるほど、力を込めてこの女性を描いている。

しかし、そのために、五十六と礼子が不仲であったと強調したり、ややもすると礼子の人柄をおとしめるような記述がある。その点については、後ほどゆっくり検証したいと思う。

ここではまず、阿川の筆による二人の出会いを追ってみたい。

河合千代子は明治三十七年、名古屋で生まれた。五十六より二十歳年下である。昭和七年の暮れに二十八歳で新橋から芸者に出た。

その翌年、築地の錦水の宴席で初めて五十六と出会った。当時、五十六は海軍航空本部技術部長だった。次男の忠夫が生まれて一年もたたない頃だった。

もっとも晩年の千代子は、信頼する医師の望月良夫氏に、「お兄さんと初めて会ったのは昭和五年、私が二十六歳のときです」と語っている。

だとすると阿川の著書にある「三十に手のとどく齢で、いきなり天下の新橋から出た」という説もあやしくなるし、昭和八年に五十六と出会ったのが事実かどうかもわからない。

いずれにせよ、千代子が望月氏に語ったところでは、「何かの送別会だったと思います。威張ってむっつりしているので、しゃくにさわって誘惑しようときめました」というのが、初対面のときのことだった。

一方、阿川によれば、五十六は白い夏背広を着ていて、吸物椀の蓋が取れずに難渋していた。千代子が「取って差上げましょうか」といって、見ると左手の指が二本ない。彼女は、はっとしたという。

「自分の事は自分でする」といって、五十六は千代子の手をかりようとはしなかった。その約一年後というから、昭和九年の夏に、千代子は五十六と宴席で再会した。相変わらず五十六はぶっきらぼうだった。その数日後、またしても宴席で出会った。何を思ったのか五十六はチーズが好きだという千代子に、御馳走をしてやるから明日の昼、帝国ホテルへ来いといった。

それから二人の交際が始まった。もっとも、こうした話はすべて千代子の側の一方的な証言である。戦後になって彼女がマスコミ関係者に語ったことであり、五十六はすでに亡くなっているので真偽のたしかめようはない。

五十六が全く遊びを知らない男だったかというと、そうではない。いくら彼が清貧に甘んじて、長岡のために尽くしたといっても、海軍少将である。しかも時代は昭和の初期だ。男性が芸者遊びをするのも、妻以外の女性と肉体関係をもつことも社会的にある程度容認されていた。

実際、五十六の長男の義正氏も、父親に妻以外の女性関係があったことを知っているという。それは花柳界の女性たちだった。

「あの世界には苦労した人が多いですからね。父はそれをよく承知していて、ああいう人たちを単なる遊び相手とは見なかったのです。『君は出身はどこかね?』と尋ね、『国もとのお母さんはお元気かい?』と聞くんです。つまり対等な関係で話したんですね」

それが、あの時代には非常に珍しいので、女性たちは五十六のやさしさに惹かれた。だから五十六は芸者たちにもてた。多くの文献にもそう書かれているし、義正氏もそう聞いていた。

「ただし、父の相手はあの女の人一人だけじゃなかったのです。他にもたくさんいました。手紙をもらった方もいます。それを皆さん大切に心に秘めたままにしたのです」

しかし、河合千代子は違った。五十六の手紙を公開し、マスコミの取材にも応じた。そのため彼女は有名になった。

「はっきりいって、山本家としては、大変に迷惑をしました」と義正氏は静かだが毅然とした口調でいった。

その顚末に関しては、後に詳しく触れたいと思う。とにかく今は、昭和八、九年頃、千代子という女性と五十六が急接近したことだけを記しておきたい。

前出の望月良夫氏に千代子が語ったところでは、五十六がロンドンの第二次軍縮会議に日本代表として出発する前夜に結ばれたという。だとすると、昭和九年九月のことである。

その後、五十六は「妹に手をつけてすまぬ」と手をついて詫びたと千代子はいう。

なぜ妹かというと、芸者の千代子には裕福なパトロンがいて、三・五カラットのダイヤモンドを買ってもらったりしていた。五十六はとても「旦那」にはなれないので、せめて自分が兄で千代子を妹と思いたいと告げていたからだった。

現存する千代子の若い頃の写真を見ると、たしかに美しい女性である。しかし、どこかに退廃的な雰囲気をただよわせた女性でもあった。このとき五十六は五十一*歳だった。

ロンドン軍縮会議

大正時代から、海軍の人事を見てみると、優秀な人材ほど、どんどん部署が替わった。五十六も「赤城」の艦長を務めたのは十ヵ月、技術部長十ヵ月、司令官八ヵ月という短期間である。それで部下たちの心を掌握し、後に語り草となるほどの成果を挙げている。

その五十六にロンドン軍縮会議予備交渉の日本代表となるよう白羽の矢が立ったのは、ある意味では当然の人事だったといえよう。

五十六はこの任務を再三固辞した。従来の軍縮会議の結果が日本に及ぼした影響、現在の海軍の状況などを考えると、とても引き受ける気持ちにはなれなかったのである。

それでも結果的には五十六は行かざるを得なかった。彼の生涯を俯瞰で眺めてみると、このことが一つのターニングポイントとなっている。

これまで、山本五十六の名前は長岡でこそ知れ渡っていたが、全国的にはまだそれほどの知名度ではなかった。それがこの軍縮会議を機に五十六の名前は日本全土に知れ渡るようになる。もはや長岡の山本五十六ではなく、日本の山本五十六だった。

当時の海軍首脳部は、すでに結ばれている第一次ロンドン軍縮条約を認めて、米英と協調していこうとする条約派と、それでは国防の責任が果たせないとする艦隊派との二つの派に割れていた。

その海軍では、艦隊派の加藤寛治大将が実権を握り、背後には海軍長老の伏見宮博恭王《ふしみのみやひろやす》と東郷平八郎が控えていた。

したがって、第二次ロンドン会議に対する艦隊派の方針は、「共通最大限度案」というもので、米英と同等の兵力を維持する、ただし、その限度をできるだけ低い線に抑えようというものだった。

これは、攻撃兵器を減らすための具体的な提案とも受け取れるが、あくまで米英と同等であることにこだわっているため、あまり現実性のある方針ではなかった。

五十六の立場は、正確にいうとロンドン軍縮会議予備交渉の海軍側首席代表である。ワシントン条約は昭和十一年に有効期限が切れる。ロンドン条約も昭和十年で終わりになるので、その一年前の昭和九年にロンドンでの予備交渉をイギリスが提議していたのである。参加国は、イギリス、アメリカ、日本、フランス、イタリアの五ヵ国だった。しかし、実際に日本側の念頭にあったのは、圧倒的な軍事力を誇るイギリスとアメリカであったのは、いうまでもない。

五十六は昭和四年から五年にかけて開かれた、前回のロンドン軍縮会議にも出席している。このときは、どちらかといえば艦隊派に近く、若槻礼次郎全権の妥協案には強く反発した。しかし、今回はどうだったろうか。五年の歳月が流れ、日本国内の空気もずいぶん変化していた。

昭和七年五月十五日には、海軍の青年将校が首相官邸、内大臣邸、政友会本部、警視庁などを襲撃し、犬養毅首相を射殺した。いわゆる五・一五事件である。

これは第一次ロンドン海軍軍縮会議の結果への不満が爆発したものだというのが、一般の解釈だった。

現在から考えると、いささか異常にも思えるのだが、当時の軍部には、どうしてもアメリカ、イギリスと対等の軍事力を保持すべきだという声が強く、もしもそれが不可能ならば条約など破棄してもかまわないという意見が圧倒的だった。

だからこそ、現実離れした保有兵力量の共通最大限の規定という提案を出したのである。日本があくまでこだわったのは、各国共通の海軍兵力という点だった。

これは、解釈の仕方によっては、おそろしく平和的な提案ともいえる。

たとえば山岡荘八著『元帥山本五十六』では、もし彼らが真に世界の平和を望むのならば、日本もまた、その平和に協力を惜しむものではないことを、世界に向かって明瞭に印象づけるために、五十六は出掛けて行ったというふうに書かれている。

それも、たしかに一理あって、日本政府はこの提案が通るなら航空母艦や主力艦の全廃に同意してもよいと訓令していた。

そうなると五十六の心境は非常に複雑だったろう。なぜなら、今まで五十六が心血を注いで訓練してきた航空母艦を、ことと次第によっては全廃しなければならないのである。心から賛同できないのは当然だが、だからといって交渉を決裂させ無条約時代に突入するのは、もっと反対だった。それはアメリカやイギリスを完全に敵にまわすことを意味していた。彼らと戦って勝てるほどの軍事力が日本にないことを、五十六はよく承知していた。

その点では、五十六は今回は条約派であった。しかし、日本政府内では艦隊派の勢力が強く、わざわざアメリカやイギリスが受け入れるはずもない提案を行って、無条約状態にもっていこうとする雰囲気が読み取れた。

五十六がロンドンの会議へ出掛ける直前に、反町栄一は長岡から上京し、青山の家を訪ねた。

ちょうどこの年、山本家は鎌倉から東京の青山へと引っ越しをしていた。

これは小学校高学年になっていた長男の義正氏の進学問題があったためだった。

当時義正氏は鎌倉第一小学校へ通っていた。特別にレベルの低い学校ではなかったが、いわゆる普通の小学校である。五十六は自分の長男を府立一中に入学させたいと希望していた。府立一中は、当時の中学の中ではトップクラスの学校だった。

そのため、義正氏は府立一中への進学率が高いことで知られる青山の青南小学校へ転校してはどうかという案が出された。「たぶん、父の配慮で、文部省の国定教科書の教程より一年ぐらい先まで、個人的に学習してはいた」というのだから、五十六がいかに教育熱心な父親だったかがわかる。

たまたま親友の堀悌吉の娘が青南小学校から府立第三高女に進学していた。こちらも女子校の名門である。それで義正氏も青南小学校へということになった。

しかし、そうなると、鎌倉にいたのでは入学できない。わざわざ長男の進学に向けて、一家で青山へ引っ越したのである。

この家については、山岡荘八の描写によると次のようにある。

「それは野村大将が大尉時代に住んでいたといわれる自動車の通らぬ狭い横町を入り、更に露地の奥という、鼻のつきそうな質素な家であった」

もともと五十六は大邸宅を構えたいなどという見栄とは無縁の人間だった。礼子もまた、鎌倉の家に愛着はあったものの、その反面、川のすぐ端に建っているので台風のときは水が出ないか、子供たちが川に落ちないかと心配も多く、もう川の近くに住むのは嫌だといっていたくらいなので、長男のためなら喜んで転居をした。

その青山の家に反町が「参上」したのは、五十六の出発の十日ほど前のことだった。もはやこの頃になると、反町にとって五十六は郷土が生んだ英雄であり、その家を訪問するのは、参上させてもらうという感じだった。

お祝いの口上を述べた後、礼子の心尽くしの夕食が出された。このとき五十六の口から、あの有名な言葉が出たのである。

「私は河井継之助先生が小千谷談判に赴かれ、天下の和平を談笑の間に決せられんとした、あの精神を以て今回の使命に従う決心だ」

五十六の言葉は、さらに続いた。

「軍縮は世界の平和日本の安全のため、必ず成立させねばならぬ」

本当に、こんなにはっきりと五十六は自分の決意を反町栄一に述べたのだろうか。そこは少々疑問が残るところだ。軍縮を成立させるということは、つまり日本の要求を通すという意味だ。それがアメリカやイギリスにとっては受け入れ難い要求であると、まさか五十六が知らなかったはずはない。

それよりも、河井継之助が取ろうとした戦略を五十六も考えていたように思える。

河井継之助の小千谷談判は、歴史的に有名な話であり、さまざまな書物に紹介されている。

戊辰戦争の際、長岡藩家老の地位にあったのが河井継之助だった。佐幕派とみなされていた長岡藩へ攻め入るため、官軍は小千谷まで迫り、慈眼寺《じげんじ》に本営を置いていた。

そこへ継之助は会見を申し入れ、目付《めつけ》二見虎三郎と従僕松蔵だけを連れて、岩村精一郎軍監との会談にのぞんだ。

継之助の胸中には、武装中立と新政府軍、同盟軍の和睦という考えがあったといわれる。

その会談の場で、継之助は、「越後に進駐している会津・桑名両藩の手前もあって、朝命に応じられなかったが、藩論を統一し、会津・桑名などの諸藩を説いて平和的にことを解決したいので、しばらく進軍を待ってほしい」と訴え、藩主の嘆願書を差し出した。

ここで対応に出たのは、まだ二十三歳の若さの岩村軍監だった。岩村は探偵の報告から長岡の政権が佐幕派に握られ、嘆願は戦争準備の時間かせぎと解釈していた。

「出兵・献金のいずれにするか、総督府の命令に従う以外に道はない」と主張し、継之助の懇願は一蹴され、嘆願書も却下された（『ふるさと長岡のあゆみ』より）。

この会談が決裂したため、継之助は官軍への徹底抗戦を決意し、およそ勝ち目のない悲惨な戦闘へとまっしぐらに突き進んだ。

　もしもこのとき、岩村軍監が継之助の願いを聞き入れていたなら、無益な戦いは避けられたのではないかという説がある。明治になって、長岡藩が困窮を極めたのも、この戦があったからこそだった、と。

　しかし、たとえ、官軍が継之助に時間を与えたとしても、果たして彼は平和的に問題を解決するよう諸藩を説くことなどできただろうか。藩内の空気からいっても、かなり難しかったのではないだろうか。

　では、五十六の場合はどうだったのだろう。

　反町栄一の著書は戦後になって出版された。それだけに、ことさら五十六が平和を望んでいた面が強調されているようにも見える。

　ともあれ、五十六としては河井継之助の嘆願書のように、なんとか敵との正面衝突は回避したいというのが本音だったろう。

　しかし、五十六と継之助の間には大きな違いがあった。継之助は家老であり、いわば藩を代表して自分の意見をいえる立場にあった。一方、五十六は、あくまで忠実に日本政府の方針を相手国に伝えるのが仕事であり、代表とはいえ自分の意見で会議の結論を決められる権限はなかった。

つまり、ここでの五十六の選択肢は、それほど多くはなかったのである。とにかく説得に説得を重ねて、相手国、主にアメリカとイギリスに日本の条件を承諾させるか、それが無理なら交渉は決裂し、無条約時代へと入らざるを得ない。

相手国を説得するのは、ほとんど不可能に近い仕事である。前述のように、アメリカ、イギリスも日本と同じ兵力まで軍備を削減しろというのである。とても「イエス」と答えるとは思えなかった。

それでも五十六は継之助のように「天下の和平を談笑の間に決せられん」と決心していたのだろうか。

もし、そうだとしたら、五十六にとって現実的に憂慮しなければならない問題はむしろ国内にあった。

昭和九年十月一日付で、親友の堀悌吉に出した書簡が残されている。九月二十日に日本を出発した五十六は海路シアトルへと向かった。

「明日米国に上陸する。出発の際は電報多謝。……東京駅や横浜で、何とか同盟とか聯合会《れんごう》とかの、とても落つかぬ連中が決議文とか宣言書とかを読んで行を壮にしたのは不愉快だった。あんなのが憂国の志士とは誠にあぶない心細い次第だ」

日本の国内は、たしかに五十六がいうように「あぶない心細い次第」になっていた。

対外強硬論を振りまわす提督たちが海軍には多く、また人心もアメリカ、イギリスと対等の軍事力を持つことに誇りを覚え、それが世界の一等国となる証だといった考えが広範にいきわたっていた。

いったいなぜ、日本全体がまるで熱病にでも浮かされたような状態になったのかは難しい問題だが、そうした世論に対して、五十六が冷静な視線を投げかけていたのはたしかである。

五十六が日本を出発する日、長男の義正氏は見送りに行かなかった。いつものとおりに学校へ行った。おそらく礼子も行かなかったのだろう。

華やかな式典があり、多くの人々に見送られての出発だが、それは五十六にとっては公務だ。家族は行くべきではないと、暗黙のうちの了解があった。

その日、普段と同じように登校した義正氏は、担任の教師から「そういう気持ちで勉強に励むのはよいことだ」とほめられたという。

さて、シアトルに上陸した五十六たち一行は、鉄路ニューヨークへと向かった。

その顔触れは、五十六を代表に榎本書記官、光延少佐、溝田嘱託などだった。溝田は九歳のときアメリカへ両親と共に渡って、スタンフォード大学を卒業した日系二世で、通訳として同行していた。

車中では五十六は榎本書記官や光延少佐を相手に、将棋やトランプに夢中だった。そのため、かの有名なナイアガラの滝の見物もしなかった。

ニューヨークではアスター・ホテルに滞在した。これは現在のウォルドフ・アストリア・ホテルの前身である。後に日本を占領し、最高司令官となったダグラス・マッカーサー元帥が晩年にこのホテルのスイートを住居としたことでも知られる。当時から超一流のホテルだった。

ここで、ワシントンから駆け付けた駐在武官の山口多聞と再会し、打ち合わせなどをした後、五十六は「ベレンガリヤ号」でイギリスのサザンプトンへと出発した。

十月十六日に、一行はようやくロンドン入りする。宿泊はグロヴナー・ハウスだった。

現代から考えると、ずいぶんと悠長な旅である。この長旅の間は、もう五十六はあれこれと悩むのをやめている。頭の中の公務に関するスイッチをオフにしてしまった。そして、もっぱら賭け事に明け暮れた。

これは花柳界の女性と遊ぶときにも同じことがいえた。滅私奉公の真面目一方の横顔は消え、とことん女性たちとの交流を楽しんでいる。これほど見事に自分の体内における軍人の部分を、オンとオフに切り替えることができる人間も珍しい。

家庭においては、五十六は妻子に対して理想的な軍人であろうとした。自分の中に確固たるロール・モデルがあり、その姿にあくまで忠実にふるまった。それは自身の父親像でもあった。

実際にロンドンでの会議はどのように進められたのだろうか。

会議は原則として日英、日米、英米というふうに二国方式で進められることになっていた。

イギリス側はマクドナルド首相以下、サイモン外相、モンセル海相、チャトフィールド軍令部長、リットル軍令部次長、クレーギー外務省参事官などが折衝にあたった。クレーギーは、この三年後に駐日大使として来日することになる。

アメリカ側はノーマン・デヴィス大使とスタンドレー軍令部長が代表だった。

日本側は松平恒雄駐英大使と五十六の二人が代表だが、当時五十六は少将だった。会議の途中で中将に昇進したが、それでも相手国の代表に比べると地位は低かった。

にもかかわらず、五十六はアメリカ、イギリスの全権や代表と互角にわたりあう能力を具えているのは誰もが認めるところだった。

その理由は幾つかあるが、まず、相当な英語力を有していた。大切な会議では通訳の溝田を介して話したが、基本的には相手のいわんとするところをすべて理解していた。ただ、通訳がいてくれると返答をするまでに時間があり、じっくり考えられて有利だから、通訳を使った。

また、外国人に対してもストレートに発言した。とかく日本人は微笑でごまかして問題を曖昧にする傾向にあるが、その点、五十六は直球勝負だった。

そのため、たとえ敵対する関係にある外国人にも好感を持って受け止められた。

アメリカ側が、ワシントン会議当時には、五・五・三でよかったものが、どうして日本は、今度はそれでは困るといい出すのかと質するのに対して五十六は答えを述べている。

航空機の発達や艦船の洋上補給技術の進歩などを詳細に挙げて、時代が変わり海洋の距離が縮まったことを説き、現在では、近海においてすらこの比率では兵術的均衡が取れなくなったからだと答えたという。

それが五十六個人の信念に基づく返答であったかどうかは別として、とにかく日本政府の意向を受けて懸命の努力をしていたようだ。

しかし、兵力の共通最大限度規定という日本案は、受け入れられる様子はなかった。その中にあってイギリスとアメリカの態度には微妙な違いがあった。

日本に対する態度は、イギリスがやや好意的・妥協的だったが、アメリカは極めて冷淡で非妥協的だった。

そのアメリカのノーマン・デヴィス代表が、「自分がヒューズに劣るか、日本の山本が加藤に優るのか知らぬが、ワシントンでは、アメリカが頭から抑えたものを、今度は山本が逆に自分を抑えにかかって来た」といって、五十六の鋭い舌鋒にひそかに感心していたという。

加藤とは、ワシントン会議の際の帝国全権加藤友三郎を指し、ヒューズは国務長官としてワシントン会議の議長を務めた人物だった。

アメリカは日本が無条約を望むのなら、それでも一向にかまわないという考えがあった。しかし、イギリスは条約の続行を望んでいた。無条約状態になった場合、アメリカの海軍力が強大になりすぎるのを案じたためだった。そこで、日本を味方につけてアメリカを牽制しようとする動きがあった。

そうした虚々実々の駆け引きが行われる中で、五十六の評価は次第に高まり、反町の著書によると、イギリスの新聞は五十六を「鋼鉄の笑」と評するに至ったという。

五十六は会議の席以外では、アメリカやイギリスの代表とも打ちとけて交際した。

日本へ帰ってからも反町に、イギリスのチャトフィールド代表とブリッジをやって、二十ポンド勝ったから、もう一度やって、なんとか彼に二十ポンド返してやらなければならないなどと、懐かしげに語ったりした。

また、ある日、イギリス史上初めての「民衆出身総理」として有名だった元宰相のロイド・ジョージの自宅に招待された。

目の悪いロイド・ジョージは五十六の顔を見ることができないのを残念がった。そこで、せめて、「あなたの顔を撫でさせて下さい」と申し出た。五十六はそれを快諾し、ロイド・

ジョージが熊のような手の平で自分の顔を撫でまわすのを、なすがままにさせた。

その頃、五十六のもとには日本から連日、大量の手紙が届いた。一説によるとその数は五百通に達したという。それは、もちろん、すべて見ず知らずの人々からの激励の手紙である。小中学生などの子供からも多かった。

さらに友人知己からも手紙は送られてきた。五十六は律儀にそれらの手紙に返事を書いた。わずか三ヵ月ほどの滞在で、五百通以上の返事を書いたとしたら驚異的というほかない。

ロンドンで五十六が奮闘していた頃、東京の留守宅でも、家族はよく報道陣に追いかけられた。たいがいは「日本代表団の家族の横顔」といったテーマの取材だった。

しかし、礼子はインタビューの申し込みをすべて断っている。五十六が職務上の事柄に家族をからませるのが嫌いだということをよく知っているからだった。妻や子供は後方へ控えていればよいと考えていた。

ただし一度だけ、一家はマスコミに登場した。それは東京とロンドンの間に国際電話が開通したときで、その記念行事として代表団と留守宅の家族が通話をするという企画だった。

五十六の家には電話がなかったので、四、五軒先の家にある電話を借りた。家族が次々と電話に出て話をしたが、義正氏の記憶によれば、ずいぶん遠い電話という感じで、声もいつもの父親の声とは違っていたそうだ。

身体に気をつけてよく勉強するようにといった、ありきたりの話をした。五十六が常に見せている模範的な父親としての態度だったのだろう。それは礼子にとっては、まことに頼もしい存在だった。

十二月に入ったある朝のこと、榎本書記官が「ゆうべ、堀さんの夢を見たよ」と何気なくいうと、五十六が顔色を変え、「なに？　ほんとか。堀がやられたな」といってすさまじい形相をしたという。

榎本は、もしかしたら五十六も前の晩に同じ夢を見たのではないかと思った。

堀は五十六より一年早く中将に昇進したが、考え方は五十六と同じで、艦隊派の人々からは邪魔者と思われていた。そして、当時の日本では加藤寛治大将を中心とする艦隊派が条約存続派を駆逐する手段を画策していた。

そうした動きがあるのを知っていたからこそ、五十六は日本を出発する前に親友の堀について大臣にも頼み、軍令部総長の伏見宮にも頼んできた。

ところが、これが何の効も奏さなかったのである。伏見宮は軍令部内の強硬派が堀を中傷する言葉を信用してしまい、人事に口出しをして堀を中将から予備役にしたのだった。

これは五十六と堀との親密な関係を知っていて、艦隊派が無言の圧力をかけてきた結果だともいえる。

夢の話が出て間もなく、五十六は日本からの知らせで、堀の身の上に起きた凶事を知った。そうした霊感のようなものが五十六にはあったのだろうか。

たとえば五十六が賭け事に強かったという人は、彼がそれだけ勘が良かったのだともいう。しかし、特別に超能力的なものを持ち合わせていたかというと、そうではなかっただろう。五十六の生涯を記した伝記は多いが、彼が霊感を具えていたと書くものはない。唯一、阿川弘之の著書だけ、「ただ、彼のような図抜けて勝負事に強い人の中なぞに、時々、夢でもうつつでも、不意に近しい人の動静をはっきり察してしまう者がいないことはない」と微妙な表現をしている。

いずれにせよ、ロンドンでは、五十六は親友の運命を事前に夢によって察知した。

その後十二月九日に五十六は堀悌吉宛てに手紙を出した。

その手紙によると、軍務局長の吉田善吾よりの知らせで、「君の運命を承知した」とある。出発前に総長にも大臣にも直言を申し述べておいたのに、このような事態となり、本当に心外だと書き、山梨勝之進がいったように、海軍は慢心のためいったん斃《たお》れる悲境に陥ってから、後に立て直す他に道はないのだと思うと述べている。

会議に対しても、海軍のためにやろうという意気込みがなくなってしまった。ただ、あまりひどい喧嘩わかれとなっては、日本全体に気の毒だと思うので、少しでも体裁よく「あとをにごそう」と考えているくらいに過ぎない。

そもそも陰では大きなことをいいながら、自分で乗り出してやってみようとするだけの気骨もない連中だけが、ただびくびくしている。もともと自分は再三固辞したのに引っ張り出しておいて「注文もあったものではない」と五十六は鬱憤をぶちまけている。

「此手紙の届く迄には引上げて居るかも知れぬが思ふことを話す人もないのは誠にただ寂しい」というのが五十六の本音だった。

ロンドンにあって、日本海軍のためと思えばこそ精魂を傾けて交渉にあたってきた。しかし、その海軍が自分の留守の間に盟友堀悌吉中将を予備役に編入するという「大馬鹿人事」をやらかした。

五十六の落胆は大きかった。堀へ出した手紙にはその心情が余すところなく綴られていた。五十六もとっくに気づいていたように、この頃から海軍そのものが変貌しつつあった。簡単にいってしまえば陸軍と同じような空気になってきたのである。日本の実際の国力は全く無視して、ただ軍事力での米英との比率にこだわり、戦争をすることのみが念頭にあった。

五十六の心模様がどうあれ、会議は続き、相変わらず妥協点は見いだせなかった。

いくらイギリス側が打開策を打ち出そうとしても、アメリカ側がとにかく冷淡であり、無条約となっても全くかまわないという態度だった。そして、十二月に入ると、クリスマス休暇のため帰国したいといい出し、十二月二十日には、いつ会談を再開するかを約束もしないまま代表団全員がアメリカへ帰ってしまった。

それでもイギリスと日本の間でさらに非公式の交渉は続いた。なんとか譲歩できるところは譲歩しても、アメリカと妥協できないかと五十六はねばった。

ところが、その間に日本では五十六に対する不信感を露骨に示す強硬派の声がさらに大きくなっていた。

結局、会議は決裂した。形式的な本会議が昭和十年になって行われたが、結論はもうこの予備交渉のときに出ていた。

五十六は昭和十年一月二十八日、ロンドンを後にしてシベリア経由で帰国の途についた。そのときの五十六の心中は察しても余りあるものがある。

やがて押し寄せてくる無条約時代が、何を意味するかを五十六が考えないはずがなかった。

二月七日、満州里《マンチューリ》からハルビンへの列車の中で、彼としてはなんとも歯切れの悪い声明を出している。

「三国代表ともきわめて和やかに、そして最も真摯に軍縮のために会商を進めた。結果において会商は休会ということになったとはいえ、全然失敗に終ったとは思えない。予備会議は三国が一つのアグリーメントに到達しなかったけれども相互の諒解はできた。会商は開かないより開いた方がよかったということは事実である」

とはいうものの、どういいつくろっても、会議は「全然失敗に終った」のである。それは、しかし五十六の責任ではなかった。何度も書くようだが、そもそも相手が了承するはずもない条件を出した日本側の責任だったのである。

河井継之助が小千谷談判で敗れたのと同じく、五十六もロンドンでの予備交渉に敗れた。だが、これはほとんどすべての歴史家が認めるところだが、五十六はよくねばった。与えられた状況の下で最大限の努力をした。これだけの交渉は、他の誰が行ってもできなかっただろうといわれている。それだけに五十六の無念の思いも深かったのである。

ロンドンから日本へ帰る途中の満州では、高野譲の次男で、高野京の弟にあたる気次郎夫妻が大連から駆けつけて五十六と会っている。

東京に到着したのは二月十二日の午後だった。厳寒の帝都には雪が舞っていた。

海軍大臣大角岑生《おおすみみねお》や外務大臣広田弘毅《こうき》ら要人の他にも一般の人々が大勢、東京駅頭に出迎えに来ていた。

東京駅から記帳参内のため自動車で宮城へ行く予定だった。このとき、駅前から和田倉門へ向かう道端には市民が人垣をつくって五十六一行の通り過ぎるのを一目見ようと待っていた。それを知った五十六は急遽、自動車から降りて、雪の中を二重橋まで歩いて行った。

雪国育ちの五十六にとっては、雪の降りしきる中を歩くのは、それほど苦痛ではなかっただろう。それに、なにより、わざわざ自分を出迎えてくれる人に、誠実にこたえたいという五十六らしい温かい思いやりがあったにちがいない。

このように、ある意味ではサービス精神が旺盛な五十六だったが、こと自分の家族となると話は全く別だった。

家族を人前に出すのを五十六は極端に嫌った。長男の義正氏が今でもはっきりと記憶している光景がある。

それは五十六がロンドンから久しぶりに青山の家へ帰って来たときのことだった。会議の結果がうまくいかなかったと、家族はなんとなく察知していた。五十六の表情もすぐれなかった。

しかし、そんな事情にはおかまいなく、どっと新聞記者たちが山本家に押しかけて来た。家の中に入って来て、家族との写真を撮らせてほしいと口々に叫んだ。そのとき、五十六がすっくと立ち上がり大声で一喝した。

「君たちは家庭には来ないでくれ」

そして、玄関の前に一人で立つと、好きなだけ写真を撮れといった。しかし、家族の写真は絶対に許可しないと毅然とした態度で伝えた。

「その日は、私の祖母にあたる三橋亀久が手伝いに来ていたんですが、あの気丈な祖母が、父の新聞記者たちに対する見幕にびっくりして、おろおろ心配したんです。それほど父は、私たち家族を守らなければならないと思っていたんですね」と義正氏は往年の五十六の姿を懐かしんで語る。

いつもは新聞記者の取材に協力的な五十六だったが、この日ばかりは「君たちのマナーはいけない」と激しく怒ったのだった。

必ずしも自分の考えが、今の日本に受け入れられないのを五十六は感じていた。

それだけに彼の立場は難しくなる。当面の敵は国内と国外と二つあった。アメリカとイギリス、その中でも、とりわけアメリカが対日姿勢をさらに強硬にしていった場合、国際的な均衡をいつまで保てるかは、はなはだ疑問だった。アメリカは直接の脅威となって、日米開戦に結びつく可能性は大きい。その意味では、アメリカはすでに敵とみなさなければならない状況になっていると、ロンドンで五十六は身にしみて知らされた。

だが、そこにも活路はあるはずだった。日本が今までアメリカやイギリスと結んでいた軍縮条約を、そのまま維持する姿勢を見せれば、すぐには険悪な状況にはならないだろう。

ところが、それには日本での反対勢力が強過ぎた。無条約時代への突入をなんとかして避けようとしている五十六にとって本当の敵は、日本国内にいる強硬派の軍人たちだった。

彼らは帰国した五十六を、けっして温かく迎えたわけではなかった。むしろその逆だった。五十六と考えを同じくする堀悌吉を、予備役に飛ばしてしまうほどの実権を手中に収めていた強硬派は、機会があれば、五十六も現役から退けたいと考えていた。

ロンドン会議から帰国した五十六は、めっきり白髪が増えていたという。このとき、五十六は五*十二歳である。本来なら、まだまだ引退を考える年齢ではなかった。だが、海軍の至宝とまで謳われた堀の失脚の事実は、五十六に絶望感を抱かせるにじゅうぶんだった。自らも海軍を退役しようかと、真剣に考えたようだ。

「現役を退いて越後にひきこもる考えを起したのもこの時のことであった。またそれを極力慰留したのは、名利に恬淡な堀中将自身であった」と高木惣吉は自著に書いている。

失意のまま帰国した五十六を二月十四日、青山の家へ訪ねた反町栄一は、そこで長岡の悠久山堅正寺の和尚、橋本禅巌《ぜんがん》の姿を見いだしている。五十六は橋本禅巌に精神的に私淑するところがあった。このときも何かを察して、禅巌は上京して来てくれたのかもしれない。

「机をはさんで対座していると、机の上に五臓六腑《ろっぷ》ずんとさらけ出して、要るなら持って行けというような感じがあった」と禅巌は五十六のことを語っている（阿川弘之『山本五十六』）。これはまた、まことに見事な人物評というほかにない。

五十六の妻礼子の一番下の妹である末子さんは、現在九十三歳で健在だ。

三橋家の四男である了の長男、三橋鴻《ひとし》氏の家に身を寄せている。杉並区梅里にあるこの家は、かつて会津出身の礼子の両親、三橋康守と亀久が隠居していた場所でもある。

末子さんは、独身のときから山本家にはよく出入りをしていた。五十六は末子さんを、「末ちゃん、末ちゃん」と呼んで可愛がっていた。

礼子の兄弟姉妹で、今も健在なのはこの末子さんだけである。

ロンドン軍縮会議から帰った五十六は、礼子の身内の者それぞれに珍しい外国のお土産を用意していた。末子さんもコティのおしろいや口紅をもらって嬉しかったという。

「でもねぇ、姉にはもう、そりゃあたくさんお土産を買ってきました。化粧品ばかりじゃなくて、姉は洋裁も上手だったので、向こうでわざわざ姉の好きそうな柄の布地を選んで持って帰ってくれたんです。もちろん、姉も喜んでいました」

末子さんは昨日のことのように、昭和十年当時を語る。

阿川弘之著の『山本五十六』には、この頃五十六と礼子の間には、「何らかの溝《みぞ》」が生じていたように書いている。五十六は芸者の千代子に夢中になっていたからである。

しかし、末子さんの目に映った山本家は、五十六の浮気くらいではびくともしない、非常にしっかりとした夫婦の絆があった。

前出の阿川の書によると、

「子供の四人も出来ると、妻の座が次第に重くなって来るのはどこの家庭でも同じ事で、気性の強い礼子は一旦言い出したらめったに後へ引かなくなり、夫婦喧嘩が始まると山本はすぐ蒲団をひっかぶって寝てしまったそうである」

と書かれているのだが、礼子が五十六の意見を聞かなかったことは一度もなく、まして夫婦喧嘩をしたところなど見たことがないという。

礼子の姉妹が集まると、よくそれぞれの夫の悪口が出る。ところが礼子だけは絶対に夫の悪口をいわなかった。別に無理をしていわないというのではない。心から夫に満足をしているので悪口をいう必要がないのである。

いつでもおだやかで控えめにしているのが礼子であり、それは阿川の『山本五十六』に登場する礼子像とは全く違う姿だった。なぜ、あんなふうに書かれたのか不思議だと末子さんはいう。

そんな礼子だったが、ただおとなしいばかりの性格だったかというと、そうではない。一本芯が通ったところがあった。

普段の動作はおっとりしているのに、いざとなるとすばしっこかった。

「あの関東大震災のときね、義兄は出張でロンドンへ行っていたのです。その義兄に姉はすぐに電報を打ちました。この大地震の後は必ずケーブルがダメになって電報が打てなくなるから、今のうちにといって、もう地震の直後に電報を打ちに行ったんです。『家内みな満足』という電文だったと思います。案の定、間もなくもう電報なんて打てなくなって、大混乱になりました。でも、義兄は、はやばやと姉から無事だという電報をもらっていましたから、安心していられたんですね」

とは、末子さんの回想だが、これは礼子の性格をよく表している。決断が速いのである。ただし、普段はそれを他人に見せなかった。

「姉がどんな人だったかと聞かれたら、そうですね、なんでも自給自足の人でしたよ」

九十三歳とも思えぬ艶のあるしっかりとした声で末子さんはいう。

「子供らのおむつから、自分の着物まで、全部姉が縫っていました。野菜は庭で作っていたし、とにかく物を買わない人でしたね」

おかしそうに末子さんが語ってくれたところによると、礼子は自分の着る着物にもある工夫をしていた。それは、冬になると単衣の着物の裾と袖口にだけ裏をつけて着る。夏になると、それをはずすのである。

「昔はね、ウールの単衣の着物をセルっていったんですよ。そのセルの着物をね、姉は冬になると長じゅばんの代わりに着て、その上に単衣の着物を何枚も重ね着してました。

いつも同じ着物ですよ。そしてね、紋のついた羽織を部屋に掛けておくんです。どなたかお客様がみえると、ぱっとその紋付きの羽織を着て、その方の前に出るんです。そうすれば、ちゃんと正装になりますから」

まことに礼子らしい知恵を絞ったよそおいだったわけだ。

「だからってね、けしてケチな人じゃありませんでしたよ。あるときデパートで、いい茶碗があって、『あらいいわ』と私がいうと、とても高価な茶碗だったんですけど、すぐに買ってくれました。そういうときは、もう本当に早くパッと決めてパッと買ってくれるんです。あれにはいつも感心したものでしたよ。決断力のある人でしたね」

礼子のそういう性格は、多分に母の亀久から受け継いだものだったようだ。

米沢藩士の娘だった亀久は女学校を出ており、孫の英語の勉強を見てやったりするほど教養のある女性だった。

夫の康守が六十代で病気の後遺症が出たため、夫婦は会津を引き払い東京で暮らすようになった。それは康守が六十二歳、亀久が五十二歳のときだった。

「母が心掛けたのは、すべての子供に平等にということでした。お産の手伝いに行くのでも、この娘のところへは行って、あちらの娘のところには行かないというのでは不公平になります。そうすると必ず子供たちの間に不満が出て仲たがいの原因となるものなんです。その点、母はどの子供にも同じように接しましたから、皆が仲が良くなりました。それは母のお陰だと思っています」

末子さんがいうだけあって、礼子の兄弟や姉妹は、皆幸せな家庭を持ち、社会的にも恵まれていた。その中でも、とりわけ夫に大切にされて幸せだったのが礼子だという。

亀久もまた、着物などにはあまり興味がなくぜいたくからは程遠い女性だった。

「ある日ね、母の箪笥を開けてみましたら、着物なんて一枚も入っていないんです。料理の本ばかりが詰まっていて、びっくりしたことがありました。およそ虚栄心のない人だったんですね」

晩年の亀久は、孫たちが訪ねて来ると、「味噌と下駄を買えや」といって必ずお小遣いを渡したという。九十八歳で大往生をとげるまで、白髪にもならず意識もしっかりとしていた。

おそらく三橋家の六人の娘たちは、亀久を中心にして結束していたのだろう。その人生哲学には戊辰戦争で辛酸をなめた会津藩の質実剛健の精神が根底にあった。五十六は、三橋家の家風を愛していたし、礼子の生き方を容認もしていた。

「この人に任せておけばいいと思っていたんじゃないですか」

と末子さんは五十六の礼子に対する思いを語る。

「そうそう、昔ね、義兄の前で姉がはっきりといったんですよ。『私は実家にいたときより結婚してからのほうが幸せになったわ』って。実家にいたときは父にこき使われて大変だったんだそうです。でも結婚してからは何一つ不足はないって、そういってましたよ」

いじらしいほど礼子は倹約につとめ子育てに励み、夫の愛情に感謝していた。

ふたたび話を、ロンドン軍縮会議の予備交渉から帰国した五十六にもどそう。

山本一家の住む青山の家は、玄関二畳、居間が八畳、他に四畳と六畳という小さい家だった。ここに夫婦と子供四人、それにお手伝いさんまでいたのだから、かなり過密な空間だった。

狭い庭には山椒の木、八つ手、そして、便所の脇に三十センチ四方くらいのセメントで固めた手製の池があった。そこに五十六は縁日で三銭か五銭で買ってきた金魚を二、三尾はなしていた。

五十六は毎朝、その池に水を入れ、八つ手の葉を撫でたりして、リラックスする時間を過ごした。

海軍省内での職名は海軍省出仕兼軍令部出仕となっている。なんだか、よくわけのわからない役職だが、つまりは、何も仕事がなかったのである。

昭和十年四月十三日、五十六は長岡に帰省した。

この当時、まだ五十六は海軍を辞めるかどうかで迷っていたのかもしれない。たとえ海軍を辞めても、何か生計をたてる道を探せるくらいの自信はあっただろう。幸いなことに妻の礼子は、いささかの貧乏くらいでは驚かない質朴な女性だ。

それは良いとしても、海軍を退くということは、自分の今までの全人生を否定することになってしまう。幼い頃から、武士の子は武士になるのが当然だと思って、軍人の道を選んだ五十六である。まさに生命を賭けて、祖国のために邁進してきた。

それなのに海軍が自分を裏切るのだとしたら、五十六としては気持ちの持っていき場がない。

最も心が弱っていたとき、あたかも子供が母親の懐に帰るように、五十六は故郷を目指した。

長岡では兄の季八や姉の加寿が五十六の帰りを待っていた。

季八の家では、五十六が私服のときは当主の季八が上席に座る。しかし、軍服を着ていると、上席を弟に譲ったという。それほど公私の区別には厳しかったので、姉の加寿も、背広姿の五十六のことは親しみを込めて「五十《いそ》さ」と呼んだが、軍服のときは敬称をつけた。

郷土が生んだ有名人の帰省を出迎えるため駅頭では多くの人々が待ち受けていた。五十六はその人たちを前に堂々と挨拶をした。

長岡へ帰った翌日、五十六がさっそく訪れたのは母校、阪之上小学校だった。

その日は日曜日なので学校は休みだったはずだが、五十六の講演があるということで、全校生徒を集めたのだろう。

このときの五十六のふるまいを「少し芝居がかっている」と書く伝記もある。

どこが芝居がかっていたかというと、まず五十六は海軍通常礼装を着用していた。これは写真が残っているのでわかるのだが、今から見るとたしかにいささか物々しい礼装である。

五十六はその姿で壇上に上ると、深く一礼をしてから声高に、在学当時の二人の校長の名前を呼び、それから次々と恩師の名前を挙げた。

「山本は先生方の御教育のお陰様を以て国家の為め重責を果して只今母校に帰って参りましたことを謹みて諸先生に感謝し御報告申し上げます」

と述べた。

この前口上といい海軍の礼装といい、少々芝居がかって見える。もっといえば、はったりではないかという人々もいたという。

しかし、少年時代の五十六の上に流れた時間を考えると、これくらい五十六が母校での講演を大切なものととらえていたのも当然かもしれない。

彼の人生のすべての出発点は長岡にあった。長岡という郷里が常に心の拠り所だった。だとしたら他人にはどれほど大袈裟に見えようとも、五十六には「諸先生に感謝」する儀式が必要だったのである。

「およそ人間として、一生の中に恩を受けることはたくさんある。その一番大きい恩は三つあります。第一が君の恩で、これを忘れたら日本人でない。その次は親の恩。父母の恩を忘れるようでは、これ又日本人として駄目である。次は師の恩、即ち先生の恩であります。これも皆さんが忘れてはならぬものであります」

五十六は日本人として忘れてはならない恩を三つ挙げてみせ、「世の中に立って、国のために尽くすことが、先生に対する生徒の、第一の御恩返しになる」と語った。

軍縮会議を通して、日本人であることを考えざるを得なかった五十六としては、せめて郷里で、自分自身の存在をしっかりと確認する作業をしたかった。礼装はまさにそのためにこそ必要な装置だったのである。

長岡では新聞記者との公式会見があった。その際にある記者が、「軍縮と本県民の覚悟について」五十六に質問した。すると、「それは新潟県知事に聞きたまえ」とにべもなく切り捨てた。

いつもなら、どんな質問もはぐらかしたりはしない五十六である。軍縮に関しては、やはり言葉にできない苛立ちがあったのだろうか。しかし、皮肉なことに、その軍縮が五十六をして一躍時の人たらしめたのである。

私的な会談に移ると、情景は一変して笑い声が満座に響いたというのだから、当時の五十六にとって軍縮はほろ苦い思いが伴うテーマだった。むしろ、軍縮を忘れるための郷里訪問だったのだろう。

このときの五十六の新潟滞在は二週間に及んだ。いくら軍縮会議での疲れの骨休みとはいえ、いささか長過ぎるようにも感じられる。

ところが驚いたことに、一ヵ月ほど過ぎた五月二十六日にも、また五十六は長岡に帰省しているのである。その際は数日間の滞在だった。

前回もそうだが、二回目の里帰りでも五十六は長岡の財界人と面談したり、学校で講演をしたりして、いわば公人としての行動も多い。もちろん私人として、兄の季八の家で故郷の料理に舌鼓を打ったり、昔の友人を訪ねる時間も持った。

だが、やはりただ心身を休めるためだけに五十六は長岡へ帰ったのではないような気がする。

たとえば四月の帰省のときは、北越製紙、大原鉄工、大阪機械、加藤製油、駒形醤油などといった会社の工場を視察している。そして長岡市内の実業家たちを相手に、時局に関する講話をした。

さらに、航空関係の新しい事業を興すように長岡の財界人に勧めてもいる。そういう姿に対して、五十六が海軍で出世をするための地歩固めをしていたのではないかと指摘する人がいないわけではない。

つまり、長岡の財界をバックとして、海軍での自分の地位を強固なものにしようと運動をしていたのではないかというとらえ方だ。

そこまでの計算が五十六にあったかどうかは定かではないのだが、少なくとも長岡の財界人にとっては「われらが山本五十六全権」といった意識があったのだろう。

海軍に長岡から一人、実力者を送り込むのだという心意気は、当時の社会的な背景を考えると、それほど不自然ではない。

たとえば反町は自著に美談として紹介しているのだが、長岡社の援助で東大法学科を卒業した学生の話が出てくる。その学生はどうしても就職口がなく、一家を支える任もあって途方に暮れていた。すると五十六はある会社の社長にその学生の就職を頼んだ。ところが、社長は学生の成績が思わしくないため、なかなか採用するといわない。五十六はなんと六回も足を運び頼み込んだ。社長は「山本さんの後進を想う真情に感激して採用することになった」という。

これについて阿川弘之は「これは、本人はじめ長岡の人々にとっては、感激すべき逸話ということになるかも知れないが、あたり前に考えれば、美談かどうか疑問であろう」と評している。

五十六の故郷に対する思い入れを、不思議に感じる人々がいたのは事実のようだ。

「山本さんは、なぜあんなにまで郷土のために尽したのだろう？　あけすけに言えば、海軍の職権を以て郷土に尽したのではないか」という言葉を阿川弘之は自著の中で引用し、「山本は、長岡の事となるとどうも異常になったと言う」とまで述べている。

はたして五十六は「異常」だったのだろうか。

たしかに五十六は長岡の人々に尽くした。

たとえば、前述の東大生の話以外にも、昭和十年七月五日に五十六が反町栄一に宛てた手紙がある。

これは五十六がこの年二度目の里帰りをしてから一ヵ月ほどたった頃に書かれた。

それによると、四日前の七月一日に、長岡市の堀田という人が自分を訪ねて来たという。

用件を聞いたところ、堀田は六月三十日、機関兵として横須賀海兵団に入団したのだが、体格不合格ということで帰郷を命じられてしまった。しかし、本人は餞別などをもらって盛大な見送りを受けて郷里を後にした。今さら、おめおめと帰れないからと、五十六を頼ってなんとか入団できるよう尽力してくれないかと相談があった。

気の毒に思い調べてみたら、徴兵されたとき陸軍の医官の検査で海軍にまわされてきた。海軍の医務局長に問い合わせたところ、再検査をするまでもなく、不合格となる性質のものだという。

　そこで五十六は、横須賀工廠、航空廠方面に職工として採用してもらえないか交渉してみたが「早速にはラチ明かず」、本人も東京でブラブラしていることもできないので、とりあえず親類のいる小千谷に行った。

　五十六はこの青年の立場にひどく同情し、「本人には充分覚悟をきめ職工でたたき上げる考なら一応世話し見ると申聞けあり」と書いている。そして、こうしたケースが最近はよくあり、今回も八名の不合格者が出た。そうした人々が皆、不真面目なため帰郷するという観念を抱かれるのは、「誠に気の毒」にて、市当局としても取り扱いを考慮してほしいと強く訴えている。

　なんとも親身になって、長岡の青年たちの将来を五十六が心配しているのがわかる。

　しかし、五十六のこうした思いは、けっして一方通行の情愛ではなかった。

　やや極端な表現かもしれないが、この時期から長岡の人々も山本五十六という一人の男に惚れてしまったといえる。

　もちろん、他にも長岡出身の有名人はたくさんいた。外交官、実業家、芸術家、学者、政治家など、優れた人材を輩出している。

　それにしても、五十六人気は特別だった。

二度目の帰省の際だが、五十六は五月二十七日に平潟社頭で講演をした。この日は五十六が日露戦争で負傷してから三十周年にあたる海軍記念日だった。

五十六の姿を一目みようと一万人以上の市民が詰めかけたという。それが終わると、女子師範学校へ講演に行き、その後午後一時からは母校長岡中学校で全生徒への講話があった。

つまり、誰もが五十六の話を聞きたがり、その姿を見たいと願った。この夜は、公会堂で「軍縮と世界平和」についての話があったのだが、公会堂創立以来の盛況だったという。

この日、一日だけで五十六は四回も講演をしている。老いも若きも夢中になって、郷里の「山本全権」の講話に耳を傾けた。

七月三十一日にも五十六は友人が亡くなったため、またしても長岡を訪れた。このときの滞在は三日ほどだったが、十一月二十一日にもこの年四回目の帰省をした。

長岡中学時代の恩師本富安四郎の記念碑の除幕式に出席するためだった。この記念碑は五十六が揮毫したものだが、碑面には自分の姓名を記さなかった。「本富先生に対し子弟の礼を厳かにとられた」からであるとして、「我等は山本君に尚大なる将来を予期し寧ろ之を口碑により永く後世に伝えられんことを望む次第である」と本富安四郎の記念出版文集の序文には書かれている。

まさにこの一文が示すように、五十六の「大なる将来」を長岡の人々は期待していた。

軍縮会議によって日本全国で有名になった五十六だが、さらに海軍で名を馳せる日が来るにちがいないと人々は信じていた。

除幕式のあった日の夜は長岡市青年会の大会が公会堂で開かれた。青年たちと共に座り、なごやかに式の進行を楽しんでいた五十六だったが、途中で壇上に立ち、リラックスした調子で青年たちに話しかけた。

「真実のこもったお話にその全身全霊を引きこまれ、終った時には、涙の跡の見られる人達もあった」というほどの感動を五十六は聴衆に与えた。

この夜だった。五十六は、「将来自分が海軍を退く時は故郷でこの青年を教育してみたい」と語った。

「この青年」とは、長岡青年会に所属する青年たちを指している。

公会堂で開かれた大会は午後十一時まで続いた。ちょうどその日、ある大臣が長岡市に来ていて、側近たちが五十六に会わせようと料亭から何度も誘いに来た。しかし、五十六は、

「私は郷党の青年達と今夜は一夜を過すために東京から来たのである。この好機会は又あるかどうかわからない。大臣さんには東京で今後お逢いする機会もあると思う。よろしく申し上げてくれ」といって、断固として席を立とうとはしなかった。

最後に五十六の発声で万歳が三唱され、会は終わった。二千人の青年たちは感動した面持

ちで五十六を見送った。

そのときに五十六が発した言葉が、「この青年を教育してみたい」だったのである。

これは、ずいぶんと意味深長な発言である。

まず、東京から来た大臣よりも、長岡の青年たちのほうが五十六の心の中で大きな比重を占めていた。

その上で、「将来自分が海軍を退く時」というのを五十六が考えていたのがわかる。

そもそも一年のうち、四回も長岡を訪れるというのは、五十六が当時、海軍においてあまり重要な部署にいなかったからだと考えられる。忙しい身だったら、いくら故郷のためを思ってもそうそう帰省できるものではない。

軍縮会議から帰った五十六を閑職に追いやる動きが、海軍の中にあったと想像できる。そうなると、彼の心はなおさら長岡へと傾斜していったのではないだろうか。

この時期の五十六の心情を綴った手紙が、阿川弘之の『山本五十六』に紹介されている。日付は五月一日となっており、少し前に深い仲となった河合千代子に宛てたものである。

「――倫敦《ロンドン》において全精神を傾倒した会議も　日を経るにしたがひ　世俗の一般はともかく海軍部内の人々すら　これに対してあまりに無関心を装ふを見るとき　自分はただ道具に使はれたに過ぎぬやうな気がして　誠に不愉快でもあり　また自分のつまらなさも自覚し　実

は東京に勤務してをるのが寂しくて寂しくて且《かつ》不愉快でたまらないのです」

　東京での勤務に寂寥感を覚える五十六にとって郷里の純朴な青年たちと接するのは、この上ない喜びだった。

　前出の河合千代子に宛てた手紙は、「こんな自分の気持は　ただあなたにだけ今こうしてはじめて書くのですが　どうぞ誰にも話をなさらないでおいて下さいね――」という言葉で終わっている。

　ところが、千代子は誰にも話さないどころか、こうした手紙を戦後になってすべて公開してしまった。

　だからこそ、当時の五十六の心境がわかるのだともいえるが、自分の一番弱い面をさらけ出した手紙が衆目の触れるところとなるとは、五十六も夢にも思っていなかったろう。

　これは五十六の人生における最大の誤算だった。千代子という女性を信用し、安心して心の内を綴ってしまった。

　彼女はその信頼に応えるような女性ではなかった。なぜ五十六が、それを見抜けなかったのかは謎というほかない。

　ただし、千代子の登場によって五十六の礼子に対する愛情が変わったかというと、そんなことはなかった。山本家の日常には何の変化もなかった。

たとえば、昭和十年頃、中学生だった長男の義正氏は、毎週月曜日に学校で英語のディクテーションのテストがあった。

そんなとき五十六は息子のために英語のテキストを声に出して読んでくれた。ところが、その発音は全くのアメリカ英語で、学校の先生の発音とはずいぶん違ったという。

礼子の作る料理に文句をいったことも一度もなかった。千代子は平穏な家庭を乱すほどの存在にはなり得なかったのである。

昭和十年十二月二日、五十六は海軍航空本部長に任命された。ロンドンから帰って十ヵ月後に、ようやく腕を振るえるポストに配属されたといえる。

このとき、すっかり長岡の側に傾斜し、引退まで考えていた五十六の心は、ふたたび海軍へと戻った。それを如実に示すエピソードがある。

五十六の航空本部長就任後、ある人の紹介で横山大観と夕食を共にする機会があった。かねてより五十六を尊敬していたという大観は、その後、自分は全力を傾注して一幅の絵画を描くから、五十六に呈上したいと申し出た。

それに対し五十六は深く感謝するとしながらも、「私は只今全身全霊をこめて御奉公せねばならぬ現状にあります。先生の偉大なる芸術品を拝観している余裕がありませんから謹んでお断り申し上げます」と返答し、いずれ時期が来るまで待ってほしいと申し述べた。

それほど五十六はふたたび「御奉公」に情熱を燃やしていた。

海軍の葛藤

五十六の新しい任務とは、どのようなものだったのだろう。
高木惣吉は自著の中で次のように解説している。

さてその年の十二月（昭和十年）、山本中将は、航空本部長の要職に迎えられた。情勢の切迫も手伝って艦隊航空の訓練がまさに白熱化していた時期で、ガソリンや消耗兵器のごときは一年度分を前半期だけで使いつくすような状態であった。訓練の重点を艦隊におけば、内地の教育部隊では計画の四分の一も飛行訓練ができないという窮屈な予算であったが、山本新本部長は百方苦心の結果、この苦境を切りぬけていった。重要問題が起れば、夜半の二時まで十時間たてつづけの会議でもやってのけるというほどの力のいれかたで、航空本部長ならば一生でも勤めあげたい、と密かにもらしていたほど会心の職場であったらしい。

以前から「海軍航空育ての親」と目されていた五十六である。技術部長だった時代の努力の延長線上に本部長の職があったわけだ。

高木は、「航空本部長の職ならば一生でも勤めあげたい」と五十六がもらしていたと書いているが、三和義勇の『山本元帥の思ひ出』の中にも似たような表現がある。

「元帥は或は航空本部長を畢生の仕事と思つておられたのかも知れぬ。何年でもやりたいと、常に言つておられた」

この頃、三和は軍令部部員だったので、五十六の直属の部下ではなかったが、直接に会う機会はたびたびあったという。

三和の回想に出てくる五十六は、いわゆる「月々火水木金々」といわれる猛訓練に明け暮れる航空隊の部員にとって、とにかく頼りになる本部長であった。どんな難問も、相談に行けばとことん話を聞いてくれて「ヨシ何とかする」といって、本当に何とかしてくれた。

こうした奮闘にもかかわらず、ここで五十六が対峙しなければならない大きな問題が一つあった。それは五十六の主張である「国防の主力は航空機である。海上の艦船はその補助である。日本海軍はこの信念で大革新をせよ」という掛け声が、他ならぬ海軍内部で反対に遭うのだ。

海軍の首脳部、特に艦政本部と五十六は真っ向から衝突することになった。

五十六は国防の主力としては航空機の時代が到来すると信じていた。現在になって考えると全く当然の考えであり、そこにこそ兵力を集中させようとした五十六の主張は正しかった。

しかし、五十六が航空本部長に就任した当時の海軍では、むしろ彼は少数派だった。

ロンドンの軍縮会議が決裂した場合、日本は無条約時代に突入するのが目に見えている。そこで昭和九年十月に軍令部より艦攻本部に十八吋《インチ》砲塔の新戦艦を建設する案が出された。

その戦艦、「大和」と「武蔵」の建造が決定されるのは昭和十一年七月だった。決定までにほぼ二年近い年月がかかった。

このとき職を賭して海軍首脳部の大艦巨砲主義に反対したのが山本五十六だったと、彼の伝記のほとんどには書かれている。

たしかに、五十六が大艦の建造に抵抗したのは事実だが、彼よりもさらに激烈な「戦艦無用論」を主張したのは、当時、航空本部教育部長だった大西瀧治郎だったといわれる。

大西は軍令部が「大和」の建造を決定する前後、連日、軍令部に出向いて座り込み、いかにそれが時代錯誤であるかを説き、部長の古賀峯一に食い下がった（伊藤正徳著『大海軍を想う』より）。

大西は、「大和」のような戦艦を新造するのは、自動車の時代に八頭立ての馬車をつくるようなものだと説き、それでは租税を納める国民に申し訳が立たないと古賀少将につめ寄った。古賀が「大国の皇室ともなれば新しい馬車の一台は必要だろう」と応酬すると、それならせめて「大和」か「武蔵」かどちらか一方を廃してはどうかと提言し、そうすれば空母が三隻できるのだからと迫った。

結局、大西の抗議は徒労に終わり、まさに時代遅れの大艦建造が始まる。

余談になるが、大西瀧治郎は後に神風特別攻撃隊の生みの親と呼ばれた人物である。昭和十九年十月、マニラの司令部に着任した大西中将は、零戦に二百五十キロ爆弾を搭載したまま敵艦に体当たりする特別攻撃を決意し、当初は多大な戦果を収めた。しかし、結局は戦局の打開には及ばず敗戦を迎えることとなる。敗戦が色濃くなった頃、大西は「会津藩が敗れた時ですら白虎隊が出た」と、ある新聞記者に語っている。昭和二十年八月十六日、終戦の翌日に大西は特攻隊員とその遺族たちに詫びる遺書を残して自らの生命を絶った。

前出の伊藤正徳の本によると、戦艦の建造に反対したのは、五十六も同じだったが、「大西ほどはげしくはなかった」という。

それでも五十六は彼なりに反対意見を陳述した。当時の海軍艦政本部長は中村良三大将だった。明治十一年生まれなので五十六より六歳年長で、海軍兵学校では五期先輩にあたる。

五十六は「巨艦を造っても不沈はあり得ない。将来の飛行機の攻撃力は非常に威力を増大し、砲戦が行われる前に飛行機の攻撃により撃破せられるから、今後の戦闘には戦艦は無用の長物になる」と「涙を揮って」論戦したと反町の本にはあるのだが、本当に五十六が涙を浮かべたとは思えない。

しかし、とにかく中村大将と五十六の激論があまりに凄まじく、ついに結論に達しなかったため、軍令部総長の伏見宮博恭王に仲裁を仰いだほどだったという。

伏見宮がどのような仲裁をしたのかは不明だが、五十六と対立するのは、中村良三大将のみならず、末次信正大将、古賀峯一軍令第二部長などがいた。

いくら五十六が熱弁を振るっても、当時は飛行機によって沈められた戦艦は一隻もなかった。したがって、「飛行機攻撃といえども、大艦こそ充分防禦を備えることが可能だから敵で意とするに足りない」といい返されてしまうのである。

すでに述べたように、このときに五十六と共に大艦の建造に激しく反対した大西瀧治郎が、後に神風特攻隊を送り出した。それが、次々とアメリカの艦船に体当たりをして、炎上させたことを考えると皮肉な感がある。

いずれにせよ、現在になれば明白に時代遅れな大艦巨砲主義を、五十六はとうとうねじふせることはできなかった。

想している。

この頃、「大和」「武蔵」の設計を担当していた福田啓二少将が戦後になって次のように回

当時航空本部長であった山本五十六中将が私の処にやって来て、

「どうも水を差すようですまんですがね、君たちは一生懸命やっているが、いずれ近いうちに失職するぜ。これからは海軍も空軍が大事で大艦巨砲はいらなくなると思う」と肩に手を掛けて言われたこともあった（『人間山本五十六』）。

結局は、五十六の言葉通りになったと福田は認めている。

昭和十一年二月二十六日、大事件が勃発した。皇道派系の一部の陸軍青年将校が下士官兵を引き連れてクーデターを起こしたのである。

世にいう二・二六事件だった。

高橋是清《これきよ》蔵相、斎藤実《まこと》内大臣、渡辺錠太郎教育総監が襲撃されて死亡した。岡田啓介首相も死亡と伝えられたが、これは誤報だった。鈴木貫太郎侍従長も重傷を負った。

雪の降りしきる帝都には戒厳令が布《し》かれ、さまざまなデマや噂が流れた。

たしかに、昭和九年には、日本は東北の冷害、西日本の干害、関西の風水害などのため大

凶作に見舞われ、翌十年も不況の波に襲われていた。

五十六の故郷長岡も昭和十年末から未曾有の大豪雪となり、交通機関は途絶え農業生産はできず、経済的な損失は計り知れなかった。

日本全土が漠とした不安に包まれている中で、人々の不満は高まっていた。

そこへ起きたのが、陸軍青年将校たちのクーデターだった。腐敗した重臣、財閥、軍人たちを殺害し天皇の直接の指導を仰ぐというのが彼らの建前だった。

事件の経過報告のため宮中に参内した川島陸軍大臣は、「蹶起部隊の大官殺害は明らかに不祥事であるが、陛下と国家に尽す至情に基いての血気の行動である、どうかその心情を御理解頂きたい」と天皇に懇請している。

それを聞いた天皇は「朕ガ股肱ノ老臣ヲ殺戮ス。此ノ如キ兇暴ノ将校等、其精神ニ於テモ何ノ恕スベキモノアリヤ」と答え、「速かに暴徒を鎮圧せよ」と命じた（児島襄著『天皇・第三巻』より）。

この天皇のひと言により蹶起部隊が叛乱軍と位置付けられたのは、あまりにもよく知られた史実である。

このとき五十六の立場はどのようなものだったのだろう。

阿川弘之の『山本五十六』によると、事件の直後、航空本部の五十六のところへ、かなりの人数の青年士官たちが、「陸軍はこの大事を決行しました。われわれも黙ってはおられません」といい寄って来たという。

しかし、五十六は珍しく大声を出して、彼らを追い返した。

襲撃された侍従長の鈴木と首相の岡田、内大臣の斎藤実は、三人とも海軍の長老であった。特に鈴木貫太郎を五十六は尊敬しており、その鈴木を殺害するなどとは、もってのほかの行為に思えた。鈴木は妻の機転により一命を取りとめたのだが、一時は死亡説が流れた。

二・二六事件が起きた夜、五十六はたまたま海軍省に泊まり込んでいた。鈴木貫太郎が襲われたと聞くと、すぐに帝大外科の第一人者近藤博士に頼み、鈴木邸に急行してもらった。他にも鈴木邸には医者が駆けつけていたが、五十六としては何もせずにはいられない心境だったのだろう。

後に五十六は、「あの時は、陸軍の出方によっては、海軍は陸軍と一戦交えるのを辞さないつもりだった」と知人に語っている。

場合によっては海軍が陸軍を鎮圧しようという意向があったからだが、これは前述のように天皇の確固たる指示により、その必要もなく解決された。

叛乱軍は彼らの意図するところを達成しないままクーデターは終わりを告げたが、事件の後遺症は大きく、この後しばらく日本の政財界には混乱が続いた。

この年の十二月一日、五十六は海軍次官に任ぜられた。しかし、当人はどうやら初めからこのポストにはあまり乗り気ではなかったらしい。

お祝いに馳せ参じた反町栄一に次のように語ったという。

「自分には航空本部長が一番適任だ。一生でも航空本部長で御奉公がしたい。実は永野海軍大臣が次官になれといわれるのをお断わりしたら、永野大将は『山本君、君は僕がきらいなのか、軍縮会議に僕が全権になった時、君に随員をお願いしたら断わった、今亦海軍次官を断わられるが、君は僕を好かんのか』といわれた。

永野大将は尊敬する先輩である。今ここでお断わりすると誤解を生ずる恐れがあるので、海軍次官を引受けたのであって私としては少しも目出度くはないのだ」

五十六が軍縮会議への同行を断ったのは、その前段である予備交渉の会議がロンドンで開かれたときに、さんざん無力感を味わったためと思われる。もはや決裂することは目に見えている軍縮会議に、今さら行ってどうするというニヒルな思いがあった。

それと同時に、五十六は永野修身《おさみ》大将の人柄や手腕を評価していなかった。

高木惣吉の著書には、「永野海相は勇猛な秀才には違いなかったが、衝動的断行肌の人で、山本次官とは性格的にかけ離れたところがあった」という一節がある。

また五十六は永野を評して「自分を天才と思っている」といったとも伝えられる。つまりは、ソリが合わなかったのであるが、とにかく五十六は次官に就任した。

五十六の海軍次官就任にともなって、山本一家は住み慣れた青山の家から、霊南坂《れいなんざか》にある官舎へと引っ越した。

このときの思い出は、長男の義正氏が自著の中で詳しく綴っている。

官舎は明治初期に建築された木造瓦屋根の古い洋館だった。初代の住人は明治四十二年にハルビン駅頭で暗殺された伊藤博文である。

引っ越しは昭和十一年の暮れも押しつまった頃に行われた。五十六は仕事で不在だったが親類や知人が手伝いに来てくれた。

「わずかな家財道具は手際よくまとめられ」と義正氏は書いている。おそらく航空本部長時代も五十六は、高価な家具などには興味を示さなかったのだろう。それは礼子も同じだった。

荷物はトラックで運ばれたが、家族は海軍省から差し回されたキャデラックに乗って新居へと向かった。

初めて目にした官舎は「とほうもなく大きくて、広かった」という。青山の家では置き場所に困っていた家具類が、あっという間に収まってしまった。なにしろ二十畳くらいの部屋が幾つもある屋敷だった。

夕方になって五十六が役所から帰って来た。当時中学二年生だった義正氏は、じっと父親の様子を観察していた。

　送ってきた車を帰すと、五十六は官舎の部屋を一つ一つ見てまわった。義正氏もその後に続いて歩いた。

　次々と部屋の電気のスイッチを入れてゆくので、そのたびに広い館が明るくなっていく。全部の部屋に電気をつけると、五十六は庭へ出た。「全館がこうこうと明るく輝く新しい住家となったこのガッチリとした洋風のわが館を、満足そうに眺めた」という。

　もっとも、青山にいた頃から、五十六は、「おれの家は太平洋。家の大きさや、ちっぽけな庭なんか、どうだっていいよ」と来客にいって笑っていたのを義正氏は覚えている。

　それでも、この夜はさすがに五十六も嬉しそうだった。

「人をたくさん迎えることのできる家。大勢でパーティのできる部屋のある家。高級車がぴたりと玄関に横付けになる家。ゆっくりと思索したり読書したりできる書斎のある家。イギリスふうの装飾があちこちにこらされた家。暖炉のひとつひとつに火が入れられる家」

　そういう家の住人になれたのを五十六は「まんざらでもない」と思っていた。

　敷地だけでも二千坪はあるという官舎で、山本一家は昭和十二年を迎えた。

　大邸宅へ移ったからといって、礼子の生活は変わらなかった。以前と同じ質素な身なりで子供たちの世話に明け暮れている。

妹たちが、「姉さん、もっといい着物買いなさいよ」と勧めても、ただニコニコしているだけで、相変わらず同じ着物を着ていた。

年が明けて間もなく杉並区梅里に隠居していた礼子の父、三橋康守の体調がひどく悪化した。もともと脳溢血の後遺症がある身体だった。

礼子と共に見舞いに駆けつけた五十六は、一目見るなり康守の容体は予断を許さないと悟った。

この頃、礼子の一番下の妹の末子さんは、鳥取に住んでいた。

「それがですね、突然、山本の義兄から手紙が来たんですよ。その手紙にね、『お父さんも、もう年だから、ちょっと帰ってみたらどうですか』って、それだけ書いてあるんですよ。病気だとか重体だとかなんて一行も書いてなかったですよ。

私がその手紙を主人に見せますと、あの忙しい山本さんがわざわざこんなお手紙を書くということは、きっとお父さんの具合が悪いにちがいないっていって、私を東京へ帰してくれたんです」

そのとき末子さんは知らなかったが、五十六は礼子の姉妹全員に一晩で手紙を書いて送っていたのだった。

末子さんが上京して両親の家を訪ねると、五十六からの連絡で他の姉たちも皆、集まっていた。

「久しぶりに姉たちに会ったものですから、もう嬉しくって皆でわあわあお喋りをしていたんですよ。病人をほったらかして話し込んでいたら、父が突然『やかましい』って怒鳴ったんです。それほど私たちの声がうるさかったんでしょう。それで、なんと三時間後には父は息を引き取ったんです」

昭和十二年一月二十一日のことだった。

五十六のおかげで姉妹皆が父親の死に目にあえたことを今でも感謝していると末子さんは語る。

この時期、たしかに五十六には新橋の芸者の愛人がいた。しかし、妻の礼子を大切に思っていなかったら、わざわざ妻の姉妹たちに手紙を書くような労は取らなかっただろう。子供たちにみとられて三橋康守は七十八年の生涯を閉じた。その墓は多磨墓地にあり、五十六の字で「三橋家之墓」と刻まれている。

礼子の妹、末子さんが、なかなか興味深い人物評を語っている。

「私はね、本当のことをいうと義兄《あに》に会うのは少し怖いような感じもあったんですよ。なぜかですって？　それはね、義兄っていうのはちょっと相手を見た瞬間に、もうその人の頭のてっぺんから足の先まで全部見てしまうんです。あっ、心まで見られちゃったっていう感じがしたものですよ」

だからといって、五十六が末子さんに鋭い眼光を向けたというのではない。その逆にいつもやさしく、自分の妻の一番下の妹を可愛がってくれた。

「でもね、ほら犬と犬が道路で会ったときに、片方がものすごく強いってわかると、もう一匹のほうが尻込みしてしまうことってあるでしょう。ああいう感覚なんですよ。これはもう自分にはとてもかなわない相手だって、いつもわかりました」

なんとなく末子さんにとって、五十六は近寄り難い存在だったようだ。それだけに、五十六と対等に話ができる礼子を末子さんは尊敬していた。五十六と礼子は二人とも無口だった。余計なことはいわない。

「特に義兄はね、ほんのこのくらい、ちょっと喋ると、後はちゃんと察してしまうんです。一を聞いて十を知る人でした。本当に頭がよかったんですね。姉はあまり自分を表現しない人でした。大事なことはしっかりと胸の中にしまっておいたんです」と末子さんは語る。

五十六の兄、季八は長岡で腕の良い歯科医と評判だった。五十六との兄弟仲の良さも、長岡の人々の間ではよく知られていた。

毎年正月には、上京して五十六の家に泊まるのを習慣としていた。昭和十二年の正月は、季八にとって最も嬉しい訪問となった。なにしろ弟が海軍次官となり、立派な官舎に住んでいたのである。しみじみと弟の出世を実感したことだろう。

ところが、長岡に帰省して間もなく季八は病の床に伏すこととなった。もともと季八は糖尿病の持病があった。高野家の人々は酒を飲まないが甘いものには目がなかった。そのため季八も以前から糖尿を患っていた。五十六にも多少、糖尿病の気味があったという。

季八の病状は日を追って悪化していった。五十六はすぐにでも見舞いに駆けつけたかったが、次官就任直後であり多忙をきわめた。さらに岳父、三橋康守の葬儀もあった。

それでも五十六は季八の主治医である小原小太郎医師より、長岡から病状を報告してもらい、そのデータを持って海軍関係の糖尿病専門の医師を訪ねた。そして、どのような治療方法が良いのかを聞き、できるだけの調査をして、郷里の病院に指示をした。

しかし、季八の症状は芳しくなく、三月六日になって、とうとう五十六は長岡まで兄を見舞いに行った。

土曜日の夜十一時半に上野駅を発ち、翌朝五時半に長岡に着き、午後一時の急行でまた東京へ向かう。上野駅には日曜日の午後八時に到着する予定だった。

あまり早朝に季八の家を訪ねて驚かせてはいけないという配慮から、まず長興寺の山本家の墓にお参りをして、それから高野家へ出向いた。

このとき、五十六は季八の余命がそれほど長くないと悟ったようだ。もともとそういう勘は鋭いほうだった。

とにかくこの日以来、事情が許す限り毎週土曜日の汽車に飛び乗り、季八を見舞い、日曜日には東京へとんぼ返りをする生活となった。

季八の長男務は、東京帝国大学の土木科を卒業して、内務省の仕事で富山に赴任していた。自分の父親が病気なのだから見舞うのは当然なのだが、とても五十六のように毎週末に駆けつけるわけにはいかない。しかし、叔父が多忙の中を長岡まで行ってくれているのに、富山にいる息子が通わないのはいかにも不人情なように思われて困ったと後年になって語っている。

五十六にとって季八は五歳しか年齢は違わないのだが、ほとんど父親のような存在だった。姉の加寿は昭和二十二年まで生きたので、八十一歳の長寿だった。十八歳年長のこの姉のことも五十六は母のように慕っていた。しかし、いつも長岡に帰省すると季八の家に逗留し、故郷の匂いや味に触れるのを楽しみにしていた。

それだけに季八を失うことを五十六はとても恐れていた。まるで自分の精神的な支柱が崩れるような感じだった。

当時、五十六の心を支えていたのは、季八であったり礼子と子供たちであったり、親友の堀悌吉であったりした。

新橋の芸者、千代子と深い心の絆があったという説もたしかにある。しかし、もしも五十六がそれほど千代子に夢中だったら、激務の間を縫って毎週末に長岡へ通っただろうか。

この当時の日本では、ある程度地位のある男性が花柳界の女性と特別な関係を持つのは社会的に糾弾される行為ではなかった。その世界はその世界なりの疑似恋愛があった。だが、疑似恋愛はどこまでいっても本物の恋愛ではない。花柳界という枠組みの中での遊びである。

現実の世界では、五十六の心は高野家と三橋家、つまり自分の実家と妻の実家、そして、礼子と二人で築き上げた山本家と、この三つの家郷に属していたといえる。

そして、今、その一角が崩れようとしていた。兄の季八が確実に死に向かって進んでいたのである。

五十六は自分のできることは全部してみようと決心した。東京から毎週末に長岡へ見舞いに通う。兄のためなら輸血もいとわなかった。

反町栄一が上京した際、長岡の医師、中沢三郎の依頼で町内の青年団のために旗を書いてもらいたいという願いを伝えた。

「書くとも書くとも、高野兄貴の病気さえ治してくれれば、何百枚でも書いてやる、といってくれたまえ」と笑いながら答えた。

その言葉に反町は五十六の心中を察して、「暗涙に咽《むせ》んだ」と書いている。

この頃、反町は頻繁に上京しては、季八の容体を五十六に報告していたようだ。その報告の内容次第で、五十六は急遽《きゅうきょ》帰省したりもした。そして季八が小康状態だと知ると、ほっと胸をなでおろした。

そんな日々が続いていた頃、陽明学者、安岡正篤《まさひろ》が長岡を訪れた。安岡は明治三十一年生まれで、五十六よりはかなり若かったが、当時すでに国維会などを起こし、国粋主義運動家として名を知られていた。

その安岡が長岡で講演をした際に、五十六と季八の兄弟愛に感銘を受け、次のような詩を披露した。

家兄は郷里の風教に関し
阿弟は廟堂国愛に任ず
両処相思ふ春雨の夕
客は佳話を聞いて涙頻に流る

こんな詩を安岡が作るほど、すでに二人の兄弟愛は長岡で有名になっていたのだろう。しかし、六月二十五日、ついに季八は帰らぬ人となった。まるで弟の仕事の都合を考えたように金曜日に亡くなったのである。五十六はこの日の夜行に乗り長岡へと向かい、六月二十六日の土曜日に長岡に到着すると、すぐに葬式の段取りを決めた。

これは長岡にしては型破りといって良いほど「極めて質素な告別式」だったと反町は述べている。

生前、季八が好きだった草花で棺の中を埋め尽くしたという。これも現在ではよく行われることだが、当時は斬新な葬送の仕方だった。

あるたけの花投げ入れよ棺の中

五十六は深夜になって弔問の人々が去った後も、五十八歳の誕生日を待たずに亡くなった兄の身を惜しみ、いつまでも号泣していた。思えば、このわずか六年後には彼も兄の後を追うことになる。そんな自分の運命を五十六が知っていたとは思えないが、少なくとも、死は常にその身近にあった。右の句は、このとき誰かが漱石の俳句に倣ってつくったものである。

話を少し前にもどすと、五十六が次官に就任して二ヵ月後には内閣の退陣があり、林銑《せん》十郎《じゅうろう》内閣が成立する。このときに海軍大臣に任命されたのが米内光政だった。

米内は連合艦隊司令長官に就任したばかりで、海軍大臣になるのを初めは拒否したが、次官の五十六の強い要請もあり、結局は、その任に就く。五十六とはソリの合わなかった永野修身は、入れ替わりのように連合艦隊司令長官に転出した。

「広田内閣最大の置き土産となったのは、永野が無理にひき出した山本次官ではなかったであろうか」と高木惣吉は書いている。

林銑十郎、近衛文麿、平沼騏一郎と三代にわたる内閣で、米内光政海軍大臣と山本五十六次官との二年七ヵ月の「悪戦苦闘」が始まったのだと、前出の高木はいう。

次官に就任したとき五十六は五十二歳八ヵ月だった。高木の目には「智謀、健康ともまさにその頂上」にあると見えた。

このとき高木は軍令部出仕、海軍省出仕、官房調査課員、軍務局勤務というながながしい肩書で、五十六に仕えることになった。

前述のとおり、昭和十一年二月二十六日に、二・二六事件が起きた。これが日本の歴史の分岐点だったということで、今では大方の意見が一致している。

では、何の分岐点かというと、東亜の新秩序を模索する道への分岐点だったのである。たしかに鎮圧はされたが、陸軍にはいつでもまた、このようなクーデターを起こしてやるといった空気が充満していた。

それに対し、海軍の一部の人々が反対の立場を取っていたのも、あまりにもよく知られている史実だ。

山本五十六が海軍次官に就任したのは二・二六事件のあった年の暮れである。このときから、真珠湾攻撃によって太平洋戦争の火蓋が切って落とされるまでには、約五年の歳月があった。

五年間という月日の量について、いま少し考えてみたい。

司馬遼太郎が『三浦半島記　街道をゆく42』の中で、当時の事情を実に明快に示している。

「二・二六事件当時の横須賀鎮守府司令長官は米内光政（中将）で、参謀長は井上成美《しげよし》（少将）だった。この二人に、当時航空本部長だった山本五十六（中将）を加えると、この当時の海軍におけるもっとも戦闘的な良識派がそろう」

彼らが望んだのは、陸軍の独走を止め、日独伊三国同盟の締結にはげしく抵抗することだった。

五十六が軍人として高く評価される理由を普通は、真珠湾攻撃の立案者であり、それを成功させたためだと考える人は多い。

しかし、それだけだったとは思えない。五十六の軍人としての真価が最も問われたのは、実は、二年七ヵ月に及ぶ次官の時代の闘いなのである。

しかも、なんとも皮肉なことに、戦争のために存在し、「常在戦場」を座右の銘とする軍人の五十六が、戦争回避のために最も精力を傾けたのがこの時代だった。

昭和十二年二月に成立した林内閣は四ヵ月足らずの短命に終わり、続いて第一次近衛文麿内閣が誕生した。

米内と五十六は留任した。

その頃、五十六のいる海軍省の次官の執務室を訪ねた人は、その部屋が思ったよりずっと小さいのに驚いたらしい。

室内はいつも整然と片付けられていた。よく五十六は立ったままで書類にどんどん判を押していた。

決断が速い。当時海軍省副官兼海軍大臣秘書官として庶務を担当していた松永敬介も、次のように回想している。

「次官としての元帥の事務処理の神速適確なりしことは勿論のことで、ために元帥には非常に余裕がある様に見え、筆蹟などは常に変らず、又礼儀正しく服装なども如何にも隙なく整えられていた」

五十六の書類の決裁が速いのは周知の事実だったらしく、高木惣吉も同じようなことを書いている。

海軍次官室といえば赤煉瓦建築の中庭に面して、採光の悪い、せまくて、まことに不景気な一室であった。間には扉も衝立もない隣りが副官室になっていて、後任副官と次官の椅子は、五、六歩しかへだたっていなかった。

山本次官は、そこでよく立ったまま、山なす書類にポンポン景気よく判を捺して、書類籠に未決裁のものが停滞しているのをあまり見かけたことがなかった。

歴代の次官の中でも五十六は来客が多いほうだった。ところがいつ、誰が訪ねてみても、室内は一糸乱れぬくらい整頓されており、五十六は悠々と構えて、余裕たっぷりに来訪者を迎えた。

これがつまり五十六のスタイルだった。どんなときでも、あわてた姿を他人に見せたくなかったのである。

五十六が次官を務めた時代を、人は「米内・山本時代」という。

その呼び方には、ある郷愁が込められていた。

まだ日本が、それほど悲惨な状況ではなかった時代。国政のかじの取り方次第では、日本が戦争を回避できるかもしれないという希望があった時代だった。

ある人が海軍大臣の米内に面会したとき、帰り際に、「どうも、大切なお時間を取らせまして」と挨拶すると、「どういたしまして。山本といういい女房がいますから、私はいつも暇です」と米内が答えたというエピソードがある。

それは、先に述べた五十六の事務処理能力の高さと、もちろん無関係ではない。大臣にとって、次官は、いわば女房役だ。五十六の辣腕ぶりもさることながら、米内と山本の性格的な相性の良さも、時の大臣にこうしたセリフを吐かせた理由だった。

では、その米内光政とはどのような人物だったのだろう。

米内に対する評価は、現在でも定まっていない部分がある。しかし、一つだけたしかなのは、米内が当時の海軍で優位にあった艦隊派と相対する立場にいたことだった。

米内光政は明治十三年、岩手県岩手郡三割村（現・盛岡市）に生まれた。父親の米内受政は市制が施行される以前の盛岡で戸長を務めた人物である。

明治三十四年に海軍兵学校を卒業しているので五十六より三年先輩だった。

大正四年から六年にかけて第一次世界大戦下のロシアに駐在した。その後、佐世保鎮守府参謀を経て、ふたたび革命下のロシアに出張している。

大正七年シベリア出兵に際しては、ウラジオストック派遣軍司令部付、大正九年より二年半はベルリンに駐在して、大戦後のヨーロッパを視察した。

五十六とは、明治四十四年頃、海軍砲術学校教官だったときに同僚だった。同室で一緒に生活し、手裏剣遊びなどしたことは前にも書いた。いわば気心の知れた仲である。

米内の名が人口に膾炙《かいしゃ》するようになるのは、二・二六事件の頃からだろうか。

当時、横須賀鎮守府司令長官だった米内は、軽巡洋艦「那珂《なか》」に陸戦隊をのせて芝浦に回航させた。場合によっては陸軍と一戦を交える覚悟で戦艦「長門」以下の各艦が、品川お台場沖に錨を入れ、その主砲を反乱軍の占拠する国会議事堂に向けていたという。

米内は、こうした判断には長けた男だった。

昭和十二年七月七日というから、五十六の兄季八が亡くなって二週間もたたない頃である。北平（現在の北京）西南盧溝橋《ろこうきょう》付近で、夜間演習中の日本軍に対し、中国側が発砲するという事件が起きた。

盧溝橋事件である。この衝突の背景は複雑であり、日本は泥沼の日中戦争へと引きずり込まれていく。

しかし、当時の日本の首脳部がそれを見透かしていたかというと、はなはだ心もとない。

この時期、中国各地では対日感情が悪化し、不祥事が相次いでいた。日中関係が一触即発の状態であることは、誰もが認識していた。それだけに、慎重な対応が求められたはずだった。

このときの米内の手記には次のようにある。

陸軍大臣は出兵の声明のみにて問題は直ちに解決すべしと思考したるが如きも、海軍大臣は諸般の情勢を観察し、陸軍の出兵は全面的対支作戦の動機となるべきを懸念し、再三和平解決の促進を要望せり

短い文章の中に陸軍と海軍の姿勢の違いが如実に表れている。

とにかく陸軍は「出兵」を求め、海軍は「和平解決」を望んだ。

このとき、昭和天皇は皇后と共に葉山の御用邸に滞在していたのだが、「北支で紛争が起っている」ために、夏休みを返上して「急に明日還幸啓仰出される」ことになったと、侍従だった入江相政《すけまさ》の日記にはある。

天皇が帰京して、事態は沈静化へ向かうようにも見えた。

五十六より十歳年長の芳沢謙吉は、犬養毅《つよし》の女婿であり、同じ新潟出身だった。外交官として中国に駐在した経験のある芳沢は、事件の後に、まず最初は近衛首相に面会し、「日支が相争うということは、日本亡国の第一歩である」と進言したが全く取りあってもらえなか

った。そこで、「当時至誠を以て事に当たり、敢然として国論を動かすに足るものは、山本海軍次官であることを信じて」五十六を訪問したという。

この回想は五十六の死後に語られており、しかも五十六を神のように尊敬する反町栄一の筆によるものなので、本当に次官時代の五十六に「国論を動かす」ほどの力が備わっていたのかどうかは、判断が難しいところだが、とにかく、五十六は芳沢を次官室に迎えた。

芳沢謙吉のことを先輩として、手厚く礼を尽くして迎えた五十六は、「日支事変を早期解決しなければ日本を亡国に導く」と力説する相手の言葉に全面的に共鳴した。「直ちに全力を挙げて努力する」ことを約束したという。

実際、海軍では、米内光政や五十六はいうまでもなく、全体的に不拡大方針に同調していた。陸軍省にも日中衝突には反対の空気があった。

それなのに、なぜ、事態は五十六の望む方向と正反対に動いてしまったのか。

高木惣吉が『山本五十六と米内光政』の中で、なんとも不思議な当時の雰囲気を描写している。

まず、昭和十二年七月九日の閣議で杉山陸相が出兵を提議したのが初めだった。米内は大いに反対で、局地解決の必要を説いた。

ところが陸軍の内部で「ワイワイ騒ぐのがあって」十一日の五相会議でも、また出兵の提議があった。

陸軍内部の話では、居留民が皆殺しにされる危険に対処するため、とのことだった。五相会議は渋々出兵に同意したが、米内は出兵すれば全面衝突となることを非常に懸念し、しきりに和平解決を強調した。

杉山陸相は出兵の声明だけ出せば中国軍の謝罪と、将来の保障まで獲得できると考えていた。しかし、一般の常識では、事件が広がれば、一、二ヵ月では解決できないだろうと見られていた。米内も中国勤務の経験から、そう確信していた。

つまり、初めから陸軍首脳部は米内や五十六が希望した方向とは全く反対へ、かじを切っていたのである。

高木は、「あの近衛という責任観念のコレッポッチもない男を首班に担いでいて、それで事変不拡大を考えるなんか虫がよすぎた！」とまで書いている。

日中戦争における近衛の優柔不断ぶりは非難されても仕方がないのだが、返す刀で、高木は米内の手際も悪かったと批判している。

山本権兵衛に比べると、米内は「あの雄弁も、迫力も、政治的炯眼もたしかに持ち合わせていなかった。人を説破したり、会議の空気を逆転させたりする技巧と表現を備えていなかった」という。そのかわり、自分の信じる結論は絶対に曲げずに、最後まで繰り返した。

高木のこの人物評は、正鵠を射たものだった。だからこそ、米内には「金魚大臣」というあだ名がつけられたのだろう。見かけばかりで使いものにならないという意味だった。

家族の絆と花柳界

多忙な日々を送る五十六が、ほっとリラックスできるのは、霊南坂にある次官官舎に帰ったときだった。

阿川弘之の書では、「五十を過ぎて、千代子という人が出来て、彼が一層家庭につめたくなって行った事だけが、事実であろう」と書いて、次官時代の五十六の家庭は、もはや崩壊していたようにいう。

しかし、五十六の長男義正氏の証言は、それとは全く異なる。

昭和十年、義正氏は父親の念願どおり、府立第一中学校に入学していた。

ただし、病気がちで風邪をこじらせ微熱が続くことがあった。中耳炎、肺門淋巴腺炎、乾性肋膜炎、湿性肋膜炎と、矢継ぎ早に病気となり、官舎時代の半分は、五十六の書斎を病室がわりにして伏せっていた。

庭には三十メートル近い高さのあるユーカリの木がそびえていた。

ある日、五十六は病床にいる長男に、「あの木のように強くなれ」と、ポツンといったという。

次官官舎は広い洋館だったが、家族が普段使ったのは、もっぱら奥の二間で、そこはあとから建て増しした和室だった。

長岡出身の五十六も会津出身の礼子も、どうも洋館の生活は肌が合わなかったのかもしれない。

広い家の主婦となった礼子は、まず掃除からして大変だった。すでに大型の電気掃除機があったというが、それを操作するために海軍省から「掃除の小母さん」が派遣されてきた。しかし、礼子は恐縮して、たびたび掃除を断ったという。それでも週に一度くらいは、掃除の人が来てくれた。

次官となった五十六には毎朝、黒塗りのキャデラックが海軍省から迎えに来た。礼子や子供たちは玄関に並んで、五十六を見送るのが習慣だった。

帰って来るときも、キャデラックで送られて来た。エンジンの音が玄関で止まると、また家族がそろって五十六を迎えた。

「おかえりなさいませ」というと、五十六はただ「うん」と答える。

それから一番下の息子をかかえ上げ、茶の間のようにして使っている日本間へ入り、浴衣か和服に着替えた。

義正氏が病床にあるときは、黙って鉢植えの花を枕頭に置き、「早く元気になれ」とブスッといって部屋を出ていくような不器用な父親だった。

晩年になってから礼子は、「いそがしかったけど、やはり霊南坂がいちばん楽しかった」と語っている。

義正氏の記憶によると、霊南坂の官舎には公的な来客や仕事もあり、礼子は「帯をとくひまもないほどきりきり舞いさせられた」という。

政府や海軍関係の来客、新聞記者の来訪も毎日のようにあった。

ふたたび阿川弘之の本にもどると、礼子は「家に客が来ても、髪でも結っていれば、三十分でも四十分でもほったらかしで、出ては来ない。山本は、海軍関係で、家庭と家庭とのつき合いをするのを、次第にいやがるようになり、礼子をめったに人前に出そうとしなくなった」と書かれている。

しかし、複数の海軍関係者の話では、礼子は客が来ると見事な手さばきで料理をつくりもてなした。まして、挨拶に出て来ないことなど考えられないという話がある。

また、五十六が礼子を人前に出そうとしなかったというのも、信じがたい。家庭ぐるみの交際があった海軍の関係者は何人もいる。親友の堀悌吉もその一人だった。

いかに五十六と礼子の意思の疎通がうまくいっていたかは、子供に対する態度からも伝わってくる。

義正氏の病状に関して、五十六は直接に息子に尋ねることはしなかった。そのへんはテレ屋というか、明治の男であり、子供に対してはいつも毅然とした父親像を見せたかったのだろう。

実際にはやさしい父親だった。礼子や担当の医師に義正氏の具合を聞き、果物や菓子を「義正に食べさせてくれ」といって礼子に渡していた。

メロン、マンゴー、パパイヤなどの他に、わざわざ千疋屋のシャーベットを買って来たこともあった。いずれも当時は大変高価なものだ。五十六の長男に対する愛情の深さがわかる。また、それを、妻の手を通じて伝えているところに、五十六の礼子に対する信頼の強さがかいま見える。

病気のため学業が遅れることにいら立つ義正氏に、五十六は「のんびりしておれ」とぴしゃりといった。

「病気で寝ているとき、他人の親切がほんとうにわかる。その気持ちを大事にしろ」ともいった。自分の若き日の経験から出た言葉だった。そういいながらも、自分は義正氏の学校と連絡をとり、密かに心配をしていたという。

中学の上級生になっていた義正氏は、父親が海軍次官であるという認識を強くいだくようになっていた。

つまり、父親は高級軍人であり、海軍に三台しかないキャデラックで自宅と仕事場の送迎を受けるような人なのである。

そうなると、息子というのは、「なんとなく構えてしまう」ものである。相変わらず母の礼子にはなんでもわがままがいえたが、父に何かをねだったりはできなくなった。

しかし、五十六は子供たちが何を欲しがっているかよく知っていた。礼子に子供たちがねだっているのを小耳にはさんだり、当時、まだ四、五歳だった末っ子の忠夫が皆を代表して「堂々とおみやげの交渉に行った」からだという。子供たちの期待が裏切られることはまずなかった。

五十六は山のようなお土産を持って帰って来るのである。たとえば子供たちがアイスクリームを欲しがっていると聞くと、一度に百個も箱に入れて買ってくる。キャラメルを食べたがっていると礼子から耳打ちされれば、何ダースも買い求め、肩にかついで持って帰り、茶の間にどさっと置き、「みんなで食べよう」と大声を掛けた。

義正氏の『父 山本五十六』には、次のようにある。

父は、貧困のなかで育ったくせに、そういう鷹揚なところがあった。あるいは、少年時代に、めったに甘いものを食べられなかった貧困を経験していたからこそ、自分の子どもたちには不自由させまいとして、奮発したのかもしれない。父の並みはずれた子煩悩ぶりに思い当たるとき、むしろそのほうが私にはしぜんに思われるのである。

家族に対しては、いつも気前が良く、出費を惜しまない五十六の姿が義正氏の回想からは浮かんでくる。

こうしたお土産以外にも、五十六は長男に高価なカメラを買ってやったり、なかなか入手が難しいチーズを健康に良いからと買って帰った。それは必ず礼子の手を経由して息子に渡されたのだった。

次官時代の五十六の帰宅は遅かった。新聞記者が官舎の前に自動車をとめて、深夜まで五十六の帰りを待っていた。

もう家の人たちが寝静まってから、五十六は一人でぬるくなった風呂に入ることもあった。あるいは、新聞記者を家へ招き入れ、しばし時局の話などもした。

この当時、五十六がもっぱら芸者の千代子のところに入り浸っていたように書く伝記もある。

しかし、長男の義正氏によれば、五十六がよく出入りしていたのは、佐世保にいた頃知っていた芸者の娘さんが、渋谷の駅の近くに開いていた小料理屋だったという。

五十六は自分の家では麻雀もトランプもしなかった。いわば隠れ家のような感じで使っていた渋谷の小料理屋では、遅くまで麻雀などを楽しんでいた。

では、なぜ息子の義正氏がそれを知っているかというと、その店に父親を迎えに行ったことが何度もあったからだという。

五十六は、その店の女将の存在を別に隠そうともしなかった。やましい関係がなかったからかもしれないが、女将は青山の家や官舎にも訪ねて来た。

あんな水商売の女性を家に出入りさせないほうがいいですよと忠告する人もいたが、五十六も礼子も全く気にしなかった。相手の女性を職業で差別するという感覚は夫婦ともになかった。

五十六が次官に就任したときは、築地の料亭を借り切って派手なお披露目をした。もちろん芸者も大勢来た。そういう席には礼子は出ない。

五十六の死後、さも元帥と親しかったというふうに話したがる花柳界の女性が現れるのは仕方がないことだろう。しかし、本当に五十六が信頼し、いつも息抜きに通っていた渋谷の小料理屋の女将は、ついに一度も自慢めいた話をマスコミにもらすような真似はしなかった。

「そういう女の人はたくさんいたと思いますよ」と義正氏は語る。

いずれにせよ、礼子が妻の座に不安を感じたことはなかったはずである。たしかに、五十六は礼子をあまり人前には出さなかったが、それは夫婦仲が悪かったためではない。単に軍人として公私の区別をはっきりとさせたいからだった。

五十六にとって、家庭は守らなければならない城だった。母港だった。外部の人間が入り込むのを拒否した。だからといって、それを家庭が崩壊していたと受け取るのは、あまりに短絡的である。

日中戦争が拡大しつつあった昭和十二年の十二月、世を騒然とさせる事件が起きた。揚子江を航行中のアメリカの砲艦「パネー号」と商船三隻に、日本海軍の飛行機六機が襲いかかり撃沈させたのである。

これは日本が南京を陥落させる前日の出来事だった。

アメリカの世論は激昂し、日米開戦を唱える声まで出た。

このとき駐米大使だったのは五十六と同じ長岡出身で、旧知の仲でもあった斎藤博だった。

斎藤はラジオを通して全米の人々に率直に詫びの言葉を述べ、補償も約束した。

五十六もまた、「海軍はただ頭を下げる」と明言し、責任者をただちに更迭した。

斎藤と五十六はお互いによく気心が知れていた。日米開戦だけはなんとしてでも回避しなければならないという強い思いで、二人は結ばれていた。

当時のアメリカ大統領はルーズベルトである。かねてより斎藤が太平洋の平和を望み、そのための言論活動やラジオスピーチなどで、日本への理解を強く訴えているのを知っていた。

実のところ斎藤は、軍部が独走し中国大陸への侵略を始めていた日本を、なんとか外交努力により世界の一員として認められるよう、懸命に奔走していたのである。

いわば無警告のまま、一方的に日本が先制攻撃をしかけた形となったパネー号事件に対し、ルーズベルトは慎重に対処した。約二週間後には、アメリカが日本の謝罪を認めるという形で結着がついた。

東京では五十六が駐日大使グルーに陳謝した。アメリカでは斎藤が二百二十一万ドルの賠償金を支払うことを約束して、なんとか危機を未然に防いだのである。

余談になるが、心労のためか斎藤博はこの翌年の昭和十三年、肺を冒され入院する身となった。時の首相だった近衛文麿が斎藤を外務大臣に迎えたいと電話をしたのだが、もはや斎藤には帰国できるほどの体力も残されていなかった。

近衛は後任の大使をアメリカに送り、斎藤はワシントンで治療を受けていたが、ついに昭和十四年二月二十六日、ショーラム・ホテルの一室で帰らぬ人となった。

ルーズベルトは国賓として斎藤の遺骨をアメリカ軍艦「アストリア号」に乗せ、日本へ送った。外国人としては最高の栄誉を与えられたのである。その遺骨を横浜港で受け取ったのが親友の山本五十六だった。斎藤博は五十四年の生涯を閉じた。

ちょうど「パネー号」の事件が解決し、五十六もほっと胸をなでおろしていた頃、夫人の礼子は、ある縁談のために飛びまわっていた。

それは前年に亡くなった五十六の兄、季八の息子、務《つとむ》の嫁さがしだった。

季八は亡くなる直前に、くれぐれも子供たちをよろしく頼むと五十六に遺言していた。礼子としては、なんとか季八の忘れ形見である務に、良い妻を世話しなければならないと思っていた。

たまたま同じ会津出身の友人の家に、二十歳の令嬢がいた。務はそろそろ三十歳になろうという年齢なので、早く身を固めるに越したことはない。さっそくその家に打診に出向くと、一人娘だから不都合だと断られてしまった。では、お嬢さんのお友達に誰か良い方はいないかと尋ねると、女学校のときの親友で、大変美人で聡明な娘さんがいるという。しかも彼女の父親も、務と同じ東京帝国大学の土木科出身だった。

それではぜひという話になって、まず、次官官舎に、その娘さんである関栄子さんと両親が、五十六と礼子に会いに来た。

後に結婚して高野姓となった栄子さんは、現在八十四歳である。今でも深窓の令嬢だった若い頃の面影を宿す美しい人だ。

「そうですわね、初めは次官官舎に両親と伺って、良いということになって水交社でお見合いを致しましたのが昭和十三年の七月の最初の日曜日だったんですのよ。

ええ、山本の叔父様もいらっしゃいました。高野の母と、私の主人と、それから山本の叔父様と叔母様がいらして、私のほうは、私と両親だけでした」

全くの偶然なのだが、その頃、栄子さんの家に出入りしていた新聞記者で、五十六とも親しい関係の人がいた。両家をよく知る人がいたのは、なんとなく安心だったと栄子さんは語る。

「そのお見合いの席でね、叔父様がとても御機嫌が良かったんですの。あのパネー号事件がうまく片が付いて本当に良かったって、喜んでいらっしゃいましたわ。もう少しで日米戦争になるかと思って心配したけれど、とおっしゃっていたのをはっきり覚えています」

途中でつとお手洗いに立った栄子さんを母親が追いかけてきて、「どうしましょう、先方様ではすっかり気に入ってしまったので、もう結婚の日取りを決めようとのお申し出だけど」と告げた。

五十六も礼子も、一目で栄子さんを甥の嫁にふさわしいと思ったのだった。

あまりに急な縁談の展開に、栄子さんは少し戸惑ったという。しかし、いかにも真面目そうな相手の男性の姿を見て、心を決めた。とんとん拍子に話が進み、その年の秋に栄子さんは結婚した。

こうしたケースのみならず、五十六と礼子が仲人をした例は他にも多数ある。

礼子の妹で、三橋家の五女である十美子もやはり、五十六と礼子の仲立ちで大正十五年に結婚している。

この結婚に関しては、十美子の遺児である斎藤正毅さんが興味深いエピソードを語ってくれた。

斎藤正毅さんの父、斎藤正久は明治三十年七月に宮城県で生まれた。秀才の誉れ高く、大正五年に海軍兵学校に入学した。

霞ヶ浦海軍航空隊時代に五十六の部下となった。非常に優秀なパイロットで、大正十四年に、霞ヶ浦から北海道旭川まで無着陸飛行に参加し、五百九十四マイルを七時間四十五分で飛行するという新記録を樹立した。これは当時の新聞などにも大きく報じられた。

この頃に斎藤正久が作った歌がある。

行こうか戻ろうか嵐の中を
飛ばにゃ男の意地立たぬ
火のつくように狂わば狂え
腕に自慢の戦闘機

いかにも東北出身らしく、口は重くて調子の良いことはいわないが、誠実でパイロットとしては優れた技量を有する斎藤を、五十六は気に入っていた。

ただし、斎藤が将来、将官になれる見込みがあるかどうかはわからなかった。彼はまさに現場でこそ、その能力を発揮するタイプの軍人だった。

一方、礼子の妹、十美子のことを五十六は「ジャジャ馬」と呼んでいた。おっとりとした礼子と違い、十美子はなんでもはっきりと発言をする。そんな才気あふれる義妹を五十六は可愛がっていた。

「十美ちゃんみたいな鼻柱の強いのをワシントン会議に連れて行ければ良いのだがナ」と冗談でいったりした。

そして、「斎藤はボンクラだから十美ちゃんみたいなジャジャ馬が丁度良い」といって、二人を引き合わせた。当時、斎藤は二十九歳、十美子は十九歳だった。礼子の勧めには、十美子も素直にしたがって、二人は結婚した。

　戦争中も、斎藤正久は海軍で人格者として知られ、その人柄を慕う部下が多かった。

　五十六の長男、義正氏によると、斎藤正久は第二次世界大戦の際に日本軍のフィリピン攻撃を成功させた人だという。ただし、本人がその事実を自慢したことは一度もなかった。

　いかに五十六が、斎藤正久と十美子の夫婦を信頼していたかは、霊南坂の次官官舎に山本一家が引っ越した後、青山の家に斎藤夫妻が入ったことからもうかがえる。

　斎藤正久は戦争中に何度も生命の危機に遭遇しながらも生き長らえ、平成八年六月五日、百歳の長寿を全うした。*

　生前、五十六の信頼を得て、その義弟となったことを誇りに思っていたという。

　海軍において、いわゆるエリートコースを歩んだわけではなかったが、その誠実さが礼子の妹の夫にふさわしいと、先に逝った五十六は思っていたのだろう。

　この他にも、五十六の兄、季八の娘二人もやはり、五十六と礼子の世話で海軍軍人のところへ嫁いでいる。

　五十六の心の底に結婚を肯定する気持ちがなかったら、とても他人の仲人などできるものではない。その上、礼子は生来、親切で世話好きだった。若い人の縁談のためには労を惜しまなかった。

ただ、五十六が次官になった頃から礼子は少しずつ健康を害していた。あまりに忙しかったためか、肋膜を患い寝込む日もあった。

もしも、五十六の芸者遊びがこの頃から激しくなったとしたら、礼子が病弱だったことと多少の関係があったのかもしれない。

五十六にとって最も大切なのは、軍人として国のため奉職することである。その次に大切なのは礼子と築いた家庭だった。

五十六と礼子は二人で一緒に行動する機会も多かった。若い人たちの結婚の世話や、自分たちのそれぞれの実家への気配りもあった。そして、なにより四人の子供たちの教育も二人で相談しながら進めていた。

それ以外の時間の中で、五十六が河合千代子と交渉を持ったのは、まぎれもない事実だろう。現存する五十六の手紙が雄弁にそう証明している。

だが、それは五十六というおそろしく多彩な面貌を持つ男の、ほんの一部分にすぎなかった。まるで五十六が、千代子のことばかり考えて生きていたように解釈するのは間違っている。

ともあれ、次官としての五十六の苦難の日々は続いており、処理すべき仕事量は増加していた。

虚実の狭間で

海軍大臣だった米内光政は、戦後まで生きながらえた。後に次官時代の五十六を回想して、最大級の褒め言葉を贈っている。

五十六の人柄について、「至誠の人」であるといった上で、勇猛心があって「恐怖心の持ち合わせがない」と語っている。

これはなかなか面白い観察だ。

たしかに五十六には、どこか度胸の据わったところがあり、小さなことにいちいちビクビクしなかった。後に述べるつもりだが、五十六の次官時代に、彼が暗殺されるかもしれないという噂が飛び交った。

あるアメリカ人の歴史家が「戦前の日本人は暗殺病に取り憑かれていた」と書いたことがあるが、まさしく、日本は暗殺の横行する社会だった。

そうした社会にいると、当然ながら、人間の持って生まれた器量がはっきりと示されてしまう。

米内自身も、たとえ金魚大臣と呼ばれようと、自分の保身に走ることはなく、難局には堂々と立ち向かう態度を見せた。

さて、その米内は、おそらく最もよく五十六の性質を知り抜いている人物といえた。学識の点でいうと、五十六は書をよくし、歌も作る。五十六の作る和歌に関しては、なんとも下手だと揶揄するような調子で書く伝記作家もいる。しかし、五十六は別に歌人ではない。ただ日本男児の嗜《たしな》みとして歌を詠んだだけだ。素人くさいのは当たり前である。

さらに米内の山本評を見ると、その「性行」には無邪気なところ、奇抜なところがあったという。それでいながら「皆の人と相和する器量があって非常に好かれる」というのも事実だった。

五十六は型にはまるのを嫌った。自分の感性のままに行動した。それが他人の目には「奇抜」に見えることもあった。そういう人間は往々にしてわがままである。非常識だと受け取られる。ところが五十六には他の人々と「相和する」特技があった。その奇抜さが非常識ではなく、愛嬌に見えてしまうのである。

その理由として、米内は五十六が大変に礼儀正しく紳士的だったことを挙げている。

さすがに長岡藩士の息子として厳しい教育を受けてきただけあって、五十六には品を欠くところがなかった。

さらに、これは米内は別に口にしてはいないのだが、五十六は「甘え」というものを持ち合わせていなかったのだろう。世間にも家族にも彼は甘えようとはしなかった。愛人にも、おそらく甘えなかったのだろう。自分の心の持ちようは、自分の体内で自己完結している。そういう男だった。

米内が海軍大臣だった間、五十六はいつでも彼の前では起立して話をした。けっして腰をかけようとはしなかった。

米内がきまり悪く思うほど、公私の区別をはっきりとつけて、言葉遣いなどもあくまで上司に対するものだった。

「やはり深く修業しておった結果だと思う」という言葉で、米内は自分の追憶を終わらせている。

しかし、修業をしたからといって、誰でも五十六のようになれるものでもないだろう。雪深い越後の地には、ときとして五十六のようなとてつもない人間が生まれる。近年では、毀《き》誉《よ》褒貶《ほうへん》はあるものの田中角栄などがその一例かもしれない。

五十六の負けん気は、あまりにも有名だが、まだ次官に就任したばかりの頃、高松宮が軍令部参謀として着任してきた。高松宮は昭和天皇の弟宮にあたるので、いわば直《じき》宮であり皇族としても位は高かった。

したがって高松宮が着任する日は、海軍省の正面玄関で全員がお出迎えをする段取りとなっていた。ところが、これに五十六が反発した。宮様は海軍少佐として着任するのか宮様として着任するのか、どちらなのかと担当の部下を呼んでわざわざ問いただした。

その上で、高松宮は普通の海軍少佐と同じく誰の出迎えも受けずに着任した。その後、五十六は自分のほうから高松宮の部屋に出向き、礼を尽くした挨拶をした。

五十六の天皇に対する忠誠心は、誰にもひけをとらなかった。それは彼の言葉の端々からも感じ取れるのだが、だからといって皇族なら誰でも有難がって、むやみに平伏するということはなかった。

話は前後するが、昭和十二年八月にも実は五十六の頭を悩ませる事件が起きていた。中国大陸で、駐支英国大使であるヒューゲッセンが、日本の戦闘機の爆撃を受けて負傷したのである。

当時、海軍少佐だった高松宮が、その詳細を日記に綴っている。

八月三十一日の日記には、「国際関係を早く片づける必要あり」と書かれている。これは、なかなか日本側で大使を撃ったパイロットが判明せず、いらついていたからだった。

九月一日には、「英国大使負傷事件はどうも飛行機に該当するものなき有様にて三艦隊もこまりおるならむ。東京でも処置にこまりおれり。併し速かになんとかアヤマル工夫なきものか」とある。

「パネー号」事件と同じく、とにかく潔く謝罪をすれば良いわけだが、肝心の「該当するもの」がいないので、処罰のしようもなかった。高松宮は、飛行機の胴体に日の丸を見たという中国人の運転手の証言があるのだが、これはもしかしたら中国側の謀略かもしれないと疑っている。

九月七日には、やや具体的な進展があった。

「英国駐支大使負傷に関し『日本機の処置と断定するに至らず。交戦地域における第三国人の負傷は日本も従来欲せざる処なれば、今後とも一層之なき様に協力を得たし』と云ふ中間的の申入れをなす」

それでも依然として事態は解決の糸口をつかめなかったらしい。ところが、九月二十二日になって、クレーギー駐日大使と五十六との話し合いで、一応の決着を見て、記者会見があった。日本が謝罪の意向を示し、イギリスがそれを認めるという内容だった。

高松宮は、「クレーギイとしてはコレをマトメテ、次ぎの日英対支交渉とか軍縮とかをマトメル野心アルノナラン」と、いささか勘繰った解釈をしている。

いずれにせよ、水面下での五十六とクレーギーの粘り強い交渉があった様子がうかがえる。

クレーギーは、かつて五十六がロンドン軍縮予備会議に代表として出席した際の、イギリス側の代表の一人だった。五十六のことをすっかり信頼し、昭和十二年九月に日本に着任したとき、外務大臣を表敬訪問をする前に、個人的に五十六に会いに行っている。そのため、五十六がイギリス寄りに過ぎるという批判を招いたりもした。ともあれ、クレーギーの初仕事は、五十六と二人で難問を切り抜けることだった。

これは余談になるが、高松宮は、どうやらあまり五十六に好意を持っていなかったふしがある。

昭和十二年当時の高松宮の日記を見ると、世界情勢などについては、実にしっかりとした意見を陳述している。

「もし、蔣介石失脚せば、共産系の勢力は（もとより蔣介石としても、今迄より多くの利用をするであらうが）はるかに増大するものと云はねばならず、即ち蘇聯《それん》の勢力侵入である点に注意すべきなり」

などといった卓見もあり、なかなか興味深い。

この頃、高松宮が中国へ戦闘視察に行く件が問題となっていた。

高松宮の母君にあたる貞明皇后は、最愛の息子が外国の、しかも戦場へ赴くことには強い懸念があった。「やはり『傷』をうけたりすることがお気になるらしく」それで貞明皇后の御機嫌が悪くなるのを昭和天皇も心配していたようだ。公務として行くなら良いが、作戦を邪魔してはいけないというのが昭和天皇の考えだった。

それに対して、高松宮は不満を感じていた。自分では「思ひつきでなく、相当の心構へ」で行くつもりだったのである。

昭和天皇も「絶対に行くな」というわけではなかったが、もしも戦傷、あるいは戦死となった場合の責任問題を案じていたようだ。

結局、自発的に上海へ行かないという形にして、高松宮は、あきらめざるを得なくなった。九月十三日、宮内大臣が来談し、その結論を海軍次官に連絡し、天皇にも伝えたという記述があり、次のように続く。

「山本次官が、『将来大きな期待をかけねばならぬ（私）だから現に危険なる（敢えて危険多しと称せる由。平時と比しての話ならむも、少シオカシな云ヒ方ナリ）現地に行くを海軍も欲せず』との答なりし由なれば、それが大なる誤りにて、政治家と異る軍人がロボットでは軍司令官もつとまらぬは『関東軍』に見るべく、戦場を知らぬ軍人が無価値なるは、確信する処なり、海軍にすらソンナ事を云ふ人あれば、一層大臣の識認を深めるを要すと話しておく」

なぜ五十六が、高松宮の戦場視察に反対したのか、真相は不明だ。ただ、高松宮が五十六の「海軍も欲せず」という返答に不快感を示したのはたしかである。軍人の宮様は五十六にとっては、いささか面倒な存在だったのかとも推測できるエピソードである。

少し話は先になるが、高松宮に関していうと、五十六が戦死した際も、なんとも奇妙な言葉を日記に残している。

五十六がブーゲンビルの上空でアメリカの戦闘機の待ち伏せを受け撃墜されたのは、あまりにもよく知られている史実だ。昭和十八年四月十八日のことだった。

これについての詳細は後に譲るとして、連合艦隊司令長官、山本五十六が戦死した知らせは、もうその日には早々と高松宮のところに、もたらされていた。

翌日は月曜日で雨の日だった。高松宮は元駐ソ連大使と夕食を共にしたことが日記に記されているのだが、上欄には次のような言葉があった。

聯合艦隊司令長官遭難ノ電報ヲ見テ、ボンヤリトナル。一部長ワザ〳〵残念ナコトナリト挨拶サレル。総長、特ニ午前上奏ス。好ンデ聯合艦隊長官ガ死地ニ到ル時機デハナカツタガ、軽挙ナリト云フコトデハナイ。喜ブベキコト、ハ考ヘラレヌガ、無駄ナコト、ハ云ヘヌ。主将、殊ニ山本大将ノ統率力カラ見テ犬死ニハナラヌ。他ノ指揮官ノ場合ト異ルモノアリ。

高松宮とは、本来、わかりにくい表現をする人なのだという解釈もあるが、それにしても、五十六の能力、つまり「統率力」は認めるものの、その死を心から悲しみ悼んでいない様子もうかがえる。

やはり、以前に自分が戦場視察をしたいと申し出たのを五十六が拒否したことを、根に持っていたのだろうか。

この後、五十六の戦死が公になった五月二十一日の日記も、ただ短く「山本長官戦死発表(元帥ニ列シ国葬ノ礼ヲ賜フ)」とだけ記されている。

五十六は多くの人に愛されていたし、彼の熱烈な信奉者もいた。その反面、海軍の中でも、すべての人が五十六を崇拝していたわけではなかったと思わせるのが、高松宮の日記である。こうした日記は、現在形で時間が進んでいるので、五十六の死後に語られた回想よりも正直な側面がある。

昭和十三年といえば、太平洋戦争開始の三年前である。

すでに日本には、戦争へと突き進む以外に残された選択肢は少なかった。

そんな中で、五十六は米内と歩調を合わせ、あくまで戦争回避の方向を望んでいた。

いささか逆説的な表現をするならば、軍人として、平和を維持するための戦争を、日本の陸軍を相手に戦っていたことになる。

このへんでもう一度、五十六の愛人だった河合千代子について触れておきたい。

千代子に関して最も紙幅を割いたのは、阿川弘之著『山本五十六』であることは前にも書いた。

最初に単行本『山本五十六』が出たのは昭和四十年十一月のことである。

このとき、阿川は千代子に直接会わないまま、本を書いた。

「私も、此の女性には会うことが叶わないままである」とはっきり述べている。

したがって彼女に関する情報量はそれほど多くはない。

昭和二十九年四月十八日号の「週刊朝日」が、特集記事として五十六に千代子という愛人がいたことをすっぱ抜いた。

この記事や関係者から独自に取材した内容で、阿川は筆を進めている。

まず、当時、沼津で料亭の女将をしていた女性が山本五十六の恋文をたくさん持っており、それを公表する意思があるらしいということを聞き込んで、「週刊朝日」の記者とカメラマンが彼女を訪ねた。

千代子は彼らの前に手紙の束を持って来て見せて、わざわざ声に出して読んで聞かせた。

「週刊朝日」の記事によると、もともと手紙は積み上げると一尺四方の高さになるほどあったのだが、五十六の死後、大部分が海軍に没収され、千代子の手元に戻ったのは十九通だけだった。

「『提督の恋』といえば誰しもネルソンとハミルトン夫人のことを思うだろう。ところが山本元帥にもそれに似た一つの秘めたる恋物語があったとは誰が想像したろう。これは決して暴露記事ではない。軍神ともいわれた人も、やはり人間だったという、一つの人間記録としてここに掲げるわけである」

という「週刊朝日」の前書きを阿川は引用している。

そして、次のように続く。

「発表の寸前にこれを知った、当時未だ健在の堀悌吉は、さる筋を通して、

『出すのをやめてもらえないか』

と、朝日に差止めを望んで来たが、其の時は、新聞社の輪転機がもう廻りはじめたあとで、堀が、

『まあ、嘘じゃないんだし、それじゃ、仕方がないだろう』

と言って、あきらめたという説もあるが、実際は堀は非常に憤慨していたという説もある」

この記述が文庫本になると少し変わってくる。

『山本五十六』の文庫本上下巻が世に出たのは、単行本に遅れること八年後の昭和四十八年

である。この本で、阿川は大幅に加筆をしている。

たとえば堀悌吉の部分でも、文庫本ではあらたな文章が加わっている。

「少しのちになって気持が落ちついてからは、『世間じゃ色々言うけど、結局山本はあれで一つ偉くなったじゃないか』と堀は言っていたそうだが、この記事に対する反響は、ともかく大きなものがあった」

堀が、河合千代子とのスキャンダルが公になったために、五十六が「一つ偉くなった」などと本当にいったのだろうか。

堀は五十六とは親友であり、五十六亡き後、遺族の世話も熱心にした人物である。「週刊朝日」に記事を出すのをやめてもらえないかと頼むのは当然だが、記事を肯定するような発言を果してしたのだろうか。

しかし、阿川のこの一文で、千代子の行動を堀さえも認めたような印象を読者に与えたのはたしかである。

阿川の単行本には、千代子の経歴に関する記述がある。

千代子は新橋から芸者に出ていたが、「新橋の土地ッ子ではない」という。

明治三十七年に名古屋で生まれ、父親は株屋だった。名古屋の女子商業を出る頃には家は零落し、彼女が二十四歳のとき両親がつづいて亡くなった。

若い頃はタイピストとして働いていたが、新橋に芸妓として出るまでの間のことは、あまりはっきりしない。

美人だったので男性関係が派手で、「東北の馬持ちと一緒になって、ゴタゴタをおこし、睡眠剤を飲んで自殺未遂をやった」こともあったらしい。

この事件で髪を切られ、男のもとを追い出された直後に、鞄一つを手に芸妓に出たいと東京にやって来た。

「三十に手のとどく齢で、いきなり天下の新橋から出たいなどと、少しどうかしてやしないかというので、最初は誰にも相手にされなかったらしいが、何と言われても彼女は、

『お願いします』

の一点張りで、とうとう一念を通して、間もなく野島家の梅龍を名のる事になった」

そのため芸事などはもちろん身につけていなかった。名妓と呼ばれるような芸者ではなかったが、美しくて色っぽい女だった。「芸妓というよりお職の花魁《おいらん》のような風情」があったというから、芸を売るよりは色気を売るほうが専門だったのだろう。

しかし、阿川の筆は千代子に好意的である。

「賢い人で、普段は行儀もよく」と書いている。ただし、酔うとがらりと人が変わり、座敷から帰って来て、「取ってえも、取ってえも」と名古屋弁で、朋輩みなの着物を脱がさせて

しまうのが癖で、手がつけられなかったという。つまり酒乱だった。

梅龍の置屋の女将は井上馨（明治、大正期の政治家）の妾だった人である。その関係もあり、「彼女が少し有名病だったせいもあり」千代子には政界財界の誰彼と噂が立った。

晩年になって、得意そうに五十六からの手紙を披露するのも、千代子の有名病と関係があったといえる。

当時、千代子には「決まった人」がいたという。いわゆるパトロンだった。

それは「男同士双方承知の旦那」だったそうだ。千代子は新橋では、「ダイヤモンドのお茶漬」といわれ、取れる相手からは遠慮なくザブザブと金を取ったと阿川は書く。

彼女は男性から金銭を得る行為に、なんの引け目も感じなかったということだろう。

「山本は、そんなに自由に金は使えないし、実際使いもしなかったらしい。当時妓籍にあり、傍から見ていて、

『男として、あれでよく耐えられるな』

と、不思議な気がしたと、言っている女性もある」

この一文に、五十六と千代子の関係の原点が隠されているような気がする。

たしかに五十六は千代子に恋文を送った。しかし、それは彼の遊び心の一つだったのではないだろうか。本当に千代子を愛していたなら、他の複数の男性と関係を持っている女性を

共有できるとはとても思えない。

五十六は現実主義者である。千代子のパトロンとなる経済力が自分にはないことはよく承知していたはずだ。

ただし、初めからパトロンになる気持ちもなかったのだろう。千代子は経済的な責任を負わない範囲で恋愛ゲームをする相手だった。

「結局は、彼が家庭で求めて得られなかったものを、梅龍の千代子のうちにさぐりあてた」

という解釈は、あまりにも千代子の存在を過大評価している。そして、五十六の家庭を不幸だったと位置付けるのは少々無理があるように思える。

単行本で山本五十六について書いた時、作者の阿川弘之は千代子に直接に取材をしていない。ところが、文庫本のほうでは、千代子にインタビューした様子が書かれている。

ということは、単行本が出た後に、千代子が取材を了解したということだ。

中村家という船宿の娘で、五十六と千代子の関係をよく知る古川敏子という女性がいる。いわば、千代子の遊び友達である。

「古川敏子が昔の思い出話をしながら、

『梅ちゃん、あんたは心と身体《からだ》とを上手に使いわけたわね』

とからかうのを、年老いた千代子が笑ってうなずいている、そういう光景を私は見たことがある」

　と、阿川は文庫本のほうに書いているので、直接に千代子と会ったのは間違いないだろう。初めから阿川は、「私はあらかじめ、筆の過ぎるところと筆の足りないところと双方の場合がありうる事を断わっておかねばならない」と、やや弁解じみた文章を作中で書いているのだが、筆が過ぎるのも足りないのも結局は同じ結果を招くことは、作家として知っていたはずだ。

　千代子に取材をして、阿川はどうしても、その素材を過大評価する方向で筆が進んでしまったのではないだろうか。

　千代子には「真偽とりまぜて色々悪い評判もある」とした上で、「そういう女性に、山本五十六は、齢《よわい》知命に達してどうしてそれ程まで夢中になってしまったのか」と、阿川は疑問を投げかけている。

　そもそも、この疑問そのものが不自然である。しつこいようだが、五十六と礼子の家庭はいたって円満であり、長男の義正氏や他の人たちの証言からも、五十六が家庭を壊してまで千代子と一緒になろうなどと考えていたような節は全く見えない。

　阿川が書く、「それ程まで夢中になってしまった」と断定する時期に、五十六は礼子の親族とも仲良くつきあい、夫婦で何度も仲人をしている。

しかし阿川は、どうしても五十六と千代子の関係を熱烈な恋愛だったと決めつけ、しかも、その恋愛の陰には山本夫婦の不仲があったという物語を組み立てている。

礼子が悪妻であったかのような証拠を阿川は幾つか挙げている。

「山本の戦死後は、禮子に『女元帥』という綽名がついた。禮子は子供には甘く、心のやさしい人であったが、字などはこれまた極めて達筆の、男まさりで、非常に神経の太いところがあったらしい」

この文章の最後の部分は、さすがに文庫本では、「非常に太っ腹のところがあったらしい」に書き改めている。

しかし、いずれにせよ、「女元帥」という言葉からは、いかにもふてぶてしい女性像が思い浮かんでくる。

夫の着替えも手伝わず、「けろりとしている」と書かれ、さらに、

「山本と結婚するまで、一度も東京へ出た事がないという、根っからの田舎育ちで、押しが強く、茶碗が欠けていようが不揃いであろうが、そんな小さな事は一向気にならないという性であったらしい」

しかも、女中の給料も五十六が手渡していたと山下源太郎夫人が「言っていたそうである」と書かれている。

「黒潮会のある新聞記者は、山本の留守宅へ訪ねて行って、海軍中将の家の玄関に、洗濯盥《だらい》がほうり出してあるのを見て、びっくりしたと言っている」

右の文章は、文庫本では削られている。

遺族よりの抗議があって、削らざるを得なかったのかもしれない。

いずれにせよ、私が五十六の長男、義正氏や礼子の実家である三橋家の人々に確認した限りでも、礼子が夫の着替えを手伝わないなどということはなかったという。

それどころか、夫がすぐに着られるように着物は下着などと一組にして、きちんと重ねてあって、順番に手渡した。

「根っからの田舎育ちで、押しが強く」というのも、ずいぶんと悪意に満ちた表現である。田舎といっても礼子は、旧会津藩士の娘であり、女学校も卒業している。

男まさりの字を書いたという記述も事実ではなく、礼子の筆跡は非常に女性らしくやさしい。

また、家を留守にすることが多かった五十六が、女中にいちいち給料を手渡すなどというのは、不可能な話である。

礼子に好意を持たない人々がいたのはたしかで、こうした話が広まったのかもしれないが、一度、活字になってしまうと、あたかも礼子がそういう女性だったようなイメージが定着してしまう。そこが恐ろしいところである。

三国同盟と英米

千代子に関しては、阿川の本が出版された後の彼女の晩年の生活から、どのような女性であったかを推し量る材料もあるのだが、それは、もう少し後で述べることにしよう。

とにかく、すでに活字となって定着してしまった五十六と千代子の恋物語は、実際には少し違う側面があることだけは、ここではっきりとさせておきたい。

私人としての五十六の生活に言及するのは今はこれくらいにしておいて、ふたたび公人としての五十六の立場について考えてみたい。

無条約時代に突入した日本で、軍部は巨大戦艦の建造へと邁進していた。

それを五十六が冷ややかな眼で見ていたことはすでに述べた。五十六の提唱により、新型高速空母「翔鶴《しょうかく》」「瑞鶴《ずいかく》」の建造が決まっていたが、それでも、空母に対する軍部の評価は恐ろしく低かった。

では、この時期、いわば日本の仮想敵国であったアメリカやイギリスは、五十六の構想をどのようにとらえていたのだろうか。

ジョン・D・ポッター著『太平洋の提督』は、そのへんの事情を詳しく述べている。

まずは五十六の確固たる信念を紹介する文章がある。

ある日、五十六の航空第一主義を苦々しく思う将官の一人が、質問をした。

「戦艦なしでどうして敵の戦艦を沈められるのか？」

「雷撃機でやれます。一匹の大蛇もアリの大群に食い殺されるものです」

五十六のこの答えの正しさは、後に真珠湾攻撃で証明されるのだが、当時は誰にも理解されなかった。

それでも、五十六は「アリの大群」を製造する計画を着実に実行に移していた。

ポッターによると、その一つに大型飛行艇の開発があったという。

五十六は太平洋を制圧しようとすれば、南洋信託領を基地とする長距離飛行が必要だと考えた。そこで誕生したのが二千ポンドの爆弾または魚雷を積んで、八千マイルを飛ぶ九七式飛行艇だった。

その存在が世界に知られるのは、昭和十三年のことだった。実際の戦闘にこの飛行艇が使用されたからである。

九州を飛び立った二十機の九六式陸上攻撃機が、上海を空襲し、無着陸で基地に帰って来た。これはまさに画期的な出来事であり、西欧諸国の海軍は驚愕した。

本来なら、ここで日本軍の実力を彼らは認知するべきだったのだが、まだまだアジアの新興国家に対する偏見が根強かったため、アメリカもイギリスも、情報関係者はいずれも深い注意を払わなかった。

零式艦上戦闘機も、同じ頃に製造されるようになった。

「この戦闘機は、世界航空史上に特記すべき傑作、太平洋戦争においては、二年間にわたって完全に太平洋の空を支配した」とポッターは書く。

こうして見ると水上艦艇から戦闘機まで、昭和十年代の初めから半ばにかけて、日本は世界が考えるよりはるかに軍事的な優位を確保していた。それにもかかわらず、アメリカ、イギリスの関心は驚くほど低く、特に日本の航空機に対する過小評価は顕著だった。

その一例としてポッターが挙げているのは、アメリカの航空雑誌だった。

たとえば、「エビエーション」誌は、日本のパイロットの事故率は世界一であり、決定的に中国人パイロットより技量が劣る。また、日本では年間わずか一千人以下のパイロットが訓練されているにすぎず、日本空軍は大規模作戦に必要な空軍兵力を開発できないと決めつけた。

さらに同誌は、日本の航空機技術は西欧諸国の中古機の模倣にすぎないとつけ加え、「アメリカの航空専門家たちは、ちゅうちょすることなく言う。日本の主要軍用機はすでに時代遅れになっているか、または時代遅れになりつつある」という結論でしめくくった。

こうした記事は、明らかに日本空軍の能力を劣等視しており、日本製の航空機は絶対にアメリカやイギリスに太刀打ちできないはずだという思い込みを読者に植えつけた。

そして、これらの記事は、無論、当時の日本航空兵力に対する国際的な評価を反映したものだったのである。

簡単にいえば、アメリカもイギリスも、日本の実力は取るに足らないものと考え、全く無関心だった。

これは五十六にしてみれば好都合なことである。日本海軍の秘密が完全に保持されている証拠だった。しかし、それがいつまで続くかは不明だった。そしてなにより、実際に仮想敵国と戦わねばならない日が来るかどうかが問題だった。

五十六が次官に就任していた時代、日本の政権は目まぐるしく交代した。

五十六が昭和十一年の暮れに次官となった二ヵ月後には、内閣は林銑十郎陸軍大将に替わり、海軍大臣も米内光政となった。そして四ヵ月後に林内閣から第一次近衛文麿内閣となり、さらに一年七ヵ月後には平沼騏一郎内閣へと変転した。

なんともあわただしい内閣の交代は、それだけ日本の政情が不安定だった事実を物語っている。

そして、昭和十四年一月早々、平沼内閣に替わった後に、有名な日独伊軍事同盟の長期論争が始まった。

もともと日本とドイツの間には、日独防共協定が結ばれていた。

これは、高木惣吉の表現を借りるならば、「岡田内閣のころ、わが駐独陸軍武官と、当時ヒットラー総統の私設顧問であったリッベントロップとの闇取引から始まった」のだという。「闇取引」という言葉が、いかにもこの協定の性質をよく表している。

そして昭和十一年十一月、広田弘毅内閣において正式調印の運びとなった。

その調印から一年余り過ぎた昭和十三年正月頃から、ドイツと日本の間にもっと強固な軍事同盟を結ぶ案が浮上した。

これはどちらかというと、ドイツ側から持ちかけられた話というのが通説となっている。

ヒトラーはポーランド侵略の野望があり、その際にイギリスやアメリカに対する抑止力として日本を利用しようと考えていた。

つまりヨーロッパを制覇したいドイツにとって、日本はそれだけの価値があったわけである。

そもそも徹底した人種差別の観点からユダヤ人を迫害したナチスが、黄色人種である日本人と手を結ぶこと自体が、いかにも見え透いたご都合主義なのだが、当時の日本の陸軍と外務省は、その点に気づくはずもなく、むしろ同盟の締結に積極的な姿勢を見せていた。

しかし、海軍の意向は初めから反対であった。この問題が現実味を帯びてくるのは、昭和十三年の夏以降である。

ベルリンの大島浩大使から、日独の防共協定をさらに強化延長した案が出されてきた。そのため陸軍大臣が五相会議を要求し、この案の審議を求めた。

いわゆる海軍トリオと呼ばれる米内、五十六、井上成美の三人は、結束して初めから反対を表明している。アメリカが最も忌み嫌っているドイツと手を組んで、日本側が得るものは何もないのは、火を見るより明らかだった。

日本の陸軍幕僚がドイツびいきであったのは、衆知の事実だ。伝統的に陸軍はドイツを賛美しており、ヒトラーの登場をさながらヨーロッパに新秩序を確立する英雄の出現のように見ていた。

三国同盟の締結を急ぐ陸軍に対して、五十六は、昭和十三年八月には、もうはっきりと反対の意見を述べている。

もしもドイツと手を結べば、「米英旧秩序打倒戦争」に巻き込まれることになり、日本海軍の現状をもってしては、「ここ当分対米戦に勝算はない」というのが、まことに明快な五十六の意見だった。

冷徹な眼で世界情勢を見ていた五十六にとって、政治の力学は英米主体の秩序で成立しているところがあり、それはドイツが簡単に壊せるものではないと、よく承知していたのである。

その意味では、五十六の現実を把握する能力は、まさに卓越したものがあり、これは現代にも十分に通用する視点だろう。

五十六は、このままではアメリカと戦争になると公言してはばからなかった。それを避けようという気持ちは、彼だけではなく、米内も井上も同じだった。

この時期、五相会議の際に石渡荘太郎蔵相が米内海相に質問した。

「日独伊三国同盟を作るとすれば、将来、英・米・仏・ソを相手に戦わなければならない。その場合、戦争の八割は海軍によって戦うことになる。海軍としては勝てる見込みがあるのかどうか」

これに対して、米内は次のように答えた。

「勝てる見込みはありません。大体日本の海軍は米・英二国を一度に向こうにまわして戦争するようにはできておりません。独・伊の海軍の力など余りに貧弱で問題でありません」

ここでわかるのは、蔵相でさえも、もしも戦争が起きれば、その勝敗の鍵を握っているのは海軍だと認知していたことだ。

すでに中国大陸で戦火は拡大していた。こちらはもっぱら陸軍の戦争ともいえた。しかし、米・英が相手となると話は違った。

その点、米内は実にきっぱりと、勝てる見込みはないと答えているのである。

しかし、その発言は陸軍のみならず、日本国内のある勢力の反発を買った。その勢力とは情緒的にドイツに傾斜し、しかもアメリカとイギリスを憎悪する人々だった。

彼らの怒りの矛先は、三国同盟をかたくなに拒否する海軍へと向けられた。もちろん、海軍の内部も一枚岩ではなかったが、米内の意志は固かった。

この当時の昭和天皇の考えはどのようなものだったのだろう。

昭和十三年から十四年にかけての昭和天皇の発言録を見ると、中国大陸の戦争の終結を強く求めているのがわかる。その意思に反して、戦火はどんどん広がっていたため、天皇のいら立ちは募っていた。

そこへ、駐ドイツ大使の大島浩などが、独断で三国同盟を締結させようとする動きに出たため、天皇が露骨に不快の念を示している。

一方、米内、井上、五十六の海軍トリオは、天皇のそうした気持ちを知ると、さらに結束を強めて三国同盟反対を唱え、一歩も退かなかった。

この時期、五十六を中傷する文書が出まわり、ついには郷里長岡にも悪質な宣伝文書が出まわるようになった。

「山本五十六米英と親交を結び或は会食に、或は映画見物に米英大使館に出入して歓を尽して云々」と、ありもしないことが書かれていた。

大使館に出入りするくらいで中傷されるのではたまったものではないが、日本の社会全体がどこか熱病に浮かされたように、ドイツ、イタリアとの同盟を支持していた。その反動でアメリカ、イギリスを憎むという構図が出来上がっていたのである。

「当時山本次官を暗殺せんとする者が世間に横行し、それ等がいつ決行するやも知れないから、次官の自動車に同乗は真平だ、などという冗談も省内に出る様になった」

と反町が書くくらいだから、なんとも不穏な空気が漂っていたのだろう。

五十六の性格は実にはっきりとしており、曖昧ないい方はしなかったので、新聞記者を相手にも常々、三国同盟反対を明言していた。それは当然ながら、陸軍や、ドイツ、イタリア信奉者の耳にも伝わる。同盟が締結できない元凶は山本五十六にあるという信念を彼らは持つに至った。

五十六さえいなければ、同盟を実現できるのだとすれば、暗殺を真剣に考える人々が出てくるのは自然の成り行きだった。

後に五十六が軍人として高く評価されるようになる理由の一つに、この三国同盟反対があったのである。

いわゆる世論に阿《おもね》らず、流されず、自己の信じる道を進む強靭さが五十六にはあった。現在の五十六人気の源流は、案外、この次官時代に彼が見せた勇気にあるのではないかとさえ思える。

海軍の軍人であり、国際派として名高く、昭和十二年に学習院院長に就任し、二年後の九月には阿部内閣の外相となった野村吉三郎は、開戦時の駐米大使だったことでも知られている人物である。

その野村が、ある日、五十六のいる次官室に入ると、新しく制定された様式の軍刀が、でんと五十六の後ろに置かれている。

えらいものがあると野村が驚くと、五十六は笑顔を見せた。

「はあ、暗殺にやって来る無礼者がおりましたら、何人でも切って切って切りまくり、徹底的にやっつけます」と答えて、呵々大笑した。

なんと肝っ玉の太い男かと野村は感心した。しかし、軍刀を傍らに置く五十六の心情を思うと、やはり人並みの不安があったのではないかという気がしてくる。

ただし、五十六はそれを表面に出したがらなかった。そこはスタイリストとしての五十六の矜持《きょうじ》といったものではないか。

旧知の榎本重治の家に五十六が夕食に招かれたのは、昭和十四年の六月だった。ところが、その日、英国大使館にデモ隊の一団が押しかけ、そのまま山本五十六を襲撃するという噂が立った。万一のことがあってはいけないと思い榎本は五十六に会食中止を申し出た。すると五十六は、ちょうど姪が病気で入院しているので、それを見舞って、それから榎本の家へ行くといって、「アハハ……」と笑い飛ばした。

「私もその大胆さには唖然としました」と後に榎本は語っている。

当時、五十六のところには数十通の脅迫状が舞い込んでいた。また五十六を「国賊」と非難する雑誌もあった。

そんな脅迫状や雑誌にも五十六は、いちいち丁寧に目を通した。何か汲むべき意見があるかどうかを調べるためだったが、すべては、ただ激情にかられた非論理的な内容だった。それでも、彼らの不穏な動きを、五十六も十分に察知していたはずだ。

一方、五十六の家族たちも、この頃、ぴんと張りつめたような日々を過ごしていた。

五十六の長男、義正氏は、昭和十四年頃から、「父の護衛のために、私服の憲兵が随行するようになった」と自著に書いている。

毎朝、迎えの自動車が来るのだが、それに背広を着た憲兵が乗っていた。いつも同じ人ではなく、何人かが交代で五十六につきそっていた。

長岡の親類からも、五十六の身を案じる手紙が来るようになった。礼子の弟は陸軍の配属将校だったが、「山本は親米派の奸物《かんぶつ》であると部下に教育せよ」という通達を受けた。「義理の弟にあたる自分には、そういう教育はできない」と申し出たら、「よろしい」ということになったという。

それほど露骨に、陸軍は五十六を敵視していたわけである。

当時、ドイツにいた義正氏の従兄は、「山本はもう殺された」という噂を聞いたほどだった。

義正氏は中学生だったので、すでにある程度の事情は理解できた。ひそかに父親の身を心配していたが、口に出していえば叱られると思ったので何もいわなかった。

礼子の気苦労は大変なものだった。

新聞記者は毎晩遅くに押しかけて来る。日中戦争が始まってからは、南京占領や渡洋爆撃成功の祝賀といっては、官舎を訪れる人が増えた。教師に引率されて、学校の生徒の隊列が祝賀に来る。五十六が留守のときは、礼子が挨拶をせざるを得なかった。

そんな人たちはまだいいが、殺気だった右翼が「山本次官に会わせろ」と大声を上げて乗り込んで来たりもする。五十六は在宅なら、平然と会見に応じていたという。留守中は礼子が対応しなければならなかった。

「こわいことはあっても、お父さんが国のためにまちがったことをするはずないと信じていたから、平気だった」と、後に礼子は義正氏に語っている。

義正氏は、憲兵の様子を中学生とは思えぬ鋭い観察眼で見ていた。無表情な中に、ときどききらりと冷たく光る目が、「こわい感じ」を与えていたと書く。

五十六の護衛のためとはいうものの、実はその身辺を探るスパイとして送り込まれていたのを、家族はなんとなく感じ取っていた。

いつも誰にでも気さくに打ち解ける五十六が、憲兵だけは家にあげることもしなかった。

礼子もまた、挨拶もしなかったという。

「海軍に憲兵がないのは弱点だな」と五十六は語っている。

あるときは海軍から派遣された兵士たちが、義正氏の勉強部屋に機関銃をすえつけていたこともあった。

山本次官暗殺計画の情報が流れて、四、五人の兵士たちが暴徒を迎え撃つために待機していたのだ。それほど事態は逼迫していたのだ。

こうした状況下で、五十六が泰然としていた様子は反町や阿川の著書にも示されている。度胸の据わっている五十六が、小さなことでビクビクしなかったのは事実だ。

だが、やはりある種の息苦しさは感じていたにちがいない。この頃、芸者遊びをさかんにしたと書く伝記もある。それが真実だとしたら、五十六なりに緊張感を解く方便だったのではないか。

昭和十三年の夏のことだが、五十六が保っていた心のバランスの危うさを露呈するようなエピソードがある。

それは、かつて五十六の部下だった南郷茂章大尉が戦死したときの話だ。

南郷は、白相、間瀬と並んで「海鷲の三羽烏」と呼ばれた名パイロットだった。

その南郷が昭和十三年七月に中国の南昌で戦死したため、東京の自宅を五十六が弔問に訪れた。このときの情景を南郷の父親が記した文章がある。

父親は以前から五十六を「熱慕」する長男に全く同感していたので、「よき上官の下にあり得る」自分の息子の幸運を喜んでいた。

息子の弔問に来た五十六に、生前の懇切なる指導の恩を謝し、軍人として息子がその職務を完遂したことを心より満足していると述べた。

「ジット伏目勝ちに聞いて居られた故元帥は只一語も発せず、化石したかの如く微動もされなかったが、忽然体を崩し小児そのままの姿勢で弔問者の群集のさ中であるに拘らず大声で慟哭し、遂に床上に倒れられた」（『人間山本五十六』より）

五十六のその悲しみように、南郷の父親は呆然として、なす術もなく見守っていた。ようやく五十六は起き上がったが、また激しく泣いて転倒した。傍らにいる人々が彼を助け起こした。五十六は神経が鎮まるのを待って辞去した。

「ああ元帥に非ずして誰か之あるを得るであろうか。純真純情自分は神そのままの心の動きを眼前に拝したのであった」と、父親はひたすら感動して記している。

このとき以外にも、五十六が部下の死に激しく心を動かされ号泣したという話はある。阿川弘之は南郷の父親の手記を引用して、いくら五十六が南郷を可愛がっており、また、その父親の文章が冷静な第三者の眼で捉えられたものではないので、どれだけ正確であるかはわからないにしても、「此処《ここ》に描かれた山本の姿は少し異様である。五十も半ばの、地位も高い一人の軍人が、戦死した部下の悔みに行って、二度もひっくりかえって子供のように泣くものであろうか？」との疑問を呈している。

それが「芝居」であったとも思えないので、「よほど山本は、情に激する人間だったという気がするのである」と結論づけている。

そういう捉え方も確かに可能だが、ただ感情的であったという解釈だけでは、少し足りないのではないだろうか。

五十六の内面には非常に情緒的で、やさしい部分があった。それは家族に対するふるまいなどからも推察できる。

しかし、彼は常に武人としての衣をまとっていなければならなかった。位階が昇るにしたがって、彼のまとう衣はさらに強固なものになっていった。

次官となり、難しい日本の政局の真っただ中にあって、五十六の神経は張りつめていたにちがいない。常に緊張を強いられる職務に彼は就いていた。

その緊張の糸が何かの拍子でプツリと切れてしまうと、どっと激流のように柔らかい感情があふれ出すのである。可愛がっていた部下の死は、五十六の精神にある亀裂を与え、平常はようやく保っていた心のバランスを激しく乱す結果となった。

「二度もひっくりかえって子供のように泣く」のは、それだけ彼の置かれていた立場がシビアなものであり、必死で保っている平常心が、外界からの刺激によって壊れたからだという見方も可能だろう。五十六がその背中に負った重荷の大きさが、南郷のエピソードからは感じ取れる。

米内光政が五十六の人相について、彼の死後にこう語っている。

「ある本に山本元帥は眼光炯々と書いてあるが、これは大きな間違いだ。元帥の眼は澄んだよい眼だ。そして相手方の眼のやや下の方にその焦点をおいて、不思議に人を引き付ける眼であった。人相に通じていた友人に見てもらったら非常に胆力の坐った正しい人だと云った」

五十六は、けっして美男とはいえないが、確かに澄んだ美しい眼をしていた。いかなる噂にも動揺した様子を見せなかった五十六だが、実は内心、己の死を覚悟していたふしがある。

この当時、五十六が書き残した遺書が、後に発見されている。いささか長いのだが、五十六の真意をよく伝える内容なので、ここに引用してみたい。

述志

一死君国に報ずるは素《もと》より武人の本懐のみ
豈《あに》戦場と銃後とを問はんや。
勇戦奮闘戦場の華と散らんは易し
誰か至誠一貫俗論を排し斃《たお》れて已《や》むの難きを知らむ。
高遠なる哉《かな》君恩、悠久なるかな皇国。
思わざるべからず君国百年の計。
一身の栄辱《えいじょく》生死、豈論ずる閑《かん》あらんや。
語に曰く、

丹可磨而不可奪其色《たんくだくべくしてそのいろうばうべからず》、蘭可燔而不可滅其香《らんやくべくしてそのかめつすべからず》と。
此《この》身滅す可《べ》し、此志奪ふ可からず。

昭和十四年五月三十一日

於海軍次官官舎

山本五十六

五十六はある人物にこの遺書の保管を頼み、その戦死後、堀悌吉を通じて遺族に見せられたという。

遺書が語りかけているものは、意外に多い。まず、祖国のために死ぬのなら戦場であろうと銃後であろうと、それは武人の本懐だといっている。つまり、自分が暗殺をされる場合を想定しての言葉だ。

そして、戦場で散華するのは簡単だが、俗論を排したために死ぬことの難しさを誰が知るだろうと続く。国家百年の計を思うなら、自身の栄華や生死はなにほどのものでもないといい切っている。最後にたとえこの身は殺されても、自分の志だけは奪ってくれるなという悲痛な叫びで遺書は終わる。

五十六は自分の生命を賭しても、三国同盟を阻止したかった。「君国百年の計」とは、まさに至言だった。

ドイツやイタリアなどと手を結べば、やがてアメリカ、イギリス、ソ連を敵にまわす日が必ず来る。そうなれば、日本帝国の将来はない。

実際、五十六のこの予言は的中した。百年など待つことなく、君国、すなわち日本帝国は滅亡した。

五十六のいう「君恩」や「皇国」が、それほど大切なものだったかどうかの議論は、また別の次元の問題である。少なくともこの時点で、五十六は祖国を愛しており、国体の維持に一身を投げ出す覚悟だった。

こんな遺書を書かなければならなかった五十六の心情を思うと、なんとも痛切である。常に死と隣り合わせで生きていた五十六は、遺書を自宅ではなく、次官官舎で書いている。愛する妻子のいる自宅では、五十六は私人であり、平凡な父であり夫だった。自分の生命が愛しくないはずがなかった。

それを断ち切るのが、官舎における武人、山本五十六だった。

同じ年の四月二十四日、五十六は故郷の友人に手紙を出している。

「やまとの春さこそと懐ひめぐらし候
此年もはなをたづねて若葉かな

俗事紛々御憫笑被下度候」

「俗事紛々」とあるが実際、連日のように海軍省には、半ば脅迫的に五十六を退任させるよう要請する人々が押しかけてきた。

その背後には陸軍が控えていたという説が、今となっては有力である。三国同盟の締結を急ぐ陸軍が、一人一殺主義を謳うテロ集団に陰で資金援助をしたり、思想的な煽動をしていたというのだ。

しかし、五十六のほうも負けてはいなかった。

「海軍は一歩も譲歩できず、いずれ政変は免れぬ故、天幕を張って待っておるがよろしからん。総理と陸相はけしからぬ。前に決定し内奏した方針を勝手に変えるとは何事か」

と新聞記者相手に昭和十四年五月に談じた。そのため、陸軍や右翼の五十六に対する憎悪はいっそう強まった。

連合艦隊司令長官

その日、反町栄一は新潟の古志郡にある竹沢村の学校で講演をした。

昭和十四年八月三十日のことである。

講演が終わり、夕刻となって反町は山の頂上にある旧家に案内され、手打ちそばをふるまわれていた。

そこへ、「講師さんへ急報だ」と村の役人が飛び込んで来た。何事かと問うと、「海軍次官山本五十六閣下が連合艦隊司令長官に任ぜられた」という知らせだった。

その場に列席していた村長をはじめとする一同は、思わず万歳三唱をした。

このときの反町の興奮ぶりは尋常ではなかった。喜びのあまり感極まって記した一文が残されている。

海軍にこの人ありと一億国民の希望を担っていた「山本閣下」がいよいよ海軍を率いて「立つ秋《とき》が来た」と書き、手放しでの賞讃が続く。

「海国男子無二の光栄だ。非常時海の王者だ」と、もうめちゃくちゃな感激ぶりである。

その間にも万歳三唱が繰り返される。

満身の血を熱くして反町は、山頂の家を後にした。急いで長岡に帰り、電話をし、祝電を送らなければならない。

戊辰の役で長岡軍が死力を尽くして戦った榎峠や朝日山がくっきりと月光に照らし出されていた。いやでも反町の情感は高まる。

「流離困憊に反撥して立ちあがった長岡の武士、かくして生まれ出た海の司令長官だ」

この言葉の背後には、戊辰の役で敗れ、賊軍と蔑まれ、苦労を重ねた旧長岡藩の人々の思いがこもっている。

五十六の妻、礼子も会津藩の出身であり、同じく戊辰の役で辛酸をなめた歴史を背負っている。その夫婦が、「海国男子無二の光栄」にまで登りつめたのであるから、反町が興奮するのも無理はなかった。

おそらく礼子の実家の三橋家でも同じような感慨にひたっていただろう。

「世の中が変わった。長岡が変わった。日本が変わった」と、反町の筆はまさに絶叫調である。

これは、反町一人だけの感情ではなく、当時の新潟県人のほとんどが共有する喜びだった。

「旧長岡藩から、長岡中学校から、長岡社から大日本帝国の連合艦隊司令長官が出たことを君は胸においてくれるだろうね」と、五十六は就任直後に反町にいったという。

反町は、ただただ感激の涙にむせんでその言葉を聞いていた。

五十六が最後に郷里長岡を訪れたのは、昭和十四年四月十一日から十三日にかけてだった。

この四ヵ月後には、連合艦隊司令長官となり、洋上の人となってしまう。もちろん、里帰りのときは、まだそんな自分の運命は知らなかった。したがって、本人もこれが最後の帰郷になるとは考えてもいなかっただろう。

四月十一日に、新潟地方海軍人事部の開庁式が行われることになり、これに海軍大臣代理として五十六は出席した。

新潟市での式典が終わると、翌日は、長岡中学校で全校生徒を前に講演をした。この日は水曜日で天気も良かった。

五十六の話は、相手が中学生ということもあって、やさしくわかりやすい内容となっている。しかし、その実、鋭く日本の現状を見抜いており、子供が相手でも彼が本音で語っていたのがわかる。

「只今校長先生のおっしゃった通り、目下日本は未曾有の困難に際会し、従って政府、国民共に口を開けば非常時と堅忍持久とで終始しております」という五十六の言葉には、他の大人とたいして変わらず、非常時ばかりを強調する校長に対する多少の皮肉が込められていたようだ。

なぜなら五十六の話は、次のように続くからである。

「しかしながら私の考えでは、今日本の上から下まで、全国の老人から子供までが、余りにも緊張し伸びきってしまって、それで良いかということを考えると、はなはだ疑問があります」

あまりに緊張しすぎるのは、ゴムをいっぱいに引っ張り、伸びきってしまうのに似ていると五十六はいう。それでは、もうゴムの用はなさない。

国家というものは、「弾力性を持つ余裕がなければならぬ」と五十六は考えている。だから、「首相以下我々は」日夜心身をすり減らして国家のために働く覚悟はできているが、その背後には「余裕しゃくしゃくたる」国民の力がなければいけない。

今は、ただちに銃を持って一線に立ったり、軍需工場に従事するよりも、学生の本務である学問を、あくまで平静にのびのびと、しかし油断なく勉強してほしいと訴えている。

これは、あまりにも急速に軍国主義化が進む日本に対する五十六なりの警告ではなかったろうか。さらに彼の話は日本の未来へと続く。

「そして諸君が成学し世に立たれる時、ここに新たなる重大な任務が与えられるのであります」

五十六の考えでは、今から二十年後、三十年後に、生徒たちは「ほんとうの東亜の指導者となり」そして「アジアの隆盛を期する偉大なる責務」がその双肩にかかってくるのだという。

ここで、五十六が、二、三十年先を見据えた視点で話しているのは興味深い。

思えば、当時の日本は、あまりにも短絡的に動いていた。誰もが目先のことしか見ていなかった。三国同盟を結び米英を打ち負かす、あるいは中国をたやすく制圧するなどといったことが、今すぐにでもできるのだと錯覚している風潮があった。

しかし、五十六は日本がアジアのリーダーとなるためには、まだまだ時間が必要だと感じていた。

「それは試験勉強のように一週間か十日間位のものでなく、何十年の長い年月の間倦《う》まずにやらねばなりません」という言葉でも、焦らずに、努力を積み上げる必要を説いているのがわかる。

ここに五十六の本心があった。これはまた、十代の生徒たちにいい聞かせているように聞こえるが、本当は日本の大人にこそ意見したいことだった。

「日本がアジア民族をして名実共に所を得せしむるには、二十年、三十年を要するのであります」

と五十六は繰り返す。

自分が関係している海軍の、特に航空技術に関しても時間さえかければ、諸外国に負けない設備と技術を調えられると五十六は確信していた。

そこで彼が一番危惧していたのは、日本の持ち時間だった。いったいあと何年、あるいは何十年、日本は持ちこたえることが可能なのだろうか。もしも現在、すでにゴムが伸び切った状態だとしたら、やがてゴムがぷっつりと切れてしまうのは目に見えている。

長岡中学校の生徒たちに、「日本の根幹となるべく潑剌たる意気をもって、学習し修養して頂きたい」と述べる気持ちの背後には、彼らが大人になるまで、なんとか最悪の事態は避けたいという五十六の祈るような思いがあったとしても不思議ではない。

何か必要なことがあったら遠慮なく自分のところに相談しに来るように という、頼もしい申し出をして、五十六はこの講演を終えた。

長岡中学校での講演の後、五十六は海洋少年団長岡支部の発会式に海軍大臣代理として出席した。

五十六の姉、加寿はすでに七十歳を越す高齢だった。

「五十《いそ》さが海軍大臣として、海軍軍楽隊の奏楽に迎えられて堂々として、元の長岡のお城の広場に入って行くあの姿を、御先祖様や御父上様・御母上様せめては季八さんに、一目お見せしたかった」と、涙を浮かべて語った。

このときほど、加寿が高野家の、そして旧長岡藩の再興の夢が、五十六を通して叶ったのだと実感した日はなかったろう。

その際に郷里の歌人が五十六を詠んだ歌がある。

朝敵の長岡の名をすすがんと身を海軍に投ぜしか彼

加寿のみならず、五十六を知る長岡の人々にとっては、まことに感慨深い光景だった。

この翌日は、長福寺で両親の法事を営み、その夜は、五十六が赤城の司令官時代から旧知の人々と夕食を共にした。

いつでも長岡に来ると五十六は機嫌が良かった。自分の歩んで来た人生が間違ってはいなかったと、しみじみと感じられるのは郷里の知友に囲まれているときだけだったからだろう。

少年時代の苦労を、東京で知り合った人々は知らない。真冬の寒さに耐えながら勉学に励んだ日々も、長岡社の援助を受けて進学したことも、郷里の人たちだけが知っている。知っているからこそ、五十六が出世して今日あるのを我がことのように喜んでくれるのだ。その人情が五十六は嬉しかった。

よほどくつろいでいたのか、その晩、五十六はお給仕の女性の求めに応じて揮毫をしている。

「男は天下を動かし、女はその男を動かす」

「ころしても罪にはならぬ腹の虫」

といった、いささかふざけた調子の文句だった。

こうした五十六の言葉の中で、最も有名なのは、「やってみせ、説いてきかせてさせてみて、誉めてやらねば人は動かじ」というものである。これが、果たして本当に五十六のいった言葉なのかどうか、疑問を呈する人もいる。なにしろ伝説が多いのが五十六である。

しかし、この言葉は、五十六がひどく上機嫌のとき、ポロリとその口から出たのではないかという気もする。部下からの信頼が絶大だった五十六の、人を動かすための奥義だったのではないだろうか。

余談になるが、五十六はよほど郷里の人々、とりわけ反町栄一を信用していたようだ。まだ次官の頃だが、あるときふと、反町に語ったことがある。

それは日中戦争が日に日に激しくなっている時局に関してだった。

五十六の考えとしては、日中戦争は一日も早く平和的に解決しなければいけない。このままいくと、日中両国が共倒れとなってしまう。そのために、なんとかしなければと、あらゆる努力をしている。現在のところ残されている手段は、頭山満に飛行機で重慶へ行ってもらい、蔣介石と直接に会って、誠意を持って話し合えば、日中の平和が訪れるのではないかと思う。今、その努力をしている最中だと語った。

もちろん、五十六のこの努力は実を結ばなかった。しかし、こんな国家機密ともいえる極秘の計画を反町に話すのは、強い信頼感があったからだろう。

その信頼に応えるように、反町は五十六の死後、まさに決定版とも呼べる彼の伝記を書くことになるわけである。

さて、五十六が連合艦隊司令長官に任命されたのは、けっして自然のなりゆきからではなかった。

すでに何度も書いたように、五十六の三国同盟締結に対する反対は非常にはっきりしていた。米内、井上も同じ意見だったが、特に五十六が突出して、はっきりと自己主張をするため、それだけ目立ってしまう。

その結果、陸軍と海軍の凄絶な対立が続いた。

岡田啓介元総理大臣が後に語ったところでは、あまりに五十六を暗殺するという気配が強いため、いざというときに防ごうと、海軍の有志がトラックに鉄板を張った装甲車のようなものを作り、これに陸戦隊を乗せて護衛に出ようという提案があったほどだという。

陸軍の中には「敵は海軍なり」と公言する者もいて、まさに一触即発の空気だった。

米内光政は昭和十四年七月二十日の閣議で、「最近世間では、海軍が弱いとかけしからんというようなことを言い、自分と次官に辞職を強要する書類まで突きつける者がある。これは陰で、そうしたことをさせている者があるからであり、その事実を自分たちは知っている。

どうかここに列席される各位においても、十分にご反省願いたい」と述べた。

そんな言葉を米内が吐かなければならないほど、それこそ日本の社会はピンとゴムが伸びきったような状態だった。

こじれにこじれていた三国同盟問題だったが、昭和十四年八月二十三日、とんでもない知らせが飛び込んで来た。

いつまでも態度がはっきりしない日本政府に業を煮やしたドイツは、なんとソ連と「独ソ不可侵条約」を締結してしまったのである。

三国同盟は本来、ソ連の脅威に対して日本、ドイツ、イタリアの三国が手を結んで対抗しようという建前で進められていた案だ。それなのに、肝心のドイツが突然、ソ連と条約を結んでしまった。

今まで、ドイツに対する信義を主張し、しかもノモンハンでソ連軍と戦っていた日本の陸軍は、混乱状態に陥った。

平沼騏一郎首相は、「欧州の天地は複雑怪奇なる新情勢を生じた」という有名な言葉を吐いた。そして内閣は総辞職した。

神川武利著『米内光政』によると、政変の直後、昭和天皇の御前に出た侍従武官平田昇中将に対し、陛下は何げない口調で、

「平田、さきほど米内が来たから、よくお礼をいっておいたよ」といったという。

三国同盟を生命を賭して阻止した米内への天皇の感謝の気持ちだった。この時代、天皇は「聖上」と崇め奉られていた。臣下に向かってお礼をいうことなどおよそ前代未聞である。平田侍従武官は涙を禁じ得なかった。

その米内も海軍大臣の座を去る日がきて、当然、五十六も次官を辞することとなった。後任の大臣には連合艦隊司令長官、吉田善吾が内定した。

吉田は五十六とは海軍兵学校で同期だった。自分は吉田の弱みも強みも知り尽くしているので、彼の弱みを補佐するためになんとか自分を次官として残してもらえないかと、五十六は米内に強く留任を希望したという。

本来、同期の大臣の部下となり次官を務めるなどというのは、序列慣例を無視しており、あり得ないことだった。

しかし、五十六は全く面子《メンツ》にはこだわっていなかった。国難の時代に、自分にしかできないのは、引き続き次官として、新しい海軍大臣を補佐し陸軍の暴走をおさえる仕事だった。そこに五十六の軍人としての純粋さがよく表れている。

次官として残りたいという五十六の申し出に対して、米内は笑いながら首を振った。

このとき五十六が連合艦隊司令長官に転出することは、すでに内定していた。

もしも五十六を次官に留任させるくらいなら、米内は彼を海軍大臣に推していただろう。

実際、そういう声も省内にはあった。

だが、それでは危険があまりにも大き過ぎた。米内は思いがけない話をして、五十六を驚かせた。

「実はね、この前、君が来てくれたときに、丁度居合わせた男がいただろう。あれは紹介しなかったが、有名な占い師だよ。その後、またやって来て、君の顔に死相が現れている、気をつけなければいけないといった。妙な話だが、どうもそのままその言葉が頭に引っかかってね。まあ、しばらく安全な海上暮らしをするさ……」

五十六が日本国内において、大臣や次官などの立場にいた場合、暗殺される可能性があまりに高いと米内は踏んでいた。

「そのうちまた、二人で日本のため矢面に立たなければならん時期が来るかもしれぬから、今回君を海軍大臣には推薦しないで連合艦隊司令長官にしたのだ」と米内にいわれ、五十六は何も言葉を返せなかった。

この米内の配慮が正しかったのかどうかは、現在でも意見の分かれるところである。

「結果からみれば、情に流れた甘い人事は、米内の失点であった」と書く史家もある。

暗殺などを恐れずに、五十六を海軍大臣に据えて、アメリカやイギリスとの戦争を回避させるため、手腕を振るわせれば良かったという説である。

そう考えると、郷里、長岡の人々は五十六の栄転を無邪気に喜んでいるが、実はこれはもっと重大な意味を含んでいた。

では、五十六個人の気持ちとしては、連合艦隊司令長官への就任を、どのように感じていたのだろうか。

ほっとしたところもあったのではないか。他人に弱みを見せるのが嫌いな五十六は、暗殺の噂など気にしていないように振る舞った。しかし、密かに遺書を用意していたくらいなのだから、内心では密かな恐怖を感じていたはずだ。

少なくとも司令長官に転出して、陸上の勤務から洋上へと変われば、その恐怖は武者ぶるいに転化する。

昭和十四年八月三十日午後五時半、宮中での親補式を終えた五十六は、いったん海軍省へ帰った。この日は明け方に強い雨が降ったが、その後は快晴となり暑い一日だった。

待ちかまえていた新聞記者の一団を前に、日頃はめったに酒に手をつけない五十六が、さもうまそうに冷えたビールをぐいと一息に飲みほした。

そして、次のようなコメントを述べた。

「この度身に余る重任を拝し恐懼《きょうく》に堪えないが、微力に鞭うって最善の御奉公をするつもりだ。連合艦隊司令長官といえば武人にとってこれ以上の名誉はない。この意味で自分の決意もきまっている」

当たり前といえば当たり前の言葉だが、武人としての五十六の覚悟は十分に伝わってくる。

この翌年、昭和十五年一月一日、五十六は和歌を一首、郷里の反町に書き送った。

日の本の海の護に長としてけふの初日を仰ぐかしこさ

これは、五十六の歌の中では、かなり有名な一首である。

五十六が次官としての任務にも未練があったのは事実だろう。それは、軍人というよりも政治家の領域の仕事だった。しかし、ここでふたたび五十六は政治を離れ、武人の道を歩み始めた。

五十六が司令長官に就任したのに伴い、山本一家も次官官舎を出て、青山の家へと戻った。

義正氏の回想では、この少し前から五十六の勤務は多忙をきわめ、すぐ近くの海軍省から官舎まで帰る時間もなく、海軍大臣の官舎で寝泊まりしたり、海軍省の次官室のソファで短時間の仮眠をとるという日が続いていたという。

それでも次官でいる間は、家に帰り子供たちと一緒に庭で鳩に餌をやったり、植木の世話などもできた。

しかし今度は洋上の勤務となるので、ほとんど家を留守にする。家族は、しっかり者の礼子に任せておけば心配はなかったが、一抹の淋しさは禁じ得なかったろう。

五十六は植木や花が好きだった。礼子が造花を習いたいといったとき、花は自然のものが一番だといって、それを許さなかった。

義正氏が、自分の両親のいい争っているのを見たのは、後にも先にも、このとき一度だけだった。礼子は結局、夫の言葉にしたがって、造花を習うのをやめた。

次官官舎の庭には、五十六がどこかの夜店の植木屋で買い求めた楓の木があった。いつも大切にして水をやったりしていたので、五十六はこの楓に特別の愛着があった。

「その楓は、もとから官舎にあったものじゃないから持っていこう」といって、青山の家にわざわざ持ち帰り、小さな庭に移しかえた。

やはり官舎は自分の家ではない。仮の住居だったのである。どんなに狭くても、青山の家こそが五十六にとっては最もくつろげる場所だった。

その頃、義正氏の体調もようやく回復に向かっていたが、運動は医師から禁じられていた。そこで運動ができないかわりに写真機を買ってほしいと礼子にせがんだ。困った礼子が夫に相談すると、五十六は相当な金額を捻出してくれた。当時は写真機は非常に高価だった。

とにかくそのお陰で義正氏はセミライラというカメラを手に入れることができた。ずいぶん腕は上達したが、自分の父親を撮った写真はほとんどない。普段カメラマンに追いかけられている五十六が、家で写真を撮られるのを嫌ったためだった。

連合艦隊司令長官になった翌年の正月だけ家族と一緒に快く画面におさまった。これが最後の写真になると、五十六が「予感していたのではないかと思えてならない」と義正氏は回想している。

太平洋戦争との関連で見ていけば、「人間・山本五十六」の部分と「軍人・山本五十六」との葛藤があっても不思議ではない。

太平洋戦争への突入を、五十六があくまで反対するのであれば、「軍人・山本五十六」から身を退く選択もあったはずだ。

しかし、あの時代の価値観ではそれは許される行為ではなかった。大日本帝国の存亡を賭けるとなれば、当然ながら「人間・山本五十六」は捨てなければならなかったであろう。

連合艦隊司令長官に就任した五十六は、以前にも増して部下を大切にした。その心情の底には、軍人ではあるものの、最後まで普通の人間でありたいと願う思いがあったのではないだろうか。

当時の参謀長、福留繁が面白い表現をしている。

初め福留は軍艦「長門」の艦長だった。その後、昭和十四年九月から一年八ヵ月余り、五十六の傍らで仕えた。

福留の言葉によると、五十六は「どんな善人とでも悪人とでも交際」したという。善人はわかるとしても、悪人とは、いったいどのような人間を指していたのだろうか。固有名詞は挙げていないが、いわゆる「清濁併せ呑む達人」だったと福留はいう。

これは案外含蓄のある言葉で、五十六の女性関係から当時、国粋主義者といわれていた笹川良一などとの交際まで、すべてひっくるめての意味があったのかもしれない。笹川も五十六とは肝胆相照らす仲だった、と書き残している。

五十六は公務上において一切好き嫌いを示さなかったと福留はいうが、その点は少し違うようだ。五十六はむしろ好き嫌いをはっきりと顔に出すし、言葉にした。だから、現在、私たちが考えるよりずっと多くの敵がいたと思われる。

ただし、気に入った部下はとことん可愛がったので、福留の目には公私わけ隔てなく、何でも一切をぶちまけて話のできる上司と映ったのだろう。

「要するにどんなことをお話ししても、元帥の聡明は必ずや秘すべきは秘し、取捨を誤らず、認識のピントが外れるようなことがないという安心が潜在し」ていたという。

ピントが外れることがけっしてないのが、上司としての五十六だといっているのだが、これはあらゆる場合にあてはまる。そして、外界との焦点がきちんと合い過ぎるからこそ、人間としての五十六の苦悩は深かったのである。

福留の回想をさらに続けると、昭和十五年度は五十六が長官として初めて教育訓練計画を樹立した年である。

参謀長の福留は長官の指示を請うことになった。艦隊の平時の訓練は、そのまま戦時に引き継がれる。したがって長官の創意工夫が重要だった。

「司令長官の意図を中心に全艦隊水ももらさぬ有形無形のチームワークの出来るように仕上げる」のが艦隊訓練の意義だという。

五十六の新しい訓練方針は二つあった。

まず、航空戦重点主義である。航空戦の演練を重視するのは時代の要求でもあった。五十六は海軍航空隊の育ての親と目されており、将来は必ず航空機が勝敗を決する日が来ると信じていたので、当然ながらその意向が訓練に反映した。

次に邀撃《ようげき》決戦線の前進を福留は挙げている。それまでは、邀撃決戦線を小笠原諸島、マリアナ列島線とした作戦が行われていたのだが、それを東カロリン、マーシャル線に前進した作戦の研究演練に変えた。

これは「明日の戦闘に備える」訓練だった。日本の海軍はアメリカ艦隊を唯一の作戦目標としていた。すでにアメリカ艦隊はハワイに集結しており、「彼我戦略態勢を考慮」するのは当然だった。

その上で、アメリカの海軍力は急速に整備増勢されているので、なるべく早期決戦をするのが有利だというのが、情勢判断だった。

「そこで早期全力決戦を求める手段はないものか、ハワイ近海までも進出し決戦を敵に強要する方策等々の検討の結果、邀撃《ようげき》線を前進して、剣道のいわゆる彼我の間合いを詰めることにしかずとする結論に到達されたのである」と福留は述べている。

もし、これが真実だとすれば、五十六はもう昭和十五年の初めには「ハワイ近海までも進出し決戦を敵に強要する方策」を考えていたことになる。

実際に五十六が真珠湾に奇襲攻撃をかけるのは、これより二年ほど後の昭和十六年十二月である。

いくらなんでも、昭和十五年初めというのは早すぎはしないかという疑問もわく。福留の回想は、戦後になって語られたものであるから、そのへんで多少の混乱があっても仕方がない。

しかし、また一方では、五十六の優れたバランス感覚は、二年先の日本の運命までも透視していたのではないかとも思えるのである。

多様な面貌

連合艦隊司令長官に就任してからの五十六の日常は、どのようなものだったのだろう。初めに要求されるのは何よりもまず体力だった。

当時、艦隊での飛行訓練は熾烈を極めた。特に艦橋の指揮所に立つのは、経験者以外には想像がつかないほど疲れるものだった。

しかし、五十六はどんなときでも、作業が終わって最後の一機が無事に収容されるまでは、けっしてその場を動かなかった。司令長官を務めている間に、五十六が艦橋に立たなかったのは、たった一度、病気で休んだときだけだった。

演習が終わり、若い士官たちが疲れた身体を引きずるようにして士官室にもどる。すると、長椅子に横たわる暇もなく、五十六がそこに登場する。

「おい、将棋をやろうぞ」というのである。長官の命令となれば、断るわけにはいかない。くどいようだが、訓練中に全く交代がなく艦橋に立ち尽くしていた五十六は士官たちと同じか、それ以上に疲れているはずだった。しかも、五十六はもう五十代も半ばを過ぎる年齢になっていた。

それにもかかわらず、平然として将棋を続けた。確かに五十六は並外れて将棋が好きだった。郷里の長岡でも若者たちを相手に将棋をさすのを楽しみにしていた。

しかし、ここまで将棋にこだわるのは、彼にとっては、このゲームが一種の精神安定剤の役割を果たしていたからとも思える。肉体の疲労を癒やす効果があったのかもしれない。

訓練が一段落すると、休養地に入港する。このときも長官の立場は、けっして暇ではなかった。地方の官僚その他の訪問者が、どっと押しかけて来る。その応待に忙殺されることになる。

もとより、五十六は社交が得意だった。通常はどんな客にでも機嫌よく接した。また答礼のためにも出掛けた。その姿は部下たちの目には、まさに「精悍無比」に映った。

自分が他人に比べてあり余るエネルギーがあるからといって、周囲の人々を巻き込むのは極力避けようとしていたふしもある。

司令長官の間は、毎朝四時には目を覚ましたが、従兵に気を遣って六時半まではベッドの中にいた。夜もまた、就寝するのは十二時頃だったが、遅くまで従兵に面倒をかけないように九時には入浴するのを習慣とした。

夜は全国から寄せられた手紙の返事を書いたり、揮毫《きごう》を頼まれたのを気軽に引き受けて、筆を執ったりして過ごしたという。

とにかく五十六は、気配りをする人として有名である。それを悪意に解釈して、人気取りだった、あるいは芝居気があったと評する向きもないではない。

たとえそうだったとしても、あそこまで徹底するのは見事だといえる。

たとえば若い士官たちと将棋をするときは、ビールを賭ける。そして、いざ勝負が終わってみると、必ず皆がそれぞれ一本ずつ飲めるように長官が負けていた。つまり、手加減をして負けてやっているのである。

それだけの気配りを部下には見せながら、軍令部総長だった伏見宮に呼ばれて将棋をさしたときは、初手合わせに三番やったが、全く無愛想にただ三番ともストレートに勝った。

その翌日にまた呼び出された。平気な顔でここでも勝ってしまった。伏見宮はよほど悔しかったのか、三日目も来いという。そこで五十六が宮邸に出向くと、お付きの人が、「山本さん、ちょっと考えてやって下さいよ」と耳打ちをした。

なにしろ戦前の話であるから、宮様といえば絶大な権威があった。実は伏見宮は愚直であり、そのくせ海軍の人事には口を出し、太平洋戦争の遠因をつくったのだと書く研究書もあるのだが、五十六が伏見宮に好意を持っていなかったのはたしかなようだ。

三日目も五十六は伏見宮の将棋を三番とも完全に叩きのめした。

五十六が帰ろうとすると、お付きの人が、さも恨めしげな顔で、「あなたという人は……」とつぶやいた。

「私は同僚や部下には、時に戯れに負けてやることもあります。しかし、大事な目上の方には全力をあげて、誠心誠意、お相手します。勝敗なんか考えていません」といい置いて、さっさと引き揚げてしまったと高木惣吉は書いている。

いささか格好が良すぎる気もするが、旧長岡藩の負けじ魂も感じ取れる。また、この言葉には案外と真実がひそんでいて、自分より弱い者には気配りをする。しかし、強い者には全力でかかるという彼の信条があるようだ。

だから五十六は、「下には良いが上には悪い」といわれたのかもしれない。

五十六の揮毫を求めるのは、部下たちの中にも多かった。喜んで五十六はそれに応じたが、家族には、ほとんど書を残していない。部下への気配りを優先させた結果であり、また、家族も揮毫を頼むのを遠慮していた。

一見すると、五十六は司令長官となり、すこぶる元気そうに見えた。

その実、自分の眼前に待ち受けている日々を最もよく知っていたのではないだろうか。

昭和十四年十月二十三日に、九段の軍人会館で、長岡中学校の同窓会と長岡社が合同主催で、五十六の連合艦隊司令長官と小原直《おばらなおし》の内務大臣就任を祝う、祝賀会を開催した。

小原直も五十六と同じ長岡の出身で、旧長岡藩士の三男だった。初めは田中という姓だったが、長岡中学に在学中に、旧会津藩士で長岡裁判所の検事を務めていた小原朝忠にその学才を見込まれ、養子に迎えられた。

明治十年生まれなので、五十六より七歳年長である。長岡中学卒業後、上京して東京帝国大学に進学し、その後検事となり大正三年にはシーメンス事件の主任検事として辣腕をふるい、その名を知られるようになる。

昭和九年には長岡出身では初めての大臣として、岡田内閣で司法大臣を務めた。その時期に、美濃部達吉の天皇機関説事件が起きた。右翼や政友会より美濃部訴追の声があがったが、小原は抵抗して不起訴処分とした。

これが陸軍の反発を買い、阿部内閣では司法相とはなれず、内相兼厚生相として入閣したのだった。そうした事情があったにせよ、長岡人としては、連合艦隊司令長官と大臣を同時に輩出したのであるから、おめでたい話にはちがいなかった。

司会者の挨拶が終わると、まず小原直のスピーチがあった。

「不肖私も、内務大臣の大命を拝しましたときには、時を考え、その責務の重大さに三日三夜ついに眠ることを得ませんでした。いかにすればその大任を果たし得るや……？　祖国の前途を考えますと、身の竦《すく》む思いがするのでありました。しかしそのままでは御奉公がなりません。思いかえしまして、最後には、ついに全力を尽くして天命を待つ以外に道なきことを悟り、ようやくにして安眠を得た次第であります……」

居合わせた人々は小原の言葉に、あらためて日本の前途を思い、その一端を担う政治家の責任を痛感した。

そして、五十六の挨拶の番がまわってきた。多くの参加者は、以前に五十六が次官に就任した際の挨拶を思い出していた。そのときは、長岡出身の先輩が、五十六に向かって、けっして立派な軍政家になってほしくはないといった。東郷平八郎を例に出し、政治を超越して、武人の本分を堅持してもらいたい、政治によって傷つかないことを祈ると語った。

それに対する五十六のスピーチは、かなり激しい調子だった。

「私たちは一口でいうならば、国家の忠実な番犬であります。日本の邸内を侵す者があれば、その時には身命をなげうって相手に挑んでゆく任務があって、もともと政治にかかわりたくはないのであります。しかし、この日本の邸内を覗《うかが》う賊は一名ではありません。出入り口も三つか四つありますが、哀しいかな番犬は一頭であるという場合、この番犬はどんなに邸内を走りまわっても守りきれなくなるのであります。といって、拱手《きょうしゅ》して賊の侵入を見逃すわけには、尚更まいりません。せめて、他の口をしっかりと鉄扉で塞いでおいてくれますなら……政治家諸君にそうお願いできますなら……番犬は喜んで、つねに一つの関門を守り得る。

ぜひそうして頂きたいものと、この際、特にお願いしたい次第であります」

並みいる人々は、五十六のこの発言に思わず顔を見合わせた。

まずは政治家がしっかりしてくれなければ、日本の国防の責任は持てないのだと明言している。

それとともに、軍人は政治に関与すべきではないという五十六の信念がはっきりと示されていた。

海軍大臣か連合艦隊司令長官になるかの選択は、もちろん五十六が決定したことではない。決定権は米内光政にあった。そして米内は、五十六に日本という国家の忠実な番犬であることを要求した。賊の侵入する口を鉄扉で塞ぐ役割は与えなかった。

それを知る参加者たちは、あらためて司令長官五十六の口から今度はどんな言葉が出るのかとひたすら待った。

「只今、小原閣下は、三日三夜熟考の上、ついに人事を尽くして天命を待つの悟《さとり》に至り、安眠を得られた由伺いまして、不肖な私は、その御心境に思わず羨望をおぼえました。不肖の任務は申すまでもなく、祖国を守護しぬくことにあります。天命であるといって、けっして負けてはいられないのであります。覗い寄る敵は断じて撃砕しなければならぬ！　天命を待つのみでは祖国の安泰は期しがたいのであります。どうして敵を撃砕するか！　不肖の脳裏はこのことでいっぱいであります！　さまざまな場合を考えますと、就任一ヵ月、不肖な私は、まだ一日も安眠したことがございません――」

これは山岡荘八の『元帥山本五十六』からの引用なのだが、反町栄一の本ではニュアンスが少し違っている。

就任以来一度も安眠していないという部分は同じなのだが、語調はもう少しやさしくなっている。自分の任務の遂行の如何は、まさに日本の興廃に関するのであり、「私の任務は実に不成功たることを許されない」といっている。敵を撃砕すると叫ぶよりも、自分の任務の難しさを説くほうが、五十六のスピーチらしい感じがする。

いずれにせよ、五十六が夜も眠れぬほど、任務の遂行に頭を悩ませていたのは間違いなかった。

豪胆で知られる五十六も、ひしひしと国難のときが迫って来ているのを感じていた。といって、五十六がそのプレッシャーに負けていたかというと、どうやらそうでもなかったらしい。

五十六が長官に就任して間もなく、高木惣吉が海軍省でばったり彼と出くわした。

このときの五十六の姿を高木は次のように描写している。

「――あの南北に一町ほどもつづいた、ところどころ、うす暗い長廊下の日比谷側から、おそろしく横柄な歩きぶりの若いチビ士官が来るのを見つけた」

近づいてみると、その「チビ士官」は、今をときめく連合艦隊司令長官だった。

遠目にはまだ若い士官に見えたのは、五十六の歩き方がせっかちで、いかにも若々しかったからだ。

「軀幹短小、日本海々戦で左手をはじめ、全身に負傷していたが、その気魄は短身にみちあふるるものがあった」とも高木は書いている。

また、長官になって半年もした頃、高木は安倍能成一高校長をはじめ、何人かの知識人を案内して旗艦「長門」へ出向いた。初め五十六は不在だったが、一時間ばかりすると艦にもどって来た。

「潮風に吹かれて赤銅色に日やけした大将は、次官時代と見違えるばかり、ひとまわりも肥って、腹部の軍服は丸く盛りあがり、折目正しい服装、几帳面にかぶった軍帽、その全身から精気の放射を感ずるような武者ぶりであった」という。

五十六は一行をもてなせないことを、さかんに残念がった。陸軍も海軍もとかく知識人は「ウルサイわりあいに臆病で、いざというときに頼りにならぬ」と軽蔑する者が多いなかで、五十六の「指導的文化人」に対する好意が高木には珍しく感じられた。

昭和十五年一月十六日、米内光政が内閣総理大臣に任命された。

この背景には昭和天皇の強い意向があったという。平常は天皇が内閣の選定について口出しをすることはまずなかったのだが、二つの理由で「次は米内にしてはどうか」という御沙汰が湯浅倉平内大臣に告げられたものと思われる。

その第一の理由は、昭和天皇が三国同盟に反対していたからである。一月十四日に阿部信行の内閣が総辞職し、その後任の総理には、陸軍の畑俊六大将が有望視されていた。間違って「大命畑陸相に降下」などという号外が出たほどだったのだが、天皇としては陸軍の独走を危惧し、海軍から首相を選んだ。

二つめの理由は、もともと天皇は米内に対して深い信頼の念を置いていた。米内を気に入っていたのである。

さらに内大臣だった湯浅は天皇の側近の中では随一の硬骨漢であり、陸軍の独走に歯止めをかけられるのは天皇しかいないという信念で天皇を補佐していた。そのため、彼の内府在任中ほど、天皇が陸軍に対して強硬な姿勢に出たことはなかったといわれている。

その湯浅も間もなく六月には、内大臣の座を木戸幸一に譲ることとなる。

ともあれ、米内の総理就任の一報を、五十六は複雑な思いで受け止めていただろう。

五十六の考えとしては、軍令部総長の伏見宮が辞任した場合、その後任は米内以外にないと思っていた。米内が軍令部総長となれば軽々に対米英戦を始める心配はなかった。

総理に就任するため米内は海軍の予備役編入を願い出て現役を退いた。当然ながら海軍の中には米内を惜しむ声が多かった。

五十六とても同じ気持ちだったが、その反面、米内が総理大臣でいる限り、三国同盟の締結は避けられるという期待があった。

そして実際、彼の在任中に三国同盟の案は完全に封じ込められていた。

昭和十五年二月十七日、五十六は海軍省の勅任参事官榎本重治に送った手紙に、はっきりと自己の信ずるところを述べている。

榎本からの書簡に対する礼をいった後で、自分も同盟に関しては全く同感であると書き「あんな同盟を作って有頂天になった連中がいざという時自主的に何処迄頑張り得るものか問題と存じ候」とある。

まさに三国同盟とは、五十六にとっては「あんな同盟」だったのだ。しかし、五十六の憂慮はやがて現実のものとなり、「いざという時」がいやでも訪れるのである。

総理大臣に就任したものの米内光政を取り巻く日本の状況は厳しかった。

日中戦争は長期化し、アメリカは蔣介石を援助している上、日本への経済制裁も強化していた。

この頃日本の生活物資は慢性的に不足しており、米内内閣は「コメナイ」内閣とまで呼ばれた。

マスコミも米内閣は陸軍に憎まれて、どうせ短命に決まっていると見ていた。

それでも天皇の米内に対する信任は変わらなかった。内大臣が湯浅から木戸に代わったときも、新任の木戸に対して、「状況の変化があれば格別、しからずんば、米内内閣をなるべく続けしむる方よからん」と声を高めていったという。

その間にもヨーロッパの情勢は恐ろしく変化していた。

ドイツ軍が破竹の勢いで中立国のデンマーク、ノルウェーに侵入し、さらにはオランダ、ルクセンブルク、ベルギーに侵攻した。そしてフランスまでがあっけなくドイツの手に落ちた。

独ソ不可侵条約以来、しばらくは遠ざけられていた三国同盟の案が、またしても激しく論じられるようになった。

ドイツと手をつなげば、今までオランダやフランス、イギリスの植民地だったアジアの国々を一挙に日本のものとすることができる。特にボルネオやスマトラの石油はすぐにでも手に入れたかった。

多くの日本人にとって、ドイツは希望の光明に思えた。ドイツとさえ同盟を結べば、現在、日本がかかえている問題はすべて解決するのだという夢想に取り憑かれたのである。

米内はもちろんのこと、五十六もまたそれがいかに危険な行為であるかを承知していた。しかし、海軍大臣でもなく、むしろ政治には関与しない立場を取っている五十六としては、積極的にこの動きを止める行動に出るのは難しかった。

実際、自分でも任務に関する限界はよく承知していた。昭和十五年二月十八日に知人にあてた手紙でも、海上勤務が半年となり、まだまだやるべき仕事が海上に山のごとくあるので、自分は「海上の技術者」たるべきであって、政治などという柄にないことは「まっぴら」だと述べている。

いや、実は五十六は政治にも興味があったと書く彼の伝記もあり、そのへんは推測の域を出ないのだが、当時の五十六にとって最も大切なのは「軍人の本分」だったのではないだろうか。

ドイツに対する異常な熱気の中で、米内内閣は今度は「ヨーナイ内閣」といわれるようになった。

陸軍の倒閣運動は露骨になり、ついに畑俊六陸軍大臣が米内に辞表を提出した。そして陸軍は後任の大臣の推薦を拒否したため、米内内閣は総辞職せざるを得なくなった。

昭和十五年七月十六日、米内内閣は総辞職した。二十二日、第二次近衛内閣が成立。

そして、わずか二ヵ月後の九月二十七日には、日独伊の三国同盟が成立してしまった。

この時期に、五十六は当局に意見書を提出していたと反町栄一の本にはある。その内容は次のようだった。

「日米戦争は世界の一大兇事にして帝国としては聖戦数年の後更に強敵を新たに得ることは誠に国家の危機なり、日米両国相傷《きず》つきたる後に於てソ連又は独国進出して世界制覇を画す場合何国がよく之を防禦し得るや。独国勝利を得た場合に於て帝国は友邦なりとして好意を求めんとするも、不幸にして我国も傷つき居たりとせば其の術もなく、友邦は強大なる実力の存する場合に於てのみ之を求め得べきのみ。帝国が尊重せられ、交りを求めんとする者相次ぐは我が海軍を中心とする実力儼存するに依らざるべくんば非らず。よって日米正面衝突を廻避するため両国とも万般の策をめぐらすを要す可《べ》く、帝国としては絶対に日独同盟を締結す可からざるものなり」

結局のところ、三国同盟を阻止するためには、海軍が踏ん張るしかなかった。

ところが、その海軍は大臣が吉田善吾から及川古志郎に代わった。及川が東京で海軍首脳会議を開いたのは九月の五日と六日だった。

五十六は会議に出席するために瀬戸内海の柱島から上京した。

この会議は海軍が三国同盟に賛成することについて、同意を得るためのものだった。

「今回の三国同盟に海軍が反対すれば、近衛内閣は崩壊し、その責任は海軍が取らねばならない」

というのが及川の意見だった。だから同盟の締結に賛同してほしいと列席者一同に訴えた。

及川は前任者の吉田や米内と違って、陸軍と協調路線で進みたいという考えの持ち主だった。また、当時の軍令部総長だった伏見宮も、及川の考えに特に異を唱える気持ちはなかった。

しかし、このとき、五十六は立ち上がり、及川にある問いを投げかけた。

「私は大臣に対して絶対に服従するものであります。只心配に堪えぬ所がありますので御訊《たず》ね申し上げます。昨年八月まで私が次官を務めておった時の政府の物動計画は、その八割まで英米圏内の資材でまかなうことになっておりました。しかるに三国同盟の成立した今日では、英米よりの資材は必然的に入らぬ筈でありますがその不足を補うためどういう計画変更をやられたのか、この点を聞かせて頂き、連合艦隊司令長官として安心して任務を遂行して行きたいと存じます」

この五十六の質問に及川は答えず、一同にふたたび賛成を求めて会議は終わった。

五十六の無念の胸中は察して余りある。いよいよ日本が最悪の事態に突き進むことを、彼だけがしっかりと認識していた。

しかも、彼は自分でもいっているように、連合艦隊の司令長官である。軍人であって政治家ではない。軍人は国家が戦争を始めた場合、全責任を負って指揮しなければならない。その場の雰囲気に流されるような刹那主義では任務は遂行できなかった。

ちょうどこのとき、五十六は近衛首相のたっての要望により、海軍大臣の許可を得て、近衛の私邸荻外荘《てきがいそう》で会見した。

日米戦が起きたときの見通しについての質問を受けて、五十六がどう答えたかは、今ではあまりに有名になっている。

「それは是非にやれといわれれば初め半年や一年の間は、ずいぶん暴れて御覧にいれます。しかしながら二年三年となれば全く確信は持てません。三国同盟ができたのは致し方ないが、かくなりましては日米戦争を回避するよう極力御努力を願いたい」

このように答えたと近衛は手記に書き残している。

戦後になって、五十六のこの言葉は、数々の議論の対象となった。もちろん、それは近衛の記述が真実である場合という前提がつくのだが、それにしても、なぜ五十六はこのように答えたのか。初めから全く見込みがないというべきだったのではないか。そうすれば戦争を回避する可能性があったのではないかという意見も聞かれる。

しかし、多くの人は五十六の発言に納得しているのではないだろうか。半年や一年は暴れてみせるというのは、連合艦隊司令長官としての自負である。それくらいの覚悟も体力も日本の海軍にはあった。ただし長期戦となると話は別だった。戦争は精神力で勝てるほど甘くはないと、五十六は知り抜いていた。

真珠湾への道

昭和十五年九月の時点で、日米戦争の可能性について深く心を痛めていた人物の一人に、昭和天皇がいた。

九月十六日、近衛首相が参内した際、天皇は次のように問いかけている。

「今回の日独軍事協定については、なるほどいろいろ考えてみると、今日の場合已むを得まいと思う。アメリカに対して、もう打つ手がないというならば致し方あるまい。しかしながら、万一アメリカと事を構える場合には海軍はどうだろうか。よく自分は、海軍大学の図上作戦では、いつも対米戦争は負けるのが常である、ということをきいたが、大丈夫だろうか」

実に率直に、天皇は日本が負けるのではないかと危惧している。万一、日本が敗戦国となったらいったいどうなるのだろう。同じときに、近衛も自分と労苦を共にしてくれるだろうかと尋ねてもいる。

近衛は、もちろん「誠心御奉公申し上げる覚悟でございます」と答えているのだが、やがて天皇の心配は現実のものとなり、敗戦の日を迎える。その前に、近衛は内閣を去り、終戦から四ヵ月後の二十年十二月、服毒自殺を遂げた。

いよいよ三国同盟が締結されようとする前後、天皇はくどいほど何度も側近たちに自らの不安をぶつけている。

九月二十一日にも木戸幸一内大臣に、「この同盟を締結するということは、結局日米戦争を予想しなければなりはせぬか」と質問した。これに対して近衛首相と松岡洋右外相が「この同盟は日米戦争を避くるが為めであって、この同盟を結ばざれば日米戦争の危険はより大きくなる」との旨を奏上した。

今から考えれば、全くいい加減な返事をしていたものである。

五十六はすでに次官の立場でもなかったので、こうした天皇の心痛が直接、彼の耳に届くことはなかっただろう。

もしも五十六が、海軍大臣かせめて次官であったなら、天皇の問いに対して、はっきりと日米戦争の可能性を告げ、同盟を結ばないよう働きかける機会は、間接的にせよあったように思える。

しかし、残念ながら五十六はすでに洋上にあって、政治的にはほとんど無力だった。日本の将来を鋭く見据えていた天皇と五十六は、二人とも、同じほどの危機感を持ちながらも、三国同盟へと向かう怒濤のような流れを、ついにせき止めることはできなかった。

五十六がハワイの真珠湾攻撃の基本的な構想を及川古志郎海軍大臣に手紙で書き送ったのは、昭和十六年一月七日である。

しかし、この前にすでに口頭で意見陳述をしている。それは前年の十一月下旬だった。つまり少なくとも昭和十五年秋には、五十六の胸中に、きわめて具体的な対米戦の草案が出来上がっていたことになる。

この年、日本では皇紀二千六百年を祝う数々の行事があった。

十一月十日には、宮城二重橋前の広場で祝賀大会が開催された。天皇、皇后両陛下の臨席のもと各界の代表が参列し、華やかな式典が繰り広げられた。

五十六も当然、連合艦隊司令長官として出席するはずだったが、なぜか、出席を見合わせている。

その理由を反町栄一に次のように語った。

このたびの式典では、両陛下をはじめ日本を代表する人々が二重橋前に全員集合するのであるから、日本としては未曾有のことだ。

しかし、今、日本は中国と戦争の最中である。敵将の蔣介石はあなどれない将軍だ。しかも、中国は日本を爆撃するのに十分な飛行隊も完備している。もしも自分が仮に蔣介石将軍の立場だったら、自身の所有する飛行機の先頭に立って、全力を挙げて大祝賀会の最中の二重橋を空襲するだろう。朝野の有力者を全滅させて、日本を一挙につぶしてしまうだろう。

だから、自分は全艦隊を率いて、日本の、特に東京の空を守り、敵機が来たら一機あまさず撃ち落とそうと、二日二晩、連合艦隊の全将兵と共に、大空を睨んでいた。幸いにことなきを得たのは天佑であった。

そう五十六がいうのを聞いた反町は、「山本長官の忠誠と愛国の至誠」に、いつものように大感激している。

本当に五十六が蔣介石の攻撃を案じていたのかと疑問を呈する伝記もある。何かでつむじを曲げて欠席したのではないかというのである。

その可能性も否定できないが、もしもすでに五十六が真珠湾への奇襲を念頭に置いていたとしたら、同じように蔣介石が、日本へ奇襲攻撃をかける可能性を案じていたとしても、そう不自然ではない。

自分が考えることは、他人もまた考えるだろうという発想である。それほど五十六は用心深くなっていたのではないか。

この四日後の十一月十五日、五十六は海軍大将に昇進した。

よく考えると、昭和十五年九月二十七日に日本とドイツ、イタリアとの間に三国同盟が調印された事実は、その後の五十六の運命を決めたといってもいい。

すでに何度も記したが、五十六は現実主義者である。

ヨーロッパをほぼ手中に収めたドイツが、イギリスを占領するのも間近かと見られていた頃、日本人の多くはドイツの側につくのが有利だと計算していた。

しかし、五十六は違った。アメリカ側の猛反発を初めから予見して、さらには、やがて米英を相手に戦わざるを得ない日を思った。

五十六の予想どおり、アメリカは、すぐに対日屑鉄輸出の禁止を決定し、中国の蔣介石政権へ巨額の借款を供与した。

この時点で、やがて迫り来る太平洋戦争の足音を、確実に五十六は感じていた。

昭和十五年十二月十日、五十六が嶋田繁太郎に宛てて出した手紙にも、彼のいら立ちは如実に表れている。

「日独伊同盟前後の事情其後の物動計画の実情を見るに、現政府のやり方はすべて前後不順なり。今更米国の経済圧迫に驚き憤慨困難するなどは小学生が刹那主義にてうかうかと行動するにも似たり」

こんなことはとっくに前からわかっていたという五十六の筆致である。

「過日ある人の仲介にて近衛公が是非会い度との由なりしも再三辞退せしが余りしつこき故大臣の諒解を得て二時間計り面会せしが随分人を馬鹿にしたる如き口吻にて現海軍の大臣と次官とに対し不平を言はれたり是等の言分は近衛公の常習にて驚くに足らず。要するに近衛公や松岡外相等に信頼して海軍が足を地からはなす事は危険千万にて誠に　陛下に対し奉り申訳なき事なりとの感を深く致候御参考迄」

近衛に対してはなんとも手厳しい調子だが、五十六が、「陛下に対し奉り申訳なき事」を心配するのには理由があった。いざ米英を相手に戦争となれば舞台は太平洋であり、責任のほとんどは海軍のものとなる。

その海軍で五十六が最も頼みとする航空兵力の増強はなかなか進まず、昭和十五年一月の時点で、海軍航空部隊のパイロットはわずか三千五百人しかいなかったのである。

五十六が自分と同時に海軍大将となった嶋田繁太郎に、いたって率直な手紙を出してからほぼ一年後に、日米開戦の日を迎えるわけである。

では、当時の五十六はアメリカ人に対して、個人的にはどのような感情を抱いていたのだろうか。

たとえば、ジョン・D・ポッター著『太平洋の提督』では、「アメリカ人にたいする偏見は持っていなかった」として、昭和十六年九月に、長岡中学の同窓会が東京で開かれた際の五十六のスピーチを引用している。

「米国人がぜい沢だとか弱いとか思うている人が、たくさん日本にいるようだが、これは大間違いだ。米国人は正義感が強く闘争心と冒険心が旺盛である。とくに科学に基礎をおいて学問の上から割りだしての実行力は、恐るべきものがある」

ほとんどアメリカ人を絶賛しているとも受け取られかねない調子である。

さらに五十六は、日本の工業力はアメリカとは比較にならず、「石油だけをとってみても、日本は絶対に米国と戦うべきではない」と語っている。

これが真珠湾攻撃の三ヵ月前の言葉であるところは興味深い。

実際、アメリカによる経済封鎖で、日本が一番の痛手を被るのは石油だった。

海軍は、昭和十六年の夏までに六百四十五万トンの石油を貯蔵していた。これは、連合艦隊が約一年半、戦えるだけの量である。いくら節約をしても三年が限度と見られていた。

この石油の貯蔵量が頭にあったから、五十六が近衛首相に半年や一年はともかく、長期戦となると確信がもてないと答えたのだろうと指摘する研究書は多い。

ふたたび五十六の対米観にもどると、三輪公忠著『隠されたペリーの「白旗」』の中に、「山本五十六はペリーに復讐した」という章がある。

　この本は、かつて日本に開国を迫ったとき、ペリーがあらかじめ幕府に白旗を贈呈していたという事実をもとに、さまざまな論考が述べられている。

　それによると、五十六にとってペリーに代表されるアメリカ人は「文明開化を触発した『恩人』としてではなく、文明を正義と単純に信じ込んでいる暴力の盲者」として立ち現れたはずだという。

　その実例として、ウイラード・プライスの文章を紹介している。

　アメリカの作家であるウイラード・プライスは、大正四年に日本で五十六と会う機会があった。まだこの当時は高野五十六であり、遠洋航海で外国へ行ったりはしたが、アメリカに留学した経験はなかった。

　日本へ渡る途中、船中で知り合った男爵瓜生外吉《うりゅうそときち》海軍大将の東京の家で、プライスは五十六を紹介された。このとき五十六は将棋をさしていたという。

　それから庭園にある茶室に場所を移し、二人だけで話をした。なぜか二人とも、むっとした顔つきだった。

　プライスが「アメリカの言論人」だと紹介されたとき、五十六は「本当のことを聞いても気を悪くしないならかまいません」といってインタビューに応じた。

　五十六の返答は、すべてきわめてストレートなものだったらしい。プライスは五十六の言葉を、丁寧にノートに書きとめた。そして、この若い日本の軍人のことなどすっかり忘れてしまった。

ところが昭和十六年十二月になって、真珠湾が攻撃され、その十時間後にはフィリピンも猛火に襲われ、間髪入れず、マレー、グアム、ウェーク島が日本軍によって陥落した。

このとき天皇が祝電を送った相手が山本五十六大将だと知ったプライスは、驚いて昔の古いノートを探し出した。

そこには次のように書かれていた。

「幼少時から五十六はアメリカを憎んでいた。父親から毛むくじゃらの野蛮人の話を聞かされたその時から。彼等は肉食の習慣のために野獣と同じ体臭がする生物で、黒船でやってきて、日本の門戸を打ち破り、天皇を威嚇し、古来の風習を土足で蹴散らかし、損害賠償を要求し、布切れででかい鼻をかみ、それを捨てもせず、そのままポケットにしまいこんだりした」（『隠されたペリーの「白旗」』より）

そして、プライスになぜ海軍を志望したのかと聞かれて、五十六は「ペリー提督のお礼参りがしたかったまでさ」と答えたという。

このときのインタビューをもとに、プライスは日米開戦直後、ハーパーズ・マガジンに「アメリカの第二の敵＝山本」と題する論考を発表したのだった。

「恐らく、われわれにとって一番主要な個人としての敵は、アドルフ・ヒトラーの次には、面の皮は厚く、鉄砲玉頭で、心のなかは怨恨でいっぱいの山本五十六だろう」というのが、冒頭の文章だった。

真実はどうあれ、このハーパーズ・マガジンに掲載された一文のため、山本五十六という人物は、アメリカを激しく憎んでいるという固定観念が、少なくともアメリカ国民の間では定着してしまった。

昭和十八年に五十六が戦死したときに、五月二十二日付のニューヨーク・タイムズは、五十六がアメリカを憎んでおり、若い頃に父親から、彼らは野蛮人で、黒船で日本の門戸を開けさせ、天子様を脅かして、昔ながらの風習を踏みにじったのだと教えられたと報じている。

これは明らかに、前出のプライスの記事を参考にして書かれたと思われる。

三輪公忠の論考では、五十六は「通常の日本人よりも、濃厚なアメリカ憎悪の心象を父親ゆえにうけていた」と推測している。

そうした解釈も可能だが、実際にアメリカで生活をしたり、アメリカ人との交友を深めたりした結果、五十六個人としては、それほど強い憎悪をアメリカ人に対して抱いてはいなかったのではないかとも考えられる。

さらに、好きか嫌いかといった次元での問題よりも、実際に戦争をした場合、勝てるか勝てないかが、五十六にとっては最も大きな関心事だったはずだ。

だからこそ、昭和十六年一月二十四日に笹川良一に宛てた手紙にも次のような一節があったのである。

「――日米開戦に至らば己が目ざすところ素よりグァム比律賓《フイリピン》にあらず、将又《はたまた》布哇《ハワイ》桑　港《サンフランシスコ》にあらず　実に華府《ワシントン》街頭白亜館上の盟ならざるべからず　当時の為政家果して此本腰の覚悟と自信ありや」

つまり、日米開戦となれば、ハワイやサンフランシスコを目指すのではない。ワシントンのホワイトハウスを乗っ取るくらいの覚悟がなければならない、ということだ。

それだけの自信が今の政治家にあるのかと、五十六は問いかけている。ただなんとなく情緒的に、あるいは神がかり的に開戦へと掛け声を高くしている人々に対する痛烈な皮肉である。

しかし、この五十六の手紙は意図的に、最後の部分「当時の為政家云々」が削られて発表された。日本の戦意高揚のため利用されたのである。

その後、アメリカでは五十六がホワイトハウスで指揮を執るつもりでいるといった内容のニュースが流れ、ヒトラーに次ぐ悪役として五十六の名前が人々の口にのぼるようになった。

五十六が個人的にアメリカやイギリスに対して好意的であったかどうかは、結局のところ不明だ。ただ、冷静な眼でその実力を認め、美点も理解していたのはたしかだ。

その上で、昭和十六年一月七日付で及川古志郎海相に宛てた手紙では、日米開戦の場合、勝敗は第一日において決する覚悟が必要だと述べている。

「敵主力の大部、真珠湾に在泊せる場合には、飛行機を以て之を徹底的に撃破し、且つ同港を閉塞す」というのが作戦の要領だった。

すでによく知られているように、この年の十二月八日、五十六は計画を実行に移す。

つまり、今から考えると、昭和十六年という年を、五十六は日々、息づまるような思いで過ごしていたことになる。

戦争が始まれば、自分の生命はない。しかし、その前に、海軍を退役する可能性もあり得た。通常だと連合艦隊司令長官の任務は二年で終わる。

この年の四月に長岡の知人に宛てて出した手紙には、揺れ動く五十六の胸中が綴られている。

「小生も今年一年海上を死守し、幸に事なければ海軍の御奉公も先づまづ用済みに付、悠々故山に清遊時に炉辺に怪腕を揮ふの機会も可有之。夫れ迄に充分腕を研き置く様連中に御申聞被下度、又本年中に万一日米開戦の場合には『流石は五十サダテガンニ』と言はるる丈けの事はして御覧に入れ度ものと覚悟致居候、何はともあれ長岡は追々寂しく相成候節に御帰岡は誠にありがたき次第に御座候」

　もしも退役したら、長岡でゆっくり静養したいと思う反面、開戦となれば、さすがは五十六さんだけのことはあると、故郷の人々にいわせるような働きをしてみせると、密かな自信を披露している。

　もうこの時期、真珠湾奇襲攻撃の構想はかなり本格化していた。その日を想定しての訓練も始まっていたので、五十六の言葉に誇張はなかった。

　しかも、五十六はもしもハワイを空襲する場合は、自分は第一航空艦隊司令長官として出撃するつもりでいた。後任は米内光政に務めてもらおうと考えており、前出の及川海相宛ての一月七日付の手紙では、「願くは明断を以て人事の異動を決行せられ、小官をして専心最後の御奉公に邁進することを得しめられんことを」と述べている。連合艦隊司令長官という地位に、五十六は固執していなかった。

　五十六の栄進は、妻の礼子の実家にとっても名誉なことだった。

　礼子の父、康守は亡くなっていたが、母の亀久は健在だった。

　洋上での生活が長くなった五十六は、それでも暇をみつけては、礼子の母、亀久を訪ねた。大将になってからも、ふらりと亀久の前に現れ「お義母《かあ》さん、御飯を御馳走になりに来ました」などといって、ときには台所まで入り込み、料理の手伝いをした。

息子たちには「男子は厨房に入るべからず」と厳しくいいきかせている割には、他家では平気で台所に立った。

亀久は、海軍で大将の位にまで昇りつめた娘婿を前にして、思うところがあったようだ。「あなたがどんどんお偉くなるのに、私の娘は昔のままで、本当に申し訳なく思っています」といった。

実際、礼子は夫がいくら偉くなっても、贅沢をするわけでもなく、嫁に行ったときのままの素朴な暮らしをしていた。

五十六は亀久の言葉を聞くと黙って筆を執り、「見る人の　心々に任せおきて　高根にすめる　秋の夜の月」とすらすらと道歌を書いてみせた。

このエピソードは割合とよく知られていて、五十六の伝記には必ずといってよいほど紹介されている。

おそらくは五十六の死後に亀久が語ったものであろう。

それにしても、なぜ、五十六はこのような返事をしたのだろうか。また、亀久の胸中にはどのような思いがあったのだろう。

もしかしたら、五十六に愛人がいることを亀久は知っていたのかもしれない。その上で、さらりと自分の娘に不満があるのではないかと尋ねたのだろうか。

五十六は鋭く亀久の懸念を察して、礼子は礼子のままでいいのですよと、歌に託して答え、年老いた義母を安心させた。そんなふうにも考えられるのである。

お膳を運んで来た亀久に「では、ひとつ配給米の予定を狂わしていきましょう」と五十六は箸を取った。「心配はいりません。こちらも会津武士、ちゃんと食いだめはしてあります」と亀久はにこやかに答えた。

亀久に求められ、この夜、五十六は書をしたためている。それには、「中才は肩書により て現はれ、大才は肩書を邪魔にし、小才は肩書を汚《けが》す」と書かれていた。

昭和十六年の初めには、もう確実に五十六の念頭にあった真珠湾奇襲攻撃に対して、日本の軍上層部は全面的に賛成していたわけではなかった。

当時第一航空艦隊参謀で、五十六と共にこの計画の立案に参加した源田実は、後に自身の回顧録の中で次のように述べている。

いささか長いのだが、五十六という人間の実像をよくとらえているので、引用してみたい。

「十月中旬の『長門』における図上演習の前は、ハワイ作戦の中止とか……相当もたもたした空気がはびこっていた。……演壇に立った山本長官は、全員をにらみつけるようにして宣言した。『ハワイ作戦について、いろいろと意見があるが、私が連合艦隊司令長官である限りは、この作戦は必ず実施します。以後再び、この問題について、論議しないようにしてもらいたい。ただ、実施するに当たっては、実施するものが納得するような方法でやります』。演習参加者の末席を汚して、この訓示を聞いていた私は、圧倒するばかりの山本長官の迫力を感ずるとともに、『名将の言行について、いろいろ聞かされてきたが、ほんとうの名将とはこんな人のことをいうのであろうか』と心で思い、目の前にその名将が出て来たように感じた。

過去六十八年の人生の中で、この時くらい強烈な印象をうけた訓示を聞いたこともないし、このくらい、一人の人間の底の知れない迫力を感じたこともなかった。

ハワイ作戦の計画を聞いた幹部の中で飛行機の搭乗員は別として、双手を挙げて賛成したのは、私の知る限りでは山口少将だけではなかったかと思う。他の長官、司令官、参謀長、艦長及び中央当局すべて反対か、二の足を踏んだのが実情であり、また実際に計画と訓練を進めれば進めるほど、前途に横たわる困難が大きかった。

こんな場合、人間はえてしてやすきにつきたがるものである。もし連合艦隊司令長官が山本長官の如き鋼鉄の意志を持った人でなかったならば、多数の反対に弱気を起こして、作戦の着想はあったとしても実行には至らなかったであろう」

ここで源田が明確にしているのは、五十六が持つリーダーとしての、恐ろしいまでの迫力だった。誰が反対しようと、採るべき道を決めた以上、その目的に向かって邁進する意志の強さだった。源田のいうとおり、この作戦は五十六だからこそ実行できたのである。

連合艦隊司令長官としては、ハワイ作戦に関して一歩もひかぬ強気の姿勢を見せる五十六だったが、実はその内面は複雑だった。

昭和十六年十月十一日、親友の堀悌吉に宛てた手紙がある。

この頃、日米関係は最悪の事態を迎えており、開戦は避けられないと、ほとんどの日本人が予感していた。

「大勢は既に最悪の場合に陥りたりと認む。山梨さんではないが之が天なり命なりとはなさけなき次第なるも、今更誰が善いの悪いのと言った処ではじまらぬ話なり」と、五十六にしては、ずいぶんと愚痴っぽい調子である。

彼にとっては、日本の現状はまことに「なさけなき次第」だった。アメリカはすでに七月に在米日本資産を凍結し、八月には対日石油の輸出を禁止する措置に出ていた。

そして十月には東条英機が首相となった。その東条内閣は、十一月五日、御前会議で、「対米英蘭戦争を決意」したと述べている。

この当時、天皇の侍従だった入江相政の日記には、十一月五日付で次のようにある。

「国策、これによつていよ〳〵確立した訳である。いよ〳〵最後の所まで来て了つた。のるかそるか国運を賭して邁進せざるを得なくなつた訳である」

この入江の感想は、日本の首脳部の思いでもあった。しかし、もともと五十六は軽々しく「国運を賭して」などと日本人はいうべきではないという考えだった。

堀への手紙の最後にも、

「個人としての意見と正確に正反対の決意を固め、其の方向に一途邁進の外なき現在の立場は誠に変なもの也。之れも命というものか」と結んでいる。

今までの五十六が主張してきたことと、正反対の決意を求められているのは事実だった。しかし、五十六の心の中では天命に従うつもりでいたようだ。

この少し前、ちょうど御前会議で開戦が決まった十一月五日、五十六は亡くなった昔の部下の娘で、小学校二年生の岩井昭子に干物をもらったお礼の手紙を出している。

「日本とあめりかとはおいおいなかが悪くなつて困ります。私はいざという時にイの一番に飛び出して行きます　大へん元気で張り切つて居ります」

五十六にとって真珠湾への道は死へと急ぐ道のりのはずだった。五十六は本気で自分が先陣に立ち、討ち死にする覚悟だった。それがたとえ不本意な戦争であったとしても。

日米開戦をめぐっては、現在に至るまで、さまざまな研究が発表されている。

真珠湾攻撃を、実はルーズベルト大統領は知っていたのだという説もある。アメリカが日本を開戦にまで追いつめたのだと主張する人も多い。

ともあれ、たしかなのは、五十六が真剣に戦争の回避を望んでいたことである。しかし、どうしても避けられないのなら次善の策として、短期決戦を考えた。

それには、アメリカの主力艦隊が集結しているハワイの真珠湾を攻撃し、アメリカ国民をして戦意を喪失せしめようというのが、簡単にいえば彼の計画だった。

博打の好きな五十六らしい、凄絶な一世一代の賭けである。

自分の生命を賭けるならまだ気は楽だが、日本という一つの国家を賭けるとなると、五十六としても心理的に受けるプレッシャーは大きかった。

この当時の五十六の姿を、里見弴が『いろおとこ』という短編で描いている。

阿川弘之著『山本五十六』によると、里見弴の知人に佐野直吉という絨緞商《じゅうたん》がいた。その愛人の芸者が、五十六の愛人だった千代子と親しかった。

そこで、里見は佐野から取材をしてこの短編を書いた。また、佐野は五十六とも面識があり、一緒に賭け将棋などをしたという。ただし、阿川によると、五十六が里見に直接会ったことはなかったそうだ。

昭和二十二年の七月に発表された『いろおとこ』は、真珠湾攻撃の二ヵ月半ほど前の五十六と千代子の逢瀬から場面は始まる。

二人はある温泉に泊まりがけで来ていた。「特別な客しか迎えない、風変りな宿」で、広い庭園に小さな離れがぽつりぽつりと建っていた。

五十六とおぼしき男は、無言のまま濡れ縁に座って何もいわない。それを「また始まつた」と女は思う。

「ねえ、お食後ぐらゐ、ちつとは気楽にお喋りをなすつたらどうなの？　毒よ」

「まア、いゝ。默つとれ」

男が無愛想に答えるだけなので、女は一人でトランプなどをして時間をつぶす。

作者は意図的に男を「大兵肥満」で「赭顔《あからがお》」と書いている。これは明らかにモデルが簡単に特定されないようにと工夫を加えたためだろう。

その六十男は、「障子の小端《こば》に背を倚《よ》せ、両膝を擁へ込むやうにしたり、急に居住ひを正したり、また片胡坐《あぐら》に組んだり、敢へて沈思默考といふ様子でもなかつたが、倦《う》まず撓《たゆ》まない無言は続いてゐた」という姿からは、五十六が何かにじっと神経を集中させている姿に重なる。

「女は、三島菊の、四十ちかい年齢《とし》にしてはあらい柄を、むしろじみすぎる好みのやうに着なし、白献上の半幅帯の結び目に手を廻したままではいつて来た」

千代子の年齢を作者はさり気なく読者に知らせ、しかも、湯上がりの様子は素人の女性ではない雰囲気を漂わせている。

女は東京へ電話をして、男の親友である「森さん」と、自分の友達の「加代ちゃん」を呼び寄せたいといい出す。

この「森さん」とは、おそらく堀悌吉を指しているのだろう。四人で麻雀でもしようという女に男は答える。

「俺は、今度は、少し考へごとがあつて来てるんだ。麻雀なんぞいつだつて出来る」

その言葉に女は反発する。

「……どんなむづかしい問題だつて、大抵、一時間かそこら考へてたら、どうなりと思案がきまるもんだと思ふわ。そんな、あんたみたいに、一ン日もふつ日も考へづめに考へてたからつて……」

「下手な考へ休むに似たり、か」

男はつぶやく。この作品に隠されているのは、男の考えごとが、つまりハワイ作戦であるという事実だ。それは一般の読者には最後までわからない仕組みになっている。

しかし、知っている人が読むと、なんとも含蓄のある文章が続く。

女は男に、実は自分のことをもう飽きているのではないかと尋ねると、男は、そんなことはないといい切る。すると女はさらに、もうこれっきり自分と会わない気なんでしょうと迫る。なんとなく、いつもの男と違うのを女は感じていた。

「をかしな奴だ」と男ははぐらかして笑うのだが、「この女の勘は壺をはづさなかつた」と作者は、一行だけ書いている。

続いて、女のセリフから、女にはパトロンがいるとわかる。しかも、今、男と一緒に旅行中なのがそのパトロンにばれて、「大悶着」になっているという。しかし、男は悠然とかまえている。

「いろおとこ、金と力はなかりけり、だ」

ここで初めて、短編の題名『いろおとこ』とは主人公を指していると種明かしされる。

「ほんとにこれンばかりも可愛げなんてない、いやないろおとこ！」

あまりに無愛想な男に女はじれる。そして二泊三日を共にした二人は、駅で別れを告げた。それからぷっつりと男の消息はとだえる。「世に聞えた人」なのだが、親友の森、つまり堀悌吉に聞いても、曖昧に言葉を濁された。

女はある財閥の当主だったパトロンに暇を出され、それでも「生得の暢気《のんき》さと淫奔《みだら》心から、かねてのいろ客・某省の何某《なにがし》とて、札つきの箒木《ほうき》のもちものとなって、その日その日を面白可笑しく暮し、いつかあの男の記憶も薄れて行った」という作者の文章からは、千代子という女性の本性が浮かび上がってくる。

これは、五十六自身も承知していたことだと思うが、千代子は日本女性が持つ昔ながらの貞操観念に乏しかった。

　さて、二人が別れてから二ヵ月半ほどすると、「突然、彼《か》の人の名が、日本はおろか世界中にさえも響き亘つた」というのは、当然、真珠湾攻撃を指しているのだが、普通の読者には、何をいっているのかわからない。

　里見弴もなんとも思わせぶりな小説を書いたものである。一部の関係者だけは、ひどく興味をそそられながら、この作品を読んだにちがいない。

　女は、そのニュースに驚き、あらためて男のことを思う。

　自分のパトロンの別荘に乗り込んで来て、大威張りで泊まったり、そのパトロンと一緒に食事までする「ふてぐ〳〵しいとも、図々しいとも言ひやうのない」男と過ごした最後の旅を回想する。

「——庭先を歩くでもなく、昼は、禅坊主さへ怠屈しさうな無言の行、夜半《よなか》は、打つて変へての、雄々しくも逞しい性慾で圧倒して、未練なげに別れて行つた、あの、残暑の三日ふた晩の旅に、今更らしく、思ひあたる節々を捜し覓《もと》めたりして、自分までが、一躍世界的の人物にでもなつたやうな、嘗て覚えのない心のときめきをどうすることも出来なかつた」

　つまり、千代子の有名人病は、五十六が一躍有名になったことで、ますますひどくなったのだろう。堀を介して品物を届けたり、五十六から来た手紙を新しいパトロンに見せびらかして、「痴話の種にした」とある。

いずれにしても、この作品に、昭和十六年の晩夏の、五十六のある一面が描かれているのはたしかだ。

あくまで強気でハワイ作戦を推し進めた五十六だが、短編『いろおとこ』にあるように、その成否、そして、攻撃以後の展開などについて、じっと考え込む日々だったのだろう。

五十六の長男の義正氏の回想では、艦隊が横須賀に寄港したとき、暇をみつけては帰宅する父親の態度からは、何もうかがい知ることができなかったという。いつもむっつりとして言葉が少なかった。

しかし、以前のように幼い子供たちを相手にふざけたり、義正氏を連れて外出する回数もめっきり少なくなった。

「たいてい、庭に面した廊下で椅子にこしかけて、じっと目を閉じていることが多かった。ときどき、ぶつぶつとなにかつぶやいていることもあり、父の心の中に、なにか途方もなく大きな心配事がわだかまっていることを、私は察したのである」(『父 山本五十六』)

怜悧な義正氏は、もう子供ではなかったので、日本を取り巻く情勢や自分の父親の地位を十分に認識していた。

礼子もまた、同じ思いでいたことだろう。

五十六が昭和十六年二月四日に、堀悌吉に出した手紙には、興味深い一行がある。

「年末別府入港中礼子突然来り、驚き且つ閉口せり」

しっかりと東京で家庭を守っているはずの礼子が、突然、別府に現れたので五十六は驚いたようだ。

これだけの短い記述なので、前後関係はよくわからないが、愛人のいる五十六としては、妻の来襲に「閉口せり」というところだったのかもしれない。

また、礼子の側からすると、何かを察知しての旅行だったのだろうか。他の女性の影というよりは、夫の身辺に急激な変化があると予感したのかという気もする。

最後に五十六が青山の自宅に帰ったのは、昭和十六年十二月三日の夜だった。

この晩のことを義正氏は、はっきりと記憶している。

それまで柱島の艦隊本部にいた五十六は、急遽呼び出されて上京し、その後、自宅に戻ったのである。

「すでに、大勢の赴くところ、廟議開戦と決定し、緒戦において太平洋でアメリカ相手に戦うべき運命を荷なって、この日参内している父ではあった」と、義正氏は書いている。

同じ日、天皇の侍従入江相政の日記には、「十時四十五分、海軍大将山本五十六拝謁、連合艦隊長官として出征についてである。なか〳〵落付いてゐて誠に頼もしい」とあった。

五十六が天皇に拝謁する前日の十二月二日、日本陸海軍には武力発動の指令が出されていた。

すでに十一月二十六日、択捉島《えとろふ》のヒトカップ湾を出発していた南雲艦隊に、五十六は打電した。「ニイタカヤマノボレ　一二〇八」

それは日本時間十二月八日午前零時を期して、戦闘状態に入れという意味だった。

もはや開戦は目の前に迫っていたが、五十六の家族は、それほど切迫しているとは考えていなかった。

当時、礼子は病床にあった。もともと丈夫な人だったが、次官官舎から自宅へもどり、荷物の片付けなどに追われ、過労がたたってかなり重い肋膜炎にかかっていた。

我慢強い性格なので、自分から苦しいとか痛いとかはけっしていわなかったが、枕から頭を上げられない状態だった。それでも病床から、てきぱきと使用人に指示を出していた。

父親は不在がちであり、母親は病気の山本家では、一家がそろって食卓を囲む機会はなかなかなかった。

通常は子供たちだけ台所につづく六畳の居間で食事をする。ところが、十二月三日の夜だけは五十六が「離れの部屋にお膳を運びなさい。今夜は、向こうで食べるから」といった。

離れの部屋とは、礼子が臥せっている六畳間だった。狭い部屋であり、しかも布団が敷いてある。礼子はちょっと遠慮したいようなそぶりを見せた。すると五十六は、「ここに用意しなさい」ときびしい調子でいった。

義正氏は、その父親の態度から「なにかハッとしたもの」を感じたと自著に書いている。わざわざ狭い廊下を通って、食卓が運び込まれた。戦前の日本の家庭には必ずといっていいほどあった、丸い折りたたみ式のチャブ台である。

義正氏には、父親の考えていることがわかったような気がした。

それは、まさに「最後の夕餉《ゆうげ》」だったのである。何もいわなくとも、父親も息子も、それを承知していた。おそらくは母親もわかっていた。

「こんなかっこうで……」と礼子が詫びたという。そのときの礼子の胸中は辛いものだったろう。武人の妻として、夫を送り出すのに病床にあるのは、申し訳ないと思っていたのだ。

「どこかしら異常で、重くるしい雰囲気のなかで、食事が始められた」と義正氏は述懐している。

この夜の山本家の食事は味噌汁に野菜の煮物、そしてチャブ台の中央に二十センチくらいの小ぶりな鯛が一匹載っていた。

なぜか五十六は、最後までその鯛に箸をつけなかった。親子はただ黙々と食事をした。ときどき父親が、うつむきがちに食べ続ける子供たちをじっと見つめた。

父親を中心にして、肩がくっつきそうになるほど窮屈な部屋で、膝がふれ合うようにして座って、誰も言葉を発しないまま、夕食は終わった。

「ごちそうさま」と子供たちがいったとき、ポツンと赤い魚だけが、そのままの形で残されていた。

「何が起こりつつあるのだろう」と義正氏は思ったという。

五十六は最悪の事態を迎えて、自分がもはや二度と生きては自宅に帰れないのを知っていた。妻子の顔を見るのも、この夜が最後となる。門出を祝う尾頭付きの鯛を口にしなかったのは、めでたいという思いからは程遠い気持ちだったからだろう。

しかし、こうした別れは五十六の父も、そして祖父も経験してきたものだった。

戊辰戦争の際、祖父の秀右衛門は一人長岡に残り、討ち死にした。父の貞吉も妻子と別れ、会津まで転戦した。

男たちは、いつの時代も戦争のために家族との別離に耐えた。

礼子の父も会津藩士として幼少の頃に戦に加わった。武士の妻の心構えは、母の亀久からいい聞かされて育った。だから、五十六も礼子も、取り乱すことなく、ただ粛々と別れの儀式を終わらせた。

翌四日朝、学校へ行く義正氏を五十六は玄関で見送った。今まで、家族はいつも五十六を玄関まで見送るが、その逆はこの朝が初めてだった。

「行ってまいります」という息子に、「行ってきなさい」と父は答えた。

「ゆっくり、一歩一歩あるきつづけた。私は、父の視線と心を背中に熱く感じていた」

絶対に振り向いてはいけないと義正氏は自分の心にいい聞かせた。「もはや、生きている父に会うことはないであろう」という思いが頭をかすめたが、とうとう振り向かないまま表通りまで出た。

義正氏の直感どおり、これが親子の最後の別れとなった。十二月四日、五十六は愛する妻子との生活に、いかにも彼らしい毅然とした態度で終止符を打った。

山本五十六ふうに表現するならば、真珠湾攻撃の直前に、彼は娑婆とおさらばをした。この時点で、現世における自分の生命を自ら断ったのである。いや、断ったつもりだった。

昭和十六年の十一月初めに、東京の学士会館で長岡社の会合があった。このとき、旧友で長岡出身の小畔四郎が、海軍の猛訓練とはいかなるものかと尋ねた。

それに対し五十六は次のように答えたという。

「今は重大事局に直面しておる。連合艦隊司令長官たる者が、今晩この席におることそれ自体が、すでに重大問題だ」といって、さらに、「もしも万一戦争勃発となったら、その劈頭《へきとう》にアッ、やったな、と皆さんが叫ばるゝ事があるかと思う、そのときはすでに自分は死んでおると思われたい」

この五十六の言葉の意味を小畔が知るのは、一ヵ月後の開戦のときだった。真珠湾攻撃に備えて猛訓練をしており、自分は先陣を切って死ぬつもりだと五十六はいいたかったのだ。

久しぶりに自宅へ帰った十二月三日の夕方には、洗足池に近い高野京の家も訪ねている。京はその頃、すでに退職して一人静かに暮らしていた。生涯を高野家のために捧げて、ついに独身を通した。心の支えは五十六の出世だけだった。

前触れもなく五十六は京の家の玄関口に立った。茶の間の前で、「時間がないから、もう帰る」というのを、「まあ、お茶の一杯ぐらい」と京が引きとめた。

熱い番茶を出すと、美味しそうに飲みほした。着ていたオーバーを脱ごうともせず、ただお茶だけ飲んで、まだ家族とも会っていないからと京にいい残し、慌ただしく去って行った。

それが「暇乞《いとまごい》」だと京はすぐに気がついた。京の家にいたのは、わずか五分ほどだった。

それでも最後に京の顔が見たかったのだろう。

後に京は、この日のことを反町栄一に書き送っている。

「御話すれば尽きぬ物語り日露戦争以来終生を小説以上のヒーローで通した叔父の事を誰よりもよく知る私は只々胸を刺される思ひにて候」

京にとって五十六は、たった一人のヒーロー、英雄だった。だが、やがて五十六は日本国民全員にとっての英雄となるのである。

同じ日の夜遅く、五十六は親友の堀とも会っている。四日には東京を発った五十六を堀は横浜駅で見送った。

日米開戦

いよいよ武力発動が出された後の南雲忠一中将率いる艦隊の動きは、幸運に恵まれ順調に進んだ。

パイロットたちが、真珠湾攻撃を知らされたのはヒトカップ湾集結直後だった。彼らは興奮し、なんとしてもこの作戦を成功させなければならないと思った。特に真珠湾にいるはずの空母、「ヨークタウン」「ホーネット」「レキシントン」「エンタープライズ」は最大の目標だった。

実際には、これらの空母はすでに出港した後で、サンディエゴ軍港にいた「サラトガ」がハワイに向かっていた。

空母はいなかったが、戦艦八隻、重巡二隻、軽巡六隻、駆逐艦二十九隻、潜水艦五隻など、攻撃対象は、たっぷりとあった。

十二月六日、日本時間午前五時半に、南雲艦隊に対し、山本五十六大将より、連合艦隊全将兵にあてた訓示が発せられた。

「皇国ノ興廃繫《カカ》リテ此ノ征戦ニ在リ粉骨砕身各員其ノ任ヲ完ウセヨ」

これは、かつて東郷平八郎元帥が発した「皇国ノ興廃此ノ一戦ニ在リ、各員一層奮励努力セヨ」を意識した言葉だったのだろう。

つづいて旗艦「赤城」のマストに、三十六年前に東郷元帥が「三笠」にかかげたZ旗がかかげられた。

開戦当日の五十六の動向に関しては、多くの関係者が、その姿を回想している。

なかでも当時の参謀だった藤井茂が実に詳細に、息づまるような時間を描写した。

この日、連合艦隊の旗艦「長門」の作戦室の周囲の壁には、太平洋全域を示す大海図や、東南アジアの各海域の海図などが張りめぐらしてあった。

五十六は奥のほうにある大机の前の折り椅子に深々と腰をかけ、半眼を閉じ塑像のように動かなかった。

右側に参謀長の宇垣纏《まとめ》中将がいた。その他の人々もすべて無言で、「凄まじいような緊張感が漲《みなぎ》っていたという。

一人が「もうそろそろ始まる頃だが」といって一瞬ざわめきが走ったとき、司令部付通信士が駆け込んで来た。

「当直参謀『ト』連送です。飛行機突撃下命です」と叫び、受信紙を当直参謀に渡した。

五十六は口を一文字に結び、大きくうなずいた。

間もなく「奇襲成功」の電報をはじめとして、ひっきりなしの通信が届いた。アメリカ側の平文電報「日本攻撃。これはほんものだ」というのが読み上げられると、室内に笑い声が起き、五十六も一瞬ニヤリとしたようだった。

ハワイ空襲の戦果は、二時間にわたり刻々と作戦室にもたらされた。

戦艦二隻沈没、四隻大破、巡洋艦四隻大破など、めざましいものだった。しかし、予想されていた敵の空母が一隻も在泊していなかったため、すべて無傷であることは司令部に一抹の物足りなさを感じさせた。

そうしているうちに、「サラトガ」の搭載機が着陸するというアメリカ側の電報を受信したので、空母部隊も帰港中であることが予想された。

作戦参謀が、「南雲部隊は今一回攻撃を再考したらいいんだがな」と、航空参謀に話しかけると、相手は首をかしげながら、「さあどうですか」と生返事をした。

するとと今までほとんど沈黙を続けていた五十六の眼光が鋭く光り、わずかに聞きとれるほどの独り言のような調子で、「南雲は真っすぐに帰るよ」とつぶやいた。

藤井茂は、思わずハッとして五十六の顔をしばらく凝視した。「何かしら長官の心の一隅をチラッとのぞいた感じがした」という。

これには少々説明が必要だろう。

そもそも五十六は、開戦となった場合、自分が第一航空艦隊司令長官として出陣するつもりでいたことは以前にも書いた。ところが、その希望は入れられず、自分の望んだ仕事には南雲忠一中将が就くこととなった。

五十六と南雲の間には、ある溝があった。かつて親友の堀悌吉が予備役に編入されたとき、その裏工作をした張本人が南雲だったと、もっぱらの噂だった。それを五十六が知らないはずはなかった。

「長門」で長官付の従兵長だった近江兵治郎は『連合艦隊司令長官山本五十六とその参謀たち』という本を著している。

その中で、近江は五十六が、「南雲の水雷屋が」と独り言をいっているのを耳にしてしまったと書いている。「水雷屋」とは水雷科出身という意味であるが、おそらくは五十六の言葉のトーンには蔑視の意味が込められていたのだろう。

五十六は南雲を必ずしも信用していなかった。だから、もう一度ひき返して「サラトガ」を攻撃などせずに真っすぐに帰って来てしまうにちがいないといったのだ。

後に、南雲はなぜ空母を撃沈させなかったのか、また、どうして工廠《こうしょう》や貯油タンクに全く手をつけずにひき返して来てしまったのかなどが論議の的となったが、それが南雲の指揮官としての限界だったともいえるのである。

五十六は開戦の日に次のような一文を書き残している。

述志

此度は大詔を奉じて堂々の出陣なれば生死共に超然たることは難からざるべし
ただ此戦は未曾有の大戦にしていろいろ曲折もあるべく名を惜み己を潔くせむの私心ありてはとても此大任は成し遂げ得まじとよくよく覚悟せり
されば
大君の御楯とたたに思う身は　名をも命も惜まざらなむ

よく読むと「生死」「私心」「命」などいくつかのキーワードが散らばっている。

要するに、この戦争がこれまでのどの戦争よりもさらに「大戦」であり、なりふりかまわず命懸けでやろうという覚悟のほどを示している。

今になれば、五十六の持つ危機感はしごく当然なのだが、それだけの責任感を抱く人間は少なかった。

宇垣纏《まとめ》の日記によると、十二月十日、五十六は天皇より勅語を賜った。

この勅語はハワイ作戦の成功を讃え、これからも「益々奮励シテ前途ノ大成ヲ期セヨ」という内容だった。

この勅語を読んだ米内光政は、「山本ならやるよ、国民は彼を信頼していい」と力強くいった。

入江相政の日記には、当時の日本人の興奮ぶりが、そのまま描き出されている。

十二月八日には宮城前に大学生が旗を持って行進し、「その外民草の奉拝引きも切らず」とある。

翌九日は各新聞がハワイの大戦果を大きく報じており「その嬉しいことゝいつたらない」と喜んでいる。

そして十日には、「サンフランシスコ、ニューヨークには、我が空軍飛来の虚報におびえ燈火管制をし、白亜館にはバリケードを築き、機関銃を並べてゐる由」とアメリカの狼狽ぶりが示されている。白亜館とは、ホワイトハウスのことである。この翌日も入江は一時間ごとにニュースを聞いて、「実にいゝ気持」になっている。

日本中が戦勝のニュースに沸いた。そして、この作戦が誰の手で成し遂げられたかを、あらためて知り、五十六への賞讃の声が渦巻いた。

とにかく、日本から六千百キロも離れた太平洋の真ん中に浮かぶハワイでの攻撃は、大成功に終わったかに見えた。

アメリカ側は戦艦五隻を含む七隻の沈没、擱座《かくざ》（注・座礁）と、飛行機二百三十一機を失い、死者は二千四百二名にも及んだ。

それに比べて日本側は、二十九機の未帰還機と五十四名の搭乗員、五隻の特殊潜航艇と九名の隊員が犠牲となっただけだった。

したがって五十六のいう「開戦劈頭に物心両面で救い難い挫折感を敵に与える」作戦は見事に成功したはずだった。

ところが、歴史の歯車は思いがけない回転を見せることになる。

昭和十六年十二月八日の朝、作戦が万事順調に運んでいることを知った上で、朝食を摂った五十六は、藤井茂参謀を手招きした。

長官室へ入ると、静かな口調で尋ねた。

「君はよくわかっていると思うが、最後通牒を手渡す時機と攻撃実施時刻との差を、中央では三十分につめたとのことだが、外務省の方の手筈は大丈夫だろうね――。いままでの電報では攻撃部隊は間違いなくやっていると思う。しかし、どこの手ちがいがあろうとも、この攻撃がダマシ討ちになったとあっては、日本国軍の名誉に関する大問題だ。陛下に対し奉っても、国民に対しても申し訳ない。法にかない筋さえ通っておれば、それは立派な奇襲である。四周の情勢を察せず油断をしているのは、その者の落度であろう。急ぐことはないが気に止めて調査しておいてくれたまえ」

五十六は、あくまで軽い調子で、念のために調べてくれといったように思える。彼が気にしたのは、攻撃が最後通牒より前になってはだまし討ちとなるからである。

三和義勇も、このときの五十六の気持ちを、「奇襲はよい。しかし枕も蹴上げずに刀を下ろすは、神武以来の武道がたたぬ、と考えておられたからだ」と手記に書いている。

あくまで武士道にこだわる五十六の不安は的中してしまう。

最後通牒は日本側の手落ちで攻撃より後になったのである。全文五万語に及ぶ長文の最後通牒が、日本政府からワシントンの日本大使館に届いたのは、土曜日から日曜日の朝にかけてだった。この通牒文は午後一時に手交せよという別電まで打たれたにもかかわらず、翻訳とタイプに手間取り、野村、栗栖大使が国務省のハル長官に通牒を手渡したのは、真珠湾の攻撃が始まってから一時間経過した後だった。

当然ながらアメリカは烈火の如く怒った。ここで問題を整理しておきたい。実はアメリカがこの奇襲攻撃をすでに知っていたのだという説があり、幾つかの有力な証拠も挙げられている。だとすると、ルーズベルト大統領の怒りは、全くの芝居だったということになる。すべてを承知の上で、アメリカは日本にわざと攻撃をさせたのだから。

そういう考え方は確かにあるのだが、それと最後通牒が遅れた事実は、また別の問題である。

たとえ、これがアメリカ側の仕掛けた罠であったとしても、やはり三十分前に最後通牒をしなかった日本側のミスは厳然としてミスである。五十六が最も潔しとしない行為だった。そして、現在、多くの研究者が指摘している点なのだが、この奇襲攻撃は、五十六が狙ったようにアメリカ国民の戦意を喪失させる効果はなかった。その逆になったのである。

ルーズベルトは、この翌日、上下両院本会議で演説をした。

「一九四一年十二月七日は、屈辱の日として長く記憶されるべきであります。アメリカ合衆国は日本帝国により、突然に計画的に襲撃されました」

人々は万雷の拍手をもって、大統領の言葉を受け止めた。「リメンバー・パールハーバー」の声が、アメリカ国内を一挙に参戦ムードへと押し流した。

アメリカ人の日本に対する憎悪を煽る結果の一因が、いわゆる「だまし討ち」であったことは否めない。

「おかげで、日本は、その歴史上前例（日露戦争当時の旅順港襲撃）があるとはいえ、またもや無警告攻撃によって戦争を開始した結果となり、日本国民は〝だまし討ち習癖〟の汚名さえ招くに至ったのである」とジョン・D・ポッターは書いている。

五十六の意図したのとは正反対の方向へ、歴史の歯車は回転を始めた。

太平洋戦争は、日本が敗北した戦争である。したがって、真珠湾攻撃に対する評価は、どうしても否定的なものが多い。戦術的には小さな成功を収めたが、戦略的には失敗だったとする論調である。最後通牒の遅れ、攻撃の不徹底により敵の主力艦隊を撃滅できなかったこと、さらには、アメリカ側の空母をすべて無傷のままで終わらせた点などがある。その上、真珠湾の水深はわずか十二メートルだったため、アメリカは破壊されたはずの戦艦を一、二ヵ月で浮上させて、修理してしまった。

せめて、燃料タンクや海軍工廠など陸上の基地施設を破壊しておけば、アメリカの立ち直りは半年は遅れただろうといわれている。

もしも五十六が、南雲中将の立場にいて、自ら指揮を執れたならば、第二次攻撃も可能だったのではないかと考えられる。そうすれば、アメリカ側をして、早期講和を考えさせるまでに追いつめることができた。

しかし実際には、真珠湾攻撃はアメリカ人の闘争精神にめらめらと火をつけてしまった。だからといって、五十六が名将ではないという理論は成立しないだろう。五十六が名将ではないとしたら、日本の軍部は一人の名将も持たなかったことになる。

与えられた条件の下で、五十六はおよそ人間の出来得る限りの努力をした。勝ち目がないと承知しながら、大博打に打って出たのだった。

では、五十六はこの博打が、一見すると勝ったように見えるのだが、本当は負けたのだと知っていたのだろうか。

当時の五十六に、そこまでの認識があったとは思えないが、少なくとも他の日本人のように手放しで喜んではいなかった。

十二月十八日、姉の加寿に送った手紙には次のような一節がある。

「世の中ではからさわぎをして、がやがやしてる様ですが、あれでは教育も修養も増産も余りうまくは出来ぬでせう。重大時局になればなるほど、皆が持場を守つて、シーンとしてコツ〳〵やるのが真剣なので人が軍艦を三隻や五隻沈めたとて、何もさわぐには当らないと思ひます。勝つ時もあり、少々やられる時も有ります。海軍はこれからだと覚悟して油断なくやるつもりですが戦争の事ですから今の今どうなるかわかりません」

真珠湾攻撃からわずか十日後に書かれたにしては、ひどく冷静であり、今の今でも、どうなるかわからないというところなど、先を予見しているようにも感じられる。

その一方で、十二月二十六日付の米内光政からの手紙に「陛下殊の外御満悦の態を拝し全く感激致申候茲に不取敢大兄の光栄を速報申上候」と書かれているのを読み、五十六は感激に身をふるわせ、ハラハラと涙をこぼしたと側近が後に語っている。

成功と不安の中で、五十六は年の瀬を迎えていた。

この当時、連合艦隊参謀の一人だった三和義勇は、後に十二月十日のマレー沖海戦の際の五十六の様子を自著に詳しく記している。

三和によると、この戦闘は「飛行機対近代戦艦の一騎打ち」だという。

それだけに「長門」の一同は緊張していた。十日の朝、飛行機隊が発進した。しかし、戦闘までには三時間以上ある。

作戦室には五十六を中央にして各幕僚が集まっていた。突然、五十六が三和に話しかけた。

「どうだい、リナウンもキングジョージも撃沈できるかな？　僕はリナウンはやれるが、キングジョージはまあ大破かなと思うが」

当時は、「プリンスオブウエールズ」が「キングジョージ」と同じ型なので、「キングジョージ五世」だと思っていたという。そして、「レパルス」は「リナウン」だと推定されていた。

三和は即座に「そりゃ両方ともやれます」と答えると、「そんなら賭けようか」と五十六がいった。五十六が負けたらビールを十ダース、三和が負けたら一ダースという取り決めである。

「長官がこの賭を挑まれるのは、好きというよりは相手のその事に対する自信確信の度を試す手に使われる」のだという三和の分析は正しいだろう。

戦闘は正午すぎから始まり、「レパルス」の沈没は判明したが、「キングジョージ」がどうなったかわからない。やきもきしながら待っていると、電信室から伝声管で、暗号長がとてつもない奇声を張り上げて、「又も戦艦一隻沈没」と叫んだ。

「勝った、勝った、物の美事に勝った、飛行機が戦艦に勝ったのだ」と三和は「飛行機屋」の長年の努力が報われたことを喜んだ。

ふと、五十六を見ると、両の頬を赤く染めて、ニコニコしている。いつも無表情に近い顔がこんなにほころびたのを見たのは、三和は初めてだった。「長官、さあ十ダース戴きますよ」というと、「ああ、十ダースでも五十ダースでも出すよ」と五十六はいたって上機嫌だった。「長官も余程嬉しかったに違いない」と三和は思った。

この頃、日本でも人々はこのニュースに狂喜していた。木戸幸一の十二月十日付の日記には「マレー沖に於てプリンス・オブ・ウェールズ、レパルスの二艦我航空部隊にて撃沈の報

に接し快哉を叫ぶ」とある。また入江相政の同日の日記にも、同じく二艦の撃沈が記され、

「いづれも我が空軍よりの魚雷で南海の藻屑となつた由、何と嬉しいことか」と綴られていた。

世間の熱狂と五十六の体の芯の部分とでは、ある温度差があった。

現在になれば、五十六の「体温」のほうが、しごく当然に思えるが、その当時は、日本全般に立ち込める熱気が、人々の心を凌駕していた。

たとえば山岡荘八の『元帥山本五十六』では非常に高い調子が随所に見られる。

「十二月八日、新しい歴史の幕はあげられた――それは圧《おさ》えに圧えた神州男子の悲憤が、ついに爆発した日であり、同時に死闘を決意した日本の実力が、真珠湾壊滅の電波によって、世界を驚倒せしめた日であった。

宣戦の、御詔勅は下り、一億国民の感動にひれ伏す中で、日本海海戦以来のZ旗は燦《さん》として太平、インドの両洋に翻った」

今読めば、いささか気恥ずかしいほどだが、当時は、ごく自然に、こうした描写が受け入れられていた。

それは天皇の侍従だった入江相政の日記も同じだった。昭和十六年の「年末所感」は、多くの日本人の心情を代弁しているといえた。

「今日は除夜。大東亜戦争の戦果による将来の帝国の振々乎たる発展を思ひ、全く感慨無量である。みたみわれ生けるしるしありと思ひ、かくも栄ゆる御代に会えるとは思はなかつた。もうどんな辛抱でもする。帝国民族一万年の計を樹立して東亜の天地、世界の天地に盟主として君臨しなければならない」

しかし、五十六はそれほど簡単に、日本が世界の盟主として君臨できるなどとは思っていなかった。

長岡で昔から親交のあった上松蓊が大戦果に感激して五十六に祝辞を送り、自分のような「老貧書生」は、栄光に輝く「閣下」にどう接してよいのかわからないということを書いた。これに対する五十六の返書は、まことに謙虚だった。

「寝込を襲うこの一撃などに成功したりとて賞めらるる程の事は無いと恐縮に候」とあり、この大戦での「凱旋」などは思いもよらないことだと述べ、それでも万一、再会の機会があったら「アツキア　オラ何日だつて矢つ張り高野のオジだがに」という言葉で結んでいる。日付は昭和十六年十二月二十七日となっていた。最後の言葉は、「やぁ、なにをつまらぬことをいっていなさる。おれは死ぬまで高野の弟《オジ》ですよ」という意味だった。

昭和十七年の正月を、五十六は広島湾にある柱島沖に停泊する「長門」で迎えた。

この年、礼子の母、三橋亀久に宛てた年賀状には、次のように書かれていた。

「私も五十九となりました。これが最後の年ですかね。

安かれとのみは祈らず初詣」*

いったい五十六は、この年賀状で何をいいたかったのだろうか。実際に五十六がその生を閉じるのは、この翌年昭和十八年の四月である。しかし、いつ死んでも良いという思いが、すでに文面からはあふれ出ている。

多くの部下を死なせたことに対する負い目を、五十六はいつも感じていた。

真珠湾攻撃の後に詠んだ歌にも、その気持ちはよく表れていた。

たぐひなき勲《いさお》を樹てし若人はとはに帰らずわが胸痛む
益良雄の行くとふ道をゆききはめわが若人らはつひにかへらず

自分も彼らに死に遅れるつもりはないと、五十六は密かに亀久にいいたかったのではないだろうか。

昭和十六年十二月十九日、五十六は東京の家族に宛てても、別れの言葉ともとれるような手紙を書き送っている。

「御手紙ありがたう。

皆元気で何よりですが、追々寒さも増すから、御用心なさい。

こちらは、はりきって一生懸命になって居ります。戦争だから何時どうなるかわかりませんが、そんな事は考へて居られません。なにしろ之で日本が興《おこ》るか亡《ほろ》びるかの大切の時ですからね。

一同それぞれ自分の事は自分でして立派にやって下さい。ウカウカして居っては世の中におくれますから、心をひきしめてしっかりやってください。

それではみんな元気にね」

とにかく、自分のことは自分でやるようにと妻子に自立を促しているのは、父親はもういないものと思ってくれというメッセージが込められているようにも読める。

そうはいっても、やはり五十六にとって家庭は大切な場所だった。青山の留守宅を訪ねたという西山伊豆子に出した手紙には、「大将の家としては相当のものだつたでせう。尤も太平洋という少々広過ぎる別荘に常住して居るから家は貧弱な程なつかしいのです」と、昭和十七年二月に書き送っている。どんなに「貧弱な」家でも、五十六は家族の待つ自宅が懐かしかった。

山本五十六の研究者の間でよく知られている『五峯録《ごほうろく》』という文書がある。戦後になって、堀悌吉が、五十六の書簡を二冊の本の体裁にまとめた。一説によると、東京裁判の際に海軍いる。

の立場を擁護するために作られたともいう。

五十六の「五」と古賀峯一の「峯」からとって、五峯録と名付けられたのだが、内容は古古賀と五十六の手紙のみならず、堀と交わした文も収められている。さらに堀が解説を加えて

古賀峯一は明治十八年生まれで、海兵は五十六より二期後輩にあたる。五十六が戦死した後、連合艦隊司令長官になった。就任後、初めての首脳部会議で、「すでに三分の勝ち目もない」といったほどの人物なので、五十六と同じく現実主義者だった。

その古賀に宛てた手紙では、五十六はずいぶんと思い切って自分の心情を吐露しているのがわかる。

たとえば昭和十七年一月二日付の手紙で、『五峯録』に収録されているものには、はっきりと戦争に関する展望が述べられている。

香港が落ち、ビルマをもう少し叩いたら、蔣介石でもさすがに弱るのでなんとかなるかもしれないと、アジアに関しては、やや楽観的なのだが、アメリカについてはまったく異なる。アメリカもイギリスも日本を少し馬鹿にしすぎたのだろうが、彼らにしてみれば飼い犬にちょっと手を嚙まれたくらいのところだろう。

アメリカはそろそろ本格的に対日作戦にとりかかる覚悟のようだから、日本国内での軽薄

きわまりない騒ぎは外聞が悪いと思える。こんなことでは東京が空襲でもくらったら、たちまち縮み上がるのではないかと心配でたまらない。

なにはともあれ、アメリカやイギリスに対してのみならず、ソ連や中国も、現在の航空では今年の春以後、心細い限りなので、余力の兵力をすべて教育促進にまわすよう中央を突ついたので、ようやく、七、八百名余分に養成することになったが、まだまだとても安心できない。

「せめて布哇《ハワイ》の空母の三隻位もせしめて置かばと残念に存居候」と、冗談とも本気ともつかないことも書いている。

さらに、ハワイ攻撃では成功してもたいしたことはないし、失敗すれば大変といっていた中央実施部隊にずいぶん不愉快な思いをさせられたが、今ではその人たちが「最得意」で勝敗が決したようにいっている。

そして、「世間のからさわぎ以上に部内幹部の技倆識見等に対し寂寞を感ぜしめらるる」と述べている。

なんとも率直な五十六の胸の内である。

それは堀悌吉に宛てた手紙も同じだった。昭和十七年一月十二日に親友に書いた手紙の内容は、奇襲攻撃大成功からわずか一ヵ月余り後とは思えないほど冷静である。

どうせ「先は苦しくなる」のだから、せめて今は朗らかにしていようと思うとあって、次のように続く。

「飛行機が予想よりいたまないから今の内に急速養成がよからうと思って取りかかって貰った」

これはパイロットの養成を指しているのだろう。昭和十六年八月に、パイロットを三千五百人から一万五千人に増やす計画がようやく承認されていた。

だからといって、半年くらいで急に訓練ができるものではない。航空戦が今度の戦争の主力となると考えていた五十六にとって、パイロットの「急速養成」は、まさにさし迫った問題だった。

その次に気になるのは、戦線拡大に伴う輸送船の需要である。

「追々に小艦艇や安い貨物船なりとも必要を痛感する様になるから準備に入ると思ふ」

この問題も、後に日本軍を悩ますこととなる。五十六の持つ将来に関するビジョンは、いつも驚くほど正確である。彼の予言は、すべて的中したといっても過言ではない。

三国同盟が日米戦争を招くと心配したのも五十六であり、日米開戦となれば、華々しく戦えるのはせいぜい半年や一年だと断言したのも五十六だった。

日本にとっての不幸は、これほど未来を透視する能力を備えた人間を、政界のトップに据えられなかった点である。さらには、優れた統率力を持つ五十六を、戦場における最高責任者に就けたことで、緒戦において勝利を収めてしまった。

皮肉にもその事実は日本の首脳部の慢心を誘う結果となった。つまりは、最も五十六の望まない方向へと、情勢はじりじりと進んでいたのである。それを知りながら、もはや身動きできない地位にいる五十六は、これ以後どんどん虚無的になっていく。

「先月十三日以後は一月ぢつとして居る、相当退屈のものだね、面白い本でもないかね」という言葉で、堀に出した手紙は終わっていた。では、その退屈な生活とは、どのようなものだったのだろう。

堀に手紙を出して二ヵ月後、五十六は戦艦「長門」から「大和」へと移動した。当時、世界最大の戦艦であった「大和」に関しては、すでに多くの研究書が世に出ている。また、「大和」の建造にあたっては、いわゆる航空主兵論者だった五十六が、当初から反対だったことはすでに書いた。

しかし、その自分が反対していた巨艦で、五十六は人生の最後の日々のほとんどを過ごすことになる。

余談になるが、五十六の生命は「大和」に移ってから一年と一ヵ月ほどで終わる。一方、「大和」もそれほど長い生涯だったわけではない。昭和十六年十二月に竣工し、昭和二十年四月に四十ヵ月の短い一生を閉じた。五十六よりほんの二年ほど長く生きただけだった。

五十六の「大和」での生活に関しては、近江兵治郎著『連合艦隊司令長官山本五十六とその参謀たち』が詳しく記している。

前年の暮れに竣工したばかりの「大和」は昭和十七年三月、広島湾の柱島沖に停泊中だった連合艦隊主力部隊に合流した。

司令部も「長門」から「大和」へと引っ越しをした。これが大作業だったと近江は書く。「幸い作業は順調に進み、心配していた大事な器物も、ひとつの損傷もなく無事作業を終了することができた。そのときの気分は一人感激の極みであった」そうだ。

移乗の終わった「大和」のマストには、五十六が座乗していることを示す大将旗が高々とひるがえった。

司令部の部屋は、長官公室、作戦室、そして長官私室も、「長門」とは比べものにならないほど広かった。

それもそのはずで、「長門」では乗り組み幹部の居住区や執務室は艦尾近くにあったのだが、「大和」では艦橋下部に集められ、居住スペースはずっとゆとりがあった。乗員一名に対する居住面積は、「長門」が二・六平方メートルだったのに対し、「大和」は三・二平方メートルもあった。

中甲板の最後部には御真影の安置所があり、「大和」がお召し艦となったときは御座所となる予定だった。この部屋には大和神社が祀られていて、航海の安全などが祈願された。

長官私室も広々としていたが、近江が見た限りでは、五十六が「世界に誇る大戦艦に座乗する『最初の長官』となったことを喜ぶようす」はなかったという。

食後の雑談のときなどに長官が「大和」について話すことは、ついに一度もなかった。また「長門」のときのように浴衣姿で将棋をさすこともなくなった。

一抹の暗雲

ちょうど五十六が「大和」に移動した前後から、その胸中にはひとつかみの暗雲が垂れ込めるようになる。

それを、克明に観察していたのが、藤井茂参謀だった。

昭和十七年二月十五日、シンガポールも陥落し、三月中旬にはジャワ・スマトラ方面の占領もほぼ終わった。連合艦隊司令部は、各部隊を適当に区分帰港せしめ、入渠修理、軍需資材補充などを急がねばならなかった。また、次の作戦を立案し、指令する仕事もあった。

しかし、第一段の作戦があまりにも順調に進みすぎたので、かえって拍子抜けの気分が漂っていたと藤井はいう。

そして、「いつもは淡々として水のような、時には深い渕をみるように静かな長官の日常に、時折焦慮の色がうかがわれるようになった」のもこの頃だった。

藤井はその当時の自分のメモを引用して、五十六の姿を綴っている。

「さすがに山本長官だと思う。早くも大勢を洞察して、打つべき手が打たれていないもどかしさを時折洩らされる。平常の静けさに似合わない焦慮の色が濃い。少し変だ。無理もないかも知れぬ。今までもその達見の故に、軍政上も又広く国策運営の上でも腕に自信をもった人だ。かつては日本の国際孤立を不可なりとする見透し故に、三国同盟反対の元兇と罵られ、身近の危険さえ起ったという人だ。米国に在勤し、つぶさに米国の政治産業力まで研究し、国内産業については、航空本部に在る頃、民間航空産業の実態を通じて大勢をつかんで来た人である」

その五十六が現在置かれている立場は、いうべきことばかり余りに多く、しかも、それはいえないという厳しい現実の中にあると藤井は指摘する。

作戦部隊の指揮官の任務や立場とは別に、中央が当然、打つべき手を打たなければ、それはすなわち「戦争に負ける」ことを意味した。

「いても立ってもおられないという気持だろうか？　先の見え過ぎる人の味わう人知れぬ悩みならんか？」と藤井は長官の心境を思いやっている。

だが、このメモが本当に昭和十七年の春頃に書かれたものであるかどうかは疑問が残る。あまりにも整然と、五十六の本質を分析している。これはむしろ、当時のメモを下敷きにして、戦後になってから整理された内容と考えたほうがいいかもしれない。

いずれにせよ、五十六の持つカリスマ性が藤井の文章から浮き立ってくる。

もう少し藤井の回想を続けてみたい。

ある日、藤井は副官から「耳よりな話」を聞いた。

近頃、中央の政界やその他の方面からも、五十六宛てに早く内地に凱旋してくれという熱望の手紙が盛んに来ている。

今、全軍の信望を一身に集めている長官がこのまま指揮を執り続けるのは当然かもしれないが、内地に帰り、もっと別な方面で活躍してもらうほうが良いかもしれないと藤井は思った。

今度のような大戦争は、戦場で勝ったからといって戦争全局に勝ったとはいえない。勝利に導いて終局させるには「別に大きな苦心」が必要となる。

それは、藤井は書いていないのだが、外交の駆け引きや努力という意味だろう。「長官の大任務はこの方面にあるような予感がする」と藤井はいう。日露戦争のときのように、うまく着地をさせるための手腕は、五十六でなければ振るえないと考える藤井の勘は正しかったが、残念ながら情勢はそうは動かなかった。

結果的には、五十六はついに中央の政界へもどる日はこなかった。

たしかに、二月十五日には大英帝国における東南アジアの拠点シンガポールも陥落し、日本は喜びの声に沸いていた。

だが、その一方で国民の日常生活は次第に統制されていった。昭和十七年二月一日より衣服及付属切符制となり、都市部では一人につき一年に百点、郡部では八十点の割り当てとなった。背広は一組で五十点、靴下が一足で二点などとなっていたが、実際には切符があっても物資が不足していたため、一般の人々の手には入らなかった。

国民は生活の困窮を強いられていた。その不満から人々の目をそらせるため、政府はことさらに戦勝気分をもり上げようとした。

シンガポールを占領した二日後の二月十七日、日本は同地を昭南島と呼ぶことに決定した。

その二日後の二月十九日に、梨本宮伊都子妃が自身の日記に国民の興奮ぶりを記している。

「朝、新聞をみると、昨日の祝賀式後、二重橋前広場に集る国民、あとから〳〵引もきらず、旗の波であったよし。午後一時五十分ごろ、天皇陛下、白馬にめされ、二重橋上に出御あらせられ、赤子《せきし》に答へ給ひ、挙手の礼を賜はったので、一同大よろこびで君ヶ代をうたひ出すやら、萬歳々で大へんであったよし」

国民が歓喜の声を上げるのは、戦争における日本の大戦果をマスコミがこぞって発表するからだった。

では、マスコミは何を拠り所にして報道するのかといえば、それは大本営の発表だった。

この大本営は昭和十二年十一月、日中戦争が始まって四ヵ月後に宮中に設置された。日本の戦争の中核を担う組織であり、天皇を補佐しつつ作戦立案を行うのが任務だった。大本営は戦争の結果を逐一、国民に発表したわけである。この組織は昭和二十年八月に終戦を迎えるまで、八年近くにわたって機能した。

戦争が終わってみると、大本営発表が嘘に塗り固められていたことが判明し、やがて、その言葉は「嘘の代名詞」とまでいわれるようになった。

辻泰明著『幻の大戦果・大本営発表の真相』によると、初めから大本営は事実を隠蔽したのではなかったという。昭和十七年六月のミッドウェー海戦までは、かなり真摯な姿勢を見せていたのだが、日米開戦から半年余りで、転換を余儀なくされた。そして敗北が続くなかで、ついに幻の大勝利を発表するまでになる。

こうした大本営が持つ体質に、いち早く気づいていたのが五十六だった。

前出の藤井参謀の回想では、昭和十七年三月半ばのある晩、幕僚休憩室で五十六が他の四、五人の幕僚たちに語った言葉が紹介されている。

話題が軍艦マーチ入りの報道に及んだところ、それまで機嫌良く談笑していた五十六の顔が急に不快そうになった。

「人は真剣になると自然に口数が少なくなるものだ。多人数集まったところでも、真剣の気漲るときは、満堂寂として人のざわめきさえもなくなる。国の中でも同じこと、報道など静かに真相を伝えればそれで十分だ。太鼓をたたいて浮きたたせる必要はない。公報や報道は絶対に嘘をいってはならぬ。嘘をいうようになったら戦争は必ず敗ける。報道部の考え方は全く間違っていると思う。与論指導とか国民の士気振作とか口はばったいことだ……」

もし五十六が本当に昭和十七年三月の時点で、すでに公報が嘘をいうことを案じていたとしたら、彼の先見の明には脱帽するしかない。誰かが意図的に太鼓をたたく危険を五十六は察知していた。

まだ、日本人が大本営の発表に絶大の信頼を置き、日本は勝利への道をまっしぐらに進んでいると信じていた頃、思いがけない事態が起きる。

四月十八日に米陸軍機十六機が、東京、名古屋、神戸などを初空襲したのである。

ちょうどこの日、二人の人物が正午頃に銀座にいて、この空襲に遭遇している。

一人は梨本宮伊都子妃であり、もう一人は在日イギリス人教師のジョン・モリスだった。二人ともこの日、目撃したことを日記に記した。

まず、モリスは正午を五分ほど過ぎた頃に警報が鳴るのを耳にしたが、時報のサイレンだと思っていた。ぼんやりしているとアメリカ軍爆撃機が上空に現れた。それは機体に描かれたマークがはっきりと読み取れるほどの低空飛行だった。

なぜか人々はパニックにはならず、次に何が起きるかを道端に立って見ていた。空襲解除のサイレンが鳴ったのは午後四時半だった。爆撃機はただ威嚇のために姿を見せたようにモリスには思えた。

一方、梨本宮伊都子妃は、警戒管制下だったが、買い物に出掛け銀座の松屋に十二時半ごろ行くと、今、敵機がみえたと知らされる。表に出ると危ないといわれ、買い物をしてから地下室でしばらく休み、電車も走っていると聞いて自宅へ帰った。

「あちこち烟《けむ》りが上ったりしたけれども、ふだんの訓練がよいので、ちっともあわてず、よく消し止め、平穏であった。敵機九機はおとした」と四月十八日付の彼女の日記にはある。

しかし、これは実は大本営による虚偽の報道で、実際には一機も撃墜されなかった。

モリスの日記では、日本側の損害は皆無で、アメリカ機が七、八機撃ち落とされたというニュース放送がその晩あったと書かれている。

空襲の翌日の朝五時頃、ふたたび東京に警報が鳴り、一時間後に解除になった。十一時にもう一度警報が鳴り、空に日本空軍機の姿が見え、遠くから砲声も聞こえた。

しかし、何も起こらず一時半頃に解除のサイレンが鳴った。二時のラジオ放送では、敵軍が大規模な首都空襲を試みたものの、防衛網を破れず撤退したと伝えられた。

「私は空襲を含めすべて作り話で、軍が人々に自信を取り戻させるために仕組んだ茶番だったと信じています」とモリスは書いている。

以前から五十六は、アメリカ軍が日本を空襲する日が来るのを予想していた。それだけに、四月十八日の空襲は不吉な前兆に感じられたようだ。

五月二十日付で、古賀峯一が大将に昇進したのを祝する手紙を出しているのだが、その中で空襲について触れている。

帝都の空を汚されて一機も撃墜できなかったのは「なさけなき次第」だとある。さすがに五十六のところには正しい情報が伝わっていた。たとえ拙劣な攻撃でも、巧妙な防御にまさることを如実に示されてなんとも遺憾だと述べている。つまり、いくら国民が避難訓練などしても、どうしようもないという意味だろう。これから二週間の間、もう一度どこかに空襲があると反撃も間に合わない「整備実情」なので、非常に気が重いと、正直に胸の内を明かしている。

五十六がいくら案じても、大本営はもはや正しい状況を国民に伝える機能を失っていた。空襲のため東京の工場従業員数百人が負傷し、羽田飛行場と東京の民間飛行場の石油タンクが爆破された。他にも飛行場や住宅地が破壊されたが、軍部はそれをひた隠しにしたのだった。

前出の近江兵治郎の著書には、日本本土への初空襲があったときの五十六について書かれている。

当時、日本の国民の精神的な動揺は大きく、五十六宛てにも非難の投書が寄せられたという説もあるが、「私がお側で勤務している間、そのような事実は記憶にない」という。

また、五十六が本土空襲以来部屋に閉じこもり、一日中面会謝絶にしたという風評も聞いたが、それは「全くの推測である」という。

その頃、五十六が腹痛を訴え、心配した副官が艦隊軍医長に診察を頼んだ。その結果、「一日お休みいただくだけで明日は平常になります。今日は粥食でも召し上がるように」という診断だった。この小さな出来事が「一日中面会謝絶」と誤って伝えられたのだろうと近江は書く。

しかし五十六の腹痛が神経性のものだったのかどうかは、今となってはわからない。

いずれにせよ、この年の三月から四月初めには、もう五十六は戦況の変化を予知していた。

四月三日付で、甥の妻である高野栄子さんに出した手紙には次のようにある。

「海軍の戦は、小供の時間の漸く終りまして之から、そろそろ、大人の時間となりますので居眠りばかりして、小供に丈け働かせてもおけませんから立上ることに致しましょう」

実はこれとよく似た文面の手紙を、五十六は他の女性にも出している。

新橋の芸妓だった丹羽みちに、昭和十七年三月十一日付で出した手紙が、阿川弘之著『山本五十六』に紹介されている。

「第一段作戦といふのは小供の時間でもうそろそろ終り之から大人の時間となりますからこちらも居眠りからさめてそろ〳〵やりますかね」

興味深いのは二つの手紙が書かれた日付である。三月十一日と四月三日であるが、実はこの頃、五十六はある作戦を強く主張していた。それがミッドウェー作戦だった。

丹羽みち宛ての手紙で「第一段作戦といふのは小供の時間」というのは、つまり真珠湾攻撃を指している。対米英蘭戦争の第一段作戦は南方要域の攻略だが、それを始める前にまず大きな障害となり得るアメリカの太平洋艦隊を叩いておこうというのが、もともとの五十六の発想であり、それは真珠湾の攻撃により成功したかに見えた。だが、問題はその後に始まる「大人の時間」についてだった。

初めに書いてしまうと、なんとも味気ないのだが、五十六の「大人の時間」は彼が計画したようには推移しなかった。

大人の喧嘩に日本は無様《ぶざま》な敗北を喫した。そのため、山本五十六を批判する本には、昭和十七年三月以降の彼の言動が過ちであったとする記述がよく見られる。

果たして本当にそうだったのだろうか。このへんの事情をもう一度考察してみる必要がありそうだ。

まず、第二段階の作戦について、藤井茂参謀の回想を見てみたい。

第一段作戦が終了して、次の新作戦の方針について真剣な研究が始められたのは昭和十七年三月の上旬だとある。

出来上がった案は三種類あった。第一案はインド洋作戦で、陸軍と共にセイロン島を攻略し、イギリスの東洋艦隊を撃滅するというものだった。これは大作戦とはいえないが、「戦争終結の端緒を作り出そうという深い意味が含まれていた」という。

当時、インドでは対イギリスへの反抗の気運が国内に漲っていた上、ヨーロッパではドイツ軍の猛烈な攻撃を前にイギリスは苦境に立たされていた。

まずは、そのイギリスを叩いて追いつめようというのが第一案だった。

そして第二案は、ハワイ列島及びアリューシャン列島の要地を攻撃して、アメリカの艦隊をおびき出し、これを撃滅する。その上で日本軍の防衛線を東に二千海里拡大して、東方からの脅威をなくするという狙いだった。

第一案に関しては、陸軍の反対で中止となった。第二案は、陸軍が出す兵力は一個連隊くらいの小部隊のため反対はなかったが、海軍内部で、あまりに強引で大がかりすぎる作戦だとして、批判が多かった。

なぜか藤井の回想には第三の案が記されていない。当時、オーストラリアに侵攻して、戦争から脱落させようという案もあったので、これが第三の案だったのかもしれない。

いずれにせよ、ミッドウェーからハワイを攻撃し、アリューシャン列島を攻略して、アメリカの太平洋艦隊を撃破するという壮大な計画が、海軍の中で進行していった。

そのへんの事情について、藤井はあまり詳しく触れていない。それは結果的にはミッドウェー作戦が失敗に終わったからだろう。

その代わり、陸軍と海軍の対立に関しては言及している。

この頃から戦争に対する基本方針について、陸海軍間に大きな考え方の食い違いが出てきたのだという。

海軍にとって、敵はあくまでアメリカとイギリスだった。全戦力がこの方向を目指すべきだと主張した。一方、陸軍は戦力の大半を対ソ連戦に備えて蓄えておきたかった。

つまり同じ日本の軍隊でも陸軍と海軍では見つめている方向が違っていた。

戦後になって昭和天皇は敗戦の原因を四つ挙げているのだが、その一つに「陸海軍の不一致」というのがあった。

それほど軍部の不一致は深刻な問題だったが、藤井にいわせると「昭和十七年春以降の形勢は、対米戦争は海軍単独で戦わねばならぬような羽目に陥った」状態だった。

ミッドウェー作戦が真剣に討議され、部内でようやく調整がつくのが四月五日なのだが、それから二週間もたたないうちに東京が空襲に遭う。これが「戦局の運行に大なる影響を与えた」という。

「帝都の空危うし」という現実が連合艦隊司令部に与えた心理的な打撃は、計り知れないものがあった。また五十六が、そのために「人一倍きびしい責任感をよび起こした」としても当然だったろうと藤井は推測している。

空襲があったのは、ミッドウェー作戦についての準備や打ち合わせが六、七分どおり出来上がったときだった。残りの三、四分が実は大変重要な最後の仕上げの時期だった。ところが、東京への空襲があり、なんとなく海軍は浮き足立った状態となり、十分な準備や打ち合わせがなされないまま決行されるに至った。

「敵にとっては最も有効な時機で、我々にとっては最も不運の時であった」という藤井の見方は、少し五十六をかばっているようにも読み取れる。

藤井が言外に述べているのは、ミッドウェー作戦が失敗したのは、条件が悪かったからだということである。帝都の空襲に慌てた海軍では、落ち着いて計画を練ることができなかった。だから失敗したのだといっているのだが、果たしてそうだろうか。

ジョン・D・ポッター著『太平洋の提督』では、五十六のミッドウェー、アリューシャン攻略案に対する強いこだわりが述べられている。

五十六の判断はこうだった。

ミッドウェーを攻撃すれば、必ずアメリカは全艦隊を挙げて出動する。そのときこそ真珠湾で討ちもらした空母群も含めて、アメリカの艦隊の息の根をとめることができるだろうと見込んだのだ。

そして、五十六としては、アメリカの空母を撃滅させ、ミッドウェーを攻略してハワイへの脅威が大きくなれば、アメリカ国民の戦意をくじき、和平交渉の道を開けるはずだと信じていた。

だからこそ、五十六は軍令部の強い反対にもかかわらず、この作戦を強く主張した。

「太平洋の全戦局を決定するものは米艦隊、とくにその機動部隊撃滅である。

米濠遮断というが遮断の対象は米機動部隊である。ミッドウェー攻略によって彼我の決戦が起これば、それこそ望むところであり、もし米艦隊が挑戦に応じないとすれば、ミッドウェーとアリューシャン西部要地の攻略によって、東方哨戒線の推進強化ができる」

これが大和にいる五十六が中央に伝えた彼の決意だった。もしポッターの記述が真実だとすると、五十六はずいぶんと強気で押し切ったものである。

とにかく日本海軍史上に残る真珠湾攻撃を立案し、成功させた五十六の言葉である。その影響力は絶大だった。誰も彼の計画に最終的には反対できない雰囲気があった。

それにしても、なぜ五十六はこれほどまでにミッドウェー作戦を主張したのだろうか。

後世の研究者たちは、この作戦がいかに無謀であったかを指摘する。

そもそもアメリカの空母撃滅とミッドウェーの攻略を同時に行うという考えそのものに無理があったのではないかという声である。

ミッドウェーの攻略が始まれば、ようやくアメリカ側の空母が出撃してくるだろうから、それを一網打尽にしようというのは、全く日本側にのみ有利な希望的観測だというわけである。

しかし、何度も書くようだが、それはミッドウェーの作戦に失敗したからこそ、後から考えた理屈ともいえる。

もう一度、五十六の側に立ってみると、彼の念頭を離れなかったのは、アメリカが持つ七隻の空母の存在だった。真珠湾では一隻も沈めることができなかった。

そして今、日本軍の前線は太平洋に長く拡大している。これをそのままにしておけば、必ずアメリカ機動部隊に破られる。そうなる前に敵の空母を探し出して撃滅する以外、戦争を有利に運ぶ方法はなかった。

もしも、ここで決着をつけなかったら、日本は泥沼の長期戦に巻き込まれる。そうなれば敗北は目に見えていた。

おそらくアメリカは、日本がグアムやウェークを手に入れることには目をつぶるが、それ以上の進出をしてアリューシャンやミッドウェーを占領しようとしたなら、それは彼らにとって脅威であり、総力を挙げて阻止しようとするにちがいない。

だからこそ勝負に出ようと五十六は思った。

五十六ほど智謀にたけた軍人が、ミッドウェー作戦の弱点に気づいていなかったとは考え難い。ただ、敵が現れさえすれば、必ず決戦に持ち込めるという強い信念があった。

あとは運だった。戦争も博打であることを五十六は誰よりもよく知っていた。座して死を待つよりは、自分から打って出るのが、彼の人生哲学でもあった。五〇パーセントの敗北の可能性は覚悟していただろう。

昭和十七年四月四日、五十六は五十八歳の誕生日を柱島の「大和」で迎えた。自分が生まれたときの父親の年をとっくに過ぎていた。

五十六は勲一等加綬《かじゅ》の旭日大綬章と功二級の金鵄《きんし》勲章を授与された。しかし、五十六は特に嬉しいという気持ちが湧かなかったようだ。

海軍省人事局の局員がわざわざ届けに来たのである。

この日、堀悌吉に宛てた手紙には、次のような一節が見える。

「今日東京から使が勲章を持って来て驚いた。第一線で働いたものは何と感じて居るだらう。慙愧《ざんき》に堪えぬといふ言葉があてはまるだらう。まさか高松宮様の様に賞勲局総裁を呼んでおこるわけにも行かないだらうし」

五十六はまだ自分が一度も前線に出て敵の艦隊や飛行機に遭遇していないのを気にしているふうだった。実際に生命を賭けた兵士たちに思いを馳せると「慙愧に堪えぬ」という気持ちなのである。

最後に「まさか高松宮様の様に」という言葉があるが、これは少し説明が必要だろう。

昭和十七年三月二十一日、高松宮が功四級の金鵄勲章を叙勲された。

これに対して高松宮は、自分は前線に出たこともなければ武勲を立てたこともない。だから勲章は授与しないようにといっておいたのに、なぜこうなったか、「不親切ト云フカ無責任ト云フカアキレテシマフ。早速賞勲局総裁ニソノ説明ヲ求メタ」と、この日の日記には書かれている。

高松宮は当日の朝、新聞を見て自分の叙勲を知ったのだった。そのことも怒りの火に油をそそいだようだ。

実際に三月二十三日には賞勲局総裁瀬古保次を呼びつけている。そして三月三十日には叙勲の経緯の説明を聞くため人事局長にも会っている。「アレデ疑ヒナク適当ト信ズルト云フノダカラ話ニナラナカツタ」と高松宮の怒りはおさまっていない。その間には天皇、皇后からお祝いが届いたりして、「イヤニナツテシマフ」という心境だったらしい。

いずれにしろ興味深いのは、高松宮の立腹や当局者を呼びつけたことなどを、五十六が四月四日の時点ですでに知っていた点だ。

同じ海軍なので話が伝わるのが早かったのだろうか。ただ、五十六は宮様のように「おこる」わけにもいかず、渋々派手な金色に輝く勲章をもらったのである。

昭和十七年四月のことだった。目のくりっとした、いかにも健康そうな可愛らしい娘が、新潟から上京し青山の山本家を訪ねた。

女学校を卒業したばかりの娘は、父親から山本家へ奉公へ上がるようにいわれて、初めて東京の土を踏んだのだった。

その娘、斎藤夏子さんは、七十六歳で現在も新潟の西蒲原郡に健在である。

夏子さんに、五十六が留守中の山本家の様子を語ってもらった。

そもそも夏子さんが山本家へ行くきっかけとなったのは、父親が在郷軍人で反町栄一と親交があったからだった。

その反町が家へ来て、山本家へ奉公するよう勧めた。そこで、まだ女学校を卒業して一週間しかたたないうちに、夏子さんは上京する運びとなった。

夏子さんの実家は、工場を経営しており裕福でもあった。そして父親が熱烈な山本五十六の信奉者だった。だから、もちろん娘が給料をもらうことなど念頭になく、ただただ、山本大将の御家族のお役に立てればという一念で送り出したのだ。

「もう、父はそりゃあ一生懸命で、自分の娘にお米をつけて奉公に出したわけです」といって夏子さんは笑う。

当時の日本は、物資も不自由になってきていた。しかし新潟では、まだ米は比較的容易に手に入った。それを山本家へ届けるため、夏子さんの父親はあれこれ知恵を絞ったという。

すでに配給制度となっていたため統制があり、勝手に米を持ち出すのは禁止されていた。そこで晒木綿《さらし》で袋を作り、そこに米を入れてお腹に巻いて、上から大きなオーバーを着込んで東京まで運んだ。

「そのために、父はお腹が冷えて下痢をしたそうですけど、そんなにしてまでお米をお届けしたいと思うほど、大将に入れ込んでいたんですよ」

夏子さんの実家は、もともとは織物屋で、晒木綿とガーゼを織っていた。それとは別にネジの工場も経営していた。

戦地において、五十六が毎日新しい晒のふんどしをしていたのは、あまりにも有名な話だが、それは実は夏子さんの父親が大量に送っていたからできたことだった。

昭和十七年の四月から十九年の夏まで、二年余りの日々を夏子さんは主人が不在の山本家で過ごしたわけである。

「本当に慌ただしい日々でした」と、その頃を回想して夏子さんは語る。夢のように過ぎ去った時間でもあったようだ。

「奥様はお身体が弱くて、ほとんど床についていらっしゃいました」

夏子さんが記憶しているのは、病気がちだが子供たちにはやさしい礼子の姿だった。夏子さんも奥様に怒られたことは一度もないという。

とにかく軍人の出入りの激しい家だった。毎日のように出征する兵士たちが山本家に挨拶に来た。そのたびに、礼子は病身を押して玄関に出た。

この頃になると、五十六の神格化がそろそろ日本国内で始まっていたようだ。五十六を主人公とした伝記の出版計画がひきもきらなかった。『英雄山本五十六大将』などという題の本を出版する案があり、その許可願いが「大和」にいる五十六宛てに出された。

それに対して五十六は、自分はまだ修業中の身であって、一水兵のつもりで日夜軍務に励んでいるのであり、「その足らざるを恐れている」と書き、今はほんの緒戦で真の戦争はこれからなのだから、どうか「傑物だとか英雄だとかおだてないで下さい」という返事を送っている。

これはまさに五十六にとっては正直な気持ちだったのだが、返事をもらった人はさらに感激してしまう。そして、こうした話が口から口へと伝わる。

若い兵士たちはひたすら五十六を崇拝するようになり、出陣の前に大将の自宅に御挨拶に行くわけである。

その心情は理解できるものの、留守宅にいる礼子にしてみれば多少は迷惑だと感じることもあったのではないだろうか。しかし、夏子さんが見ている限り、礼子がそうした感情を顔に出すことはまずなかったという。

「静かな方でした。毅然としたところはおありでしたが、ぽっちゃりと太ってらして、いつもゆったりしていらっしゃいました」

そんな礼子とは対照的に母親の亀久は、いかにも会津魂を胸に秘めた、きりりとした感じの女性だったそうだ。

夏子さんの他にも、三人のお手伝いさんが常時いた。これは山本家が贅沢をしていたというよりは、夏子さんのように、親がぜひとも行儀見習いに出したいと希望して送られて来た娘たちが含まれていたのだ。

お手伝いさんたちの仕事の割り当ては、それぞれ決まっていて、夏子さんはもっぱらお使いに行く役目だった。だから当時、山本家と親交のあった人々の家を、彼女はたいがい訪れていた。

さすがに海軍の水交社とは大変なものだったと、夏子さんは感慨深そうに語る。

あの物資が極端に不足していた時代に、水交社へ行くと、どんな食料品でも手に入った。夏子さんはよく礼子の手紙を持って水交社まで出向いた。すると貴重な食材を分けてもらえた。それればかりか、宮内省御用達の村上開新堂のクッキーまであったという。

現在でも村上開新堂のクッキーは、なかなか入手が困難なことで知られている。一部の愛好者の間では有名な高価なクッキーが、すでに戦争が始まった後でも入手できたのは不思議でもあり、軍部の力のようにも思える。

礼子は水交社から夏子さんが持ち帰った品を、今度は米内光政や嶋田繁太郎や堀悌吉の家へ届けるように指示した。

たとえ自分は病身でも、そうした気配りは常に忘れなかった。それにもかかわらず、戦後になって、礼子が無神経で全く気のきかない女性だったと証言する人々が現れた。

その理由について夏子さんは全く思い当たらないという。

ただ、山本家に近い人々の話では、高野家と礼子の間に、多少の確執のようなものがあったらしい。

夏子さんが覚えている限り、高野京が山本家を訪ねたことは一度もなかった。しかし、礼子にいわれて、夏子さんは京の家に何度かお使いに行った。

京は小柄な老女で、その顔が写真でだけ知っている山本大将と全く同じなのに驚いたそうだ。

「あの方は元帥の思い出の中にうずもれて生きているようでしたよ」と夏子さんはいう。それはどういう意味かというと、とにかく五十六からの手紙を表装して掛け軸にしたり、ふすまに五十六の手紙を張ったりして、その上に写真を飾り、自分の周りはすべて五十六にまつわる品々で囲んで暮らしていた。

青春のすべてを高野家に捧げた京にとって、五十六の栄光は自分のものでもあった。そんな京に対して礼子は極力やさしく接し、五十六の妻としての義務もきちんと果たした。また、戦後の一時期は、京を自宅に引き取って一緒に暮らしたりもしている。

それほど礼子が尽くしても、やはり京の心の底では、五十六は自分だけの宝物だという強い信念があったのかもしれない。埋もれ火のように若き日の恋情が、じっと京の胸中にいつまでも燃えていたのだろうか。女にそう思わせるような魅力を、確かに五十六は備えていた。

柱島の「大和」にいる五十六は、すでに度胸を決めていた。だからこそ強引にミッドウェー作戦を押し進めた。

この時期から、五十六は自分自身に鎧を着せた。不安や焦燥を他人には見せない。本当に心を許した人以外には、あくまでも帝国軍人としての強気の姿勢だけを示そう。そのように決心した節がある。

昭和十七年四月十三日、連合艦隊は次のような第二弾作戦の日程を立てた。

五月七日　ポートモレスビー攻略
六月七日　ミッドウェー、アリューシャン攻略
六月十八日　ミッドウェー作戦参加部隊のトラック島集結
七月一日　機動部隊トラック島出撃
七月八日　ニューカレドニア攻略
七月十八日　フィジー攻略破壊
七月二十一日　サモア攻略破壊

一読してわかるのは、おそろしく速いペースで作戦が進められる予定であることだ。

この日程は二日後には上奏裁可されて、翌四月十六日に大本営指示として発令された。いったいなぜ、こんなに急激な流れとなってしまったのか。これは、まだ日本がアメリカの空襲を受ける前の決定である（空襲はこの直後の四月十八日だった）。

その最も大きな理由は、連戦連勝のニュースが続く中で、日本人に敵を侮る気分が生まれたからではなかったか。

たとえば、当時の天皇の侍従だった入江相政の日記には、昭和十七年の天長節（天皇の誕生日）に、天皇、皇后より、貞明皇后、すなわち亡き大正天皇の后へ贈られた狂歌の数々が記されている。

「かゝへ鞄」という題では、「チャーチルの秘策はこれが中にあり蓋をあくればからにぞありける」と歌われ、続いて「御盆」と題して、「みいくさはたゞかちにかつみ国には一度に来たり正月と盆」とある。

それ以外にも「人形は泣いても起つに泣きながら敗けて起てないウインストンチャーチル」というのもある。

これらの歌を本当に天皇、皇后が詠んだとは思えないが、側近の浮かれぶりだけはよく伝わってくる。そして少なくともこの時点では、昭和天皇もひどく御機嫌で、戦争は「たゞかちにかつ」と信じていたのだろう。

入江相政の日記の面白いところは、当時の宮中の様子が手に取るようにわかることだ。先に紹介した狂歌もそうだが、日本の中枢にいた人々の姿が、天皇を含めて描かれている。それが、五十六の案じる日本の未来とまさに逆方向を向いているからこそ、余計に救い難い印象を与える。

五月八日付の入江の日記には、次のようにある。

「午后四時に軍令部総長奏上、珊瑚海々戦の大戦果について申上げる。アメリカ航空母艦二隻、主力艦一隻、イギリス主力艦一隻を屠《ほふ》った由、実に愉快なことである」

この珊瑚海海戦とは、日本軍のポートモレスビー上陸作戦のため、第五航空戦隊の率いる空母「瑞鶴《ずいかく》」、「翔鶴《しょうかく》」と軽空母「祥鳳《しょうほう》」が南下して一気にモレスビー上陸を計画したのだが、それを事前に察知したアメリカの海軍が珊瑚海で先制攻撃をしかけてきた。

そのため、まず「祥鳳」が沈没した。しかし日本側もアメリカの空母「レキシントン」を沈め、「ヨークタウン」を大破した。

結局、日本側は「翔鶴」が「ヨークタウン」と同じくらいの被害を受けた。無傷だったのは「瑞鶴」だけだった。

これが世界の戦史上で初めての、空母対空母の海戦だったのである。

日本側の損失もアメリカ側に劣らず大きかったにもかかわらず、入江の日記にはそうした事実は一切記されていない。いかに自分に都合の良いことばかりを、軍令部総長が天皇の耳に入れていたかがわかる。

また、アメリカ軍が珊瑚海で日本軍を待ち構えていたという事実は、日本の暗号がすでに解読されていたからである。

結果的には日本の勝利に終わったものの、次のミッドウェー作戦では、日本は二隻の空母を使えないこととなった。

一方、アメリカ側は、「ヨークタウン」を急いで修理してミッドウェーに参戦させた。

五十六の中には素直に戦果を喜べない気持ちがあったはずだが、他人にはそれを見せなかった。恩師渡部与の未亡人に五月末に書いた手紙がある。

「私共の受け持の方はおめ〳〵とは、やられません。銃後のつづく限りは、きつとやりとげます。といふのが艦隊将兵の虚勢でもない本当の意気込みと信念です。此の点は私も安心して居ります。勿論戦況は順調ばかりとはいきません。珊瑚海でもはじめは相当苦戦しましたが結局は実力に物を云はせて押切つたわけでした」

昭和十七年五月に、五十六の人生は今までと異なる段階に入る。

極端な表現をするならば、日本というい つ沈むかわからない船と、道連れになる覚悟ができたのである。

たとえば、この時期に郷里長岡の中学生に宛てて出した手紙は、従来とは少しトーンが違っていた。

最近アメリカが日本を空襲して、「越後へも豆爆弾を落したそうですが」それは日本国民の度胸を試すためでしょうと書き、あんなものは空襲とか爆撃とかいう程度のものではないのだから、知らん顔して勉強したり運動したりしていれば良いのだと述べている。

しかし、実のところ空襲が「あんなもの」とはいえないことを、五十六は誰よりもよく承知していたはずだ。「あんなもの」どころか、この空襲は日本の不吉な未来の前触れだった。

海軍航空育ての親といわれる五十六が、戦争における空母からの爆撃の恐ろしさを感知していないとは思えなかった。実際、アメリカのB25による本土空襲のニュースを聞いて、五十六の顔色は青ざめ、長官室に引き籠もったと書く彼の伝記もある。

かつて五十六は、連合艦隊司令長官に任命されたとき、自分は就任以来一夜も安眠できないでいると語った。それほど、任務を遂行するのは難しいのだと素直に本心を見せていたのだが、それから二年半ほどで、五十六は変わった。

渡部与の未亡人に宛てた手紙でも、「銃後のつづく限りは、きっとやりとげます」と決意のようなものを綴っている。

おめおめとやられることはないと、銃後を守る女性や子供に告げる五十六の心中には、二つの思いが混在していたのではないか。

もうここまで来たらやるしかない。後へ引き返すわけにはいかない。これっぽっちの不安も他人には見せまいという決意と同時に、ミッドウェーの作戦にすべてを賭けて必ず勝利してやるという意気込みである。

ミッドウェーで勝ちさえすれば、戦争は新たな展開を見せるにちがいない。戦意を失ったアメリカが早期講和に応じる可能性はまだ十分にあった。

ミッドウェー海戦

いよいよミッドウェーの作戦計画が固まり、「大和」の作戦室が慌ただしくなったのは昭和十七年五月からである。

従兵長だった近江兵治郎が、そのときの艦内の雰囲気を述懐している。

長官室に参謀長が呼ばれたり、主要参謀が呼び出される回数が増えて、五十六の日課も急変した。そのため近江は、長官室と作戦室を何回となく往復した。

「敵空母ホーネットに本土攻撃を許した恨みを、ミッドウェー作戦の成功で晴らすべく、賭けていたと感じられた」というのは、あながち見当はずれな指摘ではないだろう。

ときに会議は夜遅くまで続き、コックに夜食を作らせて運ぶこともあった。

ミッドウェー作戦の計画が完了すると、作戦に参加する予定の艦長以上の総勢が、「大和」に招集された。このとき「大和」の後甲板に総天幕が張られ、見事な大会場がしつらえられた。これは「大和」が旗艦として大将旗を掲げて以来、初めて組み立てられた大会場だったという。

いよいよ「大和」が本格的に始動するのだという感を、乗組員は強くした。

この日の主役は黒島亀人先任参謀だった。黒島に関しては後に触れたいと思うが、ミッドウェー作戦を実際に立案した人物である。

黒島は大きな海図を長いムチで指しながら説明をした。その姿は、近江の目には「先任参謀らしい貫禄」があると映った。

会議が終了したとき、五十六が訓示の中で次のような強硬な発言をしたのも、近江は記憶している。

「本作戦に異議のある艦長あらば、ただちに申し出られたし。早速退艦してもらう」

凄まじいまでの五十六の気迫が伝わってくる言葉だ。

訓示が終わると出撃壮行会に移った。この日のためにコック長は大いに奮発して、大勢の参加者全員に鯛の尾頭付きを用意した。

ところが、その鯛は味噌焼きになっていた。おそらくは大量の鯛を確保するとなると鮮度の問題があって、味噌焼きにしなければならなかったのではないだろうか。

しかし近江は「少々驚いた」という。なぜなら海軍では「味噌をつけた」とは縁起が悪いとされていたからである。

気になったものの、配膳は終わってしまっていた。宴会の間、ずっと近江はいたたまれない思いを味わったのだが、幸い、このことに気づいた人はいないようだった。縁起担ぎといえばそれまでだが、近江は「味噌をつけた」鯛を忘れられなかった。

黒島亀人先任参謀という人物は、ほとんどの山本五十六の伝記に必ず登場している。なかには、五十六の最大の弱点は人間に対する偏愛だったと書き、その一例として黒島を挙げている本もある。

真珠湾攻撃は、確かに五十六と黒島のコンビによって日の目を見た。今までの海軍の既成概念を根本からひっくり返したのが、この作戦だった。そのため、黒島に対する評価も急上昇した。

しかし、実際の黒島とは、どのような人物だったのだろう。

もちろん五十六と親しかった軍人は他にもたくさんいた。だが黒島にだけは、なぜか人々は「偏愛」という言葉を使いたがる。つまり、五十六が特別に黒島を信頼し、愛したという意味である。

その言葉の裏には、黒島が五十六の信頼の対象にふさわしくないという響きも多少は含まれているようだ。なんであんな男を五十六ともあろう人物が、あそこまで重用したのだろうといったニュアンスである。

前出の近江は、黒島に関しては、いたって好意的な描写をしている。

大柄で背を曲げて歩く癖のある黒島は、あまり姿勢はよくなかったが、「温厚そのもので泰然自若、物事に動じず、こだわりのない参謀であった」ので、従兵長としては親しみを感じて気楽に世話ができた。

「山本長官『秘蔵』の先任参謀として、その信頼は絶大であった」が、また、黒島のほうでも五十六によく尽くし、その姿は神々しいほどだったという。

ただし、黒島はいったん作戦計画を始めると、夜となく昼となく私室に籠った。服装などには全く頓着せず、浴衣姿で煙草をくわえては火をつける。だが、その煙草を吸うでもなく吹くでもなく、灰皿は吸い殻の林のようになった。

原稿用紙も書いては丸め、丸めては書き、室内の乱雑ぶりは見るに堪えぬ状態だった。

近江は黒島参謀専任の従兵に厳しく申し付けて、必ずワイシャツを着替えさせ、午前と午後と二回ずつ部屋を見回って掃除をさせた。

そんな黒島だったが、作戦報告書を携え渡辺戦務参謀を従えて軍令部へ向かうときは、見違えるような勢いがあった。また、作戦会議の議場において、海図を示しながら説明している姿を見ると、「連合艦隊の力ここにあり」と近江が感じるほど頼もしいのが黒島だった。

もっとも半藤一利著『山本五十六の無念』によると、黒島の姿は少し違って描かれている。黒島の従兵たちは彼を先任参謀ではなくて「変人参謀」とか「仙人参謀」と陰で呼び、同僚たちは、その風貌に「ガンジー」というあだ名をつけたが、これは半ば蔑視を交えていたという。

あまりの変人ぶりに、海軍の中央では交代を考えた。同じ参謀に作戦計画を立てさせると、アメリカ側にその手の内を読まれる可能性があるという名目をつけた。

ところが、これに対して五十六がはっきりと拒否をした。

「優秀な参謀は数多くいるが、大体の発想法は同じだ。俺のいうことに反対する者はあいつだけだ。黒島だけが俺の思いもつかない発想を出してくれるから手放せない」

五十六がこういったのは、昭和十七年四月中旬だったと半藤の書にはある。だとすると軍令部と連合艦隊の間で、ミッドウェーの作戦をめぐって意見の齟齬《そご》があり、激論が闘わされた直後だ。

それほど五十六が黒島に入れ込んでいたのは、他にも理由があった。

三和義勇参謀が、五十六の戦死後に出された追悼文集の中で興味深い記述をしている。ある晩、作戦室で三和が黒島と何かのことで議論をしていた。ほとんど口論に近くなり、時間も十一時になっていた。

そのとき、五十六がぬっと部屋に入って来た。何を喧嘩しているのだと問われた三和は、別に喧嘩ではありませんと答えた。

しばらく談話をした後で、五十六は三和に向かって次のようにいったという。

「黒島君が作戦に打ち込んでいるのは誰もよく知っている。黒島君は人の考え及ばぬ所、気がつかぬ所に着眼して深刻に研究する。時に奇想天外な所もある。しかもそれを直言してはばからぬ美点がある。こういう人がなければ天下の大事は成し遂げられぬ。だから僕は、誰が何といおうと黒島君を離さぬのだ。そりゃ黒島君だって人間だ。全知全能の神様ではない。欠点もあることはよく知っている。黒島君だって自分で知っているだろう。そこは君が補佐すればよい。艦長をやらねば用兵者として前途がないなんていう人もあるが、今時そんな馬鹿げたことがあるものか、よしあったとしてもそんなことはどうでも宜い」ときっぱりいい切って、さらに言葉を続けた。

「無論君たちも立身や出世のことは考えていまい。各幕僚はその職務に於てこの戦争に心身共にすりつぶしてしまえばそれで良い。勿論君たちばかりではない。僕もそうだ」

こういってから五十六は、秋山真之《さねゆき》を引き合いに出した。

「秋山将軍という人は中佐大佐の時はなるほど偉い人だった。（中略）しかし、ここが秋山将軍の偉いところだ。あの日露戦争の一年半で心身共にすりつぶされたのだ。そして東郷元帥を補佐して偉業を建てられたのだ。軍人はこれが本分だ。お互いにこの大戦争に心身をすりつぶす事のできるのは光栄の至りだ。解ったか」

この五十六の言葉の中で「中略」の部分に何が語られたのかは気になるところだ。三和の追悼文集『山本元帥の思ひ出』は、まだ戦争中に記されたので、黒島の名前も○○参謀と伏せ字になっている。

秋山真之は、日露戦争の際に日本海海戦で勝利を収めた連合艦隊の作戦参謀だった。その作戦を立案する能力は、もはや伝説と化していた。しかし、日露戦争後はこれといった活躍もなく、大正七年に四十九歳で世を去った。

まさに五十六のいったとおり、日露戦争で燃え尽きた生涯だった。それを五十六は美しいと感じていた。つまらない立身出世に右往左往する軍人が多い中で、黒島は純粋に戦争のことを考え、身をすりつぶす覚悟でいる。少なくとも五十六はそう信じて、黒島に絶大なる評価を下していた。

三和によると、五十六の称讃を受けた黒島は、両手で頭を抱えて机の上にうつ伏したという。おそらく万感胸に迫り、いうべき言葉もなく、もしかしたら「泣いておられたのかもしれぬ」と三和は思った。

五十六は固い決意が込められた眼差しをしていたが、最後は慈愛に満ちたいつものやさしい瞳に戻っていた。

ここまで五十六の信頼を勝ち得ていた黒島が、本当に昭和の秋山真之であったなら、この後の戦況はまた違った展開になっていただろう。

歴史が証明しているごとく、ミッドウェー作戦は失敗に終わった。ということは、黒島の作戦能力にも限界があったわけだ。

しかし五十六は、奇人であるが故に奇作を立案する黒島を愛した。五十六が連合艦隊司令長官を務めたのは三年七ヵ月だったが、そのうち三年六ヵ月、黒島は先任参謀として在任した。いかに五十六が黒島を重用したかがよくわかる。

昭和十七年六月五日、歴史に残るミッドウェーの海戦は開始された。

これより以前に日本軍の暗号は解読されていた。アメリカ側は日本の攻撃開始日を、ほぼ正確に把握していた。

このときアメリカの空母部隊の兵力は、空母三、巡洋艦八、駆逐艦十四だったが、日本軍は南雲部隊だけで空母四、戦艦二、巡洋艦三、駆逐艦十二で、さらに後詰め兵力として五十六が率いる主力部隊や上陸部隊の援護部隊を合わせ小空母二、戦艦十一、巡洋艦十三、駆逐艦四十が控えていた。

つまり、常識的に計算するならば、圧倒的に日本が有利だったのである。

しかし、敵の作戦に関する情報量は、アメリカ側がはるかに勝っていた。

ミッドウェー海戦は日本にとって、すべてが不運の連続の戦闘だった。それに関しては多くの研究書が出版され、日本側やアメリカ側からの綿密な検証もなされている。

よくいわれる「五分の差での敗北」とは、「赤城」の母艦から、あと五分で攻撃機がプロペラを回して出撃しようとしたとき、アメリカの急降下爆撃機が三機、突っ込んで来て三発の爆弾が投下され、「赤城」は誘爆を起こして炎に包まれた。

たった五分の差で、その機能を全く失ってしまったわけである。「加賀」も「蒼龍」も同じ運命をたどった。

しかし、もちろん五分の遅れだけが悲劇の全貌ではない。緒戦で連勝を続けた日本軍は慢心していた。海軍は四月一日から新暗号に切り替える予定だったのだが、それを五月一日に延ばし、さらに五月二十八日まで、古い暗号のままで打電していた。

のである。

そのため、ミッドウェー作戦の内容を、アメリカ側はもう五月の半ばには掌握していたのである。

五十六の座乗する「大和」は、「長門」や「陸奥」を従えて、ミッドウェーの北西八百海里のあたりを走っていた。南雲艦隊との距離は約五百海里ほどあった。

実はこのとき、五十六が蛔虫《かいちゅう》に苦しめられていたという説がある。藤井茂参謀の回想なのだが、「総大将が蛔虫に苦しめられながら敗戦の憂き目にあった」という言葉が出てくる。いつもは健康な身体を自慢にしていた五十六が、いざ決戦という前日から時ならぬ腹痛に苦しみ、額に脂汗が流れるほど苦しんでいた。そのため戦闘艦橋にある五十六は、ほとんど口をきかなかったというのだ。

これにはしかし、異説がある。従兵長の近江兵治郎は、ミッドウェー海戦時の「大和」での様子を、自著の中で綴っている。

機動部隊は前方に進出したが、戦艦戦隊は「大和」を先頭にミッドウェーから遥かな地点で機動部隊からの詳報を待っていた。

司令部参謀は絶対の勝算があるため、いたって落ち着いていた。六月の太平洋は波も静かで、七万トンの「大和」は、まさに海に浮かぶ城そのもののように見えた。

ハワイ作戦のときのような緊張した空気はなかったと近江はいう。

五十六はいつも兵棋図盤と呼んでいた将棋盤を引き出し、渡辺戦務参謀をからかいながら将棋を指し始めた。

したがって、蛔虫に苦しめられ、口もきかなかったという話とは矛盾する。

五十六が将棋を一番始めたときに、顔色を変えた司令部暗号長が電報を持って飛び込んで来て、翻訳した暗号を急いで読み上げた。

「赤城、被爆大にして総員退去」

そう報告すると帰って行った。

五十六は唇をぎゅっと結んで、ひと言「うむ」といったとある。

いったんもと来た方へ戻って行った暗号長は、しばらくすると再び報告に走って来た。そして今度は「加賀」の悲報が伝えられた。

このとき、五十六は少しも動ずる様子はなく、泰然自若とした姿だった。

「ほう、またやられたか」

というのが五十六の発した言葉だった。手のほうは、相変わらず戦務参謀と将棋を指していた。

「この将棋の件は、世間では知られていないことである。また既にこの現場を目撃した者は、もう日本国中探しても私近江一人だけとなっている」

このように書く近江の言葉の信憑性は高いと考えてよいだろう。

「この時の山本長官の気持ち、そして将棋の相手の戦務参謀の気持ちは何程か苦しいものであったろうか」と、近江は五十六の心中を察している。

日本の空母が次々と撃沈される電報が入って来たとき、五十六は「黙然として常の通り正しい姿勢」で、最後の対策を検討していたというのは藤井茂参謀である。

そして午後九時十五分、ミッドウェー作戦中止の命令が発せられた。

戦闘の間、近江は長官付として、五十六の側にずっといたため、幾つか忘れられない言葉を記憶している。

将棋を指しながらの「ほう、またやられたか」もそうだが、「南雲は帰ってくるだろう」という言葉も口にしたという。

これは真珠湾攻撃のときとほとんど同じ言葉だった。第一次攻撃に続き、第二次攻撃を期待されていた南雲に対し、五十六は「南雲は真っすぐに帰るよ」と、いかにもぞんざいな口調でつぶやいた。

それを近江は、しっかりと記憶していた。そしてまた今、五十六は同じことを独り言のようにいったのである。

以前に述べたように、五十六は南雲をほとんど信用していなかったふしがある。

親友堀悌吉が予備役に編入されたときに、南雲が裏で暗躍した。それを五十六が根に持っていたからだというのが今では通説となっている。

「堀中将を首にした遺恨とはいへ、山本さんは、どうしてあんなに南雲長官をいぢめなくてはならなかつたのかと思う」という石川信吾少将の言葉を、阿川弘之は自著に引用している。

南雲の立場も気の毒といえば気の毒だった。

彼は明治二十年三月、山形県の米沢で旧長岡藩士の次男として生まれた。本来なら、三歳年長で同じく旧長岡藩士の息子だった五十六と、かなり似た土壌で育ったのであるから、五十六に信頼されてもよかったはずである。

米沢はまた五十六の妻礼子の母、亀久の出身地でもある。まだ会津若松に女学校がなかった頃、礼子の姉は米沢の女学校を卒業した。米沢は会津や長岡と縁の深い土地柄だった。

南雲が海軍兵学校を七番の成績で卒業したのは、明治四十一年だった。

その後、南雲は海軍水雷学校へ進学し、いわゆる「水雷屋」として出世の階段を上り始める。水雷戦隊司令官、水雷学校校長などの要職を歴任し、水雷の権威と目されるようになる。

ところが、真珠湾攻撃の計画が具体化した際に、南雲は空母部隊をひとまとめにする第一航空艦隊の司令長官に任命された。

現在でも、この人事は無謀であったとよくいわれる。南雲にとって航空は全く畑違いのポストであり、しかも就任するやいなや、南方攻略作戦の支援を空母でやるくらいかと思っていたら、真珠湾の奇襲攻撃の指揮を執らなければならない羽目になった。

自分の能力の限界を知っていて、誰よりもこの仕事を固辞したかったのは南雲本人だったが、結局、押し切られてしまう。

はた目にも南雲の憔悴ぶりは、はっきりと見てとれたという。

しかし、真珠湾の攻撃はいちおうの成功を収め、日本へ帰った南雲は、宮中で報告上奏文を読み上げる栄誉に浴した。

その後、オーストラリアのダーウィン空襲、インド洋作戦などで勝利を収め、南雲の名声はいっとき日本中に響いた。

しかし、それも昭和十七年六月五日のミッドウェーの海戦までだった。

ここで南雲は致命的な判断ミスを犯してしまう。これは、ミッドウェーの戦記には必ず書かれているエピソードなので詳細は割愛するが、アメリカの空母が現れたという報に接した山口多聞少将が、旗艦「赤城」の南雲司令部に宛てて「現装備ノママ攻撃隊直チニ発進セシムルヲ至当ト認ム」と「飛龍」から具申したが、南雲はこれを却下した。確かに、山口の案は、攻撃隊を護衛戦闘機のない状態で出撃させるという非常手段だったが、これを受け入れなかったため、アメリカ側から先制攻撃を浴びる結果となった。

したがって、ミッドウェー海戦となると、どうしても南雲中将と山口少将との能力の差が問題となってしまうのである。

もしも、真珠湾攻撃やミッドウェー海戦で山口多聞が指揮を執っていたら、日本は負けなかったのではないかという人さえいる。少なくとも、ミッドウェーであそこまで無様な敗北を喫しなかっただろうというのである。

山口と南雲は、あまりに対照的な武人だった。また五十六との精神的な距離も、山口と南雲は正反対だった。五十六は南雲を疎んじたが、山口には絶大なる信頼を寄せていた。

山口多聞は明治二十五年八月、東京に生まれた。南雲より五歳年下、五十六より八歳若いことになる。

山口に関しては、阿川弘之著『山本五十六』にその人となりが次のように描かれている。

「山口多聞は、識見もすぐれ、勝負度胸もあり、当時海軍部内で極めて評判のよかった武将である。機動艦隊の総指揮は、この人にとらせてみたかったと、幾人もの人がのちにそう言っている」

五十六とはアメリカ時代から面識があり、妻を亡くした山口に後添いを世話したのは五十六と礼子である。その女性は四竈《しかま》孝輔の姪にあたり、五十六も子供の頃からよく知っていた。

山口はミッドウェーに出かける際に、「今度は敵が知ってる所へ行くから、帰って来られんかも知らんよ」と妻にいったという。

残念なことに、彼のこの予感は的中する。山口が乗る「飛龍」は、敵の急襲を受けて火を噴き、総員退去となった。しかし、司令官の山口は艦長の加来と共に艦に残る決心をする。

生存者が飛行甲板に集められたところで、加来艦長が訣別の言葉を述べ、山口は、日本の方へ向かって、「陛下万歳」を三唱しようといい、一同は西へ向かって万歳を唱えた。

燃え残った艦橋へと上って行く山口の後ろ姿に向かって、先任参謀の伊藤清六が「司令官、何か形見を」と叫ぶと、「オッ」と答えて、かぶっていた戦闘帽子を投げてよこした。

この帽子は後に未亡人の手に渡り、保存された。

なんとか司令官と艦長を駆逐艦に移乗させたいと、駆逐隊司令の阿部俊雄が特別にボートを出させたが、「飛龍」の艦橋の窓から二人は、「帰れ、帰れ」と手を振って寄せつけなかった。

やがて、駆逐艦「巻雲」から二本の魚雷が放たれ、飛龍はゆっくりと海の底に沈んだ。

艦と運命を共にした山口多聞は、このときまだ四十九歳の若さだった。

ミッドウェーの直後に五十六は、山口の死を悼んで、次のような歌を詠んだ。


かねてより思ひ定めし道なれど火の艦橋に君登り行く

燃えくるふ炎を浴みて艦橋に立ち尽ししかわが提督は
海の子の雄々しく踏みて来にし道君立ちつくし神上りましぬ

山口提督のみならず、全戦死者の英霊に五十六が捧げた哀惜の歌だった。

一方、南雲中将は五十六の言葉どおり、「帰って」きたのである。

旗艦「赤城」に艦長の青木大佐を残し、自分は巡洋艦「長良」に将旗を移した。そして報告のため五十六の待つ「大和」へと向かった。

ミッドウェーで山口少将の乗る「飛龍」もやられたことを知った五十六は、ついに作戦の中止を決める。

藤井茂参謀の回想では、五十六の夜戦中止の命令が発せられたのは、午後九時十五分だったという。

この翌日、五十六の腹痛の原因は蛔虫だとわかり、手当ての後はケロリと治った。しかし「勝敗を決する最高潮の時機」に、額に脂汗が流れるほど苦しんだのは、「皮肉な運命のいたずらという外はない」と藤井は思った。

このとき、五十六がかつて自分が艦長を務め、人一倍愛着を持つ航空母艦「赤城」を、魚雷で沈める決断をしたのであった。

自分の責任において処分するといい、天皇には自分からお詫びをするといったことは、以前に書いた。

「赤城」がアメリカに曳《ひ》いていかれ、見せ物にされるのを案じたためだった。

五十六は腹痛に耐えながら、「全部僕の責任だからね。南雲部隊の悪口を言っちゃいかんぞ」といい残して長官私室へ去り、それから数日間、姿を見せなかったと書く彼の伝記もある。

しかし、実際には近江の著書にあるように、五十六がそれほど腹痛に苦しんでいた様子はみられない。多少の痛みはあったかもしれないが、額に脂汗というのは少し大袈裟ではないだろうか。これには、ミッドウェーの大敗と五十六の体調を故意に結びつけようとした側近たちの思惑があったのかもしれない。

日本が初めてアメリカに空襲されたときも、五十六がショックのため一日中部屋に閉じこもったという風評が立ったが、実は軽い腹痛ですぐに治った。

つまりは五十六伝説のようなものが、いつの間にか一人歩きを始めていた。また、年月を経てからの関係者の回想というのは、自分の思い込みが入ることが多い。

戦争は勝つときもあれば負けるときもある。それを知らない五十六ではなかっただろう。だから悠然と将棋を指していたのだ。その姿のほうが五十六の真実に近い気がする。

六月十日、巡洋艦「長良」は、「大和」に横付けされた。巨大な七万トン級の大和に比べると、七千トン級の「長良」は蚊蜻蛉《かとんぼ》のように小さく見えた。

南雲司令長官と草鹿参謀長は「大和」に移った。怪我をしていた草鹿はもっこに乗せられていた。二人とも作業服姿だった。

その光景を近江は次のようにいう。

「ハワイ作戦で大戦果を上げ、山本長官に優るほど名声の高かった南雲長官の、その悄然とした姿は言葉に言い表せず、ものの哀れをすら感じさせた」

五十六はここでは自ら南雲を甲板に出迎えている。そして手を取るようにして司令部の長官室に案内した。

近江は部下の従兵に命じて茶菓の準備をさせ、長官室に運ばせた。二人の対面には、宇垣、草鹿両参謀長の列席もなかった。したがって間近でこのシーンを目撃したのは従兵長の近江だけだった。

南雲は五十六に対して泣いて、非を詫びていたという。

南雲は自決しようとしたのを周囲に押しとどめられ、なんとか「大和」まで帰り着いたのだった。

五十六の口から南雲をなじるような言葉は一切出なかった。

「最前線で死力を尽くされ、そして敗れて帰った南雲長官をいたわる山本長官の姿は正に神々しく思われた。山本長官の南雲長官への因縁・思念は、この戦いの敗北の中で、すべて消滅されたのかも知れない」と近江は書く。

五十六の目には、悄然とした南雲の背後に、太平洋に散っていった多くの兵士たちの姿が重ね合わされて見えたのではないだろうか。前途有為の青年たちが、祖国のため散華したことこそ、五十六にとっては最も辛い現実だった。

また、あまりにもしたたかな敗北を前に、南雲とのこれまでの確執もすっかり影が薄くなってしまったにちがいない。もともとミッドウェーの作戦を強引に押し進めたのは五十六自身だった。その意味では、誰も責めることはできないという覚悟が初めから備わっていた。

長官室で昼食が出された。そのときも南雲は最後までずっと頭を垂れたままだった。それは、どんなにか長い長い時間であったろうと近江は察している。草鹿参謀長もまた、憔悴しきった姿で座っていた。まさに死に場所を失った人間の哀れさだった。

話はそれるが、南雲のミッドウェー海戦以後について少しだけ触れておきたい。

自決を思いとどまって帰って来た南雲には、意地があった。なんとしてでも復讐の機会を与えてほしいと五十六に申し出た。

そこで、ミッドウェーの敗北の責任を取ることもなく、新たに編成された第三艦隊の司令長官に就任した。

そして十月に南太平洋海戦でアメリカの空母一隻を撃沈、一隻を撃破する。これで、いちおう彼なりの復讐は果たしたことになった。

佐世保鎮守府司令長官に転出し、その後、昭和十八年六月には呉鎮守府司令長官、十月には第一艦隊司令長官となり、昭和十九年三月、中部太平洋方面艦隊司令長官に任命されて、サイパン島に赴任した。

ここが南雲の最後の任地となる。昭和十九年六月、アメリカ軍はサイパン島に上陸、七月七日には日本の守備隊は玉砕する。

通称バンザイ・クリフから、多くの民間人が飛び降りて自決した悲劇は、あまりにも有名である。

追いつめられた南雲は陸海軍の合同司令部で割腹自殺をしたといわれている。山の中腹部をくりぬいてつくられた司令部は、現在ではサイパン島の観光名所となっている。しかし、土地の古老の話では、南雲が数人の部下に助けられながら割腹自殺をして果てたのは、司令部から百メートルほど離れた山中だったという。

享年五十七。五十六の死後一年余りを生きたことになる。海の提督が山中で割腹自殺をしなければならなかったところに、南雲の悲劇が象徴されている。

山口多聞の見事な死に際と、常に比較されるのも、そのためだった。

話をミッドウェーに戻すと、日本にとってはまさに虎の子ともいうべき存在の空母四隻を失ってしまったこの戦闘は、当時の日本人にどのように伝えられたのだろうか。

空母のみならず、搭載していた艦載機三百機余りと、それを操縦する多くのベテラン搭乗員を一度に失ってしまった。

昭和十七年六月十日まで大本営の発表は遅れた。それだけ軍部のショックが大きかったからである。

また、ある意味でミッドウェー海戦は太平洋戦争の分岐点となった。このときから日本は敗北への道を歩み始めるのである。しかし、当時の軍部でもそのことに気づいている人は少なかった。まして一般の人々は全く情報が隠蔽された中で、日本の勝利を確信していたのである。

大本営はミッドウェーの戦果について、次のように発表した。

ミッドウェー方面

（イ）　米航空母艦エンタープライズ型一隻及ホーネット型一隻撃沈

（ロ）　彼我上空に於て撃墜せる飛行機約百二十機

本作戦に於る我が方損失
（イ）　航空母艦一隻喪失、同一隻大破、巡洋艦一隻大破
（ロ）　未帰還飛行機二十五機

今となれば一目瞭然《りょうぜん》なのは、実際よりも味方の被害を過小に、そして敵の被害を過大に発表していることだ。

戦果の点でいうと、山口多聞少将の必死の反撃で、空母「ヨークタウン」を一隻ようやく沈めたというのが真実だ。それなのに、なぜか「エンタープライズ」と「ホーネット」という違う艦名になっている。ただし、これは「ヨークタウン」もほぼ同じ型の空母だったので間違えることはあり得る。しかし、一隻を二隻に水増ししたのは、「大本営発表」だ。

しかしそれも、味方の損害の報告に比べれば、まだ許せる範囲だったかもしれない。なにしろ、日本側は空母四隻すべて撃沈されていたのである。未帰還飛行機は三百二十二機に上り、戦死者も三千余人出た。

あまりに隔たりのある数字だが、なぜこのような事態になってしまったのだろう。それは、大本営が真実を発表して国民の士気が低下するのを極端に恐れたためだった。

もちろん大本営内部でも、もう少し真実に近い戦果を報告したほうが良いという声もあり、

我が方の損害をせめて空母二隻喪失、一隻大破、一隻小破としてはどうかという案があった。報道課長と主務部員は、国民に真相を伝えて奮起を促す必要があると主張したのだが、作戦部と軍務局の強硬な反対にあって、嘘で塗り固められた発表となってしまった。

　そのためミッドウェーの大敗は海軍の中でも箝口令《かんこうれい》が布かれ、外部の人間は、国民のみならず陸軍の人々にさえ明らかにされなかった。

　一説によると、連合艦隊司令長官への国民の信頼が一挙に失墜するのを恐れた嶋田海軍大臣と、永野軍令部総長が共謀して真相を隠したともいわれている。

　五十六の乗る「大和」が、ふたたび柱島錨地《びょうち》に戻ったのは、六月十四日だった。

　この時期の五十六の心境を示す資料は乏しい。ミッドウェーの敗北が精神的にこたえていないはずはなかった。しかし、それについて本人が書いた手記も手紙も残されていない。

　ミッドウェーの海戦で生き残った下士官たちが家族との面会も許されぬまま、南方へと転属させられたのは、よく知られている史実である。

「なお、攻撃部隊である南雲艦隊が全滅した連合艦隊は、急反転して針路を変え、戦場から遠ざかった。大田大佐率いる海軍陸戦隊を乗せた輸送船団は、横須賀に帰港した。陸軍部隊を乗せた輸送船団がいずこへ向かったかについては、私には知る由もないことであった」と近江兵治郎は書いているのだが、本当に何も知らされなかったのだろう。

トラック島の日々

昭和十七年八月二十八日、五十六座乗の「大和」はトラック島に入港した。

トラック島は正確にいうとトラック諸島で、直径約六十キロの環礁の中に、大小四十ほどの島々が点在している。

もともとはドイツ領だったのだが、第一次世界大戦以降日本が占領した。それが大正三年のことで、第二次世界大戦が終了するまで、他の南洋諸島とともに日本が統治する時代が三十年続いた。

前出の近江兵治郎の『連合艦隊司令長官山本五十六とその参謀たち』では、ミッドウェー海戦の後、連合艦隊の主力部隊は、広島湾に帰ることなく、内南洋のトラック島に向け直進したとある。

しかし他の山本五十六の伝記では、「大和」以下の戦艦群は、ふたたび柱島に根を下ろしたと書かれている。実際、五十六が柱島から郷里の人々へ書いた手紙もあるので、トラック島へ直進したというのは近江の勘違いだろう。

八月二日に郷里の西山伊豆子に出した手紙には、五十六らしい人間らしさと長岡の風物に対する愛情が、そこはかとなく感じられる。

「御恵送の饅頭は残念ながらかびが来て、全部駄目でした。之こそ本当に遺憾至極でした。飴最中は少々流れ出して居りましたが頂けました。ありがとう。今年は余り暑くない様ですが夫れでも時々梛野の茶の間では水饅頭の出る頃だろうなどと思い出して居ります」

この手紙を書きながら、五十六の胸をよぎったのは、懐かしい故郷の人々であり、食べ物であったはずだ。もう自分は二度とそこへ帰る日がないと知っていたのだろうか。水饅頭が大好物だった五十六の心中を察するのは、いかにも辛い気がする。

ミッドウェー以後は、かつてのように「私共の受け持の方はおめ〳〵とは、やられませんした強気の言葉も、手紙には見られなくなる。

西山伊豆子に手紙を書いて二週間ほど過ぎた八月十七日に、「大和」は柱島を出港した。

これ以後、長岡どころか、日本の土さえも五十六が踏むことはなかった。

当時ソロモン諸島方面の戦闘が激化しており、敵の攻撃は精鋭による物量作戦に出る本格的なものだった。「炯眼はやくもこの大勢を洞察した山本長官は、主力部隊をひきいてトラック方面に進出し、この大敵を迎え撃つ決心をかためたのである」とは、藤井茂参謀の回想である。

五十六はこの先、さらに厳しい死闘が日本軍を待ち受けていることを、正確に把握していた。

たしかに、この時期、アメリカ軍のガダルカナル上陸に始まるソロモンの戦闘はたけなわだった。最前基地のラバウルからトラック島までは、千三百キロあった。トラック島は陸海軍の部隊の中継地点となっており、ここを通過して兵士たちがソロモンやニューギニアの前線に送られた。

そのトラック島は日本から南へ四千キロの地点にある。グアムから飛行機で一時間半ほどといえば、大体の場所が見当がつくかもしれない。

トラック諸島の中の主島は夏島と呼ばれていた。現在のデュブロン島である。これ以外に春島、秋島、冬島、そして滑走路のある竹島、楓島などがあり、その他、月曜島など七曜を冠した諸島もあった。

湾内は「大和」、「武蔵」などが停泊しても、十分な広さがあった。また入港するための長い水道もあり、理想的な天然の要港といえた。この地で五十六はその生涯の最後の七ヵ月余りを過ごしたわけである。

前出の藤井参謀の述懐では、五十六が八月十七日に柱島から出港する際に、天皇より、「連合艦隊の大部はトラック方面に行動する由、勿論山本のことなれば抜かりは無いと思うが」という御言葉があったという。

もしこれが真実なら、さぞや五十六は恐懼《きょうく》してこの御諚《ごじょう》を聞いたことだろう。

これより以前、八月七日から九日にかけて、アメリカ空母機がソロモン諸島のガダルカナル島を急襲していた。第一次ソロモン海戦である。相変わらず大本営は、合わせて二十七隻の船を撃沈せしめ、飛行機四十機を撃墜し、大戦果を挙げたなどと嘘の発表を行っている。続いて八月二十四日にも第二次ソロモン海戦があり、航空母艦「龍驤《りゅうじょう》」が撃沈され、ガダルカナル島の飛行場奪回のため上陸した陸軍の部隊も全滅した。

では、このときの五十六の決意はどのようなものだったのだろう。

春島第二錨地に「大和」が入港して間もなく、五十六は長岡の上松蓊宛てに次のような書簡を送っている。

「八月十九日附貴信拝受　御礼
あと百日の間に小生の余命は全部すりへらす覚悟に御座候　　敬具
九月　　椰子の葉かげより」

おそらくは九月初めに書かれたものであろう。百日とは三ヵ月余りである。なんとも凄まじい決意が立ちのぼってくる書信だった。

五十六の念頭には、この戦争で自分の生命は「全部すりへらす」あるいは「心身共にすりつぶす」といった思いがあった。

そして事実、そのとおりとなった。百日間ではないが、その後二百日余りで五十六の生涯は終わる。

しかししばらくは、比較的穏やかな時間が五十六の上を流れていた。昭和十八年四月に五十六がラバウルへ出向くまでの間、彼がトラックを離れたことは一度もなかった。また、トラックは南方の激戦などまるで嘘のように、空襲もなく、いたってのどかな島だった。

特に主島である夏島はわずか九平方キロの小島だが、そこに民間人、軍人合わせて二万五千人の人口がひしめいていた。

ちょっとしたミニ内地の様相を呈しており、官庁街、商店街、海軍病院、そして花街まであった。昭和十七年八月二十八日に五十六を乗せた「大和」がトラックに入港し、翌十八年の一月には「武蔵」も入港すると、島に出入りする陸海軍の軍人に民間人を加えるとなんと五万五千人にも人口が膨れ上がった。

いかに当時の夏島が活況を呈していたか想像がつく。ほとんど赤道直下のため、気温は一年中三〇度近いのだが、島を吹き抜ける貿易風が心地よく、戦争中でなければ、まさに南洋のパラダイスと呼べる場所だ。

五十六の通常の生活は「大和」の中だったが、ときおり夏島に出向くこともあったようだ。

島の南岸、支庁桟橋から五十六は島へ上陸した。その様子を見知っている現地の人が今も健在だ。かつて海軍作業船の仕事をしていたというヌーカス・メッチェンさんは現在七十七歳である。

ややゆっくりだが流暢な日本語を話す。

「そうです、山本五十六はね、あの大きな船のほうにいましたけれど、ときどきね、島にも来ました。山本さんが桟橋を上がって来るときはね、私たちは絶対に見てはいけないといわれたんです。だから、あっちに行ってなさいと、こう追い払われました。

それでも山本さんの姿を見たいから、遠くのところに隠れてね、そっと姿を見たんですよ。ええ、立派でしたよ。偉い人ですからね、堂々として立派だったんです」

ヌーカスさんの目には、五十六は大柄で偉丈夫な大将に見えたという。

「とにかくね、山本五十六大将がこの島にいてくれた頃が一番良かったんです。一番良い時代でした」

そういって、ヌーカスさんは視線を足もとに落とした。

五十六が「大和」にいた頃、夏島には貿易会社、商店、役所などなんでもあって賑やかだった。一区画ずらりと料亭、待合が並び、少し離れたところに慰安所もあったという。

小松、常盤、飛行機亭、丸万亭、松島亭、見晴らし亭、喜楽亭、長門屋、南星寮、南華寮、青雲閣、清涼閣……。

ヌーカスさんが記憶している限りでも、これだけの屋号の店が出ていた。

この中で「小松」という店は、海軍関係者の間ではかなり有名である。

阿川弘之著『山本五十六』のなかに、トラックには横須賀の「小松」の出店があったという一文がある。

「いわゆる『海軍レス』で、ありていに言えば慰安所であるが、もうすぐ六十というのに、従兵たちの話がほんとうとすれば山本は時々陸上の慰安所へも通って行ったらしい」と書かれている。

その点をヌーカスさんに尋ねると、詳しいことはよく知らないといって、首をかしげながら、「確かに、小松は偉い人たち専用の店でした。だから山本五十六も行ったのかもしれません。今でも有名なのは、井上成美がよく行っていたという話、それは聞きました」

この「小松」に関しては、司馬遼太郎が『三浦半島記　街道をゆく42』のなかで触れている。

「小松」は、横須賀に海軍鎮守府がおかれた明治十七年の翌年にはもう開業している。「海軍料亭」と呼ばれ、明治時代のあの東郷平八郎も流連《いつづけ》をしたという。

山本五十六も横須賀の「小松」によく顔を見せた。「酒は飲まなかったが、同席するひとびとをよく和ませる魅力があり、気持のやさしい人だったらしい」と司馬は書き、「女性には本当にもてましたね」という「小松」の老女将の言葉を紹介している。

その出店が夏島にあったのなら、五十六としては、さぞや懐かしかっただろう。

当時の夏島の料亭は、料亭とは名ばかりで、一階で食事や酒を出したが、二階は女性たちが客を取る小部屋になっていたそうだ。日本の女性だけでなく現地や朝鮮の女性も交じっていたが、やはり多いのは日本から出稼ぎに来た女性たちだった。

ヌーカスさんが遠くから五十六を見て、大きな人だと思ったのは無理もなかった。五十六は南洋に来て太ったのである。

五十六の日常生活に関しては、従兵長の近江兵治郎が詳細に自著に記している。

まず午前六時に起床、七時に朝食を摂った。八時に軍艦旗掲揚がある。このときは後甲板に出て挙手の礼をする。これが終わると長官室に入り執務の時間となる。

午前十時に紅茶を飲み、正午に司令部大食堂で幕僚たちと昼食。軍楽隊が演奏をする。食後に雑談をしてから午後一時、ふたたび長官室へ入り執務を続ける。

午後三時にお茶の時間があり、パパイヤなどが出される。虎屋の羊羹も大好物だったので常に切らさないように近江は気を配った。夕食は午後六時で、昼食と同じく、幕僚たちが同席した。食後に入浴となる。

それまでは五十六は軍服を着たままだったが、入浴後は浴衣に着替えてくつろいだ。作戦室で参謀と将棋などを楽しむのが日課だった。

まるで判で押したように、同じ日課が繰り返されるわけである。どうしても運動不足となり、太るのは当然だった。

また従兵のほうでは、とにかく司令部の食卓を豊かにするのが使命と考えている。そのため近江はよく部下を連れて夏島へ食料品の買い出しに行った。日本の料亭があるくらいだから食材には不自由しなかった。鶏、魚、野菜、果物などを仕入れたが、それでも足りなくて、わざわざスラバヤ方面へ向かう飛行機に便乗して、バター、チーズ、ベーコンなどを入手するために出掛けて行った。

南洋での生活はエネルギーの消耗が激しいので、栄養面を充実させるとともに、コック長と相談して食欲をそそるようなメニューを作るために努力したと近江はいう。

その苦労のかいがあってか、五十六のみならず参謀たちは「南洋に来てから太った」というようになった。

近江は、「大和」における五十六の身辺の世話係なので、ひたすらその健康管理に腐心していれば良かったが、五十六の精神面は、その健康ほどには安定していなかったようだ。

一年中真夏のような珊瑚礁の島で、雪国育ちの五十六は冬が恋しかった。あまりにも単調な日々は、彼が心の奥底に秘めている不安をかえってはっきりと自覚させる作用もあった。残された時間をどう生きるのか、五十六は考える毎日だった。

話が少し戻るが、八月二十八日、「大和」がトラックに入港する際に、もう少しでアメリカの魚雷の襲撃を受けそうになる事件があった。

当時、連合艦隊参謀長だった宇垣纒が書き残した『戦藻録』という日記がある。戦後になって出版されたのだが、もちろん宇垣はこの記録が世に出るとは思わずに書いていた。それだけに、飾り気のない言葉で淡々と事実を綴っている。

宇垣は五十六のよき女房役といわれ、昭和二十年八月十五日、敗戦を知ると自ら爆撃機に乗って沖縄へ飛び、若い戦友たちの後を追って散華した。五十五年の生涯だった。

さて、その宇垣の『戦藻録』には、八月二十八日付で、アメリカ軍の魚雷が三本、「大和」に向かって放たれたが、二本は自爆、一本は命中するかと心配したが、かろうじて艦尾にかわしたと記され、「危くも難を免れたり。誠に神助と云ふべし」とある。

その後で、「敵は我制圧努力の不足を看取り、トラック出入艦船の最近増加に鑑み勇敢にも咽喉を扼《やく》せるものと云ふべく、威嚇投射等に恐れず尚発射（聴音発射）を為し其の射線正に大和を挟めるは天晴《あっぱれ》と云ふべし」と書いている。

簡単にいうと敵の度胸と技術に感心しているわけである。それに比べると日本側はまことにふがいないと宇垣は思った。

「我方潜水艦にこの勇と身を犠牲にしても敵を屠《ほふ》るの覚悟今少しあらしめ度ものなり」と残念がっている。

さらには、「敵を至近に発見し乍ら何等実撃を加へあらざる最近ソロモン方面の現象は大に自省の要ありと認む」と結んでいる。

これはすでに、いかにアメリカ側が海上のコントロールを手中に収めつつあるかを物語っているエピソードだろう。宇垣は、わざわざ「上陸第一日の失敗」と題して、この事件を詳細に記したくらいなので、かなりのショックを感じていただろうと察せられる。

この二ヵ月ほど前だが、六月二十二日に宇垣は五十六の様子を次のように書いている。

「長官思に耽られ憂鬱の風あり、人各々時に触れ事に臨みて感傷あり。未だ直接相語りて胸中を聴くの域に達せずと認め遠慮し置く也」

五十六がミッドウェーの痛手から精神的に回復していないのを宇垣は見抜いていたようだ。そして将来の展望も開けてはいなかった。

トラックに停泊している「大和」には、多くの来艦者が訪れた。

九月三日には竹田宮恒徳《つねよし》王陸軍少佐、参謀次長田辺盛武陸軍中将、軍令部次長伊藤整一中将などがサイパンを経由して五十六に会いに「大和」へやって来た。

日本にいた頃と違い、陸軍の要人が多くなっている。当然ながら五十六は彼らと様々な意見交換や作戦会議をしているはずだが、記録は残っていない。

しかし、昭和十七年十月二日付で、堀悌吉に宛てた手紙には、その頃の五十六の心境が赤裸々に綴られている。

「こちらはなかなか手がかゝつて簡単には行かない。米があれ丈けの犠牲を払つて腰を据えたものを、一寸やそつとであけ渡す筈がないのはずつと前から予想したので、こちらも余程の準備と覚悟と犠牲がいると思つて、意見も出したが皆土たん場迄は希望的楽観家だからしあわせ者揃のわけだ。

当面の戦局を片づける為には開戦以来の犠牲に劣らぬ損害を覚悟して居るから自分としてはやり抜く事は確かだが、中央では少し青くなるだろう」

この文面には、五十六の少なからぬいら立ちがうかがえる。今に始まったことではないが、五十六はいわゆる中央、大本営の方針があまりにも楽観的であり、自分の意見を受け入れてくれないところに不満を持っていた。

この手紙を書く少し前の九月二十四日、ガダルカナルの戦闘指揮を担当していた陸軍第十七軍派遣の大本営参謀、辻政信中佐が「大和」に派遣されて来た。

当時、ガダルカナルへの潜水艦によるモグラ輸送、あるいは大発などによる蟻《あり》輸送でも陸軍の増派や軍需物資補給がなかなか成果が挙がらずにいた。そこで高速船団による集中輸送が必要だという案が出て、その相談のため辻参謀が五十六に面会したのだった。

初めて「大和」を目にした辻は、後に自著『ガダルカナル』の中で、「大和」は「化け物のような巨体」と書き、ボートに乗って「大和」の舷梯《げんてい》（注・タラップ）に横付けされたときは「象の脚にハエがとまったような」印象だったと述べている。

五十六は辻に好意的であり、「補給がつづかず、陸軍の兵隊を餓死させたとあっては、海軍として、申訳が立たない。承知しました。必要とあらば、この『大和』をガダルカナルに横着けしてでも掩護《えんご》をしましょう」と答え、突然、ハラハラと涙をこぼした。辻も一緒にもらい泣きをしたと本人は書いているが、これは「ほんとうかどうか分らない」と阿川弘之は懐疑的である。

しかし、トラックに居座ったまま、ついに「大和」は動かなかった。その理由は幾つかあったが、なんといっても日本の重油の在庫量が少なかったためだという説が根強い。

いったん連合艦隊が動けば一日一万トンの燃料が必要となるが、当時の海軍の備蓄は六十五万トンにすぎなかったというのである。

平間洋一編『戦艦大和』によると、五十六は必要な幕僚だけを連れて、自分自身がガダルカナル砲撃に参加する意図を示したことがあるという。

しかし、戦艦を長時間敵前に晒すのは危険である、戦艦の大口径砲の効果は少ない、「大和」を投入するには海面が狭い、水深が不正確で座礁のおそれがあるなどの反対があり、「大和」のガダルカナル投入は見送られた。

もしもこの時期、「大和」を積極的に投入していたらどうだっただろう。前出の『戦艦大和』では、次のように状況を細かく分析している。

「米戦艦サウス・ダコタがレーダー利用の射撃指揮装置を装備していたとはいえ、少なくともある期間はラバウルの航空部隊と連携し、ソロモン海域の制海権・制空権を確保でき、ガダルカナルの戦いをある程度は有利に戦い得たのではなかったであろうか」

つまり、「大和」はただのお飾り的な存在ではなく、十分に能力を発揮できるチャンスがあったのである。五十六もそう考えたからこそ、辻に「大和」をガダルカナルに横付けしてもいいと答えたのだろう。しかし、結果は五十六の希望どおりにはならなかった。

「日本海軍のアウト・レンジ思想の裏側にある兵力温存という貧乏海軍の体質が、兵力の逐次投入となり、ソロモン海の制海権の喪失となり、ガダルカナルの敗北を早めたのであった」

そうした事情があったためか、五十六は十一月二十三日付の手紙で、堀悌吉宛てに愚痴ともつかぬ文章を綴っている。

「東京は大分寒くなりし由、羨しくもあり御自愛祈る。当方一向面白からず。敵には困らぬが味方には困る」

なんともいい得て妙ともいえる。敵よりも味方の言動のほうが、よほど五十六を悩ませていたのだ。

常夏の島で、寒くなりつつある東京を羨ましく感じる五十六は、気候のみならず、早々と海軍を辞して民間会社に移籍した堀の境遇に対する羨望の思いもあったのではないだろうか。戦況はあまりにも日本側に不利に動いていた。

反町栄一の本には、トラック島における五十六の動静について語っている高瀬五郎の談話が載っている。

これから目的地に向かって出陣しようとする潜艦部隊の乗員を、せめて洋上からでも見送りたいという「親心」で、五十六は必ず旗艦の甲板で見送った。

乗員は感激した。「いつも変わらぬ大きな双眼鏡を頭からつるしておられ帽子を右手に持って高く振られながら、遠ざかり行く我々潜水艦隊が薄れるまでは、いつまでも立ちつくしたまま見送られた」

この五十六の気配りが兵士たちの胸には強く響いた。乗員たちは歓呼の万歳を叫んだ。そして自分たちの帽子を手にとって振りながら、五十六の見送りにこたえて泣いた。

「この人のために死のう」

兵士たちは心からそう思えたというのである。「国家に捧げた命は、この長官を通じて死を誓うところまで高まる」のだった。

これが五十六の持つ統率力だと高瀬はいう。その統率は細胞の末端に至るまで浸透して、全軍の士気は長官のもとに収斂《しゅうれん》した。

当時、夏島にあった海軍病院は、今も鉄筋の骨組みだけの廃屋となって残っている。

現在の夏島は電気も水道もガスもない原始の島になってしまった。それだけに、しっかりとした骨組みの海軍病院跡は、島でも異彩を放っている。

五十六がたびたび傷病兵を見舞ったのもこの病院だった。渡辺参謀の回想には、次のようにある。

「山本長官のお見舞だというので、軽症の患者はみんな床の上に端座し、重症の患者は仰臥していた。

『御苦労様、早く快くなってくれよ。また海上で会おうよ』

一人一人傷病兵に優しい言葉をかけてゆく。そうして病室を出る時は必ず帽子を脱いで
『御大切に』

と挨拶をした。帽子をとった頭が大部白く老けて見えた」

五十八歳なら白髪が目立つのも当然だった。しかし、この頃から五十六はがっくりと老けたのかもしれない。

日本の戦局が好転する材料は何もなく、しかも軍部の中央との距離は大きくなるばかりだった。そんな中で、自分にできることを五十六なりに必死になって考えていた。

傷病兵の見舞いは、彼にとって大切な任務だった。

あまりにも長官が丁寧なので、傷病兵たちは恐縮しきったという。五十六が通過した後も、しばらくは頭を上げられない者もいた。

病院船にも見舞いに出掛けた。船内は広くていちいち見舞うのは大変なので、順路を決めておいて院長が案内をする。ところが、五十六は勝手に隅の方まで歩いて行って、院長をまごつかせた。

重傷者の前では、立ち止まって負傷の具合を尋ねたりした。あるとき、ふと五十六の足は眼帯で目を覆っている病人の前で止まった。まだあどけなさの残る顔立ちで、誰の目にも少年航空兵であることがわかった。

五十六は少年兵の肩に手をかけ、「山本だよ、わかるか?」と問いかけた。

「長官……」と若い兵士は唇をふるわせた。

視神経をやられていると院長が説明すると、全快する見込みはあるのかと五十六は尋ね、続けて、「軍陣医学の名誉にかけて治さにゃならぬ」と激しい口調でいった。

「帝国海軍はけっして君を見捨てやしないよ。また海の上で会おうよ」

五十六のやさしい言葉に、少年兵は声をあげて泣き伏したのだった。

いつの間にか昭和十七年も十一月に入り、真珠湾攻撃から一年近くが経過しようとしていた。

五十六は海軍航空本部にいた斎藤正久に一個の小包みを送った。

斎藤正久は以前にも書いたが、五十六の妻礼子の妹、十美子と結婚した海軍大佐である。誠実な人柄の斎藤を五十六は信頼していた。

その斎藤に五十六が託したのは、家に残してきた四人の子供にあてて、明治天皇、昭憲皇太后の御製を謹書したものだった。

それを子供たちに届けてほしいと頼んだのである。

ちょっと聞くと、いささか唐突な感じもする。これまで礼子と五十六の間には、頻繁な手紙のやりとりはなかった。長男の義正氏によると、五十六がいつも深夜までかかって、全国から寄せられた手紙に返事を書いているのを知っているだけに、家族は便りを出すのを遠慮したという。

そうした側面もあったろうが、五十六のほうでもこの戦争で自分は死ぬつもりでいたため、愛する妻子への未練は、早々と断ち切っていたのではないだろうか。

何の責任も生じない水商売の女性と、恋愛ごっこのまねごとのような手紙を交わすのは容易だったが、家族の重みを考えると、そこに訣別の覚悟があってこそ、初めて後顧の憂いなく誠心誠意の御奉公ができると思っていた。

それなのに、なぜ、この時期に思い立ったように子供たちに書を送ったのか。

実はこのとき、礼子は子宮がんを患い、手術を受けていたのである。山本家のお手伝いさんだった斎藤夏子さんは、このとき奥様が子宮筋腫の手術をしたと聞かされていた。

しかし、本当は子宮がんだった。長男の義正氏の証言では、気丈な礼子は誰にも相談せず一人で病院へ行き、手術を決めてきた。

だが、それを夫に知らせないはずはなかったと考えられる。いくら礼子が夫に負担をかけないよう気を遣う妻であったとしても、がんとなれば生命にかかわる。

それを知った五十六が、せめて子供たちに自分の書だけでも残しておきたいと、最も信頼する義弟の斎藤正久に頼んだのだろう。

幸い、礼子の子宮がんの手術は成功し、彼女の健康は回復する。子供たちは礼子から愛情を注がれ、以前と同じようにすくすくと成長していった。

今宵もや照る月影をしるべにて仇うちをらむ空の男子は
かへりこぬ空の愛子《まなご》の幾人かけふも敵艦に体当りせし

十月末、南太平洋海戦の行われた夜に五十六が詠んだ歌である。

人一倍人情の厚い五十六にとって、次々と部下を失うのは辛い毎日だった。

十一月に反町栄一に宛てた手紙には、「郷党子弟の苦難を想見すれば一向に快心ならず」とある。

これはガダルカナル島において、新潟、福島、宮城県出身兵を主力とする第二師団が悪戦苦闘の最中で、特に長岡市など新潟県出身の兵士たちで構成された新発田歩兵第十六連隊が、連隊長、大隊長以下ほとんどが全滅したためだった。

宇垣纏著『戦藻録』にも、これに関する記述がある。

食事の際に五十六が、第二師団の戦力から、第十六連隊のガダルカナルの評判について話し出した。

「十六連隊の事は残念至極、連隊長大隊長の補充に行く者郷里より来信あり。会稽《かいけい》の恥を雪《そそ》げと鞭撻し置きたるが恐らく生還はなし得まい。自分もガ島が奪回出来なければ郷里へ帰れぬ。宜敷頼む」

五十六は笑いながらいったが、これはけっして笑い話ではないと宇垣は書いている。長官がその心情を吐露したのだろうと思い、宇垣は「心裡に残る」といい、十六連隊だけの問題ではなく、自分も責任を感じるとしている。

五十六の言葉の中で「会稽の恥を雪《そそ》げ」とあるのは、長年の恥辱を晴らせという意味である。これは、戊辰の役で敗れた長岡藩の恨みを、この大戦で晴らせといっているようにも聞こえる。

それでも反町へ出した手紙の最後には、「本年は豊年確実の由何卒来年もと祈居候」と結んでいる。

米の豊作を喜ぶのと同時に来年もと祈る五十六の胸に去来していたのは、日本全土の安寧ではなかったろうか。しかし、米を育む日本の大地に豊年は続かなかった。

戦局は日本軍にとって不利だった。

藤井茂参謀の回想に次のようにある。

「戦局はますます激しく且悪化して来た。精鋭を誇った連合艦隊の各艦種、戦艦、巡戦、巡洋艦、駆逐艦それに潜水艦まで、ソロモン海域に集中し陸軍部隊の糧食弾薬の輸送に使われるようになった。

十一月十三日及び十五日には、相ついで巡洋戦艦比叡、霧島を喪失する結果となった」

宇垣纒にまるで冗談のように、ガダルカナルが奪回できなければ、郷里へも帰れないといった五十六だったが、それは宇垣も見抜いていたように彼の本心だった。

つまり、ガダルカナルが片付かない限り、この戦争の終点も見えないのである。しかし、状況は日に日に悪化していた。

十一月三十日、五十六は堀悌吉に宛てて書信を送っている。

「――また自分も何時帰れるやら帰れぬやら分らない。適当に頼みます。山梨さんではないが『運命だよ君』とでもいふところだろう。もう劈頭開戦一周年となったが、あれ丈けハンディキャップをつけて貰ったのも追々すりへらされる様で心細い」

五十六にしては、ずいぶんと弱気の文面である。「適当に頼みます」というのは、夫がそばにいないのに手術を受けなければならなかった礼子と、子供たちを指しているのではないだろうか。

「運命だよ君」とは、海軍大将で、当時は学習院の院長をしていた山梨勝之進の言葉と思われる。

何かの機会に山梨からそういわれた五十六は、よほどこのことが頭に残っていたとみえる。翌年の一月二十八日付の堀への手紙にも、次のような一節がある。

「東京はいや内地も追々深刻になったろうと当然な成行きだが山梨さんは何と言わるるやら、

矢張り運だよか。艦隊も八月以来泥田の足が未だ抜けないが、あとしばらくで外科的手術が出来て命丈けはとりとめ度しと思って居る。

さて、それから先が問題だが此の先は油にしろ食料にしろ鉄にしろもっと真面目に考えなければなるまい」

すべてが運なのだ。つまり天があらかじめ定めた筋書きなのだという山梨の言葉に、五十六は半身を傾けつつも、やはりそこから日本の命だけはとりとめたいという希望は捨てていない。まだもう一度、最後の博打が打てると五十六は思っていた。

五十六のことを語るとき、よく人は「至誠の人」という表現を使う。

確かに五十六には茶目っ気たっぷりの面もあったし、女性に関しても聖人君子ではなかった。しかし、彼の天皇に対する忠誠心の強さは、特筆に値するものがある。

戦争中は、ほとんどの日本人が天皇と国家を同一視し、忠誠を誓ったといわれている。それでも、形式的にそれを口にする人と、五十六のように心から天皇を敬う人間とがいた。

次第に戦局が苦しくなるなかで、五十六の心の拠り所は「大君」のために誠心誠意の奉公をすることだった。

ある夜、休憩室で五十六と将棋をしたときの思い出を、藤井茂参謀が語っている。

二人で将棋を楽しんでいるところに、電信兵が新聞電報を配達して来た。ふと藤井がそれを見ると、天皇が伊勢神宮を御親拝した記事が載っていた。

藤井はその旨を伝えながら、

「今頃、時ならぬ伊勢神宮御親拝とはどうしたのでしょうか、巡戦二隻まで喪失する戦局を御軫念《ごしんねん》になったのでしょうか」とつけ加えた。

すると五十六の眼光が一瞬きらめいた。藤井は、何か凄まじい気迫のようなものを感じ、それと同時に「しまった」という後悔の念が頭の中を走った。

「忠誠一途に凝った長官にとって、一番痛いことを口にした」のだと藤井は思った。

巡戦二隻とは、十一月十三日と十五日に喪失した巡洋戦艦「比叡」と「霧島」を指している。

ただちに将棋は中止となり、五十六は黙って部屋を出ていった。

天皇が伊勢神宮に御親拝に行ったのは、十二月十二日である。

その三日後に五十六が郷里の知人に宛てて出した手紙には次のような一文がある。

「天皇陛下の伊勢神宮御親拝を拝承するに至りては誠に恐懼措く所を知らず此の一事に対し奉りても第一線指揮官として頭髪未だ全く白からざるの不忠を深く恥ぢる次第に御座候」

同じような内容の文章を他の人にも出していた。

「天皇陛下伊勢神宮御親拝を拝聞しては真に恐懼に不堪頭髪一夜にして悉く《ことごと》白からざるの不

忠を恥づるものに御座候」

こちらは昭和十八年二月初めに出した手紙である。五十六の精神的な動揺がいかに大きかったかをよく表している。

天皇に伊勢神宮を御親拝させるほど心配をかけさせているのに、自分の髪が白髪になりきっていないことを恥じなければいけないのだと、あちこちに手紙を書いた五十六であったが、実は天皇の伊勢神宮御親拝には、他の理由があった。

五十六が案じたように、巡洋戦艦二隻を撃沈された戦局を「御軫念」になったからではなかった。

昭和十八年五月二十八日付の高松宮の日記には、なんとも興味深い記述がある。

高松宮は藤井茂参謀から直接に、五十六と将棋をさしていたときの話を聞いた。

「山本大将ハソノ電報ヲ見ルナリ顔色ヲナシテ大変ナコトダト云フ様子ニテ、ソレキリソノ将碁ハ止メニナツタ。当時、戦艦二隻ヲ失ツタ後チノコトデアリ、如何ナル御思召デ御拝ニナツタカ知ル由モナイガ、艦隊長官トシテハソノ憂ヒヲ又自ラノ憂ヒノ上ニ考ヘテ容易ナラヌコト、考ヘタノデアラウ」

つまり五十六は、天皇の心痛に自分の心痛を重ね合わせ、大変なことになったと考えたのにちがいないと高松宮は推察した。

実際そのとおりで、五十六は自分の一身に責任を引き受け苦悩していた。

ところが高松宮の日記は次のように続く。

「ソノ後、藤井参謀ガ上京ノトキ鹿岡《かのおか》総理大臣秘書官ニ会ツタノデ、御親拝ハ首相ノ奏請ニヨルノデ御発意ニヨルノデナイト知リ、之ヲ是非、山本大将ニ云ウツモリデ、間モナクゴタ〳〵シテ長官ノ『ラボール』進出トナリ、遂ヒニソノコトヲ知ラズニ戦死サレタト思ヘル」

高松宮がこの日記を書いたのは五十六の死後一ヵ月以上経過してからである。

五十六の遺骨が日本に帰り、水交社に安置され国葬が営まれたのは六月になってからだが、その前後の高松宮の日記には、五十六に関する記述が多い。

「陸軍ニモ匹敵スベキ人傑ナキ人トシテ」といった言葉からも、高松宮自身が五十六の死に衝撃を受けていたのがわかる。

そして、あれだけ五十六が憂いていた天皇の御親拝は、実は首相の申し出によるもので天皇の発意ではなかった。それを藤井が五十六に知らせる前に戦死してしまったのである。

「コレハ残念デアツタ。ソウシタ事モ長官ノ環境トシテ一種ノ悲壮ナル感トナリ愈々決死ノ覚悟ヲ深メシメタトモ云ヘヨウ」

精神的に追いつめられた五十六が「決死ノ覚悟」をして前線視察に出たのではないかと、高松宮は推測しているのである。

高松宮の考察は、五十六の死を考えるときに深い意味を持っている。

話を先取りするようだが、五十六が昭和十八年四月になぜ、わざわざ危険な前線視察に出たのかは、戦史の中でも一つの謎とされてきた。

後に詳しく述べるつもりだが、五十六がすでにこのとき、死を覚悟していたのだという説も根強くある。

ラバウルを飛び立つことになった背景はともかく、五十六の心の中には天皇が伊勢神宮を御親拝になったという事実に対するショックが、いつまでも心の傷となって残っていたのは確かだろう。

だからこそ「決死ノ覚悟ヲ深メシメタ」と高松宮は思うわけだ。

少なくとも昭和十七年の末頃から、五十六は精神的に追いつめられていた。彼が最も忠誠を傾けていた天皇の心を苦しめている責任は、あまりにも重く五十六にのしかかっていたといえる。

さらに戦争の犠牲者の数の増加も、五十六の胸を暗くしていた。

昭和十八年の一月に、五十六は友人の目黒真澄宛てに次のような一文を書き送っている。

「今年こそは自慢じゃないが敵襲の本物（昨年のはオモチヤの類だ）が度々有るのでせう。

一度も空襲を受けずに増産も思ふ様に出来ぬ内地ならばツブして仕舞へといふ神意なるべく

候」

　これは、なんとも過激な内容である。国内の増産は思うように進んでいない。それなのにさらなる空襲は必ずくる。この五十六の予言はぴたりと当たり、日本全土はやがてアメリカ軍の熾烈な空襲にさらされる日がくるわけだが、今のような内地、すなわち日本なら、「ツブして仕舞へ」という神意だろうといっている。

　読み方によっては、まるで日本の敗戦を見透かしているような言葉だ。

　このほんの三ヵ月ほど前の十月に、目黒真澄に出した手紙は、もう少し強気だった。

「日米両海軍は漸く本格戦期に入り、角力ならば丁度観頃と被存候。何しろ各種艦艇を次から次と失ひながら、ビクともせざる如き彼は、国力、国民気力に於て靭強と見て可然哉に被存候」

　たった三ヵ月の間にトーンがかなり違ってしまったのは、やはり天皇の御親拝の一件がこたえたのではないかと思えるのである。

　昭和十七年の十二月八日を、五十六は複雑な気持ちで迎えていた。

　あの真珠湾攻撃からちょうど一年である。海軍の戦死者だけでも約一万五千人となった。

　郷里の反町栄一には、五十六も安心して胸の内を明かしている。

「開戦以来一周年、敵は緒戦の小敗にビクともせず一意増産反撃に専心のところ我銃後軍需品増産の成績等は決して満足すべき状態にあらず実に憤起躍進を要する事切なるものありと被存候」

敵、すなわちアメリカ側は戦意喪失どころか軍需品増産に拍車を掛けている。敵の物量作戦の強力さに比べて、日本の状態はなんとも心もとない。「憤起躍進」が急務だと告げる五十六の筆には、ありありと焦りの様相が見える。

まるで念を押すように次の文章を付け加えている。

「農工第一線の現業戦士は美事なる努力奮闘中と信ずるも夫れ丈けでも此難局は断じて押し切れず」

まさに悲愴感まで漂ってくる言葉である。同じ時期に出されたもう一通の手紙にも、ほぼ似たような内容が記されている。

開戦一周年でアメリカはおいおい真価を発揮してきているのに、日本は、どれだけの進展を見ただろうか。艦船、兵器、燃料などにどれほどの増産を示したことだろうと問いかけ、前線にいる「忠勇無双の将士」を、ただいたずらに泣かしめるような「惨」が長く続かないように祈っているとある。

そして反町に和歌を一首書き送った。

指折りてうち数ふればなき友の数へがたくもなりにける哉

五十六は、良寛がこれに似た歌を詠んだのではないかといっている。

また前出の目黒真澄宛ての手紙にも、十二月八日の所感を披瀝している。


一とせをかへりみすれば亡き友の数へかたくもなりにける哉

「――人生も此世にもあの世にも等分に知己や可愛い部下が居る事となり往つて歓迎をして貰ひ度くもあり、もう少々此世の方で働き度もあり心は二つ身は一つといふ処にて候」という文章が、和歌の後に続いていた。

目黒真澄に書き送った歌を、五十六はよほど気に入っていたのか堀悌吉への手紙にも記している。

「出先きの兵隊に食わせる魚や野菜迄内地から運ぶ様では何時になつても船は足らぬから断然自給自足の方針で進ませるつもりだがなかく皆がその気にならぬ。昨今やっとガヤく言い初めたが。

古賀氏も官舎のひとり住居では此時世にやりきれまい。一層椰子の葉でも見て暮す方がいいかも知れぬ。

　開戦以来もう一万五千人もなくしたので
　一とせをかへりみすれば亡き友の数へかたくもなりにける哉
といふのを武井大人に見て貰つたらこれ丈けはほめられたが憫笑の至りといふ次第だ」

これは昭和十八年一月二十八日付であり、『五峯録』に収められている書簡だ。

さすがに親友に宛てただけあって、他の手紙よりもリラックスした調子なのが目立つ。

この中で「武井大人」とあるのは、五十六の友人で海軍の軍人だが歌詠みとしても知られていた武井大助のことである。

五十六のアメリカ駐在時代から交流があり、折にふれては自作の歌を見てもらっていた。

いつもほめてもらえるわけではなかったので、この歌をほめられたのは、さぞや嬉しかったのだろう。

余談になるが五十六の死後、この歌は人の口から口へと伝えられたようだ。

大分県出身で、神風特別攻撃隊第五筑波隊長だった西田高光という二十三歳の青年が、昭和二十年五月十一日、死の直前に書き残した日誌には次のように書かれている。

「いよいよ出撃もあます二、三日だろう。明日より菊水四号作戦あり。一号より三号まで多大なる戦果とともに、数多の戦友は散華した。

ひととせをかへり見すればなき友の数へ難くもなりにけるかな」

特に五十六の作だと明記はしていないが、特攻に向かう青年の脳裏には、この二年前に戦死した五十六の歌がしっかりと刻まれていたのだ。

それだけ五十六が、生きているときもさることながら、その死後まで兵士たちにとって大きな存在だったことがわかる。

昭和十八年に入ると、五十六の半身は、完全に亡くなった友や部下のいる世界へと入り込んでいた。そして、彼らのいる世界へ行くまで五十六に残された時間は、わずか三ヵ月余だった。

昭和十六年ほどではないにせよ、昭和十七年の年末も日本人の多くは、まだ祖国が戦場において快進撃を続けていると信じたまま、新しい年を迎えようとしていた。

天皇の侍従だった入江相政は、その日記の中で「今年の回顧」と題して、昭和十七年を総括している。

「昭和十七年は誠に日本が偉大なる躍進をした一年であつた。昨年の十二月八日以来の作戦は頗《すこぶ》る順調に進捗してマライ、フイリツピン、ボルネオ、スマトラ、ジヤヴア、セレベスと戡定《かんてい》を終つた。ニユーギニア並にその東方に浮ぶ大小の島嶼《とうしょ》はなほ将来の戦場として残された。ガダルカナル島の苦戦に胸迫る思ひをしつゝ今これを書いてゐる」

今後も年に二回くらいの空襲はあるかもしれないという入江は、まだ、まさか帝都が焼け野原となる日が来るなどとは想像もしていなかった。

「ニューギニア附近が一段落ついたらその辺で戦線を維持して二、三年うんと頑張らう」という入江の言葉は、ほとんどの日本人の覚悟でもあった。

梨本宮伊都子妃も、昭和十七年十二月八日に、「わすれられぬ一年間」という回想録を毛筆で書いている。

真珠湾攻撃の日から丸一年が経過して、彼女の意気はいたって軒昂だった。

けものにもおとる行ひなしながらうはべばかりはかざるかれらか
手なづけし民をくるしめおのれのみよき事をのみうばうにくさよ

こうした歌は、南洋諸島を植民地としていた欧米の人々を歌ったものである。「日本軍が占領するとたちまちしたひ来り、色々親切に便宜をはかりくれ、少しも後の不安はないといふ事。うれしきたより也」というのは、もちろんトラック諸島も含まれている。

これは伊都子妃の思い込みとはいえず、実際、ドイツ領だったトラック諸島も、第一次大戦後は日本の統治となっていたが、連合艦隊が入港すると、島はとたんに活気づき、人々も日本人を喜んで迎えた。

ただ搾取するだけのドイツの植民地政策とは異なり、日本軍は現地人の教育や生活の向上にも熱心に努めた。現在でも、日本の統治下の生活を懐かしむトラック諸島の老人は多い。

入江相政の日記にも梨本宮伊都子妃の回想録からも、戦争に対する危機感は全く伝わってこない。

戦艦「武蔵」への移乗

昭和十八年一月二十二日、トラック泊地の春島錨地に、巨大な戦艦が姿を見せた。

前年の八月五日に竣工された戦艦「武蔵」である。この戦艦は横須賀籍なので、武蔵国にちなんで名前がつけられたという説もあるが真偽は不明だ。

戦艦「武蔵」を名乗る船は、実はこれが三代目だ。初代は明治元年十一月に外国から購入した。しかし、わずか三ヵ月余りで火災のため焼失した。

二代目の武蔵は明治二十一年に建造された。姉妹艦には初代の「大和」がいた。こちらは運用術練習艦として用いられ、その後北方水域の警備にあたったり、測量艦としても活躍した。昭和三年に除籍となるまで日本海軍に尽くしたのであるから、幸運な船だった。

そして、昭和十三年、三代目の「武蔵」が起工された。

この名前から古歌、「むさし野といづくをさして分け入らむ行くも帰るもはてしなければ」を思い浮かべる人は多かった。

かつて武蔵の国といえば、壮大な関東の地域を連想させたのである。現在の東京都、埼玉県、神奈川県の東部すべてをひっくるめた地域を指し、東国武士発祥の地の一つともいわれている。

雄大なイメージにぴったりの名前がつけられた三代目の「武蔵」は、「大和」とほぼ同じ型だったので二号艦と呼ばれていた。

連合艦隊では「武蔵」の完成を待って旗艦を「武蔵」に移す計画があり、「大和」でもそのために諸準備が進められていたと近江兵治郎は書いている。

しかし、手塚正己著『軍艦武蔵』を読むと、「武蔵」の乗員のほとんどが、その計画を知らなかったらしい。

トラックに到着して初めて、「うちの艦《ふね》が、近いうちに連合艦隊の旗艦になる」という噂が流れた。そうこうするうち、二月十日の午後に艦内の大掃除が行われ、翌日にはもう連合艦隊司令部が引っ越してくるという通達があった。乗員にしてみれば、ずいぶんと急な話である。

二月十一日の朝、紀元節の遥拝式が終わると「大和」から次々と内火艇やランチが到着して、司令部の引っ越しの品がどっと艦内に運び込まれた。

前出の近江の著書によれば、「長門」のときと違って同型艦への移乗だったので作業は順調に進み、混乱はなかったそうだ。

「大和」と「武蔵」の唯一の違いは、艦の所属だった。「大和」の艦籍は呉鎮守府所轄であり、「武蔵」は横須賀鎮守府所轄だった。

そこで、この艦は横須賀籍だから「武蔵」と名付けられたという乗員たちの思いがあった。

旗艦となった「武蔵」に勤務する喜びを、佐藤太郎が詳しく語っている。

トラック島の湾内は「毎日灼くが如き炎熱」にうだっていた。そして、この日、第二種軍装を着用した長官を乗せた長官艇が、「武蔵」の右舷後部の舷梯《げんてい》に着いた。

軍楽隊の奏曲が響きわたる中、五十六は舷梯にひらりと乗り移った。それと同時に「武蔵」のマストには、ぱっと大将旗が開かれた。

悠揚迫らざる五十六の姿が上甲板に現れると、「汗ばんだ炎天に、すーっと一筋の冷気が全身を走った」という。

五十六の後から、宇垣纏参謀長ら司令部の職員が続いた。

旗艦となれば、「武蔵」の艦内の空気は明らかに違ってくる。朝夕の軍艦旗の揚げ降ろしや軍楽隊の奏する「君が代」の旋律は、まさに旗艦の象徴と感じられた。

そして、「全海軍いや全日本がひとしく崇拝し、そして期待している山本長官」と実際に接することができるのが、なによりの感激だった。

猛暑にもかかわらず、五十六は常に端正な純白の第二種軍装を着用していた。白い靴に白い手袋も、長官としての威儀を正すものだった。

その姿に「何か超人的なものさえ感ぜられた」とあり、それは「一種の信仰の域にまで高まっていたといっても過言ではなかった」と佐藤は回想する。

この頃、ソロモン方面の戦況は日に日に悪化していた。すっかり意気消沈して陸上から帰って来ても、「武蔵」の上甲板に立って、厳然として四方を見回す長官の白い軍服姿を見ると、「日本海軍健在なり」との安心感を抱き、兵士たちはほっとした。

「この実感こそ連合艦隊全員のものであり、勝利への希望でもあった」という佐藤の言葉は、当時の五十六の実像をよく示している。

五十六は、自分が隊員たちの「希望」であることを誰より深く自覚していた。だから、どれほど暑くても、けっして防暑服など着用しなかった。

「武蔵」の設備の良さは、「大和」に勝るとも劣らぬものだった。

艦内には空調があり、温度が一定に保たれていたので、熱帯でも過ごしやすかった。寝所もハンモックではなくベッドで、寝心地は快適である。さらに艦内には、二台のラムネ製造機まであり、二日に一度の割合で、ラムネが渇いたのどを潤してくれた。

他の艦から見学に来た人々は、みな一様に「都会に来たような気がする」といった。

それに加えて、山本五十六司令長官の存在があった。「ハワイをはじめとして緒戦の勝利を勝ち取った提督が、同じ艦に乗っているということで、言葉には言い表せないほどの心強さを覚えた。誰もが『武蔵』と山本長官がいさえすれば、この戦争は勝てるのだと信じていた」（手塚正己著『軍艦武蔵』より）

しかし、「大和」のときと同じように、五十六は「武蔵」に移乗してからも、この艦を一度も称賛したことはなかった。「これもまた、長い間長官付として勤務する中で不思議に思えてならなかったことの一つである」と近江兵治郎は述べている。

もはや巨艦の時代ではないと主張していた五十六としては、「武蔵」もまた、海軍の壮大なる無駄遣いと映ったのだろう。

「武蔵」は昭和十九年十月二十四日、レイテ海戦に出撃し、アメリカ機の集中攻撃を受け、魚雷二十本、爆弾二十五発以上を浴び、シブヤン海で沈没した。竣工からわずか二年余りの短い生涯だった。

そうしたゆく末をすでに感知していた五十六だからこそ、「武蔵」の艦内でも、他の人々のようにその設備を絶賛する気には、とてもなれなかったのだろう。

トラック諸島の夏島には、慰問のための演芸団がたびたび訪れた。

日本の大相撲の力士が来て、土俵入りを見せたこともある。女相撲の力士たちもトラック、パラオ、サイパンなどを巡業して歩いた。

戦局が厳しくなると、そうした慰問団の訪問も途絶えがちになるが、昭和十八年の春には、歌手の佐藤千夜子の一行が夏島を訪れた。まさに万里の波濤を越えての公演だったが、途中で二回も敵の潜水艦の攻撃を受け、生きてたどり着いたのが不思議なほどだった。

着のみ着のままの佐藤は、水兵の服を貰って着るというありさまで、その姿で慰問のステージに立った。

佐藤千夜子は明治三十年生まれで、山形県天童の出身だった。東京音楽学校に在学中、作曲家の中山晋平に認められ歌手となった。

「船頭小唄」「波浮の港」などで売り出し、昭和元年にラジオ放送が始まると、ラジオ歌手第一号となり、その名は全国に知れ渡った。レコード歌手としても次々とヒットを飛ばし、特に「東京行進曲」は彼女の代表作といえる。

戦前はオペラ歌手を志してミラノに留学したこともあった。昭和十八年といえば、千夜子はもう四十代の半ばで、その人気は頂点を越えていたが、それでも兵士たちは彼女の来訪を歓喜して迎えた。

　五十六は一行が軍服を着ているのを見て、彼女たちにふさわしい洋服を作ってあげるよう部下に命じた。

　物資のない南洋の孤島で、しかも戦時下に、婦人用の服を一そろい作ってもらって感激したと千夜子は語っている。確かに夏島は南洋の孤島ではあったが、多くの日本人慰安婦や民間の女性たちもいたので、比較的容易に婦人服は調達できたのではないかと思われる。

「女性の身でこの南洋の果てまでよく来てくれた」と五十六はいい、何度か一行を会食に招待した。娯楽に乏しい南洋の暮らしも長くなってきたので、五十六も女性の珍客の来訪を楽しんだのだろう。

　千夜子が長官の書が欲しいのだがと所望すると、幕僚部では断られたが、そっと後から五十六が参謀に命じて自筆の色紙を届けてくれた。

　千夜子たち一行の中で、女流舞踏家の花柳京輔が「海ゆかば」を踊ったときには、特に五十六が軍楽隊の演奏を許した。また「愛国行進曲」を合唱する際は、五十六も先頭に立って勇ましく歌い、その後で万歳を唱和した。

　これが昭和十八年四月のことなので、「おそらく私達が最後にお目にかかった日本の女性だったと思います」と花柳京輔は述懐する。

時間を少し前に戻すと、昭和十七年十二月三十一日には日本軍のガダルカナル島撤退が決定されている。

ここに至るまでに、五十六がどれほど心理的な負担を感じたかは想像に余りある。ガダルカナルには、約三万の将兵が注ぎ込まれていたのである。

撤退が決まったものの、今度は兵士たちを無事に引き揚げさせるという大仕事が残されていた。それには海軍の駆逐艦を使うしかなかった。

五十六は艦隊駆逐艦二十二隻の使用を決め、二月一日から三回に分けて撤収が行われた。この結果、合計一万一千人余を無事に徹退させることができた。

宇垣纏は『戦藻録』の中で、ガダルカナル作戦の失敗を総括している。

「ガ島のような孤立基地は一度敵の真剣な攻撃を受けたならば救援の道がない。ラボールとの連綴《れんてい》基地の整備を怠った当時のガ島の情況は、正しく我が軍の戦略上の欠点であった。その上情況判断を誤り、米軍の企図を初め偵察上陸の程度と見くびり、又第一段作戦の戦勝に思い上って米軍の戦力を過小評価した大本営は、兵家の最も戒むべき兵力の逐次注入の過誤を冒して、ここに我軍の最も不利とする消耗戦を展開してしまったのであった」

宇垣のこの記述の後ろからは、五十六の肉声が聞こえてきそうである。おそらく、当時の五十六の心境を最もよく把握していたのは、参謀長の宇垣だったろう。

ただし残念ながら宇垣の『戦藻録』には、昭和十八年一月一日より四月二日に至る部分が欠損している。黒島亀人少将が戦後になって極東軍事裁判の証人として出廷する際、宇垣の遺族から借り受けたこの部分を、電車の中で紛失してしまったからである。もしそれが残っていたら、戦死の前三ヵ月間の五十六の動向を知る、貴重な史料となっただろう。

ガダルカナルからの引き揚げ作戦は、なんとか終了した。トラックに帰った第三水雷戦隊と第十戦隊の両司令官の報告を聞いた五十六は、「よくやってくれた。実は駆逐艦は半分くらいはやられると覚悟していたのだ」と語ったと伝えられている。

近江兵治郎の回想によると、「山本長官は、本作戦で戦死され、あるいは病死され、また食糧欠乏により続出した死亡者について、繰り返し悲憤を漏らしていられた」という。

また、撤収作戦に参加した最後の駆逐艦が司令部への報告のため「武蔵」に立ち寄ったのは、五十六の命令によるものだったと書き、胸の痛くなるような情景を描いている。

それは、引き揚げてきた兵士たちを乗せた駆逐艦が、「武蔵」のすぐ近くに錨を入れたときである。五十六は第二種軍装に白い手袋をして、正しい敬礼で甲板の上に立って彼らを迎えた。

兵士たちの姿は、まさに無数の骸骨がボロボロの服をまとったようであった。生ける屍とはこのことかと近江は思った。

五十六は「ご苦労、ご苦労、ご苦労」と限りなくいたわりの言葉をかけ続けた。

それを長官の傍につきそって、駆逐艦が錨を上げて帰るまで近江は見ていた。この将兵たちのうち、果たして何人が生きて次の寄港地まで帰れるだろうかと近江は考えていた。

ガダルカナル島が当時、餓死をもじって餓島と呼ばれていたのは周知の事実だった。

ミッドウェー作戦での失敗に続いて、ガダルカナル島の撤退で、日本は完全に守勢にまわった。たしかにかつて五十六が近衛首相に「半年や一年は暴れてみせる」といった言葉のとおり、真珠湾から一年が過ぎてみると、もはや暴れる余力は残されていないという、なんとも情けない状況になっていた。

気分の晴れない日の続く五十六だったが、郷里の人々とは相変わらず熱心に手紙のやりとりをしている。

「長門」に乗っていた頃から、五十六は長岡からの手紙を喜び、とりわけ、月に三回は必ず届く反町栄一からの手紙を楽しみにしていた。そのため、従兵は長官室へ手紙を届けるとき、反町からの便りがあると必ずそれを一番上にするのを忘れなかった。

南洋での生活が長くなればなるほど、五十六は郷里が恋しくなったようだ。もしも生きて日本へ帰れる日が来るならば、長岡こそが彼の終《つい》の住処《すみか》になるはずだった。そこには無条件に自分を信頼し、敬慕してくれる人々がいると五十六は知っていた。

ガダルカナルから日本軍が撤退した後、アメリカ軍はそこを前進基地として、攻撃を開始してきた。いわゆるマッカーサー将軍による「カエルとび」作戦である。

マッカーサー将軍は、その回顧録の中で、一九四三年のアメリカ側の主な目標は、「巨大な日本艦隊が停泊する場所を孤立させ、敵の飛行場と次第にふくれ上がっているラバウルの補給基地を脅かすことだった」と書いている。

昭和十八年三月三日、増援の陸軍兵約七千人を乗せた八隻の輸送船が、ラバウルからニューギニアのラエに向かったが、その途中で空襲を受け、全船が撃沈された。

五十六がこれに対して、陸軍への借りができたという思いを強くしたと書く研究書もある。ついにガダルカナルを撤退し、しかも陸軍の兵士たちに多くの死傷者を出した事実は、五十六の心に負い目となってかぶさっていた。

有効な次の作戦を考えない限り、堀悌吉への手紙に書いたとおり、「ジリ貧」どころか「下痢貧」になってしまうのは目に見えている。

この頃、五十六は新橋の芸者、千代子とさかんに手紙を取り交わしていたという。阿川弘之著『山本五十六』には、当時すでに千代子は商売をやめ、神谷町で暮らしていたとある。里見弴の短編『いろおとこ』にあったように、「新しい旦那」に五十六からの手紙を見せびらかしたりしていたのだろう。もっとも、彼女も堀を介して「心入れの品々を送り届け」たというのは本当らしく、五十六の千代子に宛てた最後の手紙（昭和十八年四月二日付）には、浴衣、石鹸《せっけん》、目刺し、煮豆などが届いたのに対する礼が述べられている。

阿川によると、五十六は健康にも少し不安があったという。手のしびれなどを訴えていた。これはストレス性の症状ではなかったろうか。

いずれにせよ、千代子に恋文を送る五十六の心理の裏側には、現実逃避の願望があったように思える。千代子との関係は社会的な責任を伴わない気楽なものだった。それだけに、目の前にある戦況を一瞬だけ忘れさせてくれる。もしも五十六がせっせと千代子に手紙を書いていたとしたら、それは五十六の精神状態や健康状態がひどく脆弱になっていたことを示していた。ただし、本当に千代子が晩年になって主張したほど、五十六が彼女に頻繁に手紙を出していたかどうかは疑問が残るのだが、その点については後に触れたい。

昭和十八年二月から、ラバウル航空隊は連日、敵の攻撃にさらされていた。その敵航空兵力の撃滅とニューギニア方面東岸への敵の輸送を遮断するため、敵の根拠地に空から大攻勢をかけるという計画が、「い号作戦」だった。

宇垣纒の『戦藻録』には、次のようにある。

「此儘に放置しては由々しき大事になる。敵の空軍を制圧して前線への補給を強行し、敵の虚に乗じて敵勢を減殺し、敵の増援を遮断しなければ戦局の前途はまことに暗澹たるものがあると考えた連合艦隊長官は、機動部隊の精鋭を提げて自ら陣頭に立ち、前線部隊を叱咤激励して頽勢の挽回を図ろうと決心したのであった」

つまり宇垣は「い号作戦」は五十六の決心だったといいたかったようだ。果たしてそうだったのだろうか。

ラバウル進出

「い号作戦」が本決まりとなったのは三月のことで、四月三日には五十六は二週間ほどの予定で将旗をラバウルへ移した。

五十六以下連合艦隊司令部は、トラック島泊地の「武蔵」を出て、飛行艇でラバウルに入った。

この前々日のことである。五十六はぶらりと休憩室に現れ、藤井参謀にトランプのブリッジをやらないかと声を掛けた。

このとき藤井は少々奇異な感じがしたという。ブリッジは五十六が最も好むゲームだったが、開戦以来、一度もこの遊びをする姿を見た記憶がない。並みいる一同は「おや珍しい」という顔をした。

五十六はブリッジが強かった。もともと、あらゆる賭け事に強い五十六だったが、特にブリッジは誰にも負けなかった。秩父宮勢津子妃が、『銀のボンボニエール』の中で、五十六が「勝負に対する特別のカンというか運というか、とても強い力を持っていらっしゃる方という印象を強く受けました」と述べているが、実際、ワシントンにいた若い頃、日本大使館でブリッジの腕前を披露して皆を驚かせた。

余談になるが、勢津子妃は、前出の自著で次のようにも書いている。

「第二次大戦中の戦局がどんどん悪くなっていた昭和十八年四月に、連合艦隊司令長官でいらした山本さんの飛行機が墜落して行方不明になられたと聞きましたとき、私は、ああこれはもう絶対にだめだ、日本は負けると直感的に思いました。山本さんが持っていらした特別の勝運が山本さんを見放したのだからもうだめだ、日本は負ける……と」

勢津子妃は、五十六の「特別の勝運」と、いつも遊んでいたカードに対する「特別のカン」を同一に考え、五十六が勝運に見放されたのなら日本も負けるにちがいないと思ったのだ。これこそ、女性ならではの直感的な考え方かもしれないが、彼女の不安は不幸にも的中する。

ともあれ、この夜、突然のようにブリッジを始めた五十六は、自分の勝運を試したかったのではないだろうか。いよいよラバウルへ進出する前に、自分と、そして日本軍の勝運をブリッジで占ってみようとしたと考えるのは、無理があるだろうか。

腕に覚えのある面々が五十六に勝負を挑んだが、とうていかなわなかった。一等になった五十六は心から嬉しそうだったと藤井参謀はいう。あるいは五十六は、ただ単に久しぶりにブリッジをやりたかっただけかもしれない。その真意はわからない。

ブリッジをした翌日、旗艦の留守番を命じられていた藤井参謀は一人で幕僚室で仕事をしていた。

今度はそこへ、五十六がひょっこり姿を見せた。

「おい、君とは当分お別れだ、一戦やろう」と将棋に誘った。この言葉も後から考えると少しおかしい。五十六がラバウルへ行って滞在するのは、わずか二週間の予定だった。

「当分お別れ」ではないはずだった。

また、阿川弘之の『山本五十六』によると、五十六がラバウルへ行く前に千代子に出した手紙に、「少量の遺髪」が同封してあったという。だとすると、少なくともこの時点で、五十六は自分が戦死するかもしれない可能性を頭の隅に入れていたことになる。

将棋は一勝一敗で、三戦目は藤井参謀が負けた。時計は夜の十一時を過ぎていた。

「とうとう最前線に出られることになりましたな」と藤井参謀がいうと、五十六は答えた。

「そのことだよ。近頃内地では陣頭指揮とかいうことが流行っているようだが、ほんとうを云うと、僕がラバウルに行くことは感心しないことだ。むしろ柱島に行くのなら結構なのだが。考えても見給え、味方の本陣が、だんだん敵の第一線にひき寄せられてゆくという形勢は、大局上芳しいことではない。勿論攻撃の為めまた士気鼓舞のための行動とこれとは、全く意味が違うが……」

これが五十六の本音だったろう。「い号作戦」は、もう日本軍に残された最後の手段だった。航空撃滅戦で兵力を集中させ、なんとか対米講和を申し入れるところまで、事態を収拾させる。それはよく承知している五十六だったが、その結果、「僕がラバウルに行くこと」になるのは、できれば避けたかった。たとえ兵士たちの士気鼓舞のためであったとしても、大局上芳しいことではない。

五十六の心中を聞かされた藤井参謀は、ただ腹の中でうーっと唸るのみだった。

一方従兵長の近江は、五十六の軍装を整えるのに忙しかった。

ラバウルに進出する幕僚たちは、全員が第三種軍装（陸戦用服装）で出発する予定だった。草色をした陸戦服を着て、肩からバンドをかけた五十六は大鏡の前に立った。そして微笑みながら近江に尋ねた。

「従兵長、これで良いか」

「長官、お若くなりました」と近江は答えた。

藤井参謀と近江従兵長の回想は細部で少し異なる。

近江は五十六が草色の陸戦服を着て出発したと書いているが、藤井参謀は五十六が白の軍装で出発したとしている。

現在残されているラバウルにおける五十六の写真は、白の第二種軍装を着用している。そのイメージが、藤井参謀の脳裏には焼きついていたのかもしれない。

昭和十八年四月三日午前七時十五分、長官、参謀長以下、幕僚の大部分がトラックを出発した。

この日の宇垣纏の日記には、彼の固い決意が綴られている。

「今回の南下直接作戦指導に当るに関しては聯合艦隊司令部としては大なる決意を有す。若し夫れ此の挙に於て満足なる成果を得ざるに於ては、当方面の今後到底勝算無かるべし」

こう書いた後で、一般の作戦当事者には、それだけの認識がないのではないか。また、従来、幹部が前線に自ら出馬して、指揮統率を行い全般を鞭撻するだけの気概に欠けているのは本当に残念だと悔しがっている。

つまり、宇垣は五十六が前線に出ることを誰よりも強く望んでおり、それがこの作戦を成功に導く方法だと信じていた。

しかし、当の五十六は、果たして自分がラバウルに出向くのが良いことかどうか疑問に感じていた。そのへんの温度差について、宇垣は気づいていない。

「長官にして既に当地に進出せらる。而して為すべき決定事項は極めて小にして単に航空戦に留まる。此の際万難を排して余輩の最前線進出は当然と為す。危険は何地にも在りて戦なれば当然と申すべし」

いささか言葉は悪いが、宇垣は五十六が最前線に立つという事実を最大限に利用し、他の将兵たちの士気を高めようと考えていたようだ。そのため、自分を含め多少の危険があるのは「当然と申すべし」というわけだ。

五十六が参謀長のこの思惑に気づいていなかったとは思えない。また宇垣の純粋に国を憂うる気持ちに動かされてもいただろう。

宇垣自身はというと長官を守るのは当然としても、自らは死を覚悟していた。「不運にして此の行に斃《たお》るるも決して犬死にあらず。聯合艦隊参謀長の重職は軽ずるに非ざるも、本戦局を打開せざる限り第一段作戦以来殉国の英霊二万に対し如何なる心を以て酬い得ん」

この一文に宇垣の心情は語り尽くされていた。

同じ日の宇垣纏の日記には、やや気になる記述がある。

午前七時十五分に武蔵を出発した一行は、午後一時四十分、ラバウルに到着している。そして、四時三十分より早めの夕食を共にしたのだが、「山本長官も少し疲労の御様子なり」というのである。

また五十六を迎えた側でも、長官の白目が黄色くどんよりと濁っているのを見て、かなり疲れているのではないかと思った人がいた。

やはり、五十六はラバウル行きに乗り気ではなかったのだ。

しかし来た以上は、でき得る限りの働きをしようというのが、いつもの五十六の姿勢だった。

相変わらず精力的に動きまわっているのだが、その前に「い号作戦」がどうなったのか、少し触れておきたい。

この作戦の攻撃目標となったのはガダルカナル、ポートモレスビー、ラビなどだった。山室英男・緒方徹著『検証・山本五十六長官の戦死』によると、結局「い号作戦」の戦果のはっきりしたことは不明なのだという。

連合軍側の報告では、日本軍の一連の攻撃で受けた損害は、わずかな船舶と少数の航空機にとどまったことになっている。

しかし、宇垣の日記その他史料によれば、敵側の大型輸送船や巡洋艦、駆逐艦を多数撃沈させ、戦闘機も百機以上撃墜して、多大な戦果を挙げたと記されている。

実際のところは、駆逐艦、海防艦、タンカー、輸送船各一隻撃沈、輸送船一隻擱座《かくざ》、飛行機二十五機撃墜、撃破といった程度の僅少な戦果だったらしい。

誇大な戦果報告と過小な損害発表は、すでにミッドウェー作戦の敗北あたりから始まっていた。なぜ、このような情報の操作が行われたのか詳しい経緯はわからない。

四月七日からこの空襲は始まり、まずガダルカナル方面、それにポートモレスビー、ラビと断続的に四日間続き、四月十六日に作戦の終結令が出された。延べ四百八十六機の戦闘機と百十四機の艦上爆撃機、八十機の陸上攻撃機がこれに参加したという。

昭和十八年の二月初旬、五十六の甥にあたる高野五郎が、第八方面軍兵站衛生隊長としてラバウルに上陸した。当時、高野五郎は陸軍軍医少将だった。

高野五郎の回想は、この時期のラバウルの様子をよく再現している。

陸海軍の兵士の数は合わせて十万人いたという。しかし、熱帯地方のため悪性のマラリアを患う者が全体の八〇パーセントにも達した。重症者は、病院船が入港すると台湾に向けて送り出された。兵員の減耗率は非常に高かった。

そのまま補充の兵士が到着しなければ、陸軍の七万人の兵士は半年足らずの間に一人もいなくなってしまう計算だった。それほどマラリアは猖獗《しょうけつ》を極めていた。

軍医の五郎にとってもマラリアは最大の悩みであり、多忙な任務に追われる日々を衛生部で送っていた。

そんなとき、部隊の副官が「連合艦隊司令長官が当地に来ておられるという風評です」と知らせてくれた。

すでに書いたように五十六のラバウル入りは四月三日である。甥の五郎がこの噂を聞いたのは四月の十日頃だったという。もう一週間が経過していた。この間に五十六は、「い号作戦」に出撃する兵士たちを、自ら立ち会って見送っている。それなのに一般の将兵には、五十六の到着は秘密になっていたようだ。

長官が来ているという噂を知った五郎は、すぐ旧知の野戦憲兵隊長のところに駆けつけ、真偽のほどを尋ねた。「いや知らないですよ」と相手は笑っている。自分は長官の甥なのだから、どうか本当のことを聞かせてくれと、なおも五郎が食い下がると、「御想像に任せます」という返事だった。

さっそく五郎は、副官と一緒に海軍司令部を訪問した。司令部といっても、いたって粗末な木造の平屋で、たいして広くもない。

しばらく待たされたが、やがて五十六が現れた。「叔父は白麻の第二種軍装で立って迎えてくれたが、いつもの通り無口で無表情であった」という五郎の述懐は、五十六のある一面を語っている。

妙に人なつこい表情を見せるときもあったが、第二種軍装をまとった五十六は常に司令長官の仮面をつけていた。ましてラバウルでは、彼の任務は海軍の象徴としての司令長官であり続けることだった。

今まで五十六は、あまり甥の五郎に公務に関する話はしなかった。しかし、さすがに思いがけなくラバウルで肉親と再会したためか、多少は仕事の話もしたようである。

五郎が、ニューギニアにはいつになったら行けるのかと尋ねると、「うーん」と唸ったきりで何も答えなかった。

この戦争の前途に関し、五十六の立場では、はっきりしたことは口にできなかった。一方、五郎は一刻も早くニューギニアに前進して、戦争が一段落したら、未開の地に一大熱帯医学の研究所を建てたいと夢見ていた。

帰るとき玄関まで五郎を見送った五十六は、土産にひと樽の酒を持たせる気配りをしている。「部下の人たちによろしく」という別れの挨拶も、五十六らしい心遣いだ。

五十六は甥と再会して間もなく戦死するわけだが、ラバウルにいながら五郎はずっと後までその事実を知らなかった。

四月初めのラバウルは、アメリカ軍の空襲が少し途絶えて、ややほっとしているときだった。毎日新聞社の従軍記者だった岡本博は次のように描写している。

「日本軍が占領した時に改名した花咲山という休火山を低く右手に見ながら駆逐艦は波止場に近く錨《いかり》を投げ入れた。輸送船らしいものが一隻赤い腹をむき出しにして横倒しのまま放置されていた」

海岸には撃墜された飛行機の残骸が打ち捨てられていて、マングローブの林も白茶けた埃をかぶり、生気を失って見えた。

この後、岡本はラバウルからさらにブーゲンビル島へ大型飛行艇で渡る。

湿気と天然の悪臭に閉ざされたジャングル、サソリとマラリア蚊の集まる沼沢、ワニの棲む濁った河……この何の取りえもない島に「なんのために、日本人はここまでやって来たのだろう」という疑問に岡本はとらわれる。「実際この戦争の指導者たちにも、これほどに伸び切った作戦の理由が説明できたであろうか」と岡本は問いかけているが、全く同質の疑問を五十六も共有していたのではないだろうか。なぜ、自分が、柱島ではなくラバウルまで将旗を前進させなければならないのか――。

ブーゲンビル島には、「われわれの無謀を嘲笑するような不気味な気配があった」と岡本はいう。

反町栄一の著書には、五十六がラバウルの飛行場で戦闘機を送り出す様子を、ある報道班員が通信した文章を紹介している。

飛行場には、戦闘機が出撃の準備を終えて滑走路に並んでいた。それを見送る人々の中に、見覚えのある山本五十六の顔があった。

「四月三日から南太平洋の空一ぱいに展開された航空撃滅戦を、自ら指揮する為めに元帥はこのラバウル基地に来ていたのである。私はフト操縦者達の感激を想った。

山本長官が今そこに立っている。

自分達の武運長久を祈って立っている。この司令長官の下に自分達は喜んで死のう。

やるぞ　やるぞ!!

思いなしか操縦者のあらゆる眼が山本元帥へ焼きついている様であった」

長官の前を次々と戦闘機は走り過ぎる。それを五十六はいつまでも、いつまでも帽子を振って激励していた。元帥、とあるのは戦後の著作ゆえである。

操縦者たちが、五十六の前で力のこもった挙手の礼をして走り去るのが円蓋越しにもよく見えた。

天皇陛下のために死ぬといって兵士たちが旅立った話はよく聞くが、ラバウルでは、「この司令長官の下」に死のうとパイロットたちが飛び立った。それは美しいエピソードにも聞こえるが、五十六という一人の生身の人間を考えたとき、いかに心の重荷となっていたかは想像に余りある。

しかし、五十六の心情とは別の次元で、兵士たちは司令長官を信仰の対象にしていた。岡本博の『巨星堕つ』でも、五十六とパイロットたちの姿が綴られている。

今日は司令長官が飛行機隊の出発を見送りに来ると教えられた搭乗員は、何となく上気した面持ちだったという。

「九時になる前に、長官と幕僚を乗せた自動車が指揮所の傍に停った。整列していた搭乗員の敬礼に応えた長官は純白の第二種軍装が光るほど折目正しかった。背は高い方ではなく、ずんぐりと岩丈《がんじよう》そうな体つきだった」

指揮所に置かれた折椅子に五十六は腰をおろした。その左右に各部隊の指揮官が並んだ。

「軍刀を両股の間において、白手袋の左手がその柄を握っていた」

「山本さんの顔の中で一番さきに眼につくのは、肉の厚い一文字に結んだ口許《くちもと》だった。眼がそれに次いで意志的に光っていたが、こわいタイプの顔ではなかった」

百二十機の飛行機が出発する間、五十六はずっと立ったままで帽子を振り続けた。

五十六が、どこまで「い号作戦」の戦果を信じていたのか、現在となっては本人の書き残した記録がないのでわからない。

しかし、全く希望を失っていた様子でもない。たまたまこのとき、第八方面軍司令官としてラバウルにいた今村均陸軍中将と会食をしている。

今村とは中佐時代からの知り合いで、一緒にブリッジをした仲でもあるので気心が知れている。

食後の雑談の時間に「君はラバウルにやって来た陸軍の航空部隊に、夜間飛行の演練を命じたそうだが、どのくらいやれるようになったのか」と尋ねた。

まだ始めたばかりなので、もう二、三ヵ月かかるが、離着陸はずいぶんよくやれるようになったと今村は答えた。今頃になって、こんな最前線で夜間訓練をさせなければならないのは、陸軍の大きな間違いだったと今村がいうと、

「海軍も同じことだ。ここに来て君がやらせていると聞き、すぐ僕も夜間飛行を始めろと命令した。米軍のものは容易に夜間飛行が出来るような機械装置になっているらしいのだ。この点やはり科学で一籌《いっちゅう》を輸しているが、そんなことを悔やんでいる場合でなし、訓練で対抗出来るようにしなけりゃならん」

この言葉だけ聞くと、アメリカに後れはとっているものの、訓練でなんとか対抗しようと思っている五十六の闘志が感じられる。

その一方で、三和義勇の回想は五十六の別の側面をかいま見せている。

三和は前年の十二月二日、ラバウルに着任していた。ちょうど五十六が到着したときは

「熱帯病の種々を病んで寝たり起きたりしていた」というから、マラリアを患っていたのだろう。

五十六はかつての部下を心配して見舞いに訪れ、レントゲンを撮ったかなどと細かく気を遣っていた。

間もなく三和の病状は悪化し、入院することになった。すると入院して三日目の午前四時頃、五十六の副官が病院を訪ねて来た。

「当分の間見舞ってやれぬが、けっして無理をせぬよう、焦ってはいかぬ、十分静養せよ」という五十六からの言葉をわざわざ伝えに来たのである。

この日、五十六はさらに南方の戦線に行く予定だったが、間もなく帰るはずだった。「当分の間」とはおかしいと、三和は何か心にひっかかるものがあったが、副官は別に気にとめるふうもなかったという。

ラバウルにおける五十六は多忙だった。

当時、南東方面艦隊司令長官だった草鹿任一中将の談話によると、寸暇を割いて出撃部隊の送迎に立ち会ったのみならず、各方面の巡視、そして雑誌などの取材にも応じ、映画にも出たという。その映画とは、おそらく戦意高揚のため作られたニュース映画のようなものではなかったろうか。

「い号作戦」も四月十六日に終了し、翌日は研究会が行われ、十八日に五十六は幕僚と共に飛行機で、ブーゲンビル島のブイン方面へ前線部隊の視察に行く予定になっていた。

この視察は日帰りであり、翌十九日にはラバウルを出発してトラックへ引き揚げるという日程だった。

後になって考えると、五十六の前線視察には、幾つもの不吉な兆候があった。

たとえば、出発の前日に今村均陸軍中将と食事をした際に、今村は自分が二ヵ月ほど前にブインへ飛んだときの経験を五十六に語った。

今村はブインに着く寸前に、敵の戦闘機約二十機の編隊に出くわした。「もうこれまでかな」と今村は覚悟をしたのだが、乗っていた機体の操縦士が非常に冷静で、すぐに近くの雲の中に入り、敵の攻撃を素早くかわして、やっと「死線を越えました」というのだ。

その話を詳しく聞いた五十六は、「そうか、そりゃよかった」といって、満足そうにうなずいた。

もしもこのとき、同じような事態が自分の身にも起きるかもしれないと五十六が思ったなら、ブイン行きに関して、再考の余地もあったろう。しかし、五十六は今村のエピソードにあまり関心を示さなかった。

阿川弘之著『山本五十六』によると、四月十三日に五十六の巡視計画についての電報が打たれたのだが、ショートランドにいた第十一航空戦隊司令官の城島高次少将はその電報を見て、自分の幕僚たちにいった。

「こんな前線に、長官の行動を、長文でこんなに詳しく打つ奴があるもんか。君たちに参考のために言っとくが、こんな馬鹿なことをしちゃいかんぞ」

実際、その電報には細かく、何時に五十六がどこを出発して、どこに到着するかの予定が記されていた。

城島は五十六が出発する前日にラバウルに帰って来て、長官に直接、危険だから視察をやめるよう頼んだ。しかし五十六は、もうあちこちに通知してしまったし、皆が待っているから行って来るといって、城島の願いは聞き入れられなかった。

五十六の前線視察を危惧したのは、城島少将だけではなかった。

第三艦隊の小沢治三郎長官も、五十六が出発するにあたり、その護衛機がわずか六機と知って、ひどく心配をした。連合艦隊の黒島亀人先任参謀に、なんとしても視察をやめるようにと申し入れた。

以前に述べたように、黒島は五十六の信頼が特に厚い部下の一人だった。

ただし、このときは五十六に同行してブインへ行く予定ではなかった。「い号作戦」の記録会議のためラバウルに残ったという説もあるし、下痢をしていたためだという説もある。

いずれにせよ、黒島は五十六の前線視察を計画した参謀の一人だった。

小沢はその黒島に、もしも、どうしても山本長官がブインへ行くといって譲らないのなら、せめて護衛機の数をもっと増やしてくれ、自分のところからいくらでも護衛機を出すから宇垣参謀長にそう伝えてくれといった。

ところが、宇垣はこのときデング熱で病床にあった。そのため黒島は、小沢の申し出を宇垣に伝えることができなかった。

実は黒島が、故意に宇垣にそれを伝えなかったと書く研究書もある。五十六はすでにこの頃、黒島の更迭を考えていた。そこで、両者の間に何らかのわだかまりがあったのではないかという考察である。また、黒島が護衛機を増やすことを強く主張すれば、それはできたはずなので、彼の敵情への認識が甘かったとの批判もある。

しかし、公平な目で見て、黒島をこの件で責めるのは酷だろう。彼は作戦を立案するという部分で特異な才能を持っていたが、戦況のすべてを把握する能力はなかった。

また、宇垣に小沢の意向を伝えたところで、五十六がそれに従ったかどうかはわからない。他にも視察の中止や護衛機の増加を提言した部下はいたという。しかし、五十六はその忠告をすべて退けた。

何が五十六をして、そこまで強く前線視察へ行こうと思わしめたのか。現在となっては謎という他はない。

近江兵治郎の述懐には、五十六の戦死の報に接した黒島は「責任の呵責にさいなまれ、食事も取られず、泣き伏された」とある。だとすると、故意に黒島が小沢の申し出を宇垣に伝えなかったとは考え難い。

後に黒島は特攻兵器の開発にあたることになる。そのため、黒島は「無慈悲な鬼人だった」かもしれないという評価もあるが、五十六に対しては最後まで忠実な部下だった。

五十六が周囲の進言を退けて、前線視察に出る決断をしたことに関しては、後に多くの人々が、さまざまな推測をしている。

最もよくいわれるのは、彼がすでにこのとき、死ぬ覚悟をしていたのではないかという説である。

だからこそ、部下に当分の間会えないからといい残した。あるいは愛人の千代子に手紙と共に遺髪を送っていた。また、四月三日には次のような歌を記している。

天皇《すめらぎ》の御楯とちかふ真心はとどめおかまし命死ぬとも

こういった材料から、もしかしたら五十六は自分の死を予知していたのではないかという説が生まれた。

たとえば、司馬遼太郎は自著の中で、五十六についてこう語っている。

戦争はわずか二年で敗色に転じ、その間、司令長官の山本は、さほどに必要でもない前線視察をした。

山本の行動を暗号解読によって知った米軍は、戦闘機隊を待ち伏せさせ、かれの飛行機を撃墜した。昭和十八年（一九四三）四月十八日である。自殺ともいうべき死だった。

（『三浦半島記　街道をゆく42』）

歴史に関して、澄んだ洞察力を持つ司馬をして、「自殺ともいうべき死」といわせているところは注目に値する。

しかし、五十六はそれほど切羽詰まった気持ちでブインに発ったのではないような気もするのである。

南東方面艦隊司令長官の草鹿任一中将とは、一緒に将棋を指したりする間柄だったが、その草鹿がラバウルにいる兵学校三十七期のクラスメートを五人ほど集めてクラス会を開いたときは、五十六も名誉会員と称して、それに参加した。かつて練習艦「宗谷」の分隊長として、五十六は草鹿たちを指導した仲だった。

洋酒を一本ぶらさげて現れた五十六は、いたって上機嫌で、鈴木貫太郎と古賀峯一に宛てて皆で寄せ書きの手紙を書くよう提唱した。「鈴木さんは、きっとこの手紙を神棚に上げて置かれるだろう」といったという。

かつての上司、鈴木貫太郎に対する五十六の思いが伝わる発言だ。

果たして、その言葉通り、鈴木は本当にその手紙を神棚に上げていたという。しかし、その寄せ書きが鈴木のもとに届いたのは、五十六の死後だった。

そのクラス会の数日後に、五十六はブインへ発つのだが、草鹿が何か不吉な前兆を感じた様子はない。

また、「鈴木さんや古賀はこの手紙を見て、あのころの候補生どもが、こうやってそれぞれ前線で頑張っているのを非常に喜ばれるだろう」という五十六の言葉も、いたって屈託がない。

二年前の開戦時のことである。五十六は幕僚控室で、戦務参謀の渡辺安次中佐と将棋を指しながら短波のラジオでアメリカの放送を聞いていた。開戦の通告が真珠湾攻撃の後になり、アメリカ国民や政府が激怒していることを知った。

五十六は当初から、この点に関して気にしていたわけだが、やはり通告が遅れたと聞いて気分が悪かったのだろう。

「やっぱりそうかなあ。残念だなあ。君が先に死ぬか、僕が先に死ぬか分らんが、僕が先に死んだら、陛下に、聯合艦隊は決して、初めからそういう計画はしておりません、イン・タイムに持って行っているつもりでございましたと、そう申し上げてくれよ」

と渡辺にいっている。

自分と渡辺と、どちらが先に死ぬかはわからないがといっているのは、開戦以来、五十六の正直な心持ちだったのだろう。

つまり死は、前線にいるすべての軍人のすぐ傍に控えていた。いつ誰の身にふりかかってくるかは見当がつかないのだ。

五十六が亡くなった後で、藤井茂参謀が、同僚と共に長官室の整理をした。これは「武蔵」にある長官室のことだ。

このとき、引き出しの中に一枚の書が残されていた。そこには次のような言葉が書きつけられていた。

征戦以来幾万の忠勇無双の将兵は命をまとに奮戦し護国の神となりましぬ
ああ我何の面目かありて見えむ大君に将又逝きし戦友の父兄に告げむ言葉なし

身は鉄石に非らずとも堅き心の一徹に敵陣深く切り込みて日本男子の血を見せむ
いざまてしばし若人ら死出の名残の一戦を華々しくも戦ひてやがてあと追ふわれなるぞ
昭和十七年九月末述懐　山本五十六誌

ついに最期を迎える半年余り前でも、死は五十六の心のこんなに近くまで迫っていたのである。

五十六が戦死する二日前の四月十六日に、高野京へ宛てた手紙には、率直に当時の彼の心境が綴られている。

三月二十日付の京からの手紙を、四月半ばに「某第一線で拝見しました」という書き出しである。もちろん、これはラバウルでという意味である。

戦争中は、戦地から出す手紙では地名や部隊名などの詳細を伏せることになっていた。

厳冬が過ぎて無事春となったが、やがてまた炎暑が来て苦労も多いだろうと、京の身を気遣っている。

「一昨四月十四日、計《はか》らずも五郎君の来訪を受け、驚喜致候」とあるのは、前述したように、長兄譲の五男の高野五郎陸軍少将が、自分を訪ねて来たことを指している。

このとき五十六は五郎に「留守宅へは音信をしているか」と尋ねている。五郎は、「手紙を出しても届くか届かないか心もとないから、未だ一通も出していません」と答えた。

五十六はただ、「ああそうか」といっただけだったが、この点が気にかかったようだ。わざわざ京に、五郎が先月、軍医部長に昇進したことを伝え、元気にしているが、「留守宅等へハなか〳〵手紙も届く間敷《まじく》、未だ知らせてなき由に付」ついでのときに京から一報してやってくれと頼んでいる。

さらに五郎が十数ヵ所の病院を配下として働いており、「医者としての大敵に直面し奮励の余地充分なりと欣慶に不堪《たえず》候」と、いかにも親身な筆致だ。

「大敵」というのは、デング熱、マラリア、下痢など、熱帯特有の病気のことである。

ここまで読んでくると、五十六が五郎の消息を高野家の人々に伝えてやりたいという思いで、忙しい身でありながら筆を執ったのがわかる。

「私ハ予定の作戦一安落の上、夫に諸戦線巡視の上、当三日中、某地在泊の旗艦ニ帰還（飛行機ニて）可致」

ここで「某地在泊の旗艦」というのは、むろんトラックに停泊中の「武蔵」を指している。そこに、三日以内にはもう帰る予定だといっているのである。

さらに五十六の手紙は次のように続く。

「当地晴天の日ハ毎日貧弱ながら敵機の来襲有之、二度位防空壕ニ入りし事も有之候」

実際、この頃には敵側の空襲は少し途絶えたところだったので「貧弱ながら」という表現は、けっして嘘ではなかった。

制空権は日本が握っているという状況だったのである。だからこそ、五十六は心のどこかで安心をしていたのではないだろうか。

たとえ前線視察に出ても、三日以内には、またトラックへ帰れると考えていた。京への手紙からは、そうした五十六の心境が伝わってくる。

さて、それではこの当時、アメリカ側はどのような動きをしていたのだろうか。

もっと、はっきりいうと、いったい誰がどのようにして、五十六の生命を狙おうと思い立ったのだろうか。

そのへんの経緯は、ジョン・D・ポッター著『太平洋の提督』に詳しく書かれている。

「い号作戦」に関して、ポッターは、「実際にはあまり効果がなかった」とはっきり記している。しかし、五十六の陣頭指揮は、「前線の士気高揚に役立った」のである。

四月十七日午前六時三十六分、アリューシャン列島ダッチハーバー基地の無線塔が、トラック島に停泊中の連合艦隊旗艦「武蔵」からの発信をキャッチした。

暗号文だったのですぐにワシントンに転電された。ワシントンの暗号解読班は、同日の午前十一時までにその通信文を解読した。

ちなみに五十六の巡視計画が各方面に打電されたのは、四月十三日の夕刻といわれている。だとすると、なぜ、十七日になって「武蔵」から電文が発信されたのかはよくわからない。また、アメリカ側が電文を入手した時刻に関しても諸説あるのだが、ここでは、とりあえずポッターの説に拠ってみたい。

ワシントンの解読班が解読した通信文は、山本大将の旅行日程を知らせる内容だった。初めは誰もそれが重要なものとはみなさなかった。フランク・ノックス海軍長官もそう思い、チラッと電文を見ただけで、机の上に置いて昼食に出かけた。しかし、ノックス長官の考えは食事をしている間に変わったのである。

ノックス長官と同席していたうちの一人が、かつての戦争は指揮官同士の決闘でカタがついたと話し出した。

ノックス長官は、ぼんやりと耳を傾けていた。そして思った。山本大将は日本海軍の総指揮官であり、真珠湾攻撃の責任者だ。アメリカ海軍は一人残らず彼を憎んでいる。真珠湾の海底には、今でも二千人の将兵が眠っているし、ミッドウェーやガダルカナルの海底にも、山本大将を恨みながら死んでいった幾多の軀《むくろ》が横たわっている。

もしも山本大将を殺せたら、「これはまたとない仇討ちとして、米国民への最上の贈り物になるのではなかろうか？」とノックス長官は考え、ひどく興奮した。

さっそく事務所に戻ると、陸軍航空部隊司令官アーノルド大将と共に地図をひろげ、どこで山本大将を待ち伏せできるかを検討した。

つまり、ノックス長官が五十六を討とうと思いつかなかったら、アメリカ側もただ電文を見過ごしていたことになる。そうすれば、五十六の運命も全く違う展開を迎えていただろう。

いずれにせよ、ノックス長官はこの好機を見逃さなかった。

ガダルカナル島のヘンダーソン飛行場から飛び立って、ブーゲンビル島カヒリ（ブイン）飛行場上空で山本大将の一行を待ち伏せする案が出された。距離はほぼ五百マイル離れているが、最長距離戦闘機P38に予備燃料タンクを付ければ、カヒリまでの往復は可能だった。

この「復讐作戦」には、あの大西洋横断飛行を成功させ、国民的英雄となったチャールズ・リンドバーグ大佐も加わっていた。

そして、ついに四月十七日の午後三時三十五分、ノックス長官はガダルカナル島宛てに極秘暗号電報を発した。

「P38第三三九戦闘隊は四月十八日朝、いかなる犠牲をはらうとも山本提督および幕僚を待ち受け撃破せよ。予備燃料タンクおよび必要資材は本夕五時ポートモレスビーより空輸される。情報は山本提督の極度の時間の正確さを強調している。大統領は本作戦をとくに重要視している」

こういった内容の電報を受けとった第三三九戦闘機大隊長のジョン・ミッチェル少佐は、あらためて攻撃の計画を同僚と共に練った。

まず、待ち伏せの地点は、カヒリ飛行場の東三十マイルの上空が選ばれた。もしも山本大将が本当に時間に正確ならば、午前九時三十五分に待機していなければならなかった。

運命の日

アメリカ側が、こうして着々と五十六を待ち伏せする計画を進めていたなどとは、もちろん日本軍は全く知らなかった。

このとき、長官機護衛戦闘機のパイロットの一人だった柳谷謙治は、最近になってインタビューに答えて、そのときの気持ちを語っている。

命令を受けたのは前日（四月十七日）だった。多少は名誉にも思ったが、儀礼的な護衛という感じで受けとっていた。

その理由は、当時、ラバウルからブインまでは日本の制空圏内にあったからだ。輸送機でも護衛をつけずに飛んでいたので、特別な不安はなかった。緊張して前の日に眠れなかったなどということはなかったという。

こうした柳谷の証言からは、いかにラバウルの日本軍が安心しきっていたかがわかる。

また、護衛の戦闘機が六機というのは少なすぎたのではないかと質問されると、柳谷は次のように答えている。

「敵が来るとわかっていれば、わずか六機で行くはずがありません。ブインやショートランド付近まで敵機がたまに来ることはあっても、ほとんどが単機による偵察程度のものでしたし、ましてや暗号が解読されていたなんて夢にも思っていませんでしたから、こちらは……」

当時、護衛機を二十機にしたらどうかという案も出されたが、五十六が六機で良いといったという。

少なくともこのとき、陸・海軍の三人の司令官が、五十六の前線視察の危険を察知して、中止を進言していた。それでも実行に移されたのは、いやしくも艦隊の先任参謀が立てたプランに対して、口出しは無用だという空気があったのではないかと指摘する人もいる。

つまり参謀長たちがこの計画に固執し、横からの発言などに影響されるのは面子にかかわると思い、これらの意見を黙殺したのではないかというのである。

そうした体質が司令部にあったのは事実かもしれない。しかし、なんといっても、進言を退けたのは五十六本人である。五十六の意向は絶対だった。だとすると、やはり五十六自身がそれほどの危険を感じていなかったと、とらえるのが自然だろう。

とにかく、四月十八日、運命の日の朝がきた。出発は午前六時きっかりの予定だった。後になって、日本国民がいくら悔やんでも、悔やみきれない最悪のドラマの幕が開いた。

四月十八日の五十六の行動に関しては、彼に同行した宇垣纏の日記が最も詳しい史料といえる。

ただし、宇垣はこの日、負傷をしたため、すぐには日記が書けなかった。昭和十九年四月十八日になって、「一年前を追憶して当時の情況を記したるもの」を、特に記載すると書いている。

その前に口述筆記で、話の骨組みは略記してあった。それにさらに「脂肉」をつけ、「外装を施し」たものを一年後に書いたわけである。したがって多少の勘違いなどがあるのは致し方ない。

ともあれ、ここでは、一年後に記憶を頼りに書かれたという宇垣の日記をたどってみよう。

この日は午前六時出発だったので、いつもより早く起床した。

空は晴れ渡り、小鳥のさえずる声が樹木の間から聞こえ、さわやかな朝だった。

朝食後に第三種軍装を整えたとある。これについては少し説明が必要だと思われる。

海軍の第三種軍装は草色をしていた。第一種が濃紺で冬用、第二種が純白の夏用だった。いつも五十六は第二種を着ていたので、このとき「長官の第三種軍装姿を初めて見る」と宇垣はわざわざ記している。

しかし、従兵長の近江兵治郎の回想では、トラックを発つ四月三日に、「草色をした陸戦服」に五十六が袖を通すのを手伝ったという記述がある。

このときは試着だけだったのかもしれないが、とにかく、四月十八日は第三種軍装での出発だった。

前線視察にあたって、現地の将兵は草色の軍装なので、そこへ純白の第二種で行くのは控えようという配慮だったようだ。

午前六時に東飛行場に着いてみると、同行の人々も集まって来たが、「中に白服二名あり」で、それは軍医長と主計長だった。「長官も変に思はれたるが今更如何とも為し難し」とある。五十六も怪訝な顔をしたのだろう。

一行は、七〇五航空隊に所属する一式陸上攻撃機に分乗した。

時間にあまり余裕がなかったので、宇垣は別に五十六と言葉を交わすこともなく乗り込んだ。

一番機には長官、副官（福崎）、軍医長（高田）、樋端《といばな》参謀が乗り、二番機には参謀長、つまり宇垣自身だが、それに主計長（北村）、今中参謀、室井参謀、気象長（海野）が乗っていたと記されている。

離陸は一番機、二番機の順番だった。

宇垣の日記には出てこないが、このときの一番機の操縦員は、小谷立飛行兵曹長だった。小谷が姓で立が名だが、そこから「リットルさん」というあだ名がついていたという。おそらく立で「リツ」と読ませたのだろうか。

長官の搭乗する一番機を操縦するのであるから当然だが、腕の良いパイロットとして知られていた。

一式陸上攻撃機は、尾部銃座を設けていて、通称が「葉巻」といわれた。尾部銃座に葉巻の端のような形の風防があったからだ。風防には切り込みが入れてあって、二十ミリ機銃を振り回せるようになっていた。

しかし、ラバウルの飛行場から発った二機は、搭載火器の交換用の弾倉を積まなかったという。危ない飛行コースではないし、乗る人数が多い、戦闘機が護衛につくからといった理由のためだった。

一行の中では生還者の一人である、二番機の主操縦員の林浩二等飛行兵曹は、この点について尋ねられ、次のように答えている。

「ブインなんて、丸腰の輸送機で単機で行っても何ともないところだ。敵が来るなんて全く思っていなかった」

司令部から現場まで「危険なし」の空気が支配的だったと、同書は指摘している。

宇垣が搭乗したのは二番機だったので、一番機の五十六がどのような様子だったかはわからない。ただ、宇垣の二番機内における行動の描写から推し量るしかないだろう。

それはしごく、のんびりした雰囲気だった。

搭乗すると宇垣は通信参謀、気象長に挨拶して、指揮官席に進んで腰を掛けた。帯剣バンドは、そのまま長剣だけはずして、室井参謀に渡した。それを室井は後方に立てかけた。

この動作からもリラックスした姿が浮かんでくる。離陸後も「濱口の火山を眼下に見て編隊進路を南南東とす。天気晴朗、視界良好の上上飛行日和なり」と、いたってのどかな調子だ。

宇垣の乗っている二番機は、一番機の左斜め後ろを飛んでいた。まるで翼の端が触れるのではないかと心配するほど、ぴたりと一番機にくっついている。長官席に座っている五十六や、中を移動する人の姿もありありと見えた。

「気持よき飛行」を宇垣が味わっているうちに、ブーゲンビル島の西海岸上空まで来た。機体が高度を七、八百メートル下げ、ジャングルの平地上を一直線に過ぎようとしたとき、あと十五分でブイン近くのバラレに着くという紙片を宇垣は機長から渡された。

その瞬間だった。二番機が突然一番機にならって急降下を始めた。いったいどうしたのかと思い、機長に尋ねると、「間違いでしょう」という答えだった。つまり、一番機が何か勘違いをして急降下をしたのだろうという意味だ。こういうことこそ「大なる間違にて迂闊の至なり」と宇垣は書いている。

後から判明したところでは、護衛の戦闘機が敵の戦闘機の一群を発見し、降下してそのことを知らせようとしたときに、一番機もこれに気づき、「何等の余裕なく急降下ジャングルすれ〳〵に下りたるもの」だった。

ようやくここで、初めて搭乗員は戦闘配置に就き、砲門を開いて射撃準備をした。「吹き入る風、操縦する機銃等一時雑音交る」というのだから、機内は騒然となった。

これは一番機も同じ状況だったろう。しかし、敵は二十四機の編隊だったと宇垣は書いている。こちらはたった六機の護衛機しかない。「数に於て四倍の敵は容赦なく大物たる中攻機に迫る」という中で、ひたすら二番機は攻撃を回避しようとする。

二回ほど回避した後で、一番機はどうなったのだろうと右側を眺めると、「何たる事ぞ、約四千米の距離にジャングルすれ〳〵に黒煙と火を吐きたる一番機が速力も落ちて南下しつゝあらんとは、しまった！」と宇垣は驚きを表している。

宇垣は、機中から五十六の乗る一番機の運命を視認した。

結局、宇垣の乗っていた二番機は海上に不時着し沈没したが、宇垣は奇跡的に死をまぬかれる。その際の詳細な記述が、彼の日記には綴られているのだが、五十六の運命とは直接には関係がないので、ここでは割愛する。

宇垣はこのときに右腕と肋骨を骨折した。そのため半年ほど病床にあった。二番機で生存したのは、宇垣を含めて三名だけだった。

一番機には生存者はいなかった。

それでは、攻撃する側の動きはどのようなものだったのだろう。ジョン・D・ポッター著『太平洋の提督』を見てみたい。

第三三九戦闘機大隊長のミッチェル少佐は、自分が十二機を率いて高度二万フィートで護衛にあたり、残るP38機六機で高度一万一千フィートから山本五十六の一行を攻撃することに決めていた。

午前七時二十分にヘンダーソン飛行場を出発すると、二時間十五分後に目標地点バラレに到着できる計算だった。

ミッチェル少佐の推測では、高級将校を輸送する飛行機は一万フィート以上の高度は飛ばないはずだった。それ以上の高度になると酸素吸入器が必要となり、六十歳を越している五十六がそんな不快な旅はするまいと考えた。

四月十八日の朝、予定どおりに十六機のP38が飛び立った。この前日はどしゃ降りの雨だったが、当日の空は美しく澄み渡っていた。本来は十八機が出撃の予定だった。ところが、二機が故障のため離陸不能となった。

ミッチェル隊は高度約三十フィート、海面すれすれに飛行を続けて、ブーゲンビル島南西岸に接近した。このままいけば、午前九時三十五分にはカヒリ（ブイン）に着けそうだった。

攻撃態勢をとるため高度を上げようとすると、突然一機が無線封止を破って叫んだ。「十一時の方向」といわれ、そちらをパイロットたちが見ると、V字型に編隊を組んだ日本機が近づいてくる。それは、ずんぐりした葉巻型の一式陸攻と護衛の零戦六機だった。山本五十六の一行に間違いなかった。

ミッチェル少佐は直ちに二万フィートかけ上がった。このとき攻撃担当は、トーマス・ランファイヤー、レックス・バーバー、ベスビー・ホームズ、レイモンド・ハインの操縦する各機だった。彼らはすぐに予備タンクを切り落とすと、まっしぐらに敵陸攻機の高さに舞い上がり、そちらに向かった。予定の二分前の午前九時三十三分のことだった。

日本側はP38が一マイルほど近づくまで、その存在に気づかなかった。

ようやく敵機を認めた二機は、慌ててブーゲンビル島のジャングルの梢近くまで降下した。護衛の零戦も、予備タンクを振り捨てて立ち向かってきた。

このへんの記述は宇垣の日記と一致する。ただし、宇垣は敵が二十四機の編隊だったと書いているが、実際には、山本長官機を攻撃することだけが目的の「アタック・フライト」が四機と、それを上空から援護する「カバー・フライト」が十二機で、全部で十六機の編隊だった。

ポッターの著書では、このとき五十六の乗っている一番機を攻撃したのはランファイヤー中尉ということになっている。しかし、この点に関しては後に諸説が浮上する。

ともあれ、今はポッターの記述に拠って、空中戦の検証をしてみたい。

ランファイヤー中尉は初めから一番機を狙っていたが、その前面に三機の零戦がおどり出た。中尉は、その中の一機に機銃弾を撃ち込んで身をかわした。そのとき、チラリと下方に目標の一番機が見えた。

ランファイヤーはエンジンを全開にして急降下した。敵が迫って来ていると知った一番機は、急角度に方向転換をしようとした。そのために横腹をランファイヤーの銃口にさらすこととなった。

ランファイヤーは、機関砲と機銃のボタンを押しっぱなしにした。一番機の右エンジンから黒煙が噴き出し、炎がエンジン部分を覆った。スピードが落ちて、機体がぐらつくのが見えた。

さらにランファイヤーは接近して第二撃を加えた。一番機はよろめきながらジャングルの中に突っ込んだ。左翼が木にふれると、パッと燃え上がり、ジャングル内で一度バウンドしたと思うと、機体は黒煙につつまれて爆発した。

つまりポッターの記述では、最初から最後までランファイヤーが一人で五十六の乗っている一番機を攻撃し、撃墜したことになっている。

そしてバーバー中尉が二番機を攻撃したと書かれている。しかし、近年では、ランファイヤー中尉ではなくバーバー中尉が山本長官機を撃墜したのだという説が、もっぱら有力だ。

この点に関して詳しい調査をしているのは『検証・山本五十六長官の戦死』である。今度は、そちらの説を見てみたい。

まず、アメリカ軍の公式記録によると、次のような記述がある。

「バーバーはランフィアとともに初回攻撃を敢行、陸攻一機の攻撃に向かったが、攻撃位置としてはやや回り込み過ぎた。そこで急拠《（ママ）》反転、零戦の妨害を受けながらも陸攻を捕捉撃破した。バーバー機の発砲に陸攻は尾部を飛散し、半回転して背面姿勢のまま地上へ九〇度で突っ込む格好で墜落した」

「ランフィア」とあるのはランファイヤーのことである。翻訳者によって表記が異なっている。「零戦」は零式戦闘機で、「陸攻」は一式陸上攻撃機の略語である。

　これを読むと、ポッターの著作にあるバーバー中尉が二番機を攻撃したというのは、明らかに間違いだとわかる。

　実際には、ランファイヤーとバーバーと両方の戦闘機が、陸攻の一番機に襲いかかったようだ。

　前出の『検証・山本五十六長官の戦死』では、バーバーの報告を紹介している。やや長いのだが重要だと思われるので引用したい。

「バーバーは右旋回をきっちりし終って一番機の爆撃機の真後ろに付いた。あまりに一番機に接近しすぎて、もう一機の爆撃機が見えなくなった。目の前の爆撃機がジャングルに向かって急降下し始めたので、六時の方向から胴体と両エンジンを狙って射撃した。六時の方向以外からは一度も攻撃しなかった。突然その爆撃機は右翼を上に向けて左に横転した。そして急に速度が落ちた。そこで彼は爆撃機との衝突を避けるために右に急旋回した。後ろを振り向くとジャングルから黒煙がもくもく立ちのぼっていた。彼は撃ちまくっていたときすでにその爆撃機から、煙と炎が出ていたのを見ている」

この報告では、バーバーが長官機を撃ち落としたと解釈できる。

その後の調査では、ランファイヤーの証言には幾つかの矛盾点が発見され、やはりバーバーが長官機を撃墜したのだという説が、すっかり有力になっている。

しかし、戦後しばらくは、もっぱらランファイヤーの手柄だと信じられていた。ランファイヤーは戦後間もなく手記を発表し、さらに「リーダーズ・ダイジェスト」の懸賞体験記に手記を応募して当選したりした。また特別な殊勲賞を授与された。そのためランファイヤーばかりが脚光を浴びたわけだが、長官機の右翼が吹き飛んだなどという事実に反する証言も幾つかあり、現在ではその信憑性が疑われる結果となっている。

このとき護衛の零戦のパイロットだった柳谷謙治は、インタビューに答えて、「攻撃を受けたわれわれからみれば、完全に待ち伏せされたとはっきり感じました」といっている。

そして、柳谷がP38の一群を発見してから、長官機が黒煙を吐いているのを見るまでの間は、ほんの一、二分程度だったともいう。だとすると、まことに素早い攻撃で一番機は撃ち落とされたことになる。

その瞬間、五十六の胸には、どのような思いが去来したのだろうか。亡くなった多くの部下や同僚の身を悼み、「やがてあと追ふわれなるぞ」と詠んだ五十六である。来るべき日がついに来たという思いだったかもしれない。

それでは長官機の墜落を知った日本側は、どのような対応をしたのだろうか。

南東方面艦隊司令長官草鹿任一中将の回想によると、彼はラバウルにいた。五十六の一行は午前八時にブインに到着する予定だったとあるが、アメリカ側の記録では午前九時四十五分にブイン着となっている。

宇垣の日記では攻撃を受けたのは午前七時三十分頃とあるので、草鹿の回想のほうが正しいだろう。

草鹿の記憶によると、午前七時四十五分に空襲警報の無電が発せられ、敵機が来たことが察せられた。少し心配ではあったが、その頃、よく敵の偵察機が一機でも来ると空襲警報があったので、あまり気にしなかった。

長官一行はすでに飛行場に着陸間近だろうから、もうすぐ着電が来るだろうと待っていた。ところが、今か今かと待っている連絡がいつまでたっても来ない。「不安の念が次第に募って」いったという。

そうこうするうち、昼頃になって護衛の戦闘機が帰って来て報告があった。またブインの指揮官からも電報が来た。

「陸攻二機〇七四〇ごろＰ38十数機と交戦、二番機モイラーポイント海上に不時着参謀長主計長（何れも負傷）操縦者一名救出、一番機ブイン西約十一浬の密林中に火を噴きつつ浅き角度にて突入せるものの如く捜索手配中」という内容だった。

「さてはとドキンとした」と草鹿はいうが、かなりの動揺だったのではないだろうか。

だが、まだ絶望というわけではないと草鹿は自分にいいきかせる。とりあえず、ラバウルに残っていた渡辺安次参謀と軍医長の大久保信を現地に派遣することにした。折悪しく、この日は大スコールで、翌十九日の早朝の出発となった。

十九日の午前八時頃にブインに到着したという渡辺は、後になって次のように語っている。

まず初めに駆けつけたのは、宇垣参謀長のところだった。負傷して航空機の防空壕の中に寝かされていた宇垣は、渡辺の顔を見るとハラハラと落涙した。そして、「長官の乗機はモイラ岬の西の方のジャングル内に突入したが、まだ生きておられるかもしれぬから、すぐに捜しに行ってくれ」といった。

それだけ聞くと、渡辺はすぐに現地の司令官と打ち合わせをして、急いで水上機に乗った。上空からジャングルの地形偵察をしたところ、樹木の焼けた跡がはっきりと見える場所があった。

上空からは場所が特定できたのだが、そこまで歩いて行くのは大変な作業だ。一度地上に戻った渡辺は、約六十名の陸戦隊員を引き連れて午後四時半頃に奥地に向かって出発した。

二隻のカッター（大型ボート）に分乗して川を遡って近くまで行く計画だったのだが、川底が浅く、さらには大木が川の真ん中に倒れていて、舟を進めることができなくなった。

密林の中を、渡辺の一行は銃剣で木を切り払いながら進んだが、やがて深夜になってしまい、疲労困憊《こんぱい》の末、地面に座り込んだまま眠りこけた。翌朝目覚めると、手袋や頭巾で重装備していたはずなのに、蚊の大群に襲われ、皆顔や手が腫れ上がっていた。

それでも捜索を続けていると、味方の飛行機が飛んで来て、他の方面から入った捜索部隊が遺体を収容したことを知った。

そこで捜索を打ち切り、出発地点に戻った。ここで午後四時頃、発見部隊から十一体の遺骸を受け取ったという。

それでは、いったい誰が初めに長官機をジャングルの中で発見したのか。それについては諸説がある。

渡辺の回想では、最初に現場を発見したのは、陸軍の道路設定隊で指揮官は浜砂盈栄《みつよし》という人だったことになっている。

十八日に友軍機が墜落したのを見て捜索を始め、翌日の朝発見した。

「同氏の語ったところによれば、山本長官は軍刀を左手に握り、右手をそれにそえ、飛行機の機体とほぼ平行に、頭を北に向け、左脇を下にした姿勢で、飛行機の座席のクッションの上に横たわり、少しも火傷を受けておられず、左胸部に敵弾が当ったようで、血が流れていたとのことである」と渡辺はいっている。

しかし、阿川弘之著『山本五十六』では、もう少し複雑な背景が書き込まれている。浜砂盈栄の上司で、連隊砲中隊の中隊長である市川一郎の証言によると、初めに長官機を見つけたのは、中隊の庶務係だった西野泰蔵軍曹だという。当初は、味方ではなく敵の飛行機が落ちたと思っていた。その捜索を西野が自分にやらせてくれというので、兵士数名をつけて出したところ、数時間後に、「たいへんなことです」と顔面蒼白になって帰って来た。密林の奥にあったのは敵機ではなく味方機だった。乗っていた者は全員死亡していたが、その中に大将の襟章をつけた人がいた。左手の指が二本ないところから山本連合艦隊司令長官だと気づき、大慌てで報告に帰って来たという。

この話が真実だとすると、第一発見者は西野であり、しかも比較的早い時間に墜落現場に到着したことになる。

いずれにせよ、重要なのは、日本軍がジャングルの中で五十六を発見したとき、彼はすでに落命していたという事実である。

渡辺の回想に戻ると、五十六の左胸部に流血の跡があったのと、こめかみから右の目にかけて貫通銃創があり、「恐らくこれが致命傷で即死されたものと認められる」と書かれている。

前出の浜砂の語るところでは、四月十九日の朝、二回目の捜索に出て、ようやく現場にたどり着いた。

墜落して散乱する一式陸上攻撃機の破片や胴体のまわりには、死体が幾つかあった。一人だけ飛行機の座席にベルトをしめたまま、放心したように座っている将官の姿が見えた。草色の服を着て、胸には略綬をつけ、白手袋をはめた左手で軍刀を握り、右手を軽くこれに添えていた。

静かに目をつぶったその遺体は、攻撃機の胴体の左側にあり、そのすぐ傍らに白服を着た軍医が仰向けに大の字になって死んでいた。

それぞれの死に顔は腫れ上がってむくんでいたが、五十六だけが端麗な姿だった。ただし、座席に横たわっていたという渡辺の話と、座席に座っていたという浜砂の証言は少し食い違う。

阿川の推測では、一番機に生存者がいたとすれば、それは軍医長の高田六郎少将ではなかったかという。五十六の遺体に適宜の処置をすませてから、事切れたのではないか。だから五十六の死姿がきれいだったという想像である。

では、五十六の死因は何だったのだろう。

渡辺と大久保軍医大佐の二人が、検視を行った。

「山本の下顎部《かがくぶ》からこめかみへ抜けた弾のあとを見て、大久保大佐は、

『これだけで即死です』

と言った。

時計は七時四十五分でとまっていた。飛行機がジャングルに突入する前の、はっきり機上での戦死であった」

阿川はこのように、五十六がアメリカ兵の弾丸に撃たれて即死したと明記している。ところが近年になって、それを否定する新しい証言が出てきた。蜷川親正著『山本五十六の最期』など、幾つかの著書には、五十六の死因が銃弾の貫通ではなかったと書かれているのだ。

密林の中を進み、捜索隊が墜落現場にたどり着いたとき、五十六の遺体は機体から十五メートルも離れたところにあった。

このときに長官を検視した軍医の証言によると、墜落した際に即死したと思われる他の操縦員や将兵に比べて、五十六の遺体は蛆の発生の進行が明らかに遅く、その上に、銃弾の貫通孔などない、きれいな顔をしていた。

四角形の物体に腰をかけて、軍刀を大地に立てた姿勢で亡くなっていたのは、おそらく高

田軍医長と助け合ってこの姿勢になったと思われる。

五十六が絶命したのは墜落後十八時間もたった、四月十九日午前二時頃ではないかというのである。

戦闘機の機銃弾が人体に命中した場合は、その部分がえぐり取られるようなひどい傷跡になる。五十六にも高田軍医長にも、そのような血みどろの傷はなかった。

そこから考えられるのは、何人かの同乗者が、墜落後もかなり長い間生きていたということである。ただし、全身打撲か内臓破裂といったひどい状態だったろう。それでも、ひたすら救援の到着を待っていたのではないか。

そのように証言する軍医もいるのだが、公式の発表では、二弾の機銃弾により壮烈なる戦死をとげたといわれ、それが定説となった。

いったい真実がどこにあるのかは現在でも不明だ。不明のまま、あまりにも長い歳月が流れてしまった。

アメリカ側で、四月十八日の五十六の死を最も喜んだ一人にダグラス・マッカーサーがいた。

戦後の日本で、占領軍の最高司令官として君臨したあのマッカーサーである。

彼は昭和三十九年に亡くなる少し前に、回想記を出版した。その中でこの出来事について詳しく触れている。

「四月十八日、太平洋戦争を通じて最も重大な意義をもつ攻撃の一つが行われた。米空軍が日本の連合艦隊司令長官山本五十六提督の乗った飛行機を撃ち落したのだ」

この書き出しからも、五十六の死がアメリカにとっては、いかに大きな意味を持っていたかがわかる。さらに五十六に対するマッカーサーの理解は次のようなものだった。

「山本提督はもともと連合国との戦争開始に反対していたが、いったん開戦の決定が下されたあとは、彼のたてた総合的な計画が真珠湾であの大成功をおさめることとなった。提督はソロモン群島での日本側の作戦を全般的に指揮し、日本海軍のおこなった戦争努力の戦略的頭脳と一般にみなされていた」

これはかなり正確に五十六の存在を把握しているといえよう。まぎれもなく、五十六は当時の日本軍の「戦略的頭脳」だった。

マッカーサーによると、「われわれは日本側の暗号の解読に成功していた」から、傍受した電報により、五十六が自ら激戦地を視察するためブーゲンビルへ飛ぶ予定だとわかったという。

この電報には護衛の規模、ブーゲンビル西海岸沖上空での護衛機との会合地点などが示されていたとある。実際には、護衛機は初めから同行しているので、これは何かの勘違いだと思われる。

「この電報はにせものだという疑いをもつ者もかなりいたが、私は山本提督が常にぎりぎりの接触点まで推し進む、前線向きの戦士であることを知っていた」という記述は、いかにもマッカーサーらしい。

それというのも、マッカーサー自身、戦場において常に最前線に身を置くことを厭わない戦士だったからである。

マッカーサーの描写する空中戦の模様は明らかな間違いが多い。五十六の最期については、「それは真珠湾の底に光る数多くの白骨から、一斉に声がひびいてくるかとも思われる一瞬であった」と、アメリカ側の心情を語っている。

さらにマッカーサーはいう。

「ワシントンはこの攻撃を、大戦中の最も大きい戦果の一つだとほめたが、暗号解読班の仕事をだめにしてしまうことを恐れて、この出来事を極秘に指定し、その発表を一切禁止した」

これは事実だった。アメリカ側はこのニュースを公表しなかった。だが、軍の内部では、英雄は長官機を撃墜したランファイヤー中尉と思われていた。彼はこの後すぐに大尉に昇進し、海軍十字勲章を授けられた。ルーズベルト大統領も、わざわざ賞讃の電報を送った。

それでも極秘にしたのには、暗号を解読していることを悟られる心配以外にも、もう一つの事情があった。

それは、ランファイヤー中尉の弟がブーゲンビル島の上空で撃墜され、日本軍の捕虜となっていたのである。彼に報復が加えられることを懸念して、しばらくニュースは伏せられたのだった。

生きている五十六の最後の姿を見たのは、護衛の零戦のパイロットである柳谷謙治飛行兵長ということになるかもしれない。

皮肉なことに、護衛機は六機ともに無事だった。柳谷は『第二〇四海軍航空隊戦記』の中で、「わたしはおめおめと帰ることに、あるうしろめたさを感じた」と書いている。

最後の瞬間、柳谷は煙を吐いている長官機に近づいた。そして長官機の窓から、はっきりと五十六の姿を見ている。

「長官は、草色の第三種軍装を着て副操縦席に端座している。純白の手袋をまとった手に軍刀をしっかりと握り、泰然自若たる風で瞑目しているようだ。日ごろ『常在戦場』をとなえておられた山本長官の、これはまことに武人らしい死の一瞬か」という描写からは、最後まで落ち着きはらった五十六の様子が浮かんでくる。

「ヤマモト・ミッション」と名付けられたこの作戦が成功したとき、ハルゼー長官がガダルカナルの責任者であるミッチェル少佐に送った電文の内容は、今ではあまりにも有名になっている。

「貴官、ミッチェル少佐、およびその部下のパイロットへ『おめでとう』、撃墜したアヒルどもの中には、一羽の孔雀がいたようだね」

もちろん孔雀とは五十六を指している。華麗なる日本海軍の頭脳だった。彼に代わる指揮官がいないことを、アメリカ側は知っていた。

もしも五十六が、四月十八日の運命の日に、なんとか生き長らえることができたとしたら、その後の戦局はどう変わっていたのだろうか。

このテーマは、今まで繰り返し研究者の間で語られてきた。いや一般の人々でも、「山本五十六が生きていたら、少なくとも日本はあれほど悲惨な終戦を迎えずにすんだのではないか」という人が多い。

なんとかアメリカとの話し合いをつけて、戦争の途中で講和に持ち込めたのではないか。それができたのは、日本広しといえども山本五十六一人だけだったという意見を、私は何度も耳にしている。

歴史上の「イフ《もしも》」について述べるのは、いつでもあるむなしさがつきまとう。それでもあえて、あの時点で、いったい五十六の中にどのような勝算があったのか、あるいはなかったのかを考えてみる必要があるだろう。

衣川宏著『ブーゲンビリアの花』は、五十六と運命を共にした樋端久利雄の生涯を追った労作である。

その中に、五十六に関して幾つかの興味深い記述があるので紹介してみたい。

生前の五十六が、最後に全精力を傾けたのが「い号作戦」だった。

まだトラックにいた頃に、五十六はこの作戦に出撃する第三艦隊の攻撃隊を「武蔵」の甲板に集めて訓示をした。

「この作戦は、ソロモン方面における敵の進行作戦をくい止め、新しい戦局を開かんとするものである。天佑と神助を確信して勇戦されんことを祈る」といったとある。

この訓示は、二つの点において重要だろう。まず第一に五十六が、この作戦が成功すれば「新しい戦局」が開かれると考えていたところだ。

それが意味するのは、延びきってしまった日本軍の拠点を縮小し、防御線をずっと後方へシフトすることではなかっただろうか。そうしなければ、戦力は維持できないと考えていたと思える節がある。

しかし、それ以上に重要なのは、珍しく五十六が「天佑」とか「神助」という言葉を使っている点である。

もともと五十六は、そういう神がかった表現は大嫌いな人間だった。戦争はあくまで論理的に進めるべきだと思っていた。その五十六が、白手袋にプレスのきいた第二種軍装のさっそうとした姿で、こうした発言をした心理の裏側には何があったのだろうか。どこかで、この戦争の終着点を見極めていたような気もするのである。

前出の『ブーゲンビリアの花』は、実に詳細に五十六の死について検証している。

特に著者の興味は、五十六の心境に向けられており、「山本長官の戦死が余りにも唐突な偶発的現象であっただけに、事件発生当初から色々な噂が流布されていた」とある。

長官一行の遺骨がトラックにいる「武蔵」に無言の帰還をしたとき、その死は一般乗組員には伏せられていた。

それでも、「ラバウルの空襲でやられた」「飛行機事故らしい」「戦局の前途を悲観して自殺したらしい」といった噂話が広まり、特に五十六の自殺説が「武蔵」乗組員の間で、まことしやかに流布したという。

宇垣纏が五十六の死後に書いた「顚末書」が、同書には引用されている。

四月十八日は宇垣によると「厄日」だという。ちょうど一年前のこの日に、敵の日本本土初空襲があったからである。

宇垣の「顚末書」には、文書の最後に「今次事故に関連し思い合わさるる事項」というのがつけ加えられていた。

それは五十六の態度に見受けられた「若干の変化」を、数例挙げているのである。

第一に、かねてより数多く頼まれていた揮毫《きごう》を、長官は出発前に急いですませてしまった。

これは事実で、搭乗寸前にも、五十六は草鹿に託して、鮫島長官のために明治天皇の御製を一首記した短冊を渡している。

その短冊には、「弓矢とるくにに生まれし益良雄の名をあらわさむときはこのとき」と書かれていた。

第二に、長官と参謀長は、それぞれ別の飛行機に乗るよう指示しており、当日もわざわざ参謀長に念を押した。このため参謀長、つまり宇垣は生存し、司令部は全滅を免れた。

第三に、草鹿、小沢両長官とは特に親しかったので、いつも打ち解けた懇談に終始したが、視察前は心なしか宗教めいた話が多く、まるで後輩にいい残しておきたいような感じだった。

郷土の偉人として長官は良寛を尊敬していたが、「良寛さんのような解脱《げだつ》の心境にあったのかどうか疑問である」と宇垣は書いている。

小沢長官は、五十六が部下の死を悼む歌をよく詠むのを気にして、「連合艦隊長官はかけがえのないお方だ。そうやすやすと死地に赴くというようにいわれては困る」と、先輩に注文をつけたという。

第四に、出発の日が迫ると、「相当数の信書を認められたり」とある。これには高野京や河合千代子に宛てた手紙も含まれていたのだろう。

前述したように、五十六が京や千代子に出した手紙には、特に自分の死を覚悟しているような言葉はないが、やはり何か思うところがあったのだろうか。

第五に、五十六は懐中日記を携行していた。この中には、天皇の御製や自作の歌などが記されていたという。

第六には、以前から気にしていたガダルカナル島の生き残りである郷里部隊兵士の慰問を実現させ「何となく気がすっとした」ともらしていた。

第七には、福崎副官がデング熱で勤務ができない状態だと知ると、「多数の参謀が同行するから容体が悪いようなら副官は来なくてもよい」と言葉をかけた。

これは部下をいたわる気持ちからだろうが、もしも事故があったとき、「後事を処理せしめらるる意思」だったのではないかと宇垣は思った。「トラック出発の前日、遺品処理に関し副官（代理）に書面を書き残していかれた」とある。

どれもこれも、後から考えてみると思い当たるふしがあるという話ばかりだ。だが、はっきりと五十六が自分の死を覚悟していた証拠となるような言動とは断言できない。

ただ五十六は勘の鋭い人なので、何かが起きる可能性くらいは察知して、さりげなく自分のできることはすませて、旅立ったのかとは思われる。

『ブーゲンビリアの花』の著者は次のように書く。

「しかし、この山本長官自殺説または自殺願望説の真偽を、当時の海軍部内の関係者に質問すると、例外なく即座に否定される」

その理由としては、五十六は当時、海軍では一種の神格化、偶像化されていたが、彼個人は「決して非合理の人」ではない。その人が多くの部下を道連れにして自殺するとは、とても考えられない。

戦局はたしかに思わしくなく、かなり厳しい状況にあったが、いやしくも海軍の最高責任者として、自分だけの感情に支配され「軽挙妄動」するような人間ではないというのが、大方の見方だといえる。

また、こうした否定論の中には、俊英の樋端、室井、両航空参謀が同行していて、無謀な自殺行為に気づかないなどといった馬鹿げた話はないと抗弁する声があるという。

たしかにそう考えると、故意に自殺を図ったという説は、どうも信じられなくなるのである。

その上で、藤井茂参謀の言葉を同書は紹介している。

「長官御自身は満足かも知れぬ。海軍航空の発展に全精魂を打ち込まれた長官が最後に精鋭を集めた航空戦を直接指揮して思う存分の戦闘をやられた。その上機上で武人の本分を果たして終わられた。最後まで戦いに徹した巨人。立派に武人の初一念を貫き通されたのだ」

まさにこの言葉は、当時の五十六の側近たちが感じた思いを表している。

十一名の遺体は、ワマイ川の河口で渡辺参謀に引き渡された。

四月二十日の午後、ブインの第一根拠地隊本部に運ばれ、検視の上で荼毘《だび》に付されたのは、翌二十一日の朝である。

当時、検視に立ち会った人々の証言は、いずれも、五十六がとても美しい顔をしていたと語っている。そのため、さらに五十六の神格化が進んだ側面もあったかもしれない。

他の死者には、火傷や苦しんだ跡があった。五十六だけが「靡乱無く厳然たりしと誠に神なり」と宇垣は日記に書いている。

いわゆる死亡診断書である「検案書」は、田淵義三郎第一根拠地軍医長によって「搭乗機の事故による即死」とされた。

衣川宏の回想では、五十六が荼毘に付されたとき、「司令官や先任参謀達の慟哭の声も絶えて、遺骸を焼く黒い煙が、長く細くジャングルの樹海に消える彼方を、ただ涙を流して見つめていた自分達であった。口には出さないが、日本の行く末は、一体どうなるのかと案じる心の奥底に」とある。(『ブーゲンビリアの花』)

火葬場には五十六のために一つだけ別に穴が掘られ、あとの十名は道路を隔てた反対側にそれぞれ穴が掘られた。穴の中に薪が積まれ、棺を置き、その上にまた薪を積んでガソリンをまき、火がつけられた。

骨上げは、午後三時頃に行われた。渡辺参謀が、まだ余熱の残る穴の中に入って、パパイヤの枝で作った箸で五十六の骨を丹念に拾った。骨壺はなかったので、木で作った骨箱が用意された。その箱の底にパパイヤの葉を敷いて骨を納めた。

この骨箱は、第一根拠地司令部庁舎の一室に安置された。夕方になって、敵機の来襲があり、居合わせた人々が遺骨を抱いて防空壕へ退避する一幕もあった。なんとも慌ただしく、やるせない一夜を側近たちは過ごした。

残された人々

宇垣纒は、骨折をしてギプスをはめられて病床にあった。そのため五十六の火葬には立ち会えなかったが、しきりに「俺が悪かった、俺のミスだ」といっていた。

前線視察が宇垣のアイデアだったとしたら、自分を責めるのも無理はなかった。その宇垣の言葉を聞きながら、渡辺は、「宇垣さんはきっといつか自決するつもりだな」と思ったという。

玉音放送の後、宇垣が部下を連れて出撃し、沖縄で自らの生命を絶ったことはすでに書いたが、必ず五十六の後を追おうと、宇垣はこのときに決心したのではないだろうか。

四月二十二日の午後、宇垣は五十六の遺骨と共にブインを出発して、ラバウルに帰った。行きには零戦が六機しか護衛につかなかったのに、帰りは十七機の護衛機が五十六の遺骨を守った。

しかし、ラバウルでも五十六の死はまだ極秘とされていた。

したがって、その夜ラバウルで営まれた通夜は、いたって淋しいものだった。ほんの数人の幹部が立ち会って、第三艦隊長官宿舎で行われた。

そして、二十三日、五十六の遺骨は「武蔵」に帰った。

この時期と前後して、長官機を護衛していた零戦のパイロットたちもトラック島へと戻った。

彼らには、司令部より厳重な箝口《かんこう》令が布かれていた。パイロットの一人である柳谷謙治は、後にインタビューに答えて次のように語っている。

「全軍の士気に影響することだから何か指示があるまで絶対に口外してはいかん、というわけです。ですが、隊に戻るとそこは気心の知れた隊員同士ですから、何となく雰囲気で察して、連中はいろいろと聞いてくるんです」

この言葉からは、柳谷もつい仲間には、自分が目撃したことを話してしまった様子が感じられる。上層部もそれに気づいたので、彼らをトラック島へ移動させた。「多少救われたと思いましたが、トラック島でも噂は耳に入ってきました」という。

さて、五十六の留守をあずかる「武蔵」ではこの間、どんな具合だったのか。

従兵長の近江兵治郎の回想によれば、長官一行は四月十九日に帰艦の予定だった。そのため準備を整えて待っていたのだが、予定の時間が過ぎても何の連絡も来ない。

藤井参謀が夜になってラバウルの司令部に連絡をしたが、応答はなかった。たまりかねた藤井は、翌二十日にラバウルへ向けて飛んだ。

ところが、今度はその藤井からも、行ったきり何の音沙汰もなくなってしまった。残された機関参謀はなす術もなく、ただ待つのみだった。

藤井参謀が、悲痛な知らせを持って「武蔵」に帰って来たのは二十一日の午後だった。

「長官一行の搭乗機は、一番機は長官以下全員戦死、二番機は参謀長と北村主計長が奇跡的に救助された」との内容だった。

近江は、「全身の血が引け、頭が空白になった。ただ呆然とするのであった」と書いている。

五十六を神のように尊敬していたと同時に、いかに五十六が高い地位にいるか、つまり常に護衛されているはずだと知っている近江にしてみれば、戦死などあり得ない話だった。

しかし現実は現実だった。もう五十六は長官室へは帰って来ないことがはっきりとした。自分以外は、その戦死は「武蔵」の艦長の有馬少将と、副長加藤大佐にのみ知らされたと近江は書く。そして、乗員に漏れることを警戒し、箝口令が布かれた。とにかく、まだその死は秘密にしておかなければならなかった。

このときは司令部の副官も戦死したので、司令部の金庫の中にある重要書類や金銭の照合ができなくなってしまった。

それで、庶務主任が整理を命じられ、従兵長の近江は立会人となった。金庫の鍵がないので、ダイヤルをガスで焼き切って、ようやく開けたという。

五十六がいなくなったという現実は、近江の心にぽっかりと暗い穴をあけた。

「留守役の機関参謀磯辺中佐と、裏方の責任者である司令部従兵長（私）は、日課である夜の見回りすら、表現することの出来ない寂寥を感じるありさまであった」

近江の脳裏には、五十六と共に戦死した人々の顔が次々と浮かび「連合艦隊司令部はどうなるのか」という不安に襲われた。

その心細さは、近江のみならず、残された者すべてが共有する思いだったろう。

近江は、藤井参謀から、長官と幕僚たちの遺品の整理を命じられた。

長官室には一人として入室させてはならないということと、私物のリストを作り、番号をつけて藤井に報告するようにと命じられた。

近江が五十六の机の引き出しを開けると、封筒に入れた封印のない書類が十通ほど出てきた。また引き出しには紙包みがあり、五十六の遺髪が入っていた。

遺書は、近江によると、軍令部総長永野修身大将、海軍大臣嶋田繁太郎、それに、堀悌吉、妻礼子、反町栄一のそれぞれに宛てたものだったという。

紙に包まれていた遺髪は白髪が七分、黒いのが三分で、「見ているうちに悲しみが込み上げ、ひととき手を休めた」と近江は記している。


昭和十八年四月のある日のことである。

山本五十六の青山にある留守宅では、いつものように忙しい一日が始まろうとしていた。

この時期になると、あらたに出撃する若い兵士たちが、毎日のように山本家の玄関に挨拶に来た。

山本家の子供たちのうち、二人の娘は山脇学園へ、末っ子の忠夫は学習院へ進学した。礼子の豊かな愛情に育まれ、子供たちは戦時下でもすくすくと成長していた。

この前年の四月から山本家のお手伝いをしていた斎藤夏子さんは、礼子の信頼も厚く、大切なお使いなどをすべて任されるようになっていた。その夏子さんに、礼子が朝、起きるなりいった。

「なっちゃん、私ねぇ、ゆうべ旦那様がお帰りになる夢を見たのよ。それがね、どこにも内緒で自宅に帰るからというので、女みたいに変装してお帰りになったの。とても、はっきりとした夢だったわ。これはきっと、もうすぐ旦那様が家にお帰りになるというお告げだと思う」

礼子の顔は真剣だった。もともと礼子は、特に迷信や新興宗教などを信じるタイプの女性ではなかった。五十六と同じく神がかった発言などを嫌った。普段は理性的な礼子が、このときだけは、しかし、自分の夢が正夢だと信じて全く疑っていない表情だった。

夏子さんは、まだ一度もお目に掛かったことのない「旦那様」にようやく会えるのだと思うと、嬉しくて仕方がなかった。

さっそく四人いるお手伝いさんたちが総出で、家の掃除を始めた。礼子も五十六の新しい着物を呉服屋に注文したりして、夫を迎える準備に追われた。

もういつ五十六が帰って来ても大丈夫だと、すべての用意が整った頃だった。五十六の親友の堀悌吉が礼子を訪ねて来た。それは五十六の戦死が発表される一週間前だったと、夏子さんは記憶している。

夫の南方での戦死を伝えられた礼子は、家族の前でも少しも取り乱すことはなかったという。毅然とした面持ちで、その知らせを聞いた。

「ああ、旦那様は最後に、この家へ、そして奥様のところへ帰っていらしたんだ」と夏子さんは夢の話を思い出し、胸がしめつけられるようだった。たしかに五十六は遺骨となってではあるが、青山の家へ帰って来た。それを礼子にそっとおしえたくて、魂だけ先に帰還したのだろうか。

予兆といえば、五十六の親友である堀悌吉も、不思議な「胸騒ぎ」を感じたと、宮野澄著『不遇の提督　堀悌吉』にはある。

当時、堀はすでに海軍を退き、浦賀船渠の社長をしていた。堀が海軍を追われたとき、五十六はロンドンにいて、親友の身に何か起きたと夢で悟ったのは、有名な話だ。

今度はその逆に堀が、社長室で大内山（皇居の意）の緑を見ながら胸騒ぎに襲われたのだと、同書にはある。

この前年の九月に、堀は千代子夫人を失ったばかりだった。淋しい日常の中で、戦場にいる親友への思いは強かったかもしれない。

同書では、榎本重治の回想も引用している。

「この年の四月のある日（十九日かと記憶する）、堀さんが海軍省の私の室に来られ、いきなり右手で左手の薬指と小指を握り、『これが』と一言つぶやかれました。私は、『山本さんがどうかしたのですか』と思わず声をつよめると、堀さんは静かに両眼を閉じ、のけぞるような身ぶりをされました。私は万事を察しました。あまり語ることもなく、堀さんは室を出て行かれました。そのときのことを思いだすと、今日でも背筋に刃がとおるような気がいたします」

もし、この榎本の記憶が正しいとすれば、五十六戦死の報は、すぐに堀へもたらされたことになる。

しかし、当時、五十六の戦死を知らされたのはごく限られた人間だけだった。

この頃予備役にいた米内光政は、昭和十九年七月には海相に復帰するのだが、昭和十八年四月の時点では、暇を持て余す暮らしをしていた。

その米内に、海軍省から五十六の戦死という極秘情報はすぐに伝えられた。

「山本の気持ちとしては、死に場所を得たつもりで、それで満足だったかもしれない。しかし日本としても、海軍としても、死なせたくない人物を殺した」といって、声をつまらせ、じっと目を伏せたという。

堀や米内は、長い歳月を五十六と共に歩んできた。真剣に国を憂える気持ちは同じだった。その中で、五十六が真っ先に南溟で散った。二人の盟友に与えた衝撃の大きさは計り知れなかった。

しかし、堀は悲しみにばかりも暮れてはいられなかった。遺族の世話や、その後の始末が彼の役目となるのはたしかだった。

五十六の死は伏せられたままだったが、それが噂となって日本国民に知れるのは、もはや時間の問題となっていた。第一、「武蔵」の乗員たちがすでに異変に気づいていた。

手塚正己著『軍艦武蔵』によると、五十六の死を最初に知った「武蔵」の乗員は、中央よりの暗号電を翻訳した蝦名通信士だったという。

その蝦名の日記には次のようにある。

「〇三〇〇〜〇七〇〇　当直。長官戦死の電報入る。Terrible accident! 噫《ああ》、遂に止《や》ぬる哉《かな》。噫、一切は終了した。私は当直士官として、一切何人の視認にも触れしめないように、軍機電報を翻訳し終わって固く封印しておいた。涙が自然と溢れ、滅入る思いを如何ともすることができなかった」

これが四月二十一日の記述である。

この二日後の四月二十三日には、五十六の遺骨は「武蔵」へと運ばれた。白い布に包まれた木箱をしっかりと胸に抱いて、舷梯を上がって露天甲板に現れたのは黒島亀人大佐だった。

やがて、長官室から線香の匂いがするなどという話がささやかれ、乗員の多くが長官は戦死したのではないかと噂するようになった。

そして二十五日の午後三時頃、横須賀鎮守府司令長官だった古賀峯一大将が、「武蔵」に着任した。「武蔵」の艦上には大将旗が揚がった。

だが、古賀が新長官に就任したという発表はない。

「それでも従兵や司令部の兵隊は、職務の都合上、古賀長官の姿をしばしば目撃していた。彼らは不思議に思った。『本艦の長官室に、古賀大将がいた』『もしかしたら、新しい長官じゃないのか』『それじゃあ、山本長官はどこへ行ったんだ』と首をかしげた。結局彼らが出した結論は、『やっぱり、長官は戦死したんだ』ということであった」

実際、古賀の立場は奇妙なもので、五十六亡き後の連合艦隊司令長官に就任はしたのだが、その赴任は、横須賀鎮守府司令長官の南方視察という名目になっていた。

ようやく五月八日になって、「武蔵」の作戦室に参集した第四艦隊と各航空戦隊や根拠地隊の幕僚たちに、古賀は五十六の戦死を告げ、自分が連合艦隊司令長官に就任したことを語った。それを聞いた一同は、しばし言葉もなかったという。

五十六と古賀は何でも語り合える間柄で、二人の書簡が『五峯録』に収められていることは前にも書いた。

その中で古賀は、「遠い所に居ても山本兄の心情はよくわかって居た積りなりしが目下心に沁みてわかる様な気が致します」と、昭和十八年八月二十六日付の手紙で堀悌吉に訴えている。五十六の苦境を、古賀はそのまま受け継ぎ、翌十九年三月三十一日に戦死した。

大本営は一ヵ月を過ぎた五月二十一日になって、五十六の戦死を公表した。

「本年四月、前線において、全般作戦指導中敵と交戦、飛行機上にて壮烈なる戦死を遂げられたり」と発表された。

日本全土に衝撃が走った。前出の宮野澄の本では、評論家清沢洌の日記の一部が紹介されている。

「朝日新聞社前（東京有楽町）でこれを知り茫然たりだ。これだけ大きなニュースは近頃なかった。……バスの中での女学生の話に、かの女の母親は、ラジオで山本の死を知り、御飯を食わなかったと話していた。瞭（清沢の長男）の話に、ラジオのアナウンサーが、終わりに泣いた。この事を報告する自由学園（羽仁もと子が創立した学校）の学生がまた泣いたといった。以て国民の感情を知るべし」

まさに日本中が涙にむせんだ瞬間だった。

翌日、五月二十二日の新潟日報は、一面トップの見出しで五十六の死を報じている。

「南方最前線に出動　機上で指揮中散華」「全海軍奮然蹶起」「武勲萬代不滅」といった文字が紙面に躍る。そして「ありし日の勇姿」として、五十六が双眼鏡を手にした写真が掲載されている。斜め横から撮られたその写真は、今になって見ると、勇ましいというよりは、どこか淋しげで、何かを諦めた人のような表情を見せている。

「奮ひ立て、縣民　第二の山本大将を生め」といった見出しも下のほうにある。

帝国海軍の士気はますます旺盛で、さらなる戦果を拡大することを確信しているといった県知事の談話も載っているのだが、なぜか上すべりの印象はまぬかれない。

五十六の戦死にまつわる報道は、各新聞に連日のように続いた。

そこに表れているのは、悲しみを封印した記事ばかりだった。まるで悲しむことを恐れてでもいるかのように、「山本提督の霊に應へよ」とか「烈火と燃る敵愾心」といった文字が並ぶ。

それは軍部の方針でもあったのだろう。五十六の死によって、国民の士気が衰えるのを大本営は避けたかった。なんとか、これを英雄の死として、国民の米英に対する憎悪を駆りたてたかったのではないだろうか。

しかし、実際には多くの国民は、ただただ五十六の死を悲しんだ。

五十六と長岡中学で同窓だった歌人の外山且正は、五月二十一日の夕方、町を歩いていて旧友の戦死をラジオで知った。思わずふらふらとなり、壁に身をもたせかけた。しばらく間をおいて次のような歌を詠んだ。

その人を語るは外にありぬべし老いたる友はよろぼひて泣く

まさにこの歌こそ、素直に人々の悲しみを表現していた。外山は昭和十六年五月の宮中月次御歌会の際、御題が「海戦」だったので、

なきことを願ひはすれどもしあらば勇ましからむ海のたたかひ

と詠んだ。これは、もちろん五十六を心に浮かべての歌だった。

また同じく新潟県出身の歌人、相馬御風は、悲しみよりはむしろ怒りをぶつけるような詩を作っている。

山本提督断じて死なじ根こそぎに鬼畜米英砕かずば山本提督断じて死なじ

こうした怒りに似た感情もまた、多くの日本人が共有したものだった。

五十六の遺骨を安置した「武蔵」は、五月十七日にトラックを出発した。そして五月二十二日、浦賀水道に入った。ここに至って乗員は全員、五十六の遺骨を内地へ届けるための移動であることを知らされていた。

午前十一時に、「武蔵」は木更津沖に投錨した。そして翌二十三日の午前三時から三十分間、幕僚室において、五十六と他七名の幕僚の通夜が執り行われた。参列したのは准士官以上だった。

午前十時三十分より告別式が行われ、このときは乗員全員が五十六に最後の別れを告げた。ブインでもラバウルでも、そしてトラックでも五十六の通夜はそっと営まれ、また「武蔵」でもひっそりと行われた。しかし日本国内では、元帥府に列せられ国葬を賜ることが、すでに天皇によって決定されていた。

五十六の戦死の発表があった日の前日、長男の義正氏は、下宿先の人から学校へ電話をもらい、急用ができたから至急自宅へ帰るようにといわれた。

当時、義正氏は吉祥寺にある成蹊高校理科甲類の二年生だった。自宅から通うと一時間半ほどかかるため、四竈《しかま》孝輔の家に下宿させてもらっていた。

その日は入梅前の蒸し暑い日だったという。いつも週末は自宅に帰っていたので、急に呼ばれたのは初めてで、「なにごとだろう」といぶかしく思いながら青山へと向かった。

自宅はとりたてて変わった様子もなく、「いま帰りました」と義正氏は玄関で声をかけて、部屋に入った。

すると、そこに堀悌吉が一人で座って、義正氏を待っていた。

堀が訪ねて来るのは珍しかった。義正氏のほうから堀の家へ行くことが多かったからである。部屋の中には張りつめた空気が流れていた。

堀が一瞬口ごもり、沈痛な表情を見せた。それだけで義正氏は何が起きたかを理解した。

「山本が前線で戦死した」と、ぽつりと堀がいって、そのまま長い沈黙があった。

「私は、唇を嚙みしめたまま、うつむいて、堀さんの言った言葉の意味を反芻《はんすう》していた」と、『父 山本五十六』にはある。

義正氏は落ち着いた青年へと成長していた。若き日の義正氏を知る人によると、背が高く白皙の美男子で、しかも学業も優秀だった。二十歳に成長していた息子は父親の死をしっかりと受け止められる精神力も備えていた。

堀の言葉は続いた。

「軍刀の柄頭《つかがしら》を握ったままの姿勢で、立派な壮烈な戦死だった。むかし楠公《なんこう》が湊川で還らぬ出陣をされたのと、まったく同じ心境であったろう。立派だった」

このとき義正氏は涙が出るよりも、あることを考えていた。

たまに来る父親からの手紙は、連合艦隊司令部とか軍艦「大和」気付となっていた。だから、父親はいつも艦隊と一緒だという記憶が強い。その父親が戦死したということは、つまり、艦隊決戦があったのだろうという想像だった。

「父が死んだとすれば、決戦は負けたにちがいない。無敵の連合艦隊が負けたのか、戦艦大和が沈められたのか、日本は負けるのか」。そんな感慨が胸をかすめていた。

「明日正式の発表がある。お母さんには、もう話をしておいた」というと、堀は帰っていった。

義正氏に父親の戦死を告げたのが、母親の礼子ではなくて、堀だったところに、山本家の家風のようなものが感じられる。あるいは、戦前の日本の品格といってもよいかもしれない。男同士で、堀は義正氏に悲報を告げたかった。それが五十六の親友である自分の役目だと感じていた。義正氏もまた、武人の子にふさわしい態度で、父親の死に対峙したのだった。

堀が帰った後で義正氏は礼子に会った。

「さすがに悲痛な表情をし、沈んだ顔色だったが、気丈な母は涙を見せなかった」という。

このとき母親をいたわるべきだったのかもしれないが、いつかはと覚悟をしていたことなので、母子で言葉を交わす必要はなかった。

いったん下宿に帰り、支度をしてくるといって家を出た義正氏は、吉祥寺の駅を降りて歩いていると突然に涙が溢れ出した。

「頬をつたうというのでなく、噴き出すようにぽたぽたと落ちる涙だった」

そのまま両手で顔を覆って道端にしゃがみこんでいると、カーキ色の国防服を着た中年の男が、「どこか体の具合でもわるいのですか」と尋ねてくれた。「いいえ、どこもわるくないんです。父が戦死したのです」。そう答えると、「それは……」といって相手は黙り、軽く会釈をして立ち去った。

中年の男は、戦死したのが連合艦隊司令長官山本五十六だとは、もちろん知らない。そして、父親が戦場で死ぬのは、当時の日本ではあまりにもありふれた光景だった。

翌日、いつもどおり学校へ行くと、義正氏は担任の教師に「お願いがあって参りました」といった。机で仕事を続けながら教師は「なんだ」と問い返した。「父が前線で戦死しました。葬儀のため、しばらく登校できないと思いますので、よろしくお願いします」といった。

一瞬、教師の顔色が変わり、手にしていたペンを取り落としそうになった。「まちがいないんだね」と念を押し、「そうか、山本長官が戦死されたか……」と深く頭をうなだれた。

ふたたび下宿へ帰り、荷物を背負うと、義正氏は青山の家へ帰った。

礼子は喪服に着替え、てきぱきとお手伝いさんや娘たちに指図をして、葬儀の準備を整えている最中だった。「ちらっと私と母の目が合ったとき、私たちは、悲しみの一夜をそれぞれべつの所でとっくにすませていることを、たがいに了解したのであった」と、義正氏は述べている。

五十六の遺骨は、横須賀から東京へと運ばれ、芝の水交社に安置された。祭壇は青山の自宅にも設けられたが、公的な葬儀の主体は水交社であり、礼子も義正氏も連日、水交社につめた。

五月二十三日から三十一日までは、一般の弔問を受けつけた。約二十万の人が水交社につめかけた。

当時、山本家のお手伝いをしていた斎藤夏子さんの思い出では、国葬が決まると、山本家には、朝から各大臣など重鎮たちが次々と訪れたという。

その中には、勅使として弔問に行った侍従の入江相政がいた。五月二十二日付の入江の日記には、次のように記されている。

「頗《すこぶ》る質素なお家で非常に感激する。この頃はどれ位か見当がつかないが昭和の始予が借家をした頃の経験によれば丁度三、四十円位の家である。奥の間は写真などが飾つてある部屋だけと見えて弔問の御詞も玄関を上つたすぐの部屋で伝達する。自分の身を省みて全く恥入つた。この世界の英雄がこんな家に住つて居られたとは」

入江の文章の中に「英雄」という言葉が使われているのは興味深い。その死によって、五十六は誰の目からも確かに「世界の英雄」となっていた。

　ふたたび斎藤夏子さんの回想に戻ると、彼女はこのとき、水交社へ五十六の血染めの軍服を受け取りに行ったという。

　それを手渡したのは宇垣纒だった。おそらく礼子が忙しくて行けないため、夏子さんがお使いで行ったのだろう。軍服は風呂敷に包まれていた。

　もし、彼女のこの記憶が正しいとすると、今までの五十六に関する研究書の多くには、五十六が軍服を着たまま荼毘に付されたと書かれているのだが、それは少し違うことになる。また軍服が血染めであったとしたら、やはりかなりの負傷をしていたことにもなる。

　水交社と自宅の両方に、どっと弔問客は押しかけて来た。堀悌吉は毎日、青山の家へ来て弔問客の相手をした。

　国葬は六月五日と決定し、斎場は日比谷公園内で、墓所は多磨墓地に定められた。

　同じ新潟県出身の文学者市島春城は、五月三十日付の新潟日報に「山本魂を体せ　大先輩の名を汚すな」の一文を寄せている。その中で五十六を「その風格が東郷元帥とはまた違つた近代的英雄の風貌を持つていた」と評し「山本大将はどうせ死ぬ覚悟の人であつたと思ふが些《いささ》か死に方が早かつた。惜しみても余りあることである」と述べている。

　国葬の当日、山本家の人々は朝早くから水交社へ行った。

礼子は髪の毛をおすべらかしに結い、黒の麻の装束に身を包んだ。お手伝いの斎藤夏子さんは、礼子の打ち掛けの裾を持つ役目だった。

実際に国葬が執り行われたのは、日比谷公園内の斎場だった。喪主は義正氏であり、やはり礼子と同じく神道の古式にのっとった装束に冠をかぶっていた。

葬列は、水交社から午前八時五十分に出発した。沿道には一目別れを告げようと、ぎっしりと人々がつめかけ、皆が泣いていたのを夏子さんは記憶している。

礼子はいつものように、泰然として行事をこなした。それはすべて、宮内庁の式部官の指示する作法によるものだった。

この日、天皇が五十六に賜った誄《るい》が各新聞に掲載された。やや長いのだが、天皇の五十六に対する評価がはっきりと示されているので、全文を紹介しておきたい。

沈毅ノ性能ク大任ニ堪ヘ寛宏ノ度常ニ衆望ヲ負フ身ヲ持スル廉潔人ニ接スル諧和戎事ニ鞅掌シテ心力ヲ航空ニ殫シ軍政ニ參畫シテ智術ヲ振武ニ效ス出テテ水師ヲ督スル善謀豫メ彼我ノ勢ヲ審ニシ雄斷克ク勝敗ノ機ヲ制ス風行雷動未タ一歳ヲ經サルニ八タヒ竹帛ノ勲ヲ樹テ鷙搏鵬撃遠ク萬里ニ亙リテ兩ナカラ空海ノ權ヲ握ル戰局ノ方ニ酣ナル將星遽ニ墜ツ壯烈古ヲ曠シクシ軫悼殊ニ深シ玆ニ侍臣ヲ遣ハシ賻ヲ齎ラシ臨ミ弔セシム

もしもこれほどのお言葉を聞いたなら、父親はどんなに感激しただろう、聞かせてやりたいと、義正氏は思ったという。

実際に天皇がどのような心境で、五月二十七日の墓所地鎮祭から六月五日の斂葬《れんそう》墓所祭までの日々を過ごされたかは不明だ。しかし、入江相政の日記によると、五月三十一日には「アッツ島もとう〳〵駄目になつて了つた」との記述があり、翌六月一日には、天皇に吹上御所の散策を勧めたところ、「アッツの事など考へると遠慮しようとまで仰せになつた」と書かれている。

太平洋戦争における最初の玉砕がアッツ島だった。五十六の戦死に続く凶報であり、天皇としては心の晴れない日々だったのだろう。六月六日には、「陸軍と海軍とがしっくり協同してやっているか」と、杉山参謀総長に御下問があった。

妻としての礼子の真価が本当に発揮されるのは、実は夫を失った後だった。この二年後に日本は悲惨な敗戦を迎える。その後四、五年の間は、恩給停止という措置がとられた。軍人の遺族たちに恩給が支払われなくなったのである。

それは、たとえ国葬をされた元帥であっても同じことだった。このときから礼子に目を見張るような変化が起きる。おっとりとしたお嬢さん育ちだった礼子が、猛然と生活のために働き出したのである。

その頃、礼子が新橋のガード下でせっけんの叩き売りをしているのを目撃した人がいる。元帥の夫人ともあろうものがと陰口をされたが、礼子は気にしなかった。五十六の忘れ形見である子供たちを立派に教育するためなら、どんな仕事も厭わなかった。礼子はもはや病に伏してもいられなかった。訪問販売から保険の外交まで、できる仕事はなんでもした。

五十六の愛人だった千代子に関しては、里見弴の『いろおとこ』が最も正確に彼女の本質を描いたと思われる。

五十六の国葬に触れて「戦争中、民心がほんたうに一丸となつたのは、彼の提督に対する愛惜、追慕の念くらゐのものだつたらう」と冷静な筆致である。その上で、「不見転《みずてん》あがりだとか、男たらしだとか、強欲だとか、見栄坊だとか、傲慢だとか、あらゆる悪評を屁とも思はなかつたやうな彼の女にまで、急に好意や同情の慈雨が降り注いだ」ので、そのため本人もその気になって別人のように控え目になったのだが、「いつまで続くことかと、嘲《あざけ》り嗤《わら》う者もないではなかつたが……」という文章で終わっている。

昭和五十年八月になって、週刊文春がふたたび千代子を記事として取り上げたことがある。初めて週刊朝日が千代子の存在を表沙汰にしてから、二十年余りが経過していた。

最近になって千代子が五十六からの手紙を売りに出しているという噂が流れているため、

文春の記者が千代子を取材に行ったのだ。

このとき、千代子は、手紙が一通四十万円で売れたという噂を頑として否定した。積み上げると一尺四方の高さになるほどあった五十六からの手紙は海軍省に没収され、一年ほど後に手元に戻ったが、全部焼却するようにという命令で、十九通を残してすべてを焼いたと語っている。

これがどこまで真実かは疑問が残るところである。

週刊文春の記者に、手紙の件を尋ねられると、今の主人はそういうものが表に出るのをひどく嫌がるので、五十六の遺品は主人がブリキ缶に入れて針金で縛ってあると答えている。したがって記者は中味を確認することができなかった。このとき千代子は七十一歳である。

その千代子の最晩年の姿を描いたのは、望月良夫著『山本五十六の恋文』である。千代子は平成元年八月三日、肺炎のため八十五年の生涯を閉じている。医師である望月氏を信頼し、死の直前に自分の手元に残った五十六からの最後の手紙を二通、氏に託した。

いったい千代子は五十六の手紙を何通持っていたのだろうか。望月氏には、五十六の戦死後、五、六通を隠し、六十通ほどの来信を海軍省に提出したと語っている。

千代子が再婚したのは、ボイラー製造工場を経営している後藤銀作という人物だった。昭和三十年のことで、牛臥に旅館「せせらぎ荘」を開業した。

千代子の世話をしていたさとという女性の証言は、なかなか興味深い。

「ここへ引っ越したとき、奥さんは元帥の遺品を行李一杯持っていました。ところがご主人は取引きを有利にするため、遺品を少しずつ持ち出したのです。某沼津市収入役が、山本元帥の掛け軸を二本持ってくれれば市立病院のボイラーの仕事を斡旋《あっせん》してやる、と持ちかけているのを聞きました」

この話と、前出の週刊文春の記事とは、どこかでつながっているのかもしれない。千代子かあるいはその夫が、五十六の遺品を次々と手放したのは事実だった。

「元帥の手紙はたくさん持っていましたが事情があって二通となりました」と千代子は望月氏に語っている。

たしかに口では千代子は五十六を愛していたと語っているのだが、その過去を本当に大切にする気持ちは稀薄だった。他の男性と再婚し、おそらくは生活のため五十六の遺品を売り尽した。

千代子とは、それだけの女性だった。

一方、礼子は子供たちを育て上げ、昭和四十七年五月五日、七十五年の生涯を閉じた。

「神は信じられなくても自分の夫のことは信じられる」と晩年になって語っていた。その晩その晩年は、子供や孫に囲まれての幸福な日々だった。

山本五十六がこの世を去って、実に六十年以上の歳月が流れた。

日本は激しい変貌をとげ、混迷の二十一世紀を迎えた。人々の記憶の中で山本五十六という男の姿は次第に消え去っていくのかといえば、むしろその逆である。

長岡市には山本元帥景仰会があり、現在も活動を続けている。昭和五十九年二月には、五十六の生誕百年を記念して長岡からブーゲンビル島に調査団が派遣された。そして、ブインのココボ村からさらにジャングルに入った地点で、五十六が乗っていた長官機、一式陸上攻撃機の残骸がそのまま残されていることがわかった。

その後、関係者の努力により、機体の翼を日本に持ち帰った。その間の詳しい経緯は、山本五十六記念館編『翼は還る』に記されているのでそちらに譲る。

ようやくのことで日本へ還って来た翼は、平成十一年に開館した長岡市の山本五十六記念館に展示されていて、誰でも見ることができる。

傷つき古びた翼から、人は何を感じるだろうか。

それぞれの思いは異なるはずだ。しかし、かつて、この地から山本五十六という毅然として生きた日本人が誕生した事実が、私たちの胸から消え去ることはけっしてないだろう。いや、今こそ五十六の実像をしっかりと心にとめる時代となっているように思えるのである。

（了）

文庫版あとがき

本書の単行本が刊行されてから、もう七年以上が経過した。ご協力いただいた方々の年齢などは、単行本執筆時のままであることをお断わりしておく。

今回、あらためて読み返して、ああ、この原稿を書いたときには、まだ母が生きていたのだなあと思った。

私の母、工藤初枝は四年前に膵臓がんで亡くなった。その母と中学生時代にこんな会話を交わした記憶がある。

「ねえ、ママはどうして十一歳も年上で、しかも子持ちで、ちっともハンサムじゃないパパと結婚したのよ？」

「だって、そのとき山本長官が戦死したのよ。それを最初に知らせてくれたのがパパだったんですもの」

困ったような表情で母は答えた。

私の母は東京の下町にある写真館の一人娘だった。両国という場所柄もあって、お相撲さんの出入りが多かった。

父はスポーツ誌の編集者をしていて、相撲の写真を借りるために母の実家である写真館を訪ねた。そして母に一目惚れをした。

だが、先妻との間に男の子一人がいて、しかも風采の上がらない父は母の眼中にはなかった。花形力士たちにちやほやされ、柳橋の芸者衆と着物比べなどをしていた母は、野暮な男が嫌いだったのだ。

それが戦争中の話であり、やがて戦況が厳しさを増す中で、ある日、悄然として、父が母の実家の写真館に現れたのだという。

「山本長官が亡くなりました」とだけいって、黙って下を向いた。

私の父は五十六が育った長岡のすぐ近くの町の出身だった。そしてマスコミの世界にいたため、普通の人より早く連合艦隊司令長官戦死のニュースが耳に入ったようだ。

「それでね、急に心細くなって、この戦争は負けますかってパパに聞いたのよ。そうしたら、『はい、負けます。負けて新しい時代が来ますよ』ってきっぱり答えたの。そのときね、なんか、この人に人生を賭けてみようかって思っちゃったのよ」

そういって母は自分のおでこをポンと叩いてみせて笑った。それには理由があって、父は終戦の前年に母と結婚して三人の子供をもうけたが、昭和三十年代の初めに、愛人を作って、母と離婚した。つまり母の男選びは失敗だったわけである。

「山本五十六が戦死しなかったらどうなっていたの?」

私が尋ねると、「そうねえ、多分、あの頃に縁談があった鉄工所の社長の息子さんと結婚していたと思う」と母は答えた。

そうかあ、今の自分が生まれたのは、山本五十六という軍人さんが死ぬというタイミングがあったからかと中学生の私は不思議に感じたものだった。まさか、自分が大人になって物書きになり、その人の伝記を書こうとは夢にも思わなかった。

その五十六の伝記を書いた理由の一つは、ちょっとした義侠心のようなものだった。五十六の妻である礼子は美しくてしっかりした女性だった。しかし、なぜか彼女は悪妻であり無神経な女だといわれた。一度そういう評価を下されると、その後に五十六の伝記を書く人はみんな揃って礼子に悪妻のレッテルを貼った。それを引き剝がして真実を伝えたかった。そうすることによって、山本五十六の人間像もきちんと浮かび上がるにちがいないと思った。

ノンフィクションという以上は、見てきたような講談調の読み物は書きたくなかった。したがって極力、出典を明示したつもりだが、特に反町栄一著『人間　山本五十六　上・下巻』から示唆に満ちた教示を受けたことをお断りしておきたい。

取材にあたっては山本五十六の実家である高野家と礼子夫人の実家である三橋家の方々、そして山本家のお手伝いさんだった女性からも貴重な証言を頂くことができた。

山本五十六の長男にあたる義正氏も快くインタヴューに応じて下さった。

さらに現在は河井継之助記念館館長の稲川明雄氏には資料の収集の面で大変お世話になった。

あらためて皆さまに感謝の意を表したい。

文庫化にあたっては、幻冬舎の大島加奈子さんのお手を煩わせた。こころから御礼を申し上げる。

真珠湾攻撃から今年でちょうど七十年が経過した。日本人はあの戦争から何を学んだのかを問うよりも、それ以降何を失ったかを案じる時代になっていると思う。平和を唱えていれば永遠に平和が続くと信じている日本人が多い今の世の中で、山本五十六がいかに戦争回避のために戦ったかを知ってもらえたら、これ以上の喜びはない。

平成二十三年十月

工藤美代子

参考文献

阿川弘之『山本五十六』新潮社 一九六五
阿川弘之『山本五十六 上・下巻』新潮文庫 一九七三
阿川弘之『米内光政（新装版）』新潮社 一九九四
磯部定治『越後長岡藩の悲劇』新潟日報事業社 一九九八
市来崎慶一編『噫山本元帥』文藝春秋社 一九四四
伊藤正徳『大海軍を想う その興亡と遺産』光人社NF文庫 二〇〇二
稲川明雄『長岡城落日の涙 故郷復興への道のり』恒文社 二〇〇一
入江為年監修 朝日新聞社編『入江相政日記 第二巻』朝日文庫 一九九四
宇垣纏『戦藻録』原書房 一九六八
近江兵治郎『連合艦隊司令長官山本五十六とその参謀たち』テイ・アイ・エス 二〇〇〇
小田部雄次『梨本宮伊都子妃の日記 皇族妃の見た明治・大正・昭和』小学館 一九九一
片桐大自『聯合艦隊軍艦銘銘伝』光人社 一九九三

神川武利　『米内光政　海軍魂を貫いた無私』ＰＨＰ文庫　二〇〇一
衣川宏　『ブーゲンビリアの花　山本五十六長官と運命をともにした連合艦隊航空参謀樋端久利雄の生涯』
原書房　一九九二
児島襄　『天皇・第三巻』文藝春秋社　一九七四
斎藤正毅　『斎藤正久の残像と思い出』私家版　一九九八
早乙女貢　『続　会津士魂　五　開牧に賭ける』集英社文庫　二〇〇二
佐々木克　『戊辰戦争　敗者の明治維新』中公新書　一九七七
司馬遼太郎　『三浦半島記　街道をゆく42』朝日文庫　一九九八
渋谷敦　『積乱雲　海軍少将高木惣吉』熊本日日新聞社　二〇〇〇
ジョン・トーランド　徳岡孝夫訳　『真珠湾攻撃』文藝春秋社　一九八二
ジョン・D・ポッター　児島襄訳　『太平洋の提督・山本五十六の生涯』恒文社　一九九七
ジョン・モリス　鈴木理恵子訳　『ジョン・モリスの戦中ニッポン滞在記』小学館　一九九七
反町栄一　『人間　山本五十六　上・下巻』光和堂　一九五六
太平洋戦争研究会編　『全記録　人間山本五十六』トクマオリオン　一九九三
高木惣吉　『山本五十六と米内光政』文藝春秋新社　一九五〇
高川敏雄　『「暗号解読」入門　歴史と人物からその謎を読み解く』ＰＨＰ研究所　二〇〇三

高松宮宣仁親王　『高松宮日記　第六巻』中央公論社　一九九七
ダグラス・マッカーサー　津島一夫訳　『マッカーサー回想記・上巻』朝日新聞社　一九六四
武井大助　『山本元帥遺詠解説』畝傍書房　一九四三
田村吉雄編　『秘録大東亞戦史　海軍篇』富士書苑　一九五三
秩父宮勢津子　『銀のボンボニエール』主婦の友社　一九九一
辻泰明・NHK取材班　『幻の大戦果・大本営発表の真相』日本放送出版協会　二〇〇二
手塚正己　『軍艦武藏　上・下巻』太田出版　二〇〇三
長岡市編　『長岡市史　通史編　下巻』長岡市　一九九六
長岡市編　『ふるさと長岡の人びと』長岡市　一九九八
中尾裕次編　『昭和天皇発言記録集成・全二巻』芙蓉書房出版　二〇〇三
中島欣也　『戊辰朝日山　長岡城攻防をめぐる九人の青春像』恒文社　一九八四
中村悌次　『日米両海軍の提督に学ぶ』兵術同好会　一九八八
野村實　『山本五十六再考』中公文庫　一九九六
半藤一利　『山本五十六の無念』恒文社　一九八六
平間洋一編　『戦艦大和』講談社　二〇〇三
廣瀬彦太編　『山本元帥前線よりの書簡集』東兆書院　一九四三

ふるさと長岡のあゆみ編集委員会編　『ふるさと長岡のあゆみ』長岡市役所　一九八六
別冊歴史読本　『日本海軍将官総覧』新人物往来社　一九九九
別冊歴史読本　『山本五十六と8人の幕僚』新人物往来社　二〇〇一
星亮一　『山川健次郎伝　白虎隊士から帝大総長へ』平凡社　二〇〇三
牧野弘道　『戦跡を歩く』ホーム社　二〇〇二
松田十刻　『ミッドウェー海戦の闘将　山口多聞』学研M文庫　二〇〇二
宮崎十三八　『会津人の書く戊辰戦争』恒文社　一九九三
宮野澄　『不遇の提督　堀悌吉　山本五十六、井上成美が尊敬した海軍の逸材の生涯』光人社　一九九〇
三輪公忠　『隠されたペリーの「白旗」日米関係のイメージ論的・精神史的研究』上智大学　一九九九
三和義勇　『山本元帥の思ひ出』私家版　一九九九
望月良夫　『山本五十六の恋文』考古堂書店　一九九二
山岡荘八　『元帥山本五十六』講談社　一九四四
山室英男・緒方徹　『検証・山本五十六長官の戦死』日本放送出版協会　一九九二
山本五十六記念館編　『翼は還る　山本長官搭乗機里帰りプロジェクト』恒文社　二〇〇一
山本五十六景仰会編　『山本五十六記念館展示図録』山本五十六記念館　一九九九
山本義正　『父 山本五十六　家族で囲んだ最後の夕餉』恒文社　二〇〇一

吉田俊雄　『日本陸海軍の生涯　相剋と自壊』文春文庫　二〇〇一
吉田満　『鎮魂戦艦大和』講談社　一九七四
渡辺幾治郎　『史伝山本元帥』千倉書房　一九四四
渡辺清　『戦艦武蔵の最期』朝日新聞社　一九八二

この作品は二〇〇四年六月講談社より刊行された『海燃ゆ
山本五十六の生涯』を加筆・改題したものです。

山本《やまもと》五十六《いそろく》の生涯《しょうがい》

工藤《くどう》美代子《みよこ》

平成23年11月10日　初版発行

発行人――石原正康
編集人――永島賞二
発行所――株式会社幻冬舎
〒151-0051東京都渋谷区千駄ヶ谷4-9-7
電話　03(5411)6222(営業)
　　　03(5411)6211(編集)
　　　振替00120-8-767643
印刷・製本―中央精版印刷株式会社
装丁者――高橋雅之

万一、落丁乱丁のある場合は送料小社負担で
お取替致します。小社宛にお送り下さい。
定価はカバーに表示してあります。

幻冬舎文庫

ISBN978-4-344-41765-6　C0195　　く-15-1